海南自贸港治理创新案例

主　编　付景涛
副主编　符　蕾　张　晖　郭　琦
　　　　郭慧芳　邓须军

山东大学出版社
SHANDONG UNIVERSITY PRESS
·济南·

图书在版编目(CIP)数据

海南自贸港治理创新案例 / 付景涛主编. -- 济南 ：山东大学出版社，2025. 7. -- ISBN 978-7-5607-8419-9

Ⅰ. F752.866

中国国家版本馆 CIP 数据核字第 202437PH88 号

策划编辑　刘　彤
责任编辑　董　戈
封面设计　张　荔

海南自贸港治理创新案例

HAINAN ZIMAOGANG ZHILI CHUANGXIN ANLI

出版发行　山东大学出版社
社　　址　山东省济南市山大南路 20 号
邮政编码　250100
发行热线　(0531)88363008
经　　销　新华书店
印　　刷　济南乾丰云印刷科技有限公司
规　　格　720 毫米×1000 毫米　1/16
　　　　　27.75 印张　554 千字
版　　次　2025 年 7 月第 1 版
印　　次　2025 年 7 月第 1 次印刷
定　　价　98.00 元

《海南自贸港治理创新案例》
编委会

编写说明

海南大学国际商学院组建于 2023 年 6 月 18 日，前身为海南大学管理学院和经济学院，起源为 1980 年开设的农林经济管理干部培训班。学院坚持“学科立院、人才强院、开放兴院、制度治院”办学方略，以“贡献经管智慧、培养高素质人才、服务自贸港建设”为使命，以工商管理一级学科博士点建设为龙头，着力促进经管多学科交叉融合发展，遵循本硕博一体化办学理念，致力成为区域内一流商学院。学院设有工商管理硕士（MBA）、会计硕士（MPAcc）、国际商务硕士（MIB）、金融硕士（MF）和农业硕士（MA）五个专业学位研究生教育项目，由工商管理、应用经济学、农林经济管理、管理科学与工程四个一级学科支撑引领。其中，工商管理设有一级学科博士点和博士后科研流动站。在软科“中国最好学科”排名中，工商管理学科于 2023 年进入前 12%的行列。学院为本书的出版提供了部分资助。

海南大学 MBA 教育中心是海南大学国际商学院设立的负责专业学位研究生教育工作的机构，统一开展招生、培养、学位、就业等工作，具体负责本书的编写工作。

海南省公司治理研究院成立于 2019 年 12 月 8 日，是由海南大学发起，经海南省社会科学界联合会批准成立的省级人文社科重点研究基地，依托海南大学国际商学院建设，旨在为海南乃至全国推动公司治理创新提供智力支持和理论引领，为海南自贸港建设培养治理人才。海南大学国际商学院专业学位研究生教育项目的部分师生是研究院的科研骨干，也是本书相关章节的作者。

海南大学国际商学院副院长付景涛教授分管专业学位研究生教育工作，先后获得海南大学研究生精品课程“组织行为学”（HDJPKC2023Y0014）和海南大学创新创业教育专项课题“创新创业教育教学团队与导师队伍建设”（Hdcx-cy2022-7）的立项资助，本书部分章节的作者属于课题组成员，付景涛教授拨出了部分课题经费资助本书出版。

前　言

海南自由贸易港(简称“海南自贸港”)建设等国家重大战略给海南大学国际商学院的专业学位研究生教育带来了巨大机会,孕育了一系列重大选题。各个教育项目的学术主任和导师注重引导研究生面向海南自贸港治理的实践范例构思毕业论文选题,强调“实践问题引领、基础理论支撑”导向。经过师生共同努力,围绕海南自贸港治理的实践范例产出了一批研究成果,在学院的支持下,海南大学 MBA 教育中心组织力量对具有代表性的毕业论文进行了改编,形成了一批海南自贸港治理创新案例。

本书由三部分构成:第一部分是宏观经济政策与治理,从国家重大战略的效应、数字经济对国际贸易的影响、新兴市场国家资本流动、跨境电商、国际教育中的税收风险、不动产投资信托基金、金融服务实体经济等方面进行了宏观层面治理的研究。第二部分是企业战略管理,从企业技术创新、上市公司信息披露、公司财务风险、企业发展战略、公司竞争战略和企业品牌战略等方面进行了企业层面治理的研究。第三部分是发展模式创新,从企业债券融资成本、航空公司商业模式、银行内部控制、知识产权证券化产品发行、生态价值实现的金融支持路径、女性创业行为等方面进行了研究。上述成果的价值是多元的,有利于政府和企业评估、改进治理,有利于机构主体深入了解海南自贸港治理,也有利于兄弟院校围绕专业学位研究生教育开展交流与合作。

我们秉承“文以载道”的理念出版了本书,其意义有三:其一,将导师们指导研究生撰写的海南自贸港治理案例集结出版,是对他们的祝贺和致敬,祝贺导师指导研究生取得成果并顺利毕业,也是向他们“上下而求索”的执着与辛苦劳动表达敬意。其二,为国内外学术界和经济管理界人士以点带面地把握海南自贸港治理的进展、特征和趋势提供参考,为学术界人士深入而系统地研究海南自贸港治理提供一手资料,为经济管理界人士前来海南自贸港创业提供决策参考。其三,本书的出版还具有教化后来者的意义,本书是一本正面教材,每篇入选案例都经过了作者和编者的精心打磨，是团队协作的结晶，本书各篇案例的作者（毕业生）为后来者树立了正面形象，将引导后来者扎根海南大地学习，从海南自贸港治理实践中汲取营养，通过撰写高质量的毕业论文贡献经管智慧，服务海南自贸港建设。

“潮平两岸阔，风正一帆悬。”迎海南自贸港建设之风，趁“海大有作为”之势，展望未来，扎根海南大地办教育的海南大学国际商学院MBA教育中心将借势而上，勠力践行“专业化为主、国际化赋能”的建设思路，全面提高人才培养质量，交出满意答卷。

付景涛

2024年7月

目　录

第一部分

宏观经济政策与治理

第二部分

企业战略管理

第三部分

发展模式创新

第一部分

宏观经济政策与治理

数字经济发展对出口产品质量提升研究

——基于287个地级市面板数据的实证分析

安怡欣*

摘　要：提升出口产品质量是推动中国对外贸易高质量发展的重要途径。随着新一轮科技革命的发展，粗放式的经济增长方式已经不能适应时代的需求。为了研究数字经济影响出口产品质量的机制与效应，从创新产出调节、产业结构升级、人力资本投入三个方面产生的技术溢出和冲击进行梳理并提出数字经济发展对出口产品质量影响的U形规律。基于2011—2016年的中国海关数据，对中国287个地级市出口到200个国家或地区的2770种产品进行出口产品质量测算。研究发现，创新产出的调节作用在初期抑制出口产品质量升级，后期逐渐转变为正向影响；数字经济通过提升产业结构和增加人力资本投入正向影响出口产品质量。最后根据实证结果，提出几点政策建议：第一，保持数字经济发展水平的增速，并缩小地域差距；第二，加快数字基础设施建设，推进数字产业化，从而带动出口产品质量提升；第三，鼓励创新创业带动就业，培育一批"专精特新"的企业和人才；第四，全面综合控制人力资本的投入量；第五，加快建立具有健全的市场机制、完善的法律体系、畅通的对外贸易的全国大市场；第六，加速贸易数字化增长；第七，拓展数字经济国际合作。

一、研究背景与研究意义

（一）研究背景

2022年11月，第九届世界互联网大会发布的《中国互联网发展报告（2022）》和《世界互联网发展报告（2022）》指出，中国互联网行业总体蓬勃发展，

* 安怡欣：2020级国际商务专业硕士研究生。导师：余升国副教授。

网络安全能力有效提升，关键技术不断突破，2021年我国工业互联网核心产业规模达到10749亿元，数字经济规模达到45.5亿万元，蝉联全球第二，十年内增长4.14倍。总体上看，中国互联网在网络强国建设上迈出了坚实步伐，向着健康、规范、可持续的方向发展。

从20世纪末开始，随着经济全球化和科学技术的进步，数字经济逐渐以数字技术为主要形式与传统产业融合。在国际贸易方面，数字经济的发展从交易方式、参与主体、贸易产品质量等多个方面变革了国际贸易的市场格局及生产组织结构。出口企业通过数字技术的发展，提高了出口生产率与竞争力，加快了资源错配和生产要素配置效率低等问题的解决。综合以上方面可知，数字经济能够在信息时代提高企业、国家的综合竞争力，发展数字经济是必要且紧迫的。

随着数字时代的来临，全球经济活动逐渐转变为以网络信息技术产业为中心的形式。《中华人民共和国国民经济和社会发展第十四个五年规划和2035年远景目标纲要》(简称"十四五"规划)强调以推动高质量发展为主题，促进数字经济发展，为传统产业转型升级赋能，推动贸易强国建设。在新的发展形势下，要实现新旧动能转化和贸易强国战略目标，就要重点突破出口产品质量提升的难题，这也是中国对外贸易实现高质量发展的必然要求(魏方，2019)。出口产品质量在一定程度上反映了一个国家出口贸易的竞争力，它可以反映出出口贸易的结构，是一个高质量的指标(施炳展和邵文波，2014)。故此，研究出口产品质量提升能够为中国经济高质量发展赋能(胡国恒和赵雪婷，2018)。

(二)研究意义

1.理论意义

本文弥补了以往研究忽略数字经济对出口产品质量的影响的不足。在研究内容方面，鲜有文献将人力资本和产业结构升级纳入数字经济对我国出口产品质量影响的分析框架中，本文以人力资本和产业结构升级为机制变量，以创新产出为调节变量，探究了数字经济影响我国出口产品质量的作用机制。

在指标构建上，本文以电信业务量、计算机服务和软件业人员占比等数据建立了描述数字经济的指标体系。而出口产品质量指数是运用了需求信息回归推测法，并在原有方法的基础上加入了进口国—时间虚拟变量。数据选取方面，本文利用的是城市数据，能够在一定程度上解决以往文献中使用省级数据造成省份内部的局部失衡和局部扩张被掩盖的问题。

因此，本文的研究丰富了研究数字经济的文献，提供了数字经济影响我国出口产品质量的理论基础和分析经验，并据此提出了有针对性的政策启示。

2.实践意义

对国内来说,对外贸易高质量发展可以有效调整贸易商品结构,提升出口附加值,解决中国在国际市场上贸易收益分配仍处于价值链下游和贸易地位不平等问题(毛其淋,2019)。从国际层面看,新冠疫情、局部战争等问题使得国际贸易环境的不确定性增加,信息技术壁垒等问题使得中国对外贸易外部风险逐渐加大(齐俊妍和强华俊,2021)。正因如此,研究如何推进对外贸易高质量发展刻不容缓。

本文的研究有助于更好地发展数字经济,深化产业数字化,推动经济高质量发展,也有助于更加有针对性地实现学术成果向产业实践的转化。为快速推进数字产业化和产业数字化,让中国的数字产业集群在国际层面拥有更加强劲的竞争力,制定数字经济发展政策具有重要现实意义。

二、文献述评

(一)文献综述

1.数字经济发展程度相关研究

近年来,数字经济发展迅速,逐渐为人们所熟知。现代信息网络是数字经济的主要发展阵地,数字化的知识、信息是数字经济的主要生产要素,能够通过信息通信等技术提高经济活动的效率、优化经济结构等。

通过对已有文献的整理发现,中外学者未能对“数字经济”有一个统一的概念阐述。在国外学者的研究中,他们认为数字经济一般是由电商及其基础设施建设和流程等部分构成。《澳大利亚的数字经济:未来的方向》指出,澳大利亚政府认为数字经济能够提升国家综合国力、国际地位、生产率、社会福利水平。英国研究委员会研究得出,数字经济通过人和技术及其过程中发生的一系列复杂关系使社会经济效益增加。通信网络以及数字基础设施建设为全球提供了一个统一的平台,使得数字经济能够促进人与人、人与组织、组织与组织之间的交流和通信以及信息的交换。

从国内文献来看,荆文君和孙宝文(2019)认为数字经济就是在大量运用互联网技术的经济过程中发生的一系列经济行为。马建堂(2018)指出数字经济是第三代信息技术革命的广泛应用带来的必然结果,由此衍生出的新的产业革命使得原有产业发生革新,产业得到升级,由此也产生了一些商业新模式以及市场新业态。裴长洪等(2018)研究认为数字经济能够以一个较快的速度发展是因为有新一代信息技术的驱动。张于喆(2018)、张辉和石琳(2019)指出数字经济能够推动产业机构升级,优化产业配比,并且数字经济在所有产业中的重要性均呈现增长的趋势。

数字经济被描述为数字化的活动，并且随着社会的进步和技术的发展，内涵不断丰富，新的业态、商业模式等不断涌现，数字经济具有一定的先锋性和时代性。在这一概念背景下，要量化数字经济的发展程度显得较为困难。随着第四次科技革命的发展，数字经济逐渐融入农业、服务业、制造业，也就是说，传统经济逐渐被数字经济所影响，数字经济逐渐渗透到传统经济的方方面面。

2.出口产品质量相关研究

"十四五"规划提出要促进对外贸易高质量发展，其中最重要的就是出口产品质量的提升。在日常生活中提到的产品质量主要是指产品是否令消费者满意、是否符合国家质量或安全标准，符合这些条件的产品就是高质量的产品(Shewhart,1930)。在学术研究中，出口产品质量通常指的是生产者为了在市场上进行价格竞争而生产出区别于竞争对手的产品。

根据以前的研究，有一些因素会影响出口产品的质量，包括生产和经营产品所需的劳动力、资本和技术等生产要素及外国直接投资和贸易便利化因素。首先是生产的服务导向，在制造业的服务化过程中，企业的角色从产品的供应商拓展为提供服务的厂商。通过梳理文献发现，制造业服务化有利于创新投入、节约生产成本以及实现更细致的生产分工。其次是劳动力投入。传统来看，劳动力生产要素的投入通过提高生产效率、减少次品、优化资源配置等途径来提高出口产品质量，并且劳动力的素质越高、掌握的相关专业知识越熟练，越能够提高"干中学"的效率与效果。许明(2016)研究表明，劳动力熟练程度的提升能够为生产阶段或者经营阶段提供更高的生产效率，即在同样的时间内能生产出更多的产品或销售出更多的商品。再次是技术创新。与传统生产要素相比，技术创新能够给出口产品质量带来质的变化。研究表明，技术创新与传统制造业的深度结合能够通过让企业获得市场竞争力提升出口产品质量。最后是外国直接投资(FDI)。FDI对东道国的企业通常能够产生正向溢出效应，其中包括提升东道国出口产品的质量。FDI通过劳动力流动效应、产业关联效应、示范竞争效应来影响出口产品质量。FDI将会带来高层次人才的国际流动，从而产生一系列溢出效应；国外某产业升级使得其生产的中间品的质量得到提升，那么对进口国而言，就要提升适应这一中间品的其他产业才能够与之相匹配，这样就会引起整个产业链的升级从而促进出口产品质量的提升；FDI带来的资金和高级劳动力以及商业模式经验等高于本国目前发展状况，能够为本国的相应领域带来很大程度上的进步(李坤望和王有鑫,2013)。

3.数字经济与出口产品质量关系相关研究

新贸易理论认为，出口产品质量直接影响国家对外贸易的绩效以及所得利益，逐渐成为数字经济时代一国参与国际贸易的竞争新优势（谢靖和王少红，2022）。现有文献中影响出口产品质量的因素研究基本着眼于以下两个角度。第一，国家间的差异，主要是生产要素禀赋差异（喻美辞和李琴，2020）、经济水平差异（李亚波和崔洁，2022）、关税政策差异（许统生等，2022）。第二，企业间的差异，主要是制造业企业的创新产出差异（姚战琪，2021）、生产率差异（张夏等，2020）、规模大小差异（祝树金等，2022）、资本密集度差异（明秀南和冼国明，2021）等。

科技的发展和社会的进步使得数字经济引领经济社会发展成为共识。在对外贸易方面，关于数字经济的研究主要有以下几类。第一，在降低贸易成本方面，数字经济能够大大缩短供需双方的距离，降低企业间的交流成本，拓宽企业间交易的平台（董香书等，2022）。第二，在降低贸易风险方面，数字经济能够降低企业参与国际贸易的门槛，使扩展边际得到增长（裴长洪和刘斌，2019）。第三，在促进经济高质量发展方面，数字技术的发展与应用能够增加企业出口密集度（李兵和李柔，2017），促进企业价值链分工地位的攀升（徐兰和吴超林，2022）。

关于数字经济对出口产品质量的研究，国内学者认为数字经济对出口产品质量具正向促进作用，主要通过产业集聚来研究数字经济对出口产品质量的促进作用（欧家瑜和张乃丽，2022）。此外，还有学者（王瀚迪和袁逸铭，2022）考察了目的国搜寻成本的调节作用等。而一些国外学者注意到，数字经济的发展加速了价值链模块化。价值链中的企业增加了生产相对标准化的组件。这些模块化商品和服务的价值较低，而数字化的创新发生在价值链前段，价值链在这一过程中发生了改变（Sturgeon，2017）。越来越多的公司和个人发现自己处于越来越细的控制之下，这可能导致技能发展和升级能力的下降。然而，价值链进入、电子商务和与客户丰富的数据互动等新的价值创造形式，为未来改善价值创造提供了潜在的方向。不断扩张的数字经济也对这些变革过程之外的企业和个人构成了威胁。

（二）文献评述

新一轮的技术革命顺势而至，数字技术作为一种新型生产要素被投入制造业生产中，现有文献已经不足以解释出口产品质量产生差异的原因。与此同时，中国传统的增长模式与动力、全球价值链地位、产业结构、禀赋优势等都发生了重大变化（王拓和李钢，2019）。已有文献均未能将数字经济考虑在对出口产品质量的影响上，尤其是国内研究未能注意到，在数字技术刚刚进入市场时，数字经济对传统产业造成的冲击。鉴于此，在更加微观的层面研究数字经济发展与出口产品质量之间的关系、数字经济对出口产品质量的作用机制、如何制定相关政策让数字经济促进中国对外贸易高质量发展等问题就具有较强的时代价值。

三、研究设计

(一)模型设定

数字经济是以互联网为根,以新兴技术为枝干,及其过程中发生的经济活动为一体的概念(荆文君和孙宝文,2019),故数字经济对于出口产品质量的影响呈现二次非线性的关系具有合理性。鉴于核心变量数据的可得性及代表性,采用年份—地级市—出口目的地—产品的高维面板数据,构建了以下计量模型来研究数字经济对出口产品质量的影响:

$$Quality_{gpmt}=\beta_0+\beta_1 diec_{gt}+\beta_2 diec_{gt}^2+\beta_3 X_{gt}+\eta_{pm}+\eta_t+\varepsilon_{gmpt} \quad (1)$$

其中,$Quality_{gpmt}$表示 t 年 g 地级市出口到 m 国的产品 p 的出口产品质量,产品根据 HS 编码分类;$diec_{gt}$表示 t 年 g 地级市的数字经济发展水平;X_{gt}表示一系列随时间变化的地级市控制变量;η_{pm}表示固定产品—出口目的地;η_t 表示固定时间;ε_{gmpt}是随机扰动项。

(二)变量说明

1.出口产品质量

本文采用适用于微观数据的需求信息回归推测法(Khandelwal et al.,2013),基本原理是将产品质量从需求函数中通过回归分析而分离出来。参照施炳展和邵文波(2014)的方法,利用 2011—2016 年中国海关数据库年份—地级市—出口目的地—产品的数据计算出口产品质量,基本原理是需求数量由产品价格和产品质量以及一系列的固定效应所决定。

2.数字经济

本文借鉴赵涛等(2020)的研究,从三个维度来构建数字经济地级市指标,分别是互联网发展程度、信息化程度及数字交易发展程度。其中,用来代表地级市层面的互联网发展程度和信息化程度的二级指标有电信业务量、移动电话用户量、互联网用户数、计算机服务和软件从业人员占比。数字交易发展程度则用中国数字普惠金融指数来代表。据此计算了 2011—2016 年 287 个地级市的数字经济发展水平。为保证稳健性,分别用熵权法和主成分法计算得出数字经济指数。

3.机制研究变量

创新产出($Lice$):用各地级市的专利授权数表示创新产出水平。

人力资本（*Hum*）：用高校在校人数来衡量。

产业结构（*Inst*）：运用孙伟增等（2022）的方法，根据赋值权重、产业收入比重构造产业结构指标。

4.控制变量

经济发展变量组：地区生产总值、地区生产总值增长率、人均地区生产总值。

交通基础设施变量组：铁路平均里程、公路平均里程。铁路平均里程用地级市铁路总里程与地级市面积的比值表示，公路平均里程用地级市公路总里程与地级市面积的比值表示。

城市特征变量组：工资水平用职工年平均工资表示，城市规模用地级市人口密度来表示。

对外贸易变量组：出口依存度、外国直接投资。出口依存度用出口总额占国民生产总值的百分比来表示，外国直接投资用当年实际使用外资金额的对数来表示。

能源消耗指标：用人均煤炭使用量衡量。

资源配置变量：用财政分权度来衡量。财政分权度用地方财政一般预算内收入与支出的比值来衡量。

公共教育支出水平：用地级市教育支出与地区生产总值的比值表示，用来反映地级市的教育质量。

金融发展水平：用年末金融机构存款余额与年末金融机构各项贷款余额的比值，即存贷款余额与地区生产总值的比值来表示。

（三）数据来源与变量描述

本文利用2011—2016年的中国海关进出口数据，对中国287个地级市的2770种产品，200个出口国或地区，共20708651个有效面板观测数据。出口产品质量原始数据来源于中国海关进出口数据库。数字经济指标体系和控制变量均来源于中国城市统计年鉴和EPS数据平台。

表1是各变量的描述性统计。结果显示，中国出口产品质量的均值小于中位数，呈现出左偏的偏态分布，这意味着质量取较大值的产品数量较多；标准差为0.653，说明中国出口产品质量水平差异较大。从表1中可以看出，中国数字经济发展不平衡，标准差为0.105，且均值大于中位数，说明中国数字经济呈现右偏分布，这表示数字经济水平较低的地区占比较大。

表 1　变量描述性统计

	样本量	平均值	中位数	标准差	最小值	最大值
出口产品质量	21755811	1.832	1.930	0.653	−2.446	6.028
熵权法数字经济指数	21488640	0.119	0.090	0.105	0.009	0.725
主成分法数字经济指数	21488640	0.223	0.175	0.177	0	1
地区生产总值（亿元）	21488640	7980	5620	7120	133.745	28200
地区生产总值增长率(%)	21486526	9.651	9.070	3.379	−11.500	21.800
人均地区生产总值(元)	21488640	47433.860	77485	30618.660	6457	256877
外国直接投资（万元）	21439859	3004889	1585151.232	3504606	106.242	20468526.576
铁路平均里程(公里/平方公里)	21011253	1.325	1.321	0.436	0.068	2.628
公路平均里程(公里/平方公里)	21755811	0.033	0.024	0.029	0.006	0.273
公共教育支出水平	21488640	0.026	0.025	0.011	0.008	0.185
工资水平(元)	21319962	60941.270	57228	18843.690	4958	122749
能源消耗指标（吨/人）	21388195	0.981	0.585	1.040	0.005	11.460
出口依存度(%)	21488640	11.777	9.590	8.603	0	58.331
金融发展水平	21488640	3.276	2.992	1.409	0.588	13.530
资源配置变量	21488642	0.748	0.794	0.216	0.051	1.541
城市规模（人/平方公里）	21388195	0.080	0.067	0.057	0.001	0.263

四、核心内容

(一)基准回归结果分析

根据式(1)对所有的有效观测值运用年份固定效应、产品—目的地固定效应模型进行回归,表2为基准回归的结果。模型(3)中,数字经济一次项和二次项的系数均显著,并且一次项系数为负,二次项系数为正,与基准回归结论一致,说明基准回归结果稳健。

模型(2)数字经济及其二次项的系数均显著,模型(1)—(3)的数字经济一次项系数均显著为负,二次项系数均显著为正。模型(2)基准回归的u-test检验结果显示模型显著,拒绝非U形原假设,说明数字经济对出口产品质量的影响呈现U形曲线关系。

计算得出当数字经济水平达到0.308时,其对出口产品质量的影响由冲击变为促进。U形解释为在数字经济发展水平较低时,也即数字经济水平小于0.308时,数字经济对出口产品质量产生冲击效应,出口产品质量随着数字经济发展水平的提高而下降;但在数字经济经过一段时期的发展后,开始促进出口产品质量提升。这是由于:第一,随着数字经济时代的到来,新的生产要素在投入初期带来的冲击效应使得还未形成的市场反应机制无法及时做出反应,导致市场上出现“劣币驱逐良币”的现象,生产高质量产品的企业被挤出国际市场。第二,数字经济使市场准入门槛降低,但进入国际市场的风险依然较高。大量生产低质量产品的企业短暂进入和退出国际市场,使中国出口产品质量整体呈现下降趋势。第三,数字经济基础设施的建设以及数字经济研究成果转化为实操技术的投资周期较长。在数字经济尚未发展成熟的时期内未能显现出明显的效果,导致出口产品质量未能实现升级。由此证明,数字经济水平较低时会对出口产品质量产生冲击。在数字经济发展逐渐成熟的后期,即数字经济水平大于0.308时,数字技术逐渐成熟。供给端与需求端的距离逐渐缩减,市场信息流通速度加快,信息不对称问题得到大大缓解,企业各方面成本有效降低,更多的资金可以投入产品的创新与研发中去,由此可以促进出口产品质量的提高,证明了数字经济发展后期能够促进出口产品质量提高。

根据观测值的数量,U形曲线拐点左侧的样本量约占总体的97.2%,拐点右侧的样本量约占总体的2.8%。这表示中国目前大多数产业的数字经济发展水平还处于U形曲线拐点的左侧,即对出口产品质量的影响为负,说明中国数字经济的发展虽在世界处于领先地位,但还处在建设阶段和资本投入期。

表 2 基准回归和变量替换稳健性检验

	模型(1)	模型(2)	模型(3)
熵权法数字经济指数	−0.498*** (0.005)	−0.280*** (0.005)	
(熵权法数字经济指数)^2	0.808*** (0.007)	0.321*** (0.006)	
主成分法数字经济指数			−0.271*** (0.003)
(主成分法数字经济指数)^2			0.266*** (0.003)
常数项	控制	控制	控制
控制变量	未控制	控制	控制
年份固定效应	控制	控制	控制
产品—目的地固定效应	控制	控制	控制
观测值	21437675	20708651	20708651
调整的 R^2	0.757	0.759	0.759

注:所有控制变量均做缩小 100 倍处理,括号内为产品—目的地层面聚类稳健标准误,*** 表示 1% 的显著性水平。

(二)稳健性检验

异质企业理论认为出口产品质量的高低会随着出口目的地的不同而不同(Brambilla and Porto,2016)。由于研究的时间区间为 2011—2016 年,故选用 2006 年世界银行在考虑通胀因素的基础上对不同收入国家的分类进行出口目的地的分样本回归(见表 3)。

从表 3 中可以看出数字经济对出口目的地出口产品质量的影响均呈现 U 形特征,并且收入水平越高的国家,出口产品质量相对较高,且数字经济对出口产品质量的影响越明显,这与当地数字基础设施建设的程度、数字经济发展阶段、出口产品质量发展水平等因素有关。从瞬时速率的大小来看,高收入国家作为目的地时,出口产品质量对数字经济作用更加敏感,并且随着目的国收入水平的降低,这种敏感性也逐步降低,表明中国的出口产品质量显著受到出口国家消费倾向的影响(韩会朝和徐康宁,2014)。

表 3　出口国分样本回归稳健性检验

	高收入国家	中高收入国家	中低收入国家	低收入国家
熵权法数字经济指数	−0.339*** (0.009)	−0.279*** (0.014)	−0.212*** (0.012)	−0.073*** (0.013)
(熵权法数字经济指数)^2	0.376*** (0.010)	0.293*** (0.015)	0.249*** (0.013)	0.152*** (0.015)
常数项	控制	控制	控制	控制
控制变量	控制	控制	控制	控制
年份固定效应	控制	控制	控制	控制
产品—目的地固定效应	控制	控制	控制	控制
观测值	8158391	3128148	4113674	3255455
调整的 R^2	0.721	0.748	0.764	0.800

注：括号内为 t 值，*** 表示 1%的显著性水平。

（三）异质性分析

不同的贸易方式可能会带来不同的回归结果。用谢杰等(2021)的方法，将贸易方式分为一般贸易、加工贸易以及混合贸易进行回归，结果见表 4。

表 4　贸易方式异质性

	一般贸易	加工贸易	混合贸易
熵权法数字经济指数	−0.290*** (0.006)	−0.440*** (0.016)	0.120*** (0.030)
(熵权法数字经济指数)^2	0.299*** (0.007)	0.486*** (0.018)	0.522*** (0.027)
常数项	控制	控制	控制
控制变量	控制	控制	控制
年份固定效应	控制	控制	控制
产品—目的地固定效应	控制	控制	控制
观测值	17075970	2814731	697339
调整的 R^2	0.765	0.785	0.773

注：括号内为产品—目的地层面聚类稳健标准误，*** 表示 1%的显著性水平。

结果显示，一般贸易和加工贸易均与基准回归符号一致并且显著，而混合贸易的回归结果与基准回归存在差异。混合贸易既包括一般贸易又包括加工贸易。对于从事混合贸易的企业来说，面临的对外贸易环境更加复杂，要考虑的生产和贸易成本更多，但这也使得混合贸易出口企业的生产率更高（刘晴等，2013）。而企业生产率除了能够展示企业的技术水平，还是影响企业可达到的出口产品质量水平的根本性因素（张可云等，2022）。因此，相较于一般贸易和加工贸易而言，混合贸易分样本的瞬时速率更大，数字经济对混合贸易出口产品质量的促进作用更大，由此出现了一次项和二次项系数均为正的现象。

（四）机制分析

1.数字经济对出口产品质量的影响途径

根据理论分析，数字经济对出口产品质量的影响分为产业结构升级效应与人力资本提升效应。机制检验结果如表 5 第（1）列和第（2）列所示。数字经济一次项均显著为正，二次项显著为负，呈显著倒 U 形。已有文献表明，数字经济能够通过产业结构升级提升出口产品质量（韩峰等，2021）。

表 5 第（3）列和第（4）列报告了数字经济通过人力资本对出口产品质量的影响程度。数字经济显著倒 U 形影响人力资本。随着数字经济的发展，人力资本的聚集增强了技术的溢出效应，市场整体的技术水平提高，扩大了国外市场的规模，更促进了国内出口产品质量的升级（冯梅，2014）。这证明数字经济能够通过人力资本提升促进出口产品质量提高。

表 5　数字经济对出口产品质量的影响途径

	产业结构升级		人力资本提升	
	(1)	(2)	(3)	(4)
熵权法数字经济指数	74.654*** (0.1123)		239.916*** (0.3531)	
(熵权法数字经济指数)^2	−82.074*** (0.1059)		−289.092*** (0.3535)	
主成分法数字经济指数		40.894*** (0.0617)		137.491*** (0.1856)
(主成分法数字经济指数)^2		−22.200*** (0.0556)		−138.028*** (0.1556)
常数项	控制	控制	控制	控制
控制变量	控制	控制	控制	控制
年份固定效应	控制	控制	控制	控制

续表

	产业结构升级		人力资本提升	
	(1)	(2)	(3)	(4)
产品—目的地固定效应	控制	控制	控制	控制
观测值	20708651	20708651	20683200	20683200
调整的 R^2	0.902	0.903	0.722	0.722

注:括号内为产品—目的地层面聚类稳健标准误,*** 表示 1%的显著性水平。

2.创新产出调节效应

由前文对文献的分析可知,数字经济对出口产品质量的影响会受到创新产出的调节。因此,在基准回归模型的基础上考察创新产出的调节效应。

表 6 展示了创新产出的调节效应结果,第(1)(2)列数字经济系数均显著,且正负号方向都相同,说明创新产出的调节效应具有稳健性。

表 6　创新产出的调节效应

	(1)	(2)
熵权法数字经济指数	−0.193*** (0.006)	
(熵权法数字经济指数)^2	0.294*** (0.009)	
主成分法数字经济指数		−0.366*** (0.004)
(主成分法数字经济指数)^2		0.460*** (0.005)
创新产出	0.107*** (0.010)	0.265*** (0.011)
熵权法数字经济指数×创新产出	−12.563*** (0.131)	
(熵权法数字经济指数)^2×创新产出	19.666*** (0.279)	
主成分法数字经济指数×创新产出		−7.522*** (0.072)
(主成分法数字经济指数)^2×创新产出		5.589*** (0.134)

续表

	(1)	(2)
常数项	控制	控制
控制变量	控制	控制
年份固定效应	控制	控制
产品—目的地固定效应	控制	控制
观测值	20708651	20708651
调整的 R^2	0.760	0.760

注:括号内为产品—目的地层面聚类稳健标准误,*** 表示 1%的显著性水平。

第(1)列的数字经济指数二次项与创新产出交互项系数显著为正,且创新产出的系数显著为正,说明创新产出对数字经济指数的二次项具有正向调节作用。图 1 展示了创新产出调节前后数字经济对出口产品质量影响的变化。如图 1 所示,在二次曲线的“拐点”之前,创新产出加剧了数字经济对出口产品质量的冲击。这是由于数字经济发展的前期会将大量资本和劳动力投入数字经济基础设施的建设以及数字技术人才的培养上,导致创新产出结构失衡,不利于出口产品质量的提升。在拐点之后,创新产出加剧了数字经济对出口产品质量的促进作用。这是由于数字经济发展到了相对成熟的阶段,带来的技术溢出以及网络效应等与创新产出相辅相成,共同提升了出口产品质量。在创新产出水平提升后,曲线变得陡峭,且拐点略向右移动,说明创新产出延迟了数字经济对出口产品质量的转变,但是一经转变,会显著提升数字经济对出口产品质量影响的速率。

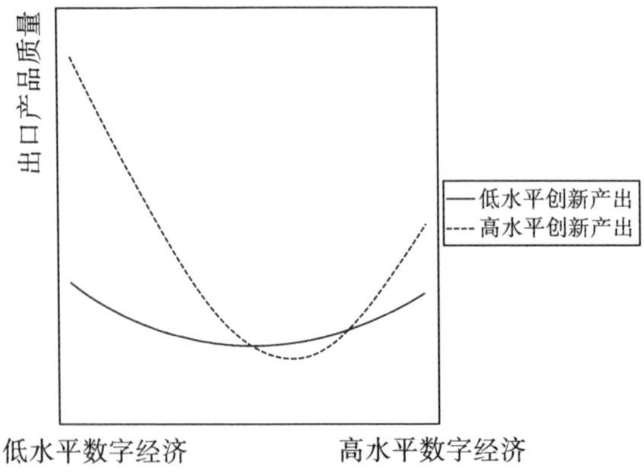

图 1　创新产出的调节效应

(五)研究结论

本文研究了数字经济对出口产品质量的影响是负向冲击还是正向促进。首先,实证结果表明,数字经济对出口产品质量呈现U形的影响,即数字经济在发展初期会对出口产品质量产生负向冲击,但在发展水平较高时会促进出口产品质量的提升。

其次,异质性研究发现数字经济对混合贸易出口产品质量的促进作用更大。

最后,检验数字经济发展影响制造业出口产品质量的影响机制,发现:第一,创新产出的调节作用使出口产品质量对数字经济的变化更加敏感,在数字经济发展水平较低时,创新产出加剧了数字经济对出口产品质量的负向冲击;在数字经济发展水平较高时,创新产出加剧了数字经济对出口产品质量的正向促进作用。第二,数字经济通过提升产业结构和增加人力资本投入的途径正向影响出口产品质量,为数字经济时代探索制造业出口产品质量升级新路径提供了理论与现实依据。

五、建议启示

当前,数字经济的发展存在关键领域创新不足、对外依赖程度较高的问题,使得中国数字经济的潜力还没有完全释放出来,这也是数字经济对出口产品质量的影响呈现U形的根本原因。根据理论和实证分析结果提出几点启示:

第一,保持数字经济发展水平的增长速度。以往对数字经济发展水平的分析结果表明,近年来,数字经济发展水平一直呈现稳定增长的状态,东部地区的数字经济发展水平最高,相对来说西部和中部地区则远远达不到全国平均数字经济发展水平。因此,在设计数字经济发展战略时,应优先考虑中部和西部地区的数字经济发展,以缩小与东部地区的差距。

第二,实现传统产业与数字技术有机融合,加快数字基础设施建设,推进数字产业化,为产业结构升级赋能,从而带动出口产品质量提升。

第三,鼓励创新创业带动就业,培育一批“专精特新”企业和人才,助力提高出口产品质量和推动中小企业发展,完善退税减税政策,在资金、平台方面给予政府支持。中小企业的发展能够为市场注入新鲜血液,促进竞争机制的作用发挥,激发市场活力,推动对外贸易高质量发展。同时,深化改革高校教育模式,对高校科研给予政策和资金上的支持,支持国与国之间的科研协作,培育高技能劳动力和复合型人才。

第四,为了实现发展数字经济对提高出口产品质量的作用,需要全面地提高人力资本投资水平。现阶段中国积累人力资本的方式主要取决于公共教育的基础性贡献。短期内劳动力资本的迅速增加在提升人力资本存量上并不能起到很好的效果，必须通过长时间的积累才能使得人力资本存量稳步提升。由于不同地区的实际情况有很大差异，人力资本的发展战略应根据每个地区的经济发展水平来制定。各地区应根据经济发展现状，致力于教育质量的提高，以达到优化配置的目的。

第五，应加快建立一个具有稳定的市场机制、完善的法律体系和不受限制的对外贸易的全国统一大市场。建立全国性的大市场是建立新的发展模式的关键因素和前提条件。使市场化经营机制灵活而高效运转的基础是深化劳动、人事、分配等企业制度改革。完善干部选拔任用机制，建立以市场为导向的人力资源管理制度，建立可靠的工资与绩效挂钩机制，探索职工参与企业利润分配等多种中长期激励机制；落实"放权、创新、管控、高效服务"的政策，增强市场信心；改善数字经济的治理，确保为企业提供健康的商业环境。

第六，加速贸易数字化的增长。推动企业实体和实践的数字化转型，营造有利于数字商业的环境。完善数字商业便利化政策，加强制度建设能力，健全法律保障系统。继续深化服务业对外开放程度和完善对外开放模式，寻找数字新经济市场准入便利化途径，引进跨国服务企业在中国设立研发和工程机构以及结算中心等，将国际创新资源"引进来"，引进优质 FDI 和高层次人才以优化中国产业结构。以自由贸易试验区、数字服务出口基地和海南自由贸易港为基础，为跨境运输物流、跨境支付、供应链管理等特殊场景设立专用通道，建立安全便捷的国际在线信息平台和专业化的国际信息、知识平台。

第七，拓展数字经济国际合作。大力支持发展"一带一路"、"数字丝绸之路"、《区域全面经济伙伴关系协定》等国际经济交流合作，利用好国际合作带来的发展新机遇，为中国对外贸易创造良好的外部条件。积极推动营造有利于国际合作的环境，保障网络空间主权不受侵犯，维护网络空间国际交流与合作通畅无阻；与世界各国共同构建国际网络空间命运共同体；维护清朗的国际网络空间，推动安全网络、有序网络、安全网络建设。在国际层面合理运用与各国的双边或者多边合作协议，进一步迈向崭新数字经济合作时代。充分利用国际原则和经验，在数据跨境流动、市场准入等关键问题上研究和运用治理原则。加强各国政府间数字经济政策的交流与互鉴，在求同存异的基础上开展数字经济多边合作。推动中国与东盟在智慧城市建设方面的高质量合作，以及中国与中东欧在数字经济方面的合作。在多边经贸合作协议的基础上，开创贸易投资开放的新模式，在数字经济方面，结合当地需求和条件，协调境外数字基础设施合作，与"一带一路"参与国共同建设跨境光缆连接网络基础设施，打造可靠的服务网络和支持区块链应用的平台。

参考文献

[1]董香书,王晋梅,肖翔.数字经济如何影响制造业企业技术创新:基于“数字鸿沟”的视角[J].经济学家,2022(11):62-73.

[2]冯梅.比较优势动态演化明显:中国出口产品质量提高了吗[J].统计研究,2014(5):24-31.

[3]韩峰,庄宗武,李启航.土地市场扭曲如何影响制造业出口产品质量升级:基于土地市场交易数据和制造业企业数据的实证分析[J].经济理论与经济管理,2021,41(3):68-83.

[4]韩会朝,徐康宁.中国产品出口“质量门槛”假说及其检验[J].中国工业经济,2014(4):58-70.

[5]胡国恒,赵雪婷.制度环境、契约密集度与制造业出口产品质量:基于微观数据的研究[J]. 国际经贸探索,2018,34(8):4-18.

[6]荆文君,孙宝文.数字经济促进经济高质量发展:一个理论分析框架[J].经济学家,2019(2): 66-73.

[7]李兵,李柔.互联网与企业出口:来自中国工业企业的微观经验证据[J].世界经济,2017, 40(7):102-125.

[8]李坤望,王有鑫.FDI促进了中国出口产品质量升级吗:基于动态面板系统GMM方法的研究[J].世界经济研究,2013(5):60-66+89.

[9]李亚波,崔洁.数字经济的出口质量效应研究[J].世界经济研究,2022(3):17-32+134.

[10]刘晴,史青,徐蕾.混合贸易企业形成机制及选择行为分析:基于异质性企业贸易理论的视角[J].财经研究,2013,39(6):28-38.

[11]刘志彪.生产者服务业及其集聚:攀升全球价值链的关键要素与实现机制[J].中国经济问题, 2008(1):3-12.

[12]马建堂.数字经济:助推实体经济高质量发展[J].新经济导刊,2018(6):10-12.

[13]明秀南,冼国明.中国高等教育扩招与企业出口产品质量升级[J].国际贸易问题,2021(10):90-104.

[14]欧家瑜,张乃丽.数字经济对中国超大城市高质量发展的治理效应研究:基于产业集聚影响出口产品质量的视角[J].城市问题,2022(3):84-94.

[15]裴长洪,刘斌.中国对外贸易的动能转换与国际竞争新优势的形成[J].经济研究,2019,54(5):4-15.

[16]裴长洪，倪江飞，李越.数字经济的政治经济学分析[J].财贸经济，2018，39(9)：5-22.

[17]齐俊妍，任奕达.数字经济渗透对全球价值链分工地位的影响：基于行业异质性的跨国经验研究[J].国际贸易问题，2021(9)：105-121.

[18]齐俊妍，王永进，施炳展，等.金融发展与出口技术复杂度[J].世界经济，2011，34(7)：91-118.

[19]施炳展，邵文波.中国企业出口产品质量测算及其决定因素：培育出口竞争新优势的微观视角[J].管理世界，2014(9)：90-106.

[20]孙伟增，牛冬晓，万广华.交通基础设施建设与产业结构升级：以高铁建设为例的实证分析[J].管理世界，2022，38(3)：19-34＋58＋35-41.

[21]王瀚迪，袁逸铭.数字经济、目的国搜寻成本和企业出口产品质量[J].国际经贸探索，2022，38(1)：4-20.

[22]王拓，李钢.我国外贸体制改革与国际竞争新优势培育[J].改革，2019(6)：53-62.

[23]魏方.中国出口质量的空间分布、阶梯动态与结构分解[J].国际贸易问题，2019(1)：54-66.

[24]谢杰，陈锋，陈科杰，等.贸易政策不确定性与出口企业加成率：理论机制与中国经验[J].中国工业经济，2021(1)：56-75.

[25]谢靖，王少红.数字经济与制造业企业出口产品质量升级[J].武汉大学学报(哲学社会科学版)，2022，75(1)：101-113.

[26]徐兰，吴超林.数字经济赋能制造业价值链攀升：影响机理、现实因素与靶向路径[J].经济学家，2022(7)：76-86.

[27]许明.提高劳动报酬有利于企业出口产品质量提升吗[J].经济评论，2016(5)：96-109.

[28]许统生，马添翼，余昌龙.贸易政策冲击与中国数字产业出口产品质量升级[J].当代财经，2022(3)：102-113.

[29]姚战琪.协同集聚与出口技术复杂度的多重中介效应研究[J].财经问题研究，2021(4)：37-46.

[30]喻美辞，李琴.出口产品质量与技能工资差距[J].华南农业大学学报(社会科学版)，2020，19(4)：89-104.

[31]杨翔，李小平，周大川.中国制造业碳生产率的差异与收敛性研究[J].数量经济技术经济研究，2015，32(12)：3-20.

[32]张辉，石琳.数字经济：新时代的新动力[J].北京交通大学学报(社会科学版)，2019，18(2)：10-22.

[33]张可云,庄宗武,韩峰.国内超大规模市场、人工智能应用与制造业出口产品质量升级[J].经济纵横,2022(7):1-12+137.

[34]张夏,汪亚楠,施炳展.事实汇率制度、企业生产率与出口产品质量[J].世界经济,2020,43(1):170-192.

[35]张于喆.数字经济驱动产业结构向中高端迈进的发展思路与主要任务[J].经济纵横,2018(9):85-91.

[36]赵涛,张智,梁上坤.数字经济、创业活跃度与高质量发展:来自中国城市的经验证据[J].管理世界,2020,36(10):65-76.

[37]周业安,章泉.财政分权、经济增长和波动[J].管理世界,2008(3):6-15+186.

[38]祝树金,李江,张谦,等.环境信息公开、成本冲击与企业产品质量调整[J].中国工业经济, 2022(3):76-94.

[39]BRAMBILLA I, PORTO G G. High-income export destinations, quality and wages [J]. Journal of international economics, 2016, 98: 21-35.

[40]FOSTER C. Conceptual framework for assessing value in the digital economy in developing countries [R]. Background paper for the UNCTAD information economy report, 2019.

[41]KHANDELWAL A K,SCHOTT P K,WEI S J. Trade liberalization and embedded institutional reform: evidence from chinese exporters [J]. American economic review,2013,103(6): 2169-2195.

[42]SHEWHART W A. Economic quality control of manufactured product [J]. Bell system technical journal, 1930, 9(2):364-389.

“一带一路”倡议对沿线国家的幸福效应研究

汪涌*

摘　要：作为构建人类命运共同体的重要实践途径，“一带一路”倡议自提出以来，一直饱受外界的质疑。本文旨在从幸福感这一终局性指标出发，检验“一带一路”倡议对沿线国家福祉的作用。这既有助于巩固沿线国家民意基础，也能够为跳出原来经济效应框架反驳“中国版马歇尔计划”等论调提供有力支撑。首先，本文基于2009—2019年140个国家的面板数据，利用双重差分法评估了“一带一路”倡议对沿线国家居民幸福感的影响。研究结果表明：(1)“一带一路”倡议对沿线国家的居民幸福感有着显著的正向效应。(2)“一带一路”倡议不仅可以通过改善沿线各国的人均收入提升居民幸福感，还能通过提升沿线国家的政府治理水平增进居民幸福感。(3)“一带一路”倡议显著改善了沿线国家的环境质量，从而增进了沿线国家的居民幸福感。(4)“一带一路”倡议对政府稳定程度高、人口规模大、金融发展水平低以及“丝绸之路经济带”的沿线国家的幸福感改善更为明显。最后，基于研究结论，本文提出如下政策建议：(1)“一带一路”倡议的建设目标应从以经济增长为导向逐步转变为社会全面发展，帮助沿线国家将“一带一路”倡议的经济成果充分吸收，从而推动幸福与经济协同增长。(2)“一带一路”沿线国家不仅要加强经济合作，更要学习和借鉴他国的治理经验，推动完善本国经济治理体系。(3)针对“一带一路”沿线国家的不同特质，应该提出针对性的倡议建设方案，从而更有效地提升沿线国家福祉。

* 汪涌：2020级国际商务专业硕士研究生。导师：郭庆宾教授。

一、研究背景与研究意义

(一)研究背景

幸福感是人类基于当前社会现状与自身标准对生活质量的综合性评估，是由包括生活满意度在内的各维度评价引申出的积极情绪。人们将幸福作为社会发展的终极目标，并将其反映于社会运动和制度保障。幸福感进入经济学家研究范围的契机为第二次世界大战过后。西方发达国家的战后经济逐渐繁荣，但居民幸福感匮乏，传统的西方经济学难以用冰冷的客观指标或福利函数自圆其说，于是学界开始关注人们的幸福体验，并致力于将“幸福”这一含有主观因素的概念指标化、数字化。直到 Easterlin 提出“幸福悖论”——各国经济增长与国民幸福感存在脱钩关系，这标志着幸福感自此开始回归经济学研究的视阈。如果简单地从理论上对“幸福悖论”进行解释，那么可以理解为若经济增长只惠及少数人，而没有显著提高绝大多数居民的收入和生活质量，Easterlin 的“幸福悖论”就可能成立，毕竟越富裕，收入的边际幸福效应越小(万广华和张彤进，2021)，况且还要考虑更多的非经济因素，如个人特征、政治环境等，这些因素也是构建生活质量的重要指标(种聪和岳希明，2020)。至此，越来越多的经济学家、心理学家乃至社会学家开始关注幸福的理论问题(Deaton and Stone，2013)。自我报告式的幸福度量结果逐渐成为政治家们在 GDP 等产出指标以外追求的重要补充，甚至成为某些国家公共政策的另一导向指标(Adler and Seligman，2016)。本文研究的主题也正是居民幸福感。

无论是发达国家还是发展中国家，追求单一的 GDP 指标都有可能会忽略民众的幸福问题，这也导致许多国家与国际组织追寻更为综合的指标来衡量人们的生活质量，其中最出名的莫过于联合国的人类发展指数以及幸福指数。幸福感评价可以作为单一产出指标(如 GDP)的有效补充，而提高国家的居民幸福感也逐渐成为另一重要的公共政策导向。更高的幸福感使人们更具有生产力，而当个人面临意外时，如丧偶、疾病等，生产力将会出现明显下降(Oswald et al.，2015)。Simpson(2013)也指出，在国际迁移行为中，目的地的幸福水平很可能是一个重要的决定因素，即幸福水平很可能通过迁移行为影响当地的人口规模。值得强调的是，能担负起合法国际迁移成本的个人(不考虑难民以及非法移民)往往是具有更高技能的中高端人力资本，能为迁入地注入经济增长的潜在动力。因此，如何提升国家的居民幸福感是政府以及公众应该关注的重点议题。

“一带一路”倡议不仅是造福世界的“发展带”，更是惠及各国人民的“幸福路”。基于双边、多边机制和区域合作平台的“一带一路”倡议以和平发展为基准原则，积极帮助沿线国家建立经济合作伙伴关系，共同打造政治互信、经济融合、文化包容的利益共同体、命运共同体和责任共同体。作为构建人类命运共同体的重要实践途径，2013—2020 年，中国同“一带一路”沿线国家货物贸易累计达 9.2 万亿美元，累计直接投资 1360 亿美元，为当地创造超过 30 万个就业岗位。“一带一路”倡议给沿线各国带去了难得的发展机遇，使普通民众有了明显的参与感、获得感、幸福感。

然而，致力于造福沿线国家人民的“一带一路”倡议自提出以来却受到了外界的许多质疑，如“债务陷阱”“腐败输出”“环境污染”等。许多西方媒体更是认为“一带一路”倡议本质是沿线国家以治理缺位、环境污染等非经济代价换取经济增长，而实际的得利方只有中国。现有关于“一带一路”倡议的研究文献大部分集中于通过“一带一路”倡议的经济效应来验证其属性，鲜有基于幸福感这一终局性指标来进行验证的。从沿线各国居民幸福感的角度出发，检验“一带一路”倡议对沿线国家福祉的作用，既有助于巩固沿线国家民意基础，也能够为跳出原来经济效应框架反驳“中国版马歇尔计划”等论调提供有力支撑。

（二）研究意义

1.理论意义

从居民幸福感的视角考察“一带一路”倡议对沿线各国的幸福效应，对于开拓“一带一路”倡议福祉研究的新视角具有重要理论意义，能够帮助统合现有的研究方向，重新审视“一带一路”倡议的施行效果。同时，将政府治理和环境等非经济因素纳入作用机制范围，并运用中介效应模型检验“一带一路”倡议对居民幸福感的作用机理，探究不同属性国家和地区的异质性规律，可以丰富和完善“一带一路”倡议高质量发展理论体系。

2.现实意义

从居民幸福感的角度考察“一带一路”倡议的福祉效应不仅关系到聚焦消除贫困、增加就业、改善民生，推动共建“一带一路”沿着高质量发展方向不断前进的建设主张，而且有利于巩固“一带一路”倡议的现有成果与沿线国家民意基础，加强中国在“一带一路”倡议中的话语权建设，还能够拓展未来的国际合作空间，完善更加公平合理的国际经济治理体系，同时在国际环境日趋复杂的“十四五”时期为建设更高水平的开放型经济新体制提供新思路，为推动构建人类命运共同体贡献中国智慧、中国方案，提供新经验。

二、文献述评

(一)文献综述

1.幸福感的测度

“幸福”自古以来就是哲学家、社会学家以及心理学家探索的课题。早在古希腊时期,就有许多哲学家对其进行了深入思考与研究。伊壁鸠鲁(Epicurus)较为系统地定义了幸福的概念,他认为幸福的生活是符合人类道德要求并受其指导所进行的,这种幸福能在个人身体与精神层面得到双重体现(张映芹和魏鹏,2010)。但“幸福”的定义至今未达成共识。在当今社会,学者们一般采用个体报告的主观幸福感来度量幸福水平,并认为主观幸福感可以反映人们对生活质量的综合性评价(Diener et al.,1999;冯诗杰等,2014)。

幸福感是指人对自己生活的满意程度和情感体验,主要涵盖三维结构:(1)积极的情感体验,包括快乐、成就感、自豪感等;(2)消极的情感体验,包括羞耻、焦虑、压抑等;(3)对生活各方面的满意度以及综合各维度评价的满意度,涉及职业、婚姻、健康、生存环境等因素。生活满意度即基于社会现状的个人认知层面的维度,通过对量表或问卷中的问题自我打分得到度量结果,其内容不仅反映了客观的生活质量,还综合性地将生活中方各面纳入考虑,涵盖了所有主观幸福感定义中的基本要素,所以在多数研究中可以代替主观幸福感(张进和马月婷,2007;周绍杰等,2015;卢海阳等,2017)。生活满意度与幸福感不但在内涵上差异甚小,而且二者在不同语义境况中的测量结果也基本一致(Veenhoven,1996)。Easterlin(2012)在探讨中国国民幸福感的变化趋势时,将生活满意度作为主观幸福感的替代指标;周绍杰等(2015)也利用生活满意度来衡量主观幸福感,进而探讨公共服务质量对主观幸福感的影响机理。

2.幸福的影响因素

幸福的影响因素研究已相当丰富,按照影响因素涉及的经济主体层次,可以将其划分为微观因素和宏观因素两类文献。

第一类是微观层面影响幸福的因素,它又可以按照研究对象详细划分为个人层面与家庭层面两支。从个人层面来看,学者从消费、年龄、个人选择等不同维度探讨了居民幸福感,如个人消费能影响居民幸福感(胡荣华和孙计领,2015),但其作用相较于个人收入更弱,且消费类型也决定着其具体效果,消费的幸福体验还能通过社会网络作用进行传导(李树和于文超,2020),有学者更进一步地发现幸福感对消费存在反向作用(余樱等,2019)。年龄与幸福感的关系较为明显(李婷,2018),成年人的幸福感一般随时间呈 U 形趋势(Hawkes and Nigel,2012)。还有学者从资源的稀缺性出发,认为个人选择影响长期幸福,因生活目标冲突而进行的取舍往往会造成生活满意度的不稳定。从家庭层面来看,家庭资产和负债被认为是幸福感的重要影响因素(李江一等,2015;Brown and Gray,2016)。住房情况对于居民幸福感也有着显著影响(张翔等,2015;王敏,2019),在家庭住房此类不动产之外,日常金融活动所形成的风险金融资产也会明显影响居民幸福感,并且这种幸福改善具有风险异质性(Merkle et al.,2015;尹志超等,2019)。

第二类则是宏观层面的影响因素,而这类因素与本文的研究内容关系更为密切。这体现在"一带一路"倡议是以国家为单元的国际合作倡议,其影响国民幸福感的路径也主要体现为宏观环境的改善。根据现有文献,本文将宏观层面的影响因素归纳为如下两支:宏观经济因素与宏观非经济因素。

第一支文献可以归纳为宏观经济因素对幸福的影响。早期人们认为幸福仅仅来源于物质财富,所以追求物质生产的不断进步成为一国政府的主要目标。因此,外商投资、经济环境等是一国政府提高居民幸福感的直接途径。直至 Easterlin(1974)提出了"幸福悖论"。正如种聪和岳希明(2020)的研究观点所述,"幸福悖论"的形成主要是因为未考虑收入以外的其他因素。或许相对于国家此类经济体来说,政治环境以及生态环境等外部因素对幸福感的影响更大。

第二支文献可以归纳为宏观非经济因素对幸福感的影响。例如,收入不平等对幸福感有着极为显著的负面作用。当经济成果无法合理地在各类要素间分配,则可能导致国家整体幸福感的滑落。适当的收入差距可以通过"公平偏好"机制提升幸福感,然而过高的收入差距则可能通过"不平等厌恶"机制损害居民的幸福感。

在收入分配过程中,政府往往扮演着尤为重要的角色。合格的政府应该考虑如何以恰当的财政政策与税收法律来达成经济成果在各类要素、各收入阶层间的公正分配。所以当政府官员涉及权力寻租等贪污腐败事件时,不仅有害社会公平公正,还会因此对国民幸福感产生严重的消极影响(Knight and Gunatilaka,2011)。当然,在政府治理外,还有学者关注非正式制度安排对民众幸福感的影响,比如 Stavrova 等(2013)就关注了宗教参与与幸福感的因果关系。

3."一带一路"倡议的施行效果

"一带一路"倡议的社会效应文献可以根据研究对象划分为两类:一是"一带一路"倡议对中国的影响研究,即从中国受益的视角来考察"一带一路"倡议的作用,如中国的对外投资与贸易、经济增长与结构升级(方慧和赵胜立,

2021)、全球价值链攀升(邱雪情等,2021)等。二是"一带一路"倡议对沿线国家的影响研究,即部分学者站在"非我"的立场上,以"一带一路"沿线国家为研究对象,分别从其环境污染(曹翔等,2020)、债务(邱煜等,2021)以及民生发展(吕炜和李晓伟,2021)等角度证实了"一带一路"倡议的积极影响,有力回应了外界对"一带一路"倡议的质疑,反驳了众多有关"一带一路"倡议的负面评价。

从自身出发,研究"一带一路"倡议的施行对中国内部沿线省份、城市乃至微观企业影响的文献相当丰富。在经济效应领域,郭爱君等(2019)、王亦虹和田平野(2021)均以双重差分法发现了"一带一路"倡议对沿线地区经济增长产生的效应,而提高资源配置效率、发展对外投资与贸易正是"一带一路"倡议带动沿线地区经济增长的有力抓手(周伯乐等,2020;张鹏飞和谢识予,2020;张倩倩等,2020)。进一步探索"一带一路"倡议促进经济增长的深层次动力,又有两支文献映入眼帘:产业结构与地区创新。傅京燕和程芳芳(2021)从地级市的空间尺度探讨了"一带一路"倡议对中国产业结构的升级作用,并且发现这种提升作用存在时间滞后性。张涵和杨晓昕(2021)则从创新集聚的视角出发探讨了"一带一路"倡议的施行效果,并且强调了"一带"节点城市从中受益而"一路"节点城市遭到抑制的异质性表现。

还有部分学者站在"非我"的视角探讨"一带一路"倡议的施行效果。从经济发展来看,"一带一路"倡议降低了中国企业对外直接投资的风险(尹华等,2021),增强了中国企业对"一带一路"沿线国家的交通投资力度(金刚和沈坤荣,2019),进而提升了"一带一路"沿线国家的基础设施绩效(Yang et al.,2020),显著提高了"一带一路"沿线国家的人均 GDP 与就业率(宋弘等,2021)。而"一带一路"倡议的经济效应又会带动沿线国家的财政收入与个人收入增加,削弱沿线国家的债务陷阱风险(鲍洋,2020;杨权和汪青,2021),进一步提高政府用于社会支持领域的资金预算并扩大个人选择自由的可行集合。

(二)文献评述

综上所述,目前鲜有文章基于"一带一路"沿线国家的居民幸福感这一终局性指标进行倡议效果评估。现有研究已经对幸福感的衡量方法、影响因素以及"一带一路"倡议对沿线国家经济社会的影响展开了深入探讨,取得了较为丰硕的成果,为本研究的顺利展开奠定了良好基础。然而现有研究仍在以下方面存在不足:(1)现有对幸福感影响因素的研究多从某一特定角度出发,考察其对幸福的局部性影响,缺乏探讨宏观政策如何以其多方面的社会效果影响居民幸福感的机理研究。(2)现有针对"一带一路"倡议的研究大多从中国如何受益的角度去评估"一带一路"倡议的建设成效,站在"非我"角度验证"一带一路"倡议合作共赢属性的经验研究仍然相对稀少,并且角度较为分散,尤其缺乏基于居民幸福感这一终局性指标而整体全面考察“一带一路”倡议施行效果的研究。

三、研究设计

(一)模型设定

根据幸福感变化在时间以及空间维度上的双重差异，本文采用双重差分法识别“一带一路”倡议对于沿线国家居民幸福感的影响，具体模型设定如下：

$$LifeLadder_{ct}=\beta_0+\beta_1 DID_{ct}+\beta_2 control_{ct}+\eta_c+\gamma_t+\varepsilon_{ct} \tag{1}$$

其中，$LifeLadder_{ct}$ 是被解释变量，代表居民幸福指数，用于衡量各国居民幸福感；DID_{ct} 为核心解释变量，$DID_{ct}=obor_c\times post_t$，本文处理组为“一带一路”沿线国家，控制组为非沿线国家①。下标 c 和 t 代表国家和年份；$control_{ct}$ 表示控制变量；η_c 表示固定国家层面的个体效应，γ_t 表示固定年份的时期效应；ε_{ct} 代表随机扰动项。

(二)变量说明

1.被解释变量

居民幸福感($LifeLadder$)。本文选取联合国发布的《世界幸福指数报告》中的生活阶梯指数作为代理变量，该报告含有三个主观指标，分别为生活阶梯、积极影响与消极影响，后两者过于注重情绪因素，不宜作为居民幸福感的代理指标。生活阶梯也叫作“坎特里尔阶梯”，它是指调查对象以 0—10 为区间，为自己目前的生活状况打分而得到生活满意度评分。此指标包含受访者的主观感受，同时也受到客观生活质量的影响，被广泛用于衡量各国的居民幸福感。

2.核心解释变量

“一带一路”沿线国家交互项 $DID_{ct}(=obor_c\times post_t)$。$obor_c$ 为处理组别虚拟变量，$post_t$ 为时间虚拟变量。

3.控制变量

除了“一带一路”倡议会影响沿线各国居民幸福感外，还有其他因素可能会影响居民幸福感。本文选取了三个控制变量，分别为人口密度($popden$)、开放程度($open$)、国内储蓄(sav)。国家人口密度大有利于经济集聚，但也有可能造成交通拥堵、资源分配紧张、环境破坏等负面社会效应，不利于居民幸福；开放程度以进出口贸易占 GDP 份额代表，除了带来经济效应外，还可能通过通货膨

① 由于部分“一带一路”沿线国家幸福指数数据缺失严重，删去无幸福指数数据的国家后仅有 58 个沿线国家，同时考虑到“一带一路”沿线国家的参与程度，本文将 2019 年中国对外投资存量占所有“一带一路”沿线投资约 75%的 37 国作为沿线国家，其余为非沿线国家，处理组与控制组总样本为 140 国。

胀与失业率影响居民幸福感；国内储蓄则是衡量了居民在消费与储蓄之间的分配，而居民消费对幸福感也会产生影响。

(三)数据来源与变量描述

本文选择140个国家作为样本，为了避免2008年金融危机对居民幸福感的冲击以及囿于部分变量最新数据的可得性，数据时间跨度选为2009—2019年，变量数据描述见表1。

表1　变量描述性统计

变量标识	变量名称	变量定义	数据来源	样本量	均值	标准差
LifeLadder	居民幸福感	居民生活满意度	《世界幸福指数报告》	1295	5.431	1.131
free	个人选择自由	人们对生活抉择的自由程度	《世界幸福指数报告》	1276	0.811	0.121
soc	社会支持	社会对弱势群体的支持力度	《世界幸福指数报告》	1284	0.750	0.140
ln*dis*	地理距离	各国与中国首都距离的对数	CEPII数据库	1529	8.974	0.489
sav	国内储蓄	国内储蓄占GDP份额	世界银行WDI数据库	1495	20.477	18.410
popden	人口密度	每平方公里人口数	世界银行WDI数据库	1392	184.907	671.587
open	开放程度	进出口贸易占据GDP份额	世界银行WDI数据库	1498	85.314	47.115
gov	政府稳定程度	政府稳定与非暴乱	世界银行WGI数据库	1538	−0.207	0.981
ln*pop*	人口规模	人口数量的对数	世界银行WDI数据库	1540	16.308	1.515
fd	金融发展水平	私人贷款占GDP的比重	世界银行WDI数据库	1503	53.557	43.886
ln*pgdp*	人均收入	人均GDP的对数	世界银行WDI数据库	1508	8.560	1.492

续表

变量标识	变量名称	变量定义	数据来源	样本量	均值	标准差
pov	国际贫困率	日均收入5.5美元以下的人口比例	世界银行WDI数据库	1063	40.187	35.848
ap	空气污染	以$PM_{2.5}$浓度衡量空气污染	世界银行WDI数据库	1242	30.064	18.854
wgi	政府治理水平	WGI六个指标主成分分析得到	世界银行WGI数据库	1538	−0.023	1.010
coc	腐败控制	腐败的控制程度	世界银行WGI数据库	1538	−0.086	1.011

注：样本缺失使得不同变量的样本量并非完全一致。

四、核心内容

（一）基准回归结果分析

这部分估计了“一带一路”倡议对沿线国家居民幸福感改善的综合效应。对式(1)进行回归估计，回归结果如表2所示。第(1)列汇报的是不加个体效应与时期效应的回归结果，其回归结果表明“一带一路”倡议对于沿线国家的幸福效应在5%的统计水平上显著为正。第(2)列汇报了在第(1)列基础上固定国家层面的个体效应的回归结果，其结果表明“一带一路”倡议在5%的统计水平上显著地提升了沿线国家的居民幸福感，并且其系数不仅在统计显著性上有所提升，经济意义也明显增强。第(3)列展示了固定个体效应与时期效应的回归结果，其结果与第(2)列结果保持基本一致，且与后文的稳健性检验结果基本一致。因此根据基准回归结果，我们有理由相信：“一带一路”倡议实施对沿线国家居民幸福感有显著的正向作用。

表2　基准回归结果

	LifeLadder		
	(1)	(2)	(3)
DID	0.1689** (0.0727)	0.1654** (0.0733)	0.1622** (0.0736)
control	是	是	是

续表

	LifeLadder		
	(1)	(2)	(3)
个体效应		是	是
时期效应			是
R^2	0.0228	0.0238	0.0494
样本量	1154	1154	1154

注：括号内为国家层面的聚类稳健标准误，*、** 和 *** 分别表示 10%、5% 和 1% 的显著性水平，如无特别注明，以下各表同。

（二）*DID* 设定的有效性检验

1.平行趋势检验

利用双重差分法考察“一带一路”倡议对沿线国家的幸福效应的前提是沿线国家与非沿线国家的居民幸福感在倡议施行前并无显著的趋势差异。为此，本文验证设定模型如下：

$$LifeLadder_{ct} = \alpha + \sum_{k=-4,k\neq 0}^{k=6} \beta_k obor_c \times year_k + \beta_2 control_{ct} + \eta_c + \gamma_t + \varepsilon_{ct} \quad (2)$$

其中，$LifeLadder_{ct}$ 仍为 c 国家在 t 年的居民幸福指数，$obor_c \times year_k$ 为一系列虚拟变量，表示沿线国家 c 参与“一带一路”建设的第 k 年。当 $k<0$ 时，β_k 估计结果均不显著，当 $k>0$ 时，β_k 估计结果开始显著，表明“一带一路”倡议施行前，沿线国家与非沿线国家的居民幸福感发展趋势并不存在显著差异，但是“一带一路”倡议实施后，二者发展趋势有了明显区别（见图 1）。因此，本文的平行趋势假设成立。

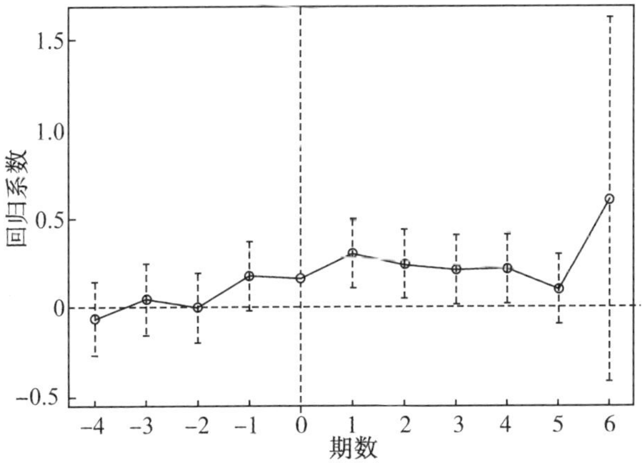

图 1　平行趋势检验结果

2.安慰剂检验

为了避免“一带一路”倡议对沿线国家的幸福效应受到其他遗漏变量的干扰，本文通过在全样本中随机选择 37 个样本作为虚假处理组并重复抽样 1000 次来进行安慰剂检验。

依据经济理论，虚假处理组的 DID_{ct} 应当不会对被解释变量产生影响。图 2 报告了估计系数的概率密度分布图。其结果表明，随机抽样得到的虚假处理组的回归估计值集中分布在 0 附近，而基准回归结果（16.22%）位于整个分布之外。因此，可以间接地证明不存在其他随机因素干扰基本结论的成立。综上所述，“一带一路”倡议对于沿线国家的幸福改善作用并未受到遗漏变量的干扰。

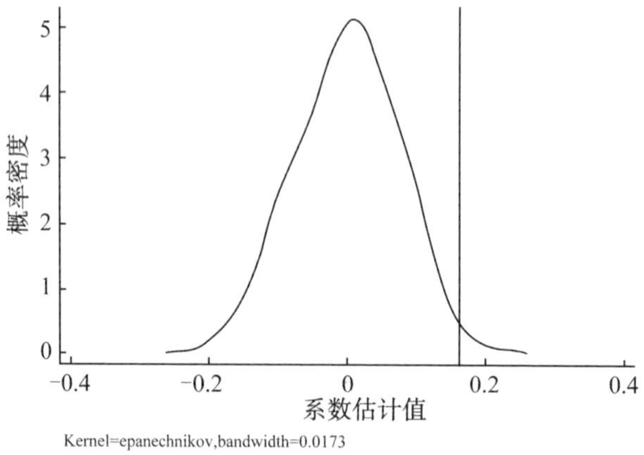

图 2 安慰剂检验结果

（三）机制分析

根据前文的文献梳理和“一带一路”倡议的具体措施，我们已经展示出可能存在的五条“一带一路”倡议影响沿线国家居民幸福感的路径，接下来本部分将验证这五条路径的可行性。

第一步，要检验“一带一路”倡议是否对上述五条路径产生了影响。影响路径的有效性识别结果如表 3 所示，第（1）列结果验证“一带一路”倡议通过改善人均收入提升居民幸福感的路径有效性，结果表明“一带一路”倡议在 5%的显著性水平下对沿线国家存在收入改善效应。第（2）列为政府治理水平路径，结果显示在 1%的显著性水平下，“一带一路”倡议确实能改善沿线国家的政府治理状况；同时，本文还使用腐败控制作为政府治理水平的代理变量进行回归，发现“一带一路”倡议显著提高了沿线国家的腐败控制水平，从而否定了“输出腐败”的论调，此处限于篇幅，表 3 不再进行展示。第（3）列是空气污染路径，结果显示"一带一路"倡议对沿线国家的空气污染产生了显著的削弱作用，否定了"一带一路"倡议会污染沿线国家环境的说法，表明"一带一路"倡议正在改善沿线国家的空气质量。第(4)列结果显示社会支持是否受到"一带一路"倡议的影响，结果发现倡议对社会支持有着显著正向作用。第(5)列检验了"一带一路"倡议对个人选择自由的影响，结果发现依然正向显著。

表 3　"一带一路"倡议影响路径有效性识别结果

	(1)	(2)	(3)	(4)	(5)
	ln*pgdp*	*wgi*	*ap*	*soc*	*free*
DID	0.0474** (0.0200)	0.0952*** (0.0313)	−2.0779*** (0.5443)	0.0298*** (0.0081)	0.0336** (0.0142)
control	是	是	是	是	是
个体效应	是	是	是	是	是
时期效应	是	是	是	是	是
R^2	0.4122	0.0806	0.1224	0.0522	0.2257
样本量	1337	1363	1215	1224	1137

第二步，上述影响路径被证实有效后，需要检验其是否为"一带一路"倡议提升沿线国家居民幸福感的中介机制。此处在第一步路径有效性识别的基础上，参考温忠麟和叶宝娟(2014)的分析模型，构造如下检验方程：

$$M_{ct}=\alpha_0+\alpha_1 DID_{ct}+\alpha_2 control_{ct}+\eta_c+\gamma_t+\varepsilon_{ct} \tag{3}$$

$$LifeLadder_{ct}=\varphi_0+\varphi_1 DID_{ct}+\varphi_2 M_{ct}+\varphi_3 control_{ct}+\eta_c+\gamma_t+\varepsilon_{ct} \tag{4}$$

其中，M_{ct}为中介变量，包括人均收入(ln*pgdp*)、政府治理水平(*wgi*)、空气污染(*ap*)、社会支持(*soc*)、个人选择自由(*free*)；倡议的总效应为 β_1，直接效应为 φ_1。前文中 β_1 显著为正，根据中介效应模型的检验步骤，如果回归中 φ_1 为正且在统计水平上显著，$\alpha_1\varphi_2$ 与 φ_1 同号，且 φ_1 的系数较 β_1 有所减小，则说明 M_{ct} 是部分中介变量，变量 M_{ct} 的间接效应(中介效应)为 $\alpha_1\varphi_2$；如果 φ_1 显著为正，且 φ_1 的系数较 β_1 有所增大，$\alpha_1\varphi_2$ 与 φ_1 异号，则说明 M_{ct} 产生了遮掩效应，变量 M_{ct} 的间接效应为绝对值$|\alpha_1\varphi_2|$，如果 φ_1 不显著 φ_2 显著，则 M_{ct} 为完全中介变量。

中介机制检验结果如表 4 所示。第(1)、(2)、(5)列结果 φ_1 显著为正，$\alpha_1\varphi_2$ 与 φ_1 同号且 φ_1 的系数有所减小；第(3)列结果 φ_1 显著为正，且 φ_1 的系数有所增大；第(4)列社会支持渠道中的 *DID* 系数并不显著。

第(1)、(2)、(5)列结果表明所选的中介变量均为部分中介变量，且符合理论预期。但是第(3)列结果表明所选的空气污染变量产生了遮掩效应,说明总效应可能被低估,即“一带一路”倡议所带来的幸福感提升作用可能要更大。第(4)列结果表明,在社会支持中介机制检验中,“一带一路”倡议施行后的平均效应虽然在10%的统计水平上并不显著。本文认为社会支持渠道的*DID*系数不显著有可能是“一带一路”倡议对沿线国家幸福效应随时间持续衰弱导致的。在缩短样本期间至2009—2017年重新回归后发现,社会支持渠道的*DID*系数呈现出统计显著性,这间接验证了上述想法的合理性。

表4　中介机制检验结果

	LifeLadder				
	(1)	(2)	(3)	(4)	(5)
	ln*pgdp*	*wgi*	*ap*	*soc*	*free*
DID	0.1273* (0.0712)	0.1340* (0.0743)	0.2022*** (0.0741)	0.1084 (0.0684)	0.1234* (0.0730)
ln*pgdp*	0.8033*** (0.2168)				
wgi		0.3565* (0.2042)			
ap			0.0142*** (0.0050)		
soc				1.8757*** (0.3760)	
free					0.9165*** (0.2835)
control	是	是	是	是	是
个体效应	是	是	是	是	是
时期效应	是	是	是	是	是
R^2	0.0847	0.0585	0.0518	0.1025	0.0752
样本量	1143	1153	1022	1149	1137

(四)异质性分析

“一带一路”沿线国家众多,制度文化、发展阶段与模式都存在显著差异,这致使“一带一路”倡议对沿线各国居民幸福感产生异质性影响,因此本文从以下四个角度进行考察:政府稳定程度、人口规模、金融发展水平、“一带”还是“一路”国家。

异质性的模型设计按照变量数据均值进行分组，小于变量均值的为低值组，大于等于变量均值的为高值组，通过比较回归系数的经济与统计显著性来考察“一带一路”倡议幸福效应在不同沿线国家的异质性，回归的同时也控制各自变量本身。

表5第(1)列、第(2)列展示了政府稳定程度的异质性分析结果，分析发现政府稳定程度低值组的回归系数虽然为正，但是并不具备统计显著性；而政府稳定程度高值组的回归系数不仅数值更大，并且在1%的统计水平上显著为正。这说明“一带一路”倡议若在政府稳定程度高的国家施行，更容易让居民产生幸福感，同时政府稳定程度更高的国家也更能积极参与“一带一路”倡议，通过区域经济合作提升国内居民生活质量。

表5第(3)列、第(4)列展示了国家人口规模的异质性分析结果，分析发现人口规模低值组的回归系数虽然为正，但是并不具备统计显著性；而人口规模高值组的回归系数不仅数值略微增大，并且在10%的统计水平上显著为正。这表明“一带一路”倡议若在人口规模较大的沿线国家施行，能增强“一带一路”倡议的幸福效应，可能是因为充足的人口表现出更多的规模效应，可以在经济发展时期提供足够的劳动力和市场，并助推经济集聚，进而增进居民福祉。

表5　异质性分析结果一

	LifeLadder			
	(1)	(2)	(3)	(4)
	政府稳定程度低	政府稳定程度高	人口规模小	人口规模大
DID	0.1020 (0.0975)	0.2821*** (0.0941)	0.1770 (0.1085)	0.1781* (0.0970)
control	是	是	是	是
个体效应	是	是	是	是
时期效应	是	是	是	是
R^2	0.0674	0.1047	0.1099	0.0507
样本量	550	603	562	592

表6第(1)列、第(2)列展示了金融发展水平的异质性分析结果，分析发现金融发展水平低值组的回归系数不仅显著为正，还在数值上较基准回归系数提高了约9个百分点；而金融发展水平高值组的回归系数小于0，并且不具备统计显著性。这表明“一带一路”倡议若在金融发展不完善的沿线国家施行，同样也能增强“一带一路”倡议的幸福效应，可能是因为在不完善的金融发展无法助力

国家经济发展时,“一带一路”倡议所带来的外资机遇更能有所作为,可以为经济发展提供充裕的资本。

表6第(3)列、第(4)列展示了“一带”国家与“一路”国家的异质性分析结果,从分组回归结果中可以看出,“一带一路”倡议对“一带”国家的居民幸福感影响更为明显,其显著性较基准回归均有明显提升,而“一带一路”倡议对“一路”国家居民幸福感的影响并不显著,可能是“一带”国家发展水平相对于“一路”国家整体偏低所导致的(赵明亮,2017),因此“一带一路”倡议对“一带”国家居民幸福感的可提升空间更大。

表6 异质性分析结果二

	LifeLadder			
	(1)	(2)	(3)	(4)
	金融发展水平低	金融发展水平高	“一带”国家	“一路”国家
DID	0.2523*** (0.0831)	−0.1593 (0.1092)	0.2807*** (0.0876)	−0.0031 (0.1010)
control	是	是	是	是
个体效应	是	是	是	是
时期效应	是	是	是	是
R^2	0.0820	0.0707	0.0720	0.0408
样本量	693	453	1009	949

(五)研究结论

本文基于“一带一路”倡议使用双重差分法研究了“一带一路”倡议对沿线国家居民幸福感的影响。研究结果表明:(1)“一带一路”倡议对沿线国家的居民幸福感有着显著的正向效应,但是这种效应随着时间逐渐减弱。(2)通过“一带一路”倡议对居民幸福感的中间机制分析发现,“一带一路”倡议不仅能通过改善沿线各国的人均收入提升居民幸福感,还能通过提升沿线国家的政府治理水平增进居民幸福,说明“一带一路”倡议确实有利于全球治理水平的提升,是构建人类命运共同体的有效实践。(3)通过“一带一路”倡议对居民幸福感影响的中间机制分析发现,“一带一路”倡议造成沿线国家政府治理缺位与空气污染的担忧从数据层面被否定,从而为“一带一路”建设的持续发展提供了话语权支撑。(4)“一带一路”倡议对政府稳定程度高、人口规模大、金融发展水平较低、“丝绸之路经济带”的沿线国家居民幸福感改善更为明显。综上所述,本文从

“一带一路”沿线各国居民幸福感的角度对倡议的实施效果进行评估，对高质量推进“一带一路”倡议具有重要导向意义。

五、政策建议

基于上述研究结论，本文提出如下政策建议：

第一，推动幸福与经济的同步增长。从“一带一路”倡议对沿线国家的幸福效应在后期逐渐衰减并不再显著这一结果来看，追求 GDP 等单一经济指标的“一带一路”倡议建设可能会引发新的“幸福悖论”，从而无法满足沿线国家的居民需求。只关注经济增长可能导致一系列社会问题，不利于社会稳定和人民幸福，从而导致“一带一路”倡议对沿线国家的建设意义不断弱化；同时，前期追求经济快速繁荣而牺牲的资源、环境，后期可能需要以更大代价弥补，更加不利于中国的国际话语权建设。因此若要高质量推进“一带一路”建设，经济增长与居民幸福协同进步或是关键，将“一带一路”倡议的建设方向逐步聚焦于公平分配、基础教育、卫生健康等领域，将居民幸福感等作为衡量社会经济进步的补充指标，或可避免产生经济发展无法转化为居民幸福感的“脱钩”现象。

第二，完善“一带一路”沿线国家的经济治理体系。“一带一路”沿线国家不仅要加强经济合作，更要学习和借鉴他国的治理经验。“一带一路”不仅是区域经济合作倡议，更是以自愿和公平为原则的治理经验分享平台，同时治理水平的提高能增加居民幸福感，因此“一带一路”倡议参与国家之间应加强平等对话，分享、学习彼此的治理经验，加深对彼此制度与治理模式的了解，同时增强自身的治理能力，积极参与全球经济治理体系改革，推动完善更加公平合理的沿线国家经济治理体系。

第三，发挥“一带一路”沿线国家优势并弥补自身短板。为了更好地发挥“一带一路”倡议的经济效应与幸福效应，沿线各国应该积极发挥自身优势并弥补自身短板，以吸收转化“一带一路”倡议的建设成果。对于国内金融发展不完善的沿线国家而言，“一带一路”倡议的机遇更为难得。因此，金融发展水平较低的沿线国家更应该提高政府稳定程度以降低外资的政治风险，从而加强对外资的吸引力。而对于人口规模较大但缺乏发展资金的国家来说，更应注重提高国民教育水平，抓住人口规模优势的同时在长期发展中将其转化为本国的人才优势。同时注意将经济发展成果落实为居民配套生活设施，避免人口规模的拥挤效应损害国民幸福感。

参考文献

[1]鲍洋."一带一路"倡议会引发"债务陷阱"吗:基于中国对外投资合作的视角[J].经济学家,2020(3):45-55.

[2]曹翔,滕聪波,张继军."一带一路"倡议对沿线国家环境质量的影响[J].中国人口·资源与环境,2020,30(12):116-124.

[3]方慧,赵胜立."一带一路"倡议促进了中国产业结构升级吗:基于285个城市的双重差分检验[J].产业经济研究,2021(1):29-42.

[4]冯诗杰,李宪,袁正.医疗保险与城镇老年人幸福感[J].消费经济,2014,30(2):84-89.

[5]傅京燕,程芳芳."一带一路"倡议对中国沿线省份产业结构升级的影响研究[J].经济经纬,2021,38(3):66-75.

[6]郭爱君,朱瑜珂,钟方雷."一带一路"倡议对我国沿线地区开放型经济发展水平的影响效应评估:基于"准自然实验"分析[J].经济问题探索,2019(9):59-71.

[7]胡荣华,孙计领.消费能使我们幸福吗[J].统计研究,2015,32(12):69-75.

[8]金刚,沈坤荣.中国企业对"一带一路"沿线国家的交通投资效应:发展效应还是债务陷阱[J].中国工业经济,2019(9):79-97.

[9]李江一,李涵,甘犁.家庭资产—负债与幸福感:"幸福—收入"之谜的一个解释[J].南开经济研究,2015(5):3-23.

[10]李树,于文超.幸福的社会网络效应:基于中国居民消费的经验研究[J].经济研究,2020,55(6):172-188.

[11]李婷.哪一代人更幸福:年龄、时期和队列分析视角下中国居民主观幸福感的变迁[J].人口与经济,2018(1):90-102.

[12]卢海阳,杨龙,李宝值.就业质量、社会认知与农民工幸福感[J].中国农村观察,2017(3):57-71.

[13]吕炜,李晓伟."一带一路"沿线国家民生发展评估实证[J].数量经济技术经济研究,2021,38(4):83-102.

[14]邱雪情,卓乘风,毛艳华."一带一路"能否助推我国全球价值链攀升:基于基础设施建设的中介效应分析[J].南方经济,2021(6):20-35.

[15]邱煜,潘攀,张玲."中国方案"果真布局了债务陷阱吗:来自"一带一路"倡议的经验证据[J].世界经济研究,2021(7):120-134+137.

[16]宋弘,罗长远,栗雅欣.对外开放新局面下的中国国家形象构建:来自"一带一路"倡议的经验研究[J].经济学(季刊),2021,21(1):241-262.

[17]万广华，张彤进.机会不平等与中国居民主观幸福感[J].世界经济，2021，44(5)：203-228.

[18]王敏.住房、阶层与幸福感：住房社会效应研究[J].华中科技大学学报(社会科学版)，2019，33(4)：58-69.

[19]王亦虹，田平野."一带一路"倡议对中国节点城市经济增长的影响：基于284个城市的面板数据[J].软科学，2021，35(5)：43-49.

[20]温忠麟，叶宝娟.中介效应分析：方法和模型发展[J].心理科学进展，2014，22(5)：731-745.

[21]杨权，汪青."一带一路"倡议对沿线国家政府债务的影响[J].财政研究，2021(2)：111-129.

[22]尹华，胡南，谢庆."一带一路"倡议的对外直接投资风险降低效应：基于中国制造业企业的研究[J].国际商务(对外经济贸易大学学报)，2021(3)：65-81.

[23]尹志超，岳鹏鹏，陈悉榕.金融市场参与、风险异质性与家庭幸福[J].金融研究，2019(4)：168-187.

[24]余樱，景奉杰，杨艳.怎样花钱更幸福？购买类型对幸福感的影响[J].心理科学进展，2019，27(12)：2133-2140.

[25]张涵，杨晓昕."一带一路"倡议如何影响城市创新集聚方向：来自我国地级市的经验证据[J].国际贸易问题，2021(5)：127-142.

[26]张进，马月婷.主观幸福感概念、测量及其与工作效能变量的关系[J].中国软科学，2007(5)：60-68.

[27]张鹏飞，谢识予."一带一路"倡议与中国对外直接投资：基于双重差分法的实证分析[J].投资研究，2020，39(11)：88-95.

[28]张倩倩，刘瑞凝，丁日佳."一带一路"倡议对我国沿线省份贸易规模和贸易效率的影响：基于双重差分模型的实证[J].海南大学学报(人文社会科学版)，2020，38(2)：46-55.

[29]张翔，李伦一，柴程森，马双.住房增加幸福：是投资属性还是居住属性？[J].金融研究，2015(10)：17-31.

[30]张映芹，魏鹏.幸福经济学的发展轨迹探析[J].经济社会体制比较，2010(3)：183-188.

[31]赵明亮.国际投资风险因素是否影响中国在"一带一路"国家的OFDI：基于扩展投资引力模型的实证检验[J].国际经贸探索，2017，33(2)：29-43.

[32]种聪，岳希明.经济增长为什么没有带来幸福感提高：对主观幸福感影响因素的综述[J].南开经济研究，2020(4)：24-45.

[33]周伯乐,葛鹏飞,武宵旭."一带一路"倡议能否改善中国的资本错配[J].山西财经大学学报,2020,42(7):31-42.

[34]周绍杰,王洪川,苏杨.中国人如何能有更高水平的幸福感:基于中国民生指数调查[J].管理世界,2015(6):8-21.

[35]ADLER A,SELIGMAN M E P. Using wellbeing for public policy: theory, measurement, and recommendations [J]. International journal of wellbeing, 2016,6(1):1-35.

[36]BROWN S, GRAY D. Household finances and well-being: an empirical analysis of comparison effects [J]. Journal of economic psychology, 2016, 53(4): 17-36.

[37]DEATON A, STONE A A. Two happiness puzzles [J]. The American economic review,2013,103(3):591-597.

[38]DIENER E, SUH E M, LUCAS R E, et al. Subjective well-being: three decades of progress [J]. Psychological bulletin, 1999, 125(2): 276-302.

[39]EASTERLIN R A, MORGAN R, SWITEK M, et al. China's life satisfaction, 1990-2010 [J]. Proceedings of the national academy of sciences, 2012, 109(25): 9775-9780.

[40]HAWKES N. Happiness is a U shaped curve, highest in the teens and 70s, shows survey [J]. BMJ, 2012,344(7846):1.

[41]JACKSON J. Free tobe happy: economic freedom and happiness in US States [J]. Journal of happiness studies, 2017, 18(4): 1207-1229.

[42] KNIGHT J, GUNATILAKA R. Does economic growth raise happiness in China [J]. Oxford development studies, 2011, 39(1): 1-24.

[43]MERKLE C, EGAN D P, DAVIES G B. Investorhappiness [J]. Journal of economic psychology, 2015,49(8):167-186.

[44]OSWALD A J, PROTO E, SGROI D. Happiness and productivity [J]. Journal of labor economics, 2015, 33(4): 789-822.

[45]SIMPSON N B. Happiness and migration [M]//CONSTANT A F, ZIMMERMANN K F. International handbook on the economics of migration. Cheltenham:Edward Elgar Publishing, 2013:393-409.

[46]STAVROVA O,FETCHENHAUER D,SCHLÖSSERA T. Why are religious people happy? the effect of the social norm of religiosity across countries [J]. Social science research, 2013, 42(1):90-105.

[47]VEENHOVEN R. Happy life-expectancy [J]. Social indicators research,

1996，39(1)：1-58.

[48]YANG G J，HUANG X H，HUANG J H，et al. Assessment of the effects of infrastructure investment under the belt and road initiative [J]. China economic review，2020，60：101418.

主权信用评级对新兴市场国家资本流动的影响分析

李青茹*

摘　要：随着新冠疫情的持续性蔓延以及贸易保护主义的抬头，全球融资环境呈现紧张的态势，如何吸引资本流入成为新兴市场当下的重要课题之一。而主权信用评级作为减缓市场信息不对称的重要工具，对资本流动的影响不可忽视。本文选取36个新兴市场国家1995—2021年的跨国面板数据作为样本，探究主权信用评级对新兴市场国家资本流动的影响。本文研究了主权信用评级分别对长期、短期市场资本流动的影响；检验了主权信用评级对短期资本流动的影响机制，探究了利率和汇率的调节作用；对区位因素做了异质性分析。本文的研究结果表明：(1)主权信用评级与新兴市场国家的长期资本流动呈现正向的线性关系，即主权信用评级越高，流入新兴市场国家的长期资本越多。(2)主权信用评级与新兴市场国家的短期资本流动整体上呈现倒U形关系。(3)新兴市场国家利率对主权信用评级与短期资本流动的倒U形关系的调节作用是双向的，高利率会加强主权信用评级与短期资本流动之间的倒U形关系；汇率对倒U形的调节作用是单向的，汇率仅在倒U形的右侧发挥调节作用。(4)亚洲地区新兴市场国家的主权信用评级与短期资本流动存在明显的倒U形关系，但非亚洲地区新兴市场国家仅显示出负向的线性关系。

一、研究背景与研究意义

(一)研究背景

受新冠疫情的影响，发达经济体的央行开始加息以应对国内通货膨胀，全

* 李青茹：2020级国际商务专业硕士研究生。导师：黄景贵教授、周嘉讲师。

球融资环境呈现紧缩态势。若其他国家不相应收紧国内货币政策，则全球融资环境收紧产生的借款成本上升将给其国际储备带来压力，并导致其货币对美元的贬值。这将引发拥有美元净负债的经济体的资产估值损失，缩减政府提供财政支持政策的空间。根据国际货币基金组织（IMF）2022 年 7 月发布的《世界经济展望报告》，60％的低收入国家已经处于或即将陷入政府债务困境（遭遇债务重组或累积了欠款）。新兴市场银行持有的国内主权债务大幅上升，意味着其债务脆弱性以及融资风险性加剧。若新兴市场和发展中经济体能够维持或提高资本流入的规模，则可能有效缓解这一风险。

受贸易保护主义观点的影响，全球及各经济体外国直接投资流入量自 2016 年开始有明显的下降趋势。随着 2020 年新冠疫情的暴发，各国实施的封锁措施使全球的资本流动进一步受阻，流向新兴市场国家工业和基础设施项目的绿地投资再次遭受严重的打击。虽说在此次冲击下，各新兴市场国家的承受能力表现出一定程度上的差异，但从总体来看，新兴市场国家经济仍具有内在的金融脆弱性（钟红和刘家琳，2021）。吸引资本流入、推动可持续发展、实现经济复苏仍是新兴市场国家当下的重要课题之一。

资本流动会对主权信用评级调整做出强烈反应，并参考其信息权衡风险收益，实现资产重新配置（Kenourgios et al.，2020）。而主权信用评级作为一项重要的投资参考指标，它考虑了政治环境、法律环境、经济发展水平、市场透明度等多项因素，是主权信用风险的直接反映。主权信用评级能够通过信用风险提示改变主权国家的利率，进而影响主权国家的融资环境和金融体系韧性。基于上述国际形势及各新兴市场国家主权信用评级调整带来的资本流动，研究主权信用评级对新兴市场国家资本流动的影响，对新兴市场国家的金融稳定及经济发展都具有重要的意义，并且能够帮助从不同的视角重新思考新兴市场国家资本流动规模变动的原因。

（二）研究意义

1.理论意义

多数文献是从外国直接投资（FDI）的角度来探讨主权信用评级对资本流动的影响，鲜有文献从短期资本流动的角度来探讨主权信用评级对资本流动的影响。本文立足新兴市场国家，分别从长期资本流动和短期资本流动的角度，全面地探讨主权信用评级与资本流动之间的关系，并确认其中是否有非线性关系。同时，本文继续研究了主权信用评级对短期资本流动的影响机制，探究了利率和汇率是否会影响上述关系的形成。考虑到区位因素的影响，本文还分别考察了亚洲地区国家与非亚洲地区国家的资本流动对主权信用评级的反应是否具有差异。因此，本文能够使研究者从新的视角认识主权信用评级和资本流动，对推动主权信用评级和资本流动的研究具有学术研究意义。

2.实践意义

主权信用评级反映了主权国家的信用风险，是金融投资活动中重要的参考指标。一般来说，自由的市场、完善的法律制度、较高的人均 GDP 等都是影响主权信用评级的重要因素。但由于长期市场与短期市场的获利模式不同，最终主权信用评级对两个市场资本流动的影响结果也存在差异。对长期市场来说，主权信用评级的提高会显著促进新兴市场国家的长期资本流入。而对短期市场来说，主权信用评级与短期资本流动存在倒 U 形关系，即在主权信用评级达到可投资级以前，评级提高会促进新兴市场国家的短期资本流入；在主权信用评级达到可投资级以后，评级提高会导致新兴市场国家的短期资本流出。此外，高利率和本币汇率贬值都会加强主权信用评级与短期资本流动之间的倒 U 形关系。从现实意义上来看，能够为新兴市场国家金融市场发展提供实证，为决策者提供政策参考。

二、文献述评

(一)文献综述

1.关于主权信用评级的研究

20 世纪 90 年代，学者开始关注主权信用评级的研究。多数文献在研究主权信用评级时会优先采用标准普尔、穆迪和惠誉三大国际评级机构给出的主权信用评级数据。Brooks 等(2004)在观察了主权信用评级调整公告公示前后十天市场异常回报率的表现情况后发现，只有标准普尔的评级调整公告对公示当天的市场异常回报造成影响，这表明标准普尔的主权信用评级信息中有效地包含了市场尚未反映的信息。另外，在标准普尔公布主权信用评级调整后的三个月内，包括穆迪和惠誉在内的其他评级机构会陆续对主权信用评级做出调整。随后 Alsakka 和 ap Gwilym(2010)也对各大评级机构的评级情况进行了分析，发现一家评级机构做出评级调整的确会引发其他评级机构做出相应的调整，但标准普尔对其他评级机构的依赖程度较小。

之后，主权信用评级的研究方向逐渐转向了主权信用评级的“不对称效应”以及主权信用评级的“溢出效应”(或“传染效应”)。有关主权信用评级的“不对称效应”研究中，有学者认为主权信用评级公告的影响是显著不对称的，只有下调评级才会对股票和债券回报产生明显的影响。Hooper 等(2008)研究了 1995—2003 年 45 个国家的股票市场情况，提出在主权信用评级下调时，股票市场的回报率和波动性更为明显。有关主权信用评级的“溢出效应”研究中，

Christopher 等(2012)提出主权信用评级与地区股市的共同波动呈正相关,这表明主权信用评级存在正面的溢出效应,但评级下调会导致投资者将资金从被下调的市场转移到周边地区;相反,主权信用评级与区域债券市场的共同波动呈负相关,这表明在评级下调期间主权信用评级存在负面的溢出效应。之后几年,有关主权信用评级的研究内容逐渐从主权信用评级对金融市场的影响扩展到了主权信用评级对国内经济增长的影响与对 FDI 的影响。

主权信用评级也会对主权国家的宏观经济造成影响。陈奉先和贾丽丹(2021)认为主权信用评级上调会通过经济增长率这一中介变量促进资本流入。关于主权信用评级对 FDI 净流入的影响,蓝茵茵和刘莉萍(2016)分析了中国 2003—2012 年对 42 个国家的对外直接投资情况,指出发达国家主权信用评级下调反而更能够吸引来自中国的投资,而发展中国家主权信用评级下调则对中国对外直接投资影响不显著。有学者研究了 1985—2012 年 31 个经济合作与发展组织(OECD)捐助国和 72 个受援国的主权信用评级与 FDI 之间的关系,发现 FDI 一般从评级较低的捐助国流向评级较高的受援国,且 OECD 受援国在信用等级高时能够获得更多的 FDI。

2.关于资本流动的研究

资本流入属于资本流动的范畴,主要有四个途径,即外国在本国资产增加、外国对本国债务减少、本国对外国债务增加和本国在外国资产减少。已有文献主要从以下方面展开有关资本流动的研究。

第一,影响资本流动的因素。资本流动又可分为总资本流动、短期资本流动与长期资本流动。总资本流动的影响因素研究主要借鉴了 Fernandez-Arias(1996)的方法,将资本流动影响因素分为推动因素与拉动因素。推动因素包括影响资本流入的全球性因素,主要对资本的供给方造成影响;拉动因素包括影响资本流入的国别性因素,主要对资本的需求方造成影响。短期资本可能更容易受到利率和汇率的影响,并且短期资本流动对汇率的变动更加敏感(苟琴等,2012)。长期资本流动主要以 FDI 为衡量指标,研究发现城市化率、人均 GDP、生存指标、通货膨胀率、工资水平等对低收入水平国家的 FDI 影响较大,而本国投资开放度、贸易开放度、政府外债水平等对于中、高收入水平的发展中国家的 FDI 影响较大。

第二,资本流动给经济带来的影响。有关短期资本流动给经济带来的影响,传统的解释主要以“蒙代尔—弗莱明”模型为基础,认为跨境资本流入导致货币升值,进而使净出口与产出下降,国内信贷活动相应收缩,最终引致金融危机爆发(Taylor,2004)。苟琴等(2022)提出股票和债券市场的跨境资本涌入会显著提高非金融企业杠杆率,对金融环境造成一定程度的冲击。

第三，资本流动的管理。短期资本流动会在一定程度上影响国内金融的稳定，为此各国会采取资本管制措施，但资本管制措施在各国所能发挥的效用有所差异(De Gregorio et al.,2000)。杨子晖和陈创练(2015)研究发现资本账户开放对不同类型的资本流动作用不一样，外国直接投资、证券投资与资本账户开放程度呈现正相关关系。靳玉英等(2020)研究了1999—2012年中国资本管制的直接效应与溢出效应，认为中国加强资本管制会使得国际资本减持中国证券，增持其他新兴市场国家证券。

3.关于新兴市场国家主权信用评级与资本流动的研究

全球金融市场一体化程度的不断提高导致了国际资本流动规模的急剧扩张。由于全球因素等风险敞口的性质，新兴市场往往更容易受到外部现金流的冲击，而主权信用评级作为经济信心的晴雨表，会通过干预投资者行为路径来影响国内资本流动情况。国内文献大多研究企业信用评级与金融市场收益率和杠杆率之间的关系(寇宗来等，2015；林晚发和刘颖斐，2019；陈关亭等，2021)，鲜有文献研究主权信用评级与资本流动的关系。相比之下，国外主权信用评级与资本流动的研究更为丰富。

Kim和Wu(2008)研究了标准普尔1995—2003年对51个新兴市场的主权信用评级与资本流动的关系，提出主权信用评级上调会阻碍国际资本流动，对金融部门的发展造成影响。之后主权信用评级对资本流入影响的研究细化到了外国直接投资、银行市场、股票市场、债券市场等领域。在外国直接投资领域，对1990—2018年期间24个新兴市场国家的资本流动情况进行了实证分析，发现较高的主权信用评级会对FDI净流入有显著的正向作用，这与Kellard等(2020)的结论一致。在银行市场领域，Williams等(2013)发现主权信用评级调整对新兴市场国家的银行资本流入有积极的作用。在股票市场和债券市场领域，Desiree和Takawira(2021)对南非市场做了相关的研究，认为正向的主权信用评级有助于促进股票市场和债券市场的资本流入。研究发现较高的主权信用评级不仅能够促进南非市场的FDI流入，还会吸引跨境资本流入当地的股票市场和债券市场。

(二)文献述评

第一，已有文献将主权信用评级对新兴市场资本流动的研究分别细化到了外国直接投资、银行市场、股票市场、债券市场等领域，但少有文献运用对比分析的方法综合考察主权信用评级对各个市场资本流动的影响。本文根据投资时长将一国的资本流动划分为长期资本流动与短期资本流动，分别探讨了主权信用评级对长期资本流动的影响以及主权信用评级对短期资本流动的影响，综合研究了新兴市场国家资本流动的情况。

第二，主权信用评级与新兴市场国家短期资本流动之间的关系存在异议。有文献选取了部分新兴市场国家作为样本，并在此基础上构建假说与模型，结果发现主权信用评级上调会促进新兴市场国家债券市场和股票市场的资本流入。也有文献选取了更多的新兴市场国家作为样本，并在此基础上构建假说与模型，结果发现主权信用评级上调会导致新兴市场国家债券市场和股票市场的资本流出，但并未对此做进一步的研究，以解释这一异常发现。本文将针对这一发现做进一步的研究。

三、研究设计

（一）模型设定

为使模型设定合理，本文结合现有文献的研究成果以及相关理论，选择固定效应模型探究主权信用评级对新兴市场国家资本流动的影响。在考虑了数据的可获得性之后，本文构建的固定效应面板模型设定见式(1)与式(2)。其中，i 代表国家，t 代表年份，α 代表常数项，$\varepsilon_{i,t}$ 代表误差项，$control_{i,t}$ 表示控制变量，v_i 和 u_t 分别表示国家层面的个体固定效应以及时间固定效应。

$$\ln fdi_{i,t}=\alpha_0+\alpha_1\times rating_{i,t}+\sum_{m=1}^{p}\beta_m\times control_{i,t}+v_i+u_t+\varepsilon_{i,t} \quad (1)$$

上述公式中，$\ln fdi_{i,t}$ 表示一国的长期资本流动，$rating_{i,t}$ 表示一国的主权信用评级，如果主权信用评级的系数 α_1 为正数，则新兴市场国家的主权信用评级越高，长期资本流入规模越大。

$$scf_{i,t}=\alpha_0+\alpha_2\times rating_{i,t}+\sum_{m=1}^{p}\beta_m\times control_{i,t}+v_i+u_t+\varepsilon_{i,t} \quad (2)$$

模型(2)中$scf_{i,t}$表示一国的短期资本流动。如果主权信用评级的系数 α_2 显著，则说明主权信用评级与短期资本之间存在线性关系。反之，如果主权信用评级的系数 α_2 不显著，则说明主权信用评级与短期资本之间可能存在非线性关系。

（二）变量说明

1.被解释变量

本文有关长期资本流动的衡量，遵循文献中普遍采用的 FDI，用 $\ln fdi$ 表示。有关短期资本流动的衡量方法较多，考虑到数据的可获得性，本文借鉴了王世华和何帆(2007)在文献中所使用的计算式来计算短期资本流动，即“短期资本流动＝外汇储备增量－货物贸易顺差－FDI 净流入”，用 scf 表示。

2.核心解释变量

标准普尔、惠誉和穆迪三大国际评级机构都提供主权信用评级。考虑到一家评级机构做出主权信用评级调整后，会引发其他评级机构做出相应的调整，而在所有的评级机构中，标准普尔一般最先做出评级调整，对其他评级机构的依赖程度小，公布的主权信用评级具有独立性。本文最终选择标准普尔出具的主权信用评级作为核心解释变量。同时本文借鉴 Kim 和 Wu(2008)的做法，将主权信用评级按照 D/SD 到 AAA 的顺序由低到高分为 0—20 共 21 个等级(见表 1)。

表 1　主权信用评级赋值

主权信用评级	赋值	主权信用评级	赋值
AAA	20	BB	9
AA+	19	BB−	8
AA	18	B+	7
AA−	17	B	6
A+	16	B−	5
A	15	CCC+	4
A−	14	CCC	3
BBB+	13	CCC−	2
BBB	12	CC	1
BBB−	11	D/SD	0
BB+	10		

3.调节变量

利率(*interest*)，用借款利率减去存款利率，反映一国金融市场的一般收益率。汇率(*exrate*)，反映一国货币对美元的汇率(直接汇率)。

4.控制变量

美国经济增长率与各国经济增长率之差(*gap*)，反映各国投资回报率与发达国家投资回报率的差值。消费者物价指数(*inflation*)，反映名义收益对实际收益的偏离程度。美联储利率(*usi*)，反映发达经济体的无风险投资回报率。美国标准普尔 500 指数(*vix*)，反映投资者避险情绪。GDP 增长率(*gdpgrowth*)，反映经济发展情况。东道国自然资源寻求(*nature*)，反映一国的自然资源储备。东道国效率寻求(*beff*)，用一国的单位工人产出衡量。东道国市场规模(*gdp*)，用一国的 GDP 衡量。东道国贸易开放程度(*trade*)，用一国的贸易总额衡量。制度质量(*GOV*)，具体被划分为六个维度，分别是话语权与问责制、政治稳定性、政府效率、管制质量、法治水平和腐败控制，分别用 *gov*1—*gov*6 表示制度质量项下的六个控制变量。出于篇幅原因，回归结果中省略了制度质量中六个控制变量的系数与异方差，仅显示回归过程中是否控制了这六个变量。

(三)数据来源与变量描述

1.数据来源

数据来源于国际货币基金组织(IMF)数据库、世界银行 WDI 数据、标准普尔官网、美联储 FRED 数据库、标准普尔 500 数据库、国际劳工组织数据库。

2.描述性统计

本文模型中主要使用了 36 个国家的 20 个变量数据，表 2 是对这 20 个变量数据的描述性统计分析结果。从表 2 中可以看出，主权信用评级的平均值为 12.248，12 代表 BBB，13 代表 BBB+，说明新兴市场国家的主权信用评级平均处于投资水平以上。将资本流动分为长期资本流动与短期资本流动。长期资本流动用 FDI 的对数来衡量，可以看到新兴市场国家之间资本流动的差异相对较大，新兴市场国家间利率与汇率的差距也较大。

表 2　描述性统计分析结果

变量	样本数	均值	标准差	最小值	最大值
ln*fdi*	856	22.216	1.706	15.102	25.922
scf	841	−26.175	63.445	−539.189	112.642
rating	483	12.248	4.329	2	20
nature	908	9.314	12.164	0.106	62.481
beff	972	52580.781	35022.677	6535.81	149789.17
gdp	930	4.479e+11	9.274e+11	9.063e+09	7.552e+12
trade	925	87.407	72.448	21.383	394.288
gdpgrowth	922	3.532	4.151	−9.573	14.231
inflation	894	5.962	7.118	−1.355	45.667
vix	900	0.168	0.073	0.066	0.411
interest	738	6.941	8.348	−11.939	45.113
exrate	614	97.854	18.872	54.784	160.096
gap	920	1.3	3.923	−10.884	12.502
usi	936	2.422	2.202	0.088	6.237

续表

变量	样本数	均值	标准差	最小值	最大值
*gov*1	792	44.12	23.637	1.99	86.7
*gov*2	792	40.977	25.441	0	91.005
*gov*3	792	55.272	21.538	0	96.682
*gov*4	792	54.292	23.208	0	100
*gov*5	792	49.264	23.243	0	91.827
*gov*6	792	49.21	23.814	0	93.365

变量散点图能够通过图形初步判断变量之间的关系。由图 1 可以初步判断,主权信用评级与长期资本流动可能存在正向的影响关系,并且这一关系很可能是线性的。

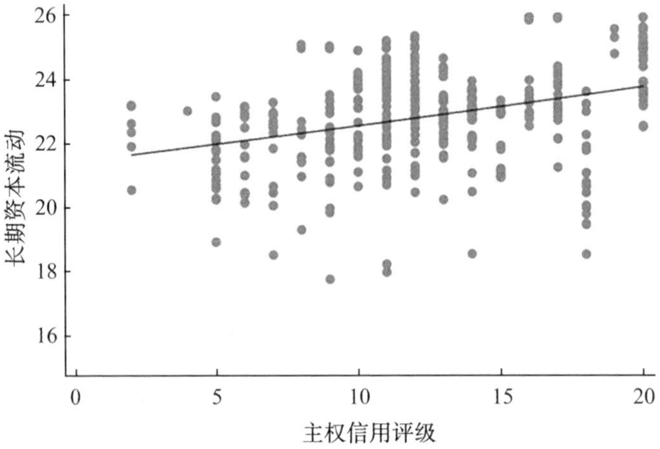

图 1　主权信用评级与长期资本流动散点图

由图 2 可以初步判断,主权信用评级与短期资本流动可能存在负向的影响关系,且可以看到,随着主权信用评级的提高,主权信用评级与短期资本之间斜率的绝对值逐渐增大,这说明主权信用评级与短期资本流动之间也可能存在非线性关系,对此需要做进一步的确认。

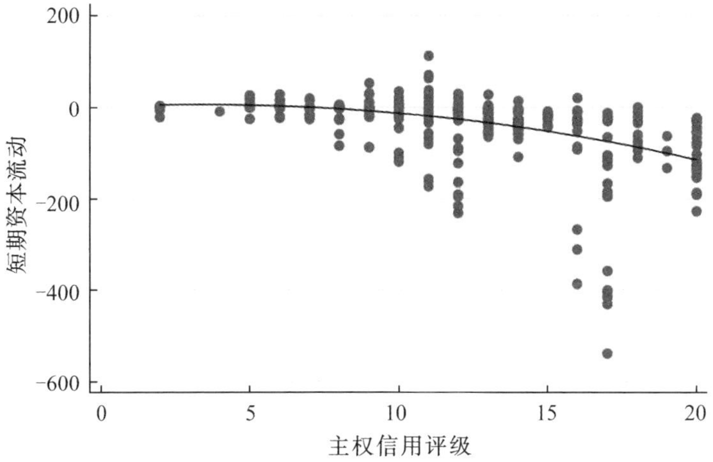

图 2　主权信用评级与短期资本流动散点图

四、核心内容

(一)基准回归结果分析

将新兴市场国家资本流动分为长期资本流动与短期资本流动,分别探讨主权信用评级对新兴市场国家不同类型资本流动的影响。表 3 为模型(1)的回归结果,显示了主权信用评级与新兴市场国家长期资本流动之间的关系。从第(1)列可见,主权信用评级的系数为 0.138,这一结果在 1%的水平上通过了显著性检验,表明主权信用评级对长期资本流入起到促进作用。第(2)列在第(1)列的基础上加入了制度质量这一系列的控制变量,主权信用评级的系数为 0.133,这一结果在 1%的水平上通过了显著性检验。两列比对后可以看到,在加入了制度质量这一系列的控制变量后,主权信用评级对新兴市场国家长期资本流动的影响系数与显著性基本不变,说明回归结果稳定。第(1)列和第(2)列的主权信用评级系数和符号都表明了新兴市场国家的主权信用评级越高,长期资本流入规模越大。

表 3　主权信用评级与新兴市场国家长期资本流动的回归结果

	(1)	(2)
	ln*fdi*	ln*fdi*
rating	0.138*** (2.77)	0.133*** (2.61)

续表

	(1)	(2)
	ln*fdi*	ln*fdi*
nature	0.003 (0.14)	0.000 (0.02)
beff	0.000 (0.89)	0.000 (0.83)
gdp	−0.000 (−0.05)	−0.000 (−0.07)
gdpgrowth	0.061*** (3.27)	0.061*** (3.34)
trade	−0.006* (−1.70)	−0.006* (−1.69)
inflation	0.016 (0.98)	0.013 (0.77)
vix	246.656*** (2.70)	268.965** (2.46)
Constant	−7.493 (−0.66)	−9.709 (−0.71)
GOV		Control
Country	Control	Control
Year	Control	Control
Observations	373	370
R-squared	0.833	0.835

注：括号内为 t 值，*** 代表 $p<0.01$，** 代表 $p<0.05$，* 代表 $p<0.1$。如无特别注明，以下各表同。

表 4 中的第(1)列和第(2)列为模型(2)的回归结果，显示了主权信用评级与新兴市场国家短期资本流动之间的关系。从第(1)列可以看到，主权信用评级的一次项系数为−3.963，在 10%的水平上通过显著性检验，由此可以看出，主权信用评级与新兴市场国家短期资本流动之间可能存在负相关关系，但这一关系较弱。第(2)列在第(1)列的基础上继续加入了制度质量的控制变量。在第(2)列中，主权信用评级一次项系数为−1.652，未在 10%的水平上通过显著性检验，这表明主权信用评级与新兴市场国家短期资本流动之间的线性关系并

不稳定。

第(3)列与第(4)列将主权信用评级的二次项纳入模型中，从第(3)列可以看到主权信用评级的二次项系数为−0.880，且在10%的水平上显著，这说明主权信用评级与新兴市场国家的短期资本流动可能存在倒U形关系。新兴市场国家短期资本首先会随着主权信用评级的升高而流入，但当主权信用评级上升到某一限值时，新兴市场国家短期资本会随着主权信用评级的升高而流出。第(4)列在第(3)列的基础上继续控制了制度质量。第(4)列中，主权信用评级的二次项系数为−1.259，且在1%的水平上通过了显著性检验，说明主权信用评级与新兴市场国家短期资本流动之间存在倒U形关系，且这一结论具有一定的稳健性。

表4　主权信用评级与新兴市场国家短期资本流动的回归结果

	(1)	(2)	(3)	(4)
	scf	*scf*	*scf*	*scf*
rating	−3.963* (−1.72)	−1.652 (−0.72)	16.212 (1.56)	27.804*** (2.81)
ratingsq			−0.880* (−1.88)	−1.259*** (−2.83)
interest	−3.474*** (−5.16)	−3.185*** (−4.33)	−3.367*** (−4.89)	−3.056*** (−3.97)
exrate	−0.730*** (−2.78)	−0.619** (−2.29)	−0.674** (−2.55)	−0.469* (−1.75)
gap	−13.202** (−2.40)	−13.631** (−2.29)	−1.984 (−0.25)	2.093 (0.23)
inflation	0.333 (0.30)	0.081 (0.08)	−0.178 (−0.15)	−0.724 (−0.71)
usi	27.366*** (4.30)	13.730 (1.45)	33.453*** (4.75)	16.564 (1.65)
vix	46.225 (0.13)	−67.668 (−0.20)	306.208 (0.77)	254.971 (0.64)
gdpgrowth	11.418** (2.33)	11.981** (2.26)	−0.007 (−0.00)	−3.961 (−0.44)

续表

	(1)	(2)	(3)	(4)
	scf	*scf*	*scf*	*scf*
Constant	−312.868*** (−4.70)	−265.997*** (−3.76)	−429.058*** (−5.10)	−415.890*** (−4.35)
GOV		Control		Control
Country	Control	Control	Control	Control
Year	Control	Control	Control	Control
Observations	227	224	227	224
R-squared	0.933	0.937	0.935	0.941
utest	*P* 值	0.0029	极值点	11.03831

为进一步确认主权信用评级与新兴市场国家短期资本流动是否存在倒U形关系，本文使用utest命令进行相关检验。检验结果显示*P*值为0.0029，在1%的水平上显著拒绝原假设，说明主权信用评级与新兴市场国家之间存在倒U形关系。并且当主权信用评级在11和12的区间内，曲线会出现拐点，这意味着新兴市场国家的主权信用评级在达到BBB−前，随着主权信用评级的升高，短期资本逐渐流入；新兴市场国家的主权信用评级在达到BBB后，随着主权信用评级的升高，短期资本逐渐流出。

(二)异质性分析

为探究异质性影响，本文将36个主权国家根据区位因素分为亚洲地区(Asian)的新兴市场国家与非亚洲地区(Non-Asian)的新兴市场国家，继续研究两个子样本下主权信用评级与短期资本流动之间的关系。回归结果如表5和表6所示。

表5　不同地区主权信用评级与短期资本流动的线性回归结果

	(1)	(2)	(3)	(4)
	Non-Asian		Asian	
	scf	*scf*	*scf*	*scf*
rating	−3.034* (−1.77)	−4.323** (−2.17)	−2.067 (−0.31)	−2.568 (−0.35)
interest	−2.605*** (−3.26)	−2.279*** (−2.95)	−25.669** (−2.66)	−24.324** (−2.22)

续表

	(1)	(2)	(3)	(4)
	Non-Asian		Asian	
	scf	*scf*	*scf*	*scf*
exrate	0.093 (0.44)	-0.121 (-0.52)	-0.528 (-1.02)	-0.185 (-0.38)
gap	-12.088*** (-2.93)	-10.327** (-2.24)	26.087 (0.24)	90.882 (0.59)
inflation	-1.549 (-1.38)	-1.612 (-1.39)	2.235 (1.29)	2.840 (1.58)
usi	-9.130 (-0.77)	-5.846 (-0.42)	26.060 (0.46)	53.513 (0.67)
vix	-195.391 (-0.81)	-128.114 (-0.50)	738.843 (0.34)	1999.862 (0.63)
gdpgrowth	10.386*** (2.77)	8.529** (2.05)	-2.067 (-0.31)	-89.645 (-0.58)
Constant	54.884 (1.00)	-10.683 (-0.12)	-314.354* (-1.98)	-326.502 (-1.21)
GOV		Control		Control
Country	Control	Control	Control	Control
Year	Control	Control	Control	Control
Observations	138	138	89	86
R-squared	0.905	0.911	0.950	0.955

表 5 中第(1)列和第(2)列显示了非亚洲地区新兴市场国家的主权信用评级与短期资本流动的线性回归结果，第(3)列和第(4)列显示了亚洲地区新兴市场国家的主权信用评级与短期资本流动的线性回归结果。由第(1)列可知，在非亚洲地区的新兴市场国家，主权信用评级与短期资本流动之间存在负相关关系。第(2)列在第(1)列的基础上加入了表示制度质量的六个控制变量，可以看到非亚洲地区主权信用评级越高，短期资本流出的规模越大，这一结论是稳健的。

从第(3)列可以看到，主权信用评级的回归系数为-2.067，回归结果并未通过显著性检验。第(4)列在第(3)列的基础上加入了表示制度质量的六个控制变量，可以看到亚洲地区的主权信用评级与短期资本流动之间不存在线性关系，且这一结论是稳健的。

表 6　不同地区国家主权信用评级与短期资本流动的非线性回归结果

	(1)	(2)	(3)	(4)
	Non-Asian		Asian	
	scf	*scf*	*scf*	*scf*
ratingsq	−0.313 (−0.88)	−0.195 (−0.55)	−1.455** (−2.05)	−2.317** (−2.07)
rating	3.447 (0.47)	−0.295 (−0.04)	39.042* (1.81)	63.514** (2.09)
interest	−2.639*** (−3.26)	−2.301*** (−2.97)	−29.408*** (−3.16)	−27.819** (−2.51)
exrate	0.100 (0.47)	−0.115 (−0.49)	−0.302 (−0.60)	0.258 (0.48)
gap	−8.480 (−1.46)	−8.216 (−1.48)	−20.652 (−0.17)	49.981 (0.31)
inflation	−1.597 (−1.43)	−1.616 (−1.39)	1.409 (0.79)	1.907 (1.09)
usi	−1.168 (−0.07)	−0.996 (−0.06)	1.072 (0.02)	31.002 (0.36)
vix	−64.893 (−0.21)	−47.867 (−0.15)	−226.624 (−0.09)	1158.161 (0.34)
gdpgrowth	6.729 (1.21)	6.372 (1.19)	21.415 (0.17)	−49.639 (−0.30)
Constant	−2.937 (−0.03)	−47.360 (−0.48)	−536.374** (−2.35)	−766.018* (−1.84)
GOV		Control		Control
Country	Control	Control	Control	Control
Year	Control	Control	Control	Control
Observations	138	138	89	86
R-squared	0.906	0.911	0.952	0.958

表6中第(1)列和第(2)列显示了非亚洲地区新兴市场国家的主权信用评级对短期资本流动的非线性影响，第(3)列和第(4)列显示了亚洲地区新兴市场国家的主权信用评级对短期资本流动的非线性影响。在第(1)列中，主权信用评级二次项的系数为－0.313，但并未通过显著性检验。第(2)列在第(1)列的基础上继续控制了六个代表制度质量的变量，结果显示主权信用评级二次项的系数为－0.195，也并未通过显著性检验。由此表明，非亚洲地区新兴市场国家主权信用评级与资本流动之间并不存在非线性关系，且这一回归结果是稳健的。

从第(3)列可以看出，在亚洲地区的新兴市场国家，主权信用评级与短期资本流动之间呈现倒U形关系。第(4)列在第(3)列的基础上控制了六个代表制度质量的变量。可以看到主权信用评级二次项的系数为－2.317，并且在5%的水平上通过了显著性检验，表明亚洲地区新兴市场国家主权信用评级与短期资本流动之间存在倒U形关系，且结果是稳健的。

(三)主权信用评级对新兴市场国家资本流动的调节效应分析

一般认为利率与汇率是影响短期资本流动的重要因素。主权信用评级与新兴市场国家短期资本流动之间存在倒U形关系，这可能与利率和汇率有关。由表4的第(4)列可以看到，利率的系数为－3.056，且在1%的水平上显著；汇率的系数为－0.469，且在10%的水平上显著。通过探究主权信用评级是否会通过利率与汇率因素来调节新兴市场国家短期资本流动，本文得到了回归结果(见表7)。

第(1)列中利率与主权信用评级二次项的交互项的系数为－0.187，在1%的水平上通过了显著性检验，说明利率加强了主权信用评级与新兴市场国家短期资本流动之间的倒U形关系，即利率越大，倒U形关系就越明显。主权信用评级的二次项系数为－1.423，并且在1%的水平上通过了显著性检验，说明利率对主权信用评级与新兴市场国家短期资本流动之间的倒U形关系的促进作用的结果是稳健的。第(2)列考察了汇率对主权信用评级与新兴市场国家短期资本流动之间的倒U形关系的调节作用。可以看到汇率与主权信用评级二次项的交互项的系数为－0.015，在10%的水平上通过了显著性检验，说明汇率对主权信用评级与短期资本流动之间的倒U形关系有调节作用。主权信用评级二次项的系数为－0.342，但并未通过显著性检验。这可能是汇率对二者之间倒U形关系的调节作用不平均所导致的。第(3)列将利率与主权信用评级一次项的交互项、利率与主权信用评级二次项的交互项、汇率与主权信用评级一次项的交互项、汇率与主权信用评级二次项的交互项同时纳入模型。可以看到利率与主权信用评级二次项的交互项系数为－0.177，在5%的水平下通过了显著性检验；汇率与主权信用评级二次项的交互项系数为－0.020，在5%的水平下通过显著性检验；同时主权信用评级二次项的系数为−0.928，在10%的水平下通过了显著性检验，这说明主权信用评级与新兴市场国家短期资本流动之间依然呈现明显的倒U形关系，高利率与高本币汇率能够同时促进倒U形关系的形成。

表7　主权信用评级对新兴市场国家短期资本流动调节效应的回归结果

	(1)	(2)	(3)
	scf	*scf*	*scf*
ratingsq	−1.423*** (−2.91)	−0.342 (−0.74)	−0.928* (−1.80)
rating	−8.514*** (−3.23)	−4.475* (−1.82)	−7.294*** (−2.77)
interest	−2.600*** (−2.79)	−2.615*** (−3.66)	−2.130** (−2.16)
exrate	−0.792*** (−2.95)	−0.111 (−0.35)	−0.161 (−0.51)
interest×*ratingsq*	−0.187*** (−2.99)		−0.177** (−2.57)
interest×*rating*	−0.506* (−1.93)		−0.515* (−1.78)
exrate×*ratingsq*		−0.015* (−1.69)	−0.020** (−2.18)
exrate×*rating*		−0.169*** (−3.55)	−0.142*** (−2.79)
gap	0.216 (0.03)	−6.473 (−0.77)	−6.766 (−0.77)
inflation	−0.335 (−0.28)	−0.382 (−0.32)	−0.480 (−0.40)
usi	24.407*** (3.16)	32.191*** (4.31)	22.014** (2.44)
vix	279.333 (0.70)	221.565 (0.54)	131.793 (0.31)
gdpgrowth	−2.280 (−0.30)	4.358 (0.53)	4.513 (0.53)
Constant	−338.863*** (−5.12)	−428.229*** (−6.42)	−408.612*** (−5.79)

续表

	(1)	(2)	(3)
	scf	*scf*	*scf*
Country	Control	Control	Control
Year	Control	Control	Control
Observations	227	227	227
R-squared	0.937	0.939	0.941

为进一步探究不同水平的利率与汇率对主权信用评级与新兴市场国家短期资本流动关系的调节作用是否有差异，根据表 7 的回归系数绘制了图 3、图 4。

图 3 是根据表 7 第(1)列的回归系数的结果绘制的图像，分析不同水平的利率对新兴市场国家主权信用评级与短期资本流动关系的调节作用。从图 3 中可以观察到：第一，当主权信用评级较低时，在高利率水平下，随着主权信用评级上升，短期资本流入；而当利率处于低水平时，主权信用评级上升会导致短期资本流出。第二，当主权信用评级较高时，在高利率水平下，主权信用评级与短期资本流动呈现明显相反的趋势，即主权信用评级的上升会导致资本流出；然而，当利率处于低水平时，主权信用评级与短期资本流动的反向变化趋势变得非常微弱，此时随着主权信用评级的增加，短期资本流动仅呈现非常小的下降幅度。综上，在高利率水平下，主权信用评级与短期资本流动之间的倒 U 形关系被显著加强了；而在低利率水平下，主权信用评级对短期资本流动的倒 U 形关系被显著弱化了。

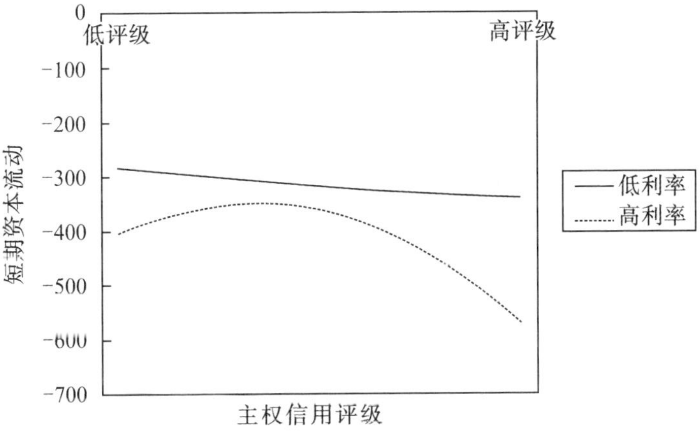

图 3　利率对主权信用评级与短期资本流动关系的调节作用

图 4 是根据表 7 第(2)列的回归系数的结果绘制的图像,分析不同水平的汇率对新兴市场国家主权信用评级与短期资本流动关系的调节作用。从图 4 可以看到:第一,当主权信用评级到达拐点之前,两条曲线刚开始呈现近乎水平的状态,即无论本币汇率升值还是贬值,主权信用评级的等级较低时,汇率并不会对主权信用评级与短期资本流动之间的关系起到调节作用,或即使起到调节,作用效果也微乎其微。第二,当主权信用评级到达拐点之后,在直接汇率上升(本币贬值)的情况下,主权信用评级的上升会导致短期资本流出,即汇率会加强倒 U 形关系,但这一加强效果仅作用于倒 U 形的后半段。第三,当主权信用评级到达拐点之后,在直接汇率下降(本币升值)的情况下,这种主权信用评级与短期资本流动反向变化的趋势明显变弱。综上,汇率仅在主权信用评级处于高水平时发挥调节作用,本币贬值会加强主权信用评级对短期资本流动的负向影响,本币升值会在一定程度上缓解由主权信用评级上升导致的资本流出情况。

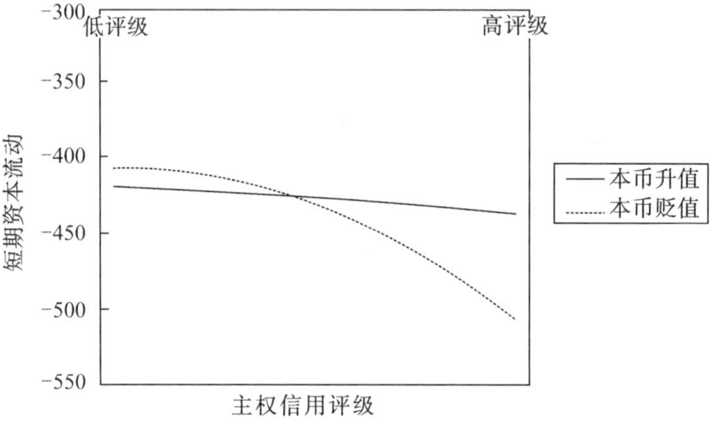

图 4　汇率对主权信用评级与短期资本流动关系的调节作用

(四)研究结论

本文得出的结论主要包括以下几个方面:

第一,主权信用评级与新兴市场国家长期资本流动存在显著的正相关关系,即主权信用评级的上升伴随着长期资本的流入。一国的主权信用评级越高,说明该国的信用风险越低,投资风险越小,基本经济面得到逐步完善,因而能够吸引长期资本流入。

第二,主权信用评级与新兴市场国家短期资本流动之间存在倒 U 形关系。一开始,主权信用评级的上升会带来短期资本流入;而一旦主权信用评级到达了投资级以后，主权信用评级的上升就会导致短期资本流出。其原因在于，一方面，投资者依据市场风险配置资产组合，资产从高风险市场流向低风险市场，主权信用评级上升，信用风险下降，短期资本流入；另一方面，主权信用评级上升意味着国内市场有效性提高，市场上的信息能够及时反映到资产价格中，主权信用评级中所包含的有效信息减少，投资者对主权信用评级的反应度降低，且主权信用评级上升会使得收益率降低，在逐利动机下，投资者会寻求其他合适的高收益市场，导致短期资本流出。

第三，高利率会加强新兴市场国家主权信用评级与短期资本流动之间的倒U形关系，即在高利率水平下，主权信用评级对资本流动的正面影响与负面影响都会被加强。在对短期资本流动做回归分析时，利率与主权信用评级二次项的交互项的系数为负数，并且通过了显著性检验，表明利率越高，主权信用评级与短期资本流动之间的倒U形关系也就越明显。

第四，本币贬值会对新兴市场国家主权信用评级与短期资本流动之间的倒U形关系起到调节作用，且汇率仅在倒U形的右侧发挥单向的调节作用。本币贬值的情况下，主权信用评级上升会导致短期资本流出规模进一步扩大；本币升值的情况下，主权信用评级上升对短期资本流动的负面影响得到一定程度上的缓解。在对短期资本流动做回归分析时，直接汇率与主权信用评级二次项的交互项的系数为负数，并且通过了显著性检验。

第五，主权信用评级对亚洲地区和非亚洲地区新兴市场国家的短期资本流动影响略有差异。亚洲地区的主权信用评级与短期资本流动之间存在倒U形关系，即短期资本随主权信用评级的上升先流入后流出。但非亚洲地区的主权信用评级与短期资本流动之间更偏向于存在负相关的线性关系，即短期资本流入会随着主权信用评级的上升而逐步缩减。出现差异的原因可能在于，三大国际评级机构均为西方企业，制度和文化上的差异使得各国主权信用评级中所包含的有效信息会有差异，因而市场上的投资者在面对各国主权信用评级时做出的反应也有所差异。

五、政策建议

针对上述结论，本文提出以下政策建议：

第一，新兴市场国家可以根据国情建立应对资本流动的缓冲机制。资本大幅流入或流出都会在一定程度上影响金融市场的稳定性，容易引发金融风险。首先，新兴市场国家可以通过增加外汇储备、完善信息披露制度、对资本流动进行宏观审慎管理等方式，增强投资者的信心，维护金融市场的运行秩序。其次，还应不断推进市场化改革，完善国内的融资体系，激发股票、债券市场活力，拓宽融资渠道，推动金融工具创新，为投资者提供风险分散渠道，增强金融市场的韧性。如果汇率体制缺乏灵活性，还可以采取对冲性货币政策，防范国际资本流动带来的风险。

第二，新兴市场国家应密切关注主权信用评级的变化，及时做出应对措施。首先，若主权信用评级下降，新兴市场国家的长期资本流入规模可能会有所缩减，可以通过加大金融开放力度、制定外商投资优惠政策、完善市场监管法律等方式缩小长期资本的流出规模。其次，主权国家还可以根据区位因素以及主权信用评级的等级来判断短期资本可能出现的情况。如果是亚洲地区的新兴市场国家，当主权信用评级在BBB以下，主权信用评级升高可能会带来短期资本流入，此时可以通过稳定利率水平和资本管制的方式防止短期资本的突然涌入；当主权信用评级在BBB－以上，主权信用评级升高会导致短期资本流出，此时可以通过提升本币汇率来缩小短期资本流出规模。

第三，新兴市场国家应注重社会制度和经济制度的全面发展，提高主权信用评级。获得较高等级的主权信用评级能够使经济发展更有弹性，有益于吸引更多的长期资本流入，帮助新兴市场国家形成健康的经济发展模式。新兴市场国家可以通过提高GDP增长率、扩大贸易开放、提高政府效率以及保持合理的政府债务规模等措施来获得更高等级的主权信用评级。

第四，以发展实体经济为基础，让金融服务于实体经济，实现经济的可持续发展，提高经济系统的稳定性。全球经济大环境的波动加剧了资本流动的不确定性，本国市场不确定风险因素增加，也会使投资者随时撤出投资，大多新兴市场国家的经济发展处于被动状态。各国应更加关注自身经济实力的发展，掌握经济发展的主动权，发掘自身的禀赋优势，大力培育支柱产业，以产业发展带动经济增长，减少对国际资本的依赖。

参考文献

[1]陈奉先，贾丽丹.主权信用评级调整、经济增长与国际资本流动“突然停止”[J].世界经济研究，2021(6):62-76.

[2]陈关亭，连立帅，朱松.多重信用评级与债券融资成本:来自中国债券市场的经验证据[J].金融研究，2021(2):94-113.

[3]苟琴，耿亚莹，谭小芬.跨境资本涌入与非金融企业杠杆率[J].世界经济，2022,45(4):54-79.

[4]苟琴，王戴黎，鄢萍，等.中国短期资本流动管制是否有效[J].世界经济，2012,35(2):26-44.

[5]靳玉英，罗子嫄，聂光宇.国际基金投资视角下中国资本流动管理：有效性和外溢性[J].经济研究，2020，55(7)：21-40.

[6]寇宗来，盘宇章，刘学悦.中国的信用评级真的影响发债成本吗？[J].金融研究，2015(10)：81-98.

[7]蓝茵茵，刘莉萍.东道国主权信用下降对当地中国直接投资的影响：基于母国制度视角的分析与实证检验[J].上海师范大学学报（哲学社会科学版），2016，45(1)：51-58.

[8]林晚发，刘颖斐.信用评级调整与企业杠杆：基于融资约束的视角[J].经济管理，2019，41(6)：176-193.

[9]田益祥，陆留存.主权信用评级影响因素的长短期效应检验及对策：评级下调冲击经济的非对称效应启示[J].中国软科学，2011(12)：46-56.

[10]王世华，何帆.中国的短期国际资本流动：现状、流动途径和影响因素[J].世界经济，2007(7)：12-19.

[11]杨子晖，陈创练.金融深化条件下的跨境资本流动效应研究[J].金融研究，2015(5)：34-49.

[12]钟红，刘家琳.疫情冲击下新兴市场跨境资本流动特征及趋势[J].债券，2021(1)：15-20.

[13]ALSAKKA R，AP GWILYM O. Leads and lags in sovereign credit ratings [J]. Journal of banking & finance，2010，34(11)：2614-2626.

[14]BAYAR Y，KILIÇ C. Effects of sovereign credit ratings on foreign direct investment inflows：evidence from Turkey [J]. Journal of applied finance and banking，2014，4(2)：91-109.

[15]BROOKS R，FAFF R W，HILLIER D，et al. The national market impact of sovereign rating changes [J]. Journal of banking & finance，2004，28(1)：233-250.

[16]CHRISTOPHER R，KIM S J，WU E. Do sovereign credit ratings influence regional stock and bond market interdependencies in emerging countries? [J]. Journal of international financial markets，institutions and money，2012，22(4)：1070-1089.

[17]DE GREGORIO J，EDWARDS S，VALDÉS R O. Controls on capital inflows：do they work? [J]. Journal of development economics，2000，63(1)：59-83.

[18]DESIREE M S，TAKAWIRA O. An analysis of sovereign credit ratings impact on financial development in South Africa [J]. Journal of accounting and

finance in emerging economies, 2021, 7(3): 553-571.

[19]FERNANDEZ-ARIAS E. The new wave of private capital inflows: push or pull? [J]. Journal of development economics, 1996 (2): 389-418.

[20]HOOPER V, HUME T, KIM S J. Sovereign rating changes: do they provide new information for stock markets? [J]. Economic systems, 2008, 32 (2): 142-166.

[21]KELLARD N M, KONTONIKAS A, LAMLA M J, et al. Risk, financial stability and FDI [J]. Journal of international money and finance, 2020, 120: 102232.

[22]KIM S J, WU E. Sovereign credit ratings, capital flows and financial sector development in emerging markets [J]. Emerging markets review, 2008, 9(1): 17-39.

[23]MELLIOS C, PAGET-BLANC E. Which factors determine sovereign credit ratings? [J]. The European journal of finance, 2006, 12(4): 361-377.

[24]SĂVOIU G, POPA S. Statistical limitations in timing and restrictions of comparability in addressing foreign direct investment (FDI), in Romania's market economy [J]. The Romanian statistical review, 2012 (2): 71-80.

[25]TAYLOR L. Exchange rate indeterminacy in portfolio balance, Mundell-Fleming and uncovered interest rate parity models [J]. Cambridge journal of economics, 2004, 28(2): 205-227.

跨境电商发展对城市创新的影响研究

——基于中国跨境电子商务综合试验区建设的准自然实验

庄嘉鑫*

摘　要:在信息化和大数据的时代浪潮下,中国积极探索创新驱动发展新引擎。跨境电商产业采用大数据、物联网和智能物流等各种高新技术,通过降低交易成本、整合数据信息等方式从多方面促进企业创新,因此,目前蓬勃发展的跨境电商也许是推动国家创新事业发展的重要突破口。为了探究跨境电商是否能成为创新驱动发展新引擎,本文基于2013—2019年中国286个城市面板数据,以中国跨境电子商务综合试验区政策试点为准自然实验,运用多期双重差分法,采用北京大学企业大数据研究中心推出的区域创新创业指数衡量城市创新水平,研究中国跨境电子商务综合试验区建设对城市创新的影响。研究结果发现,中国跨境电子商务综合试验区政策试点能显著提升城市创新水平。从影响机制来看,跨境电子商务综合试验区通过刺激政府增加科技投入、提升知识产权保护强度和促进生产性服务业集聚提升城市创新水平。从异质性来看,行政等级较高的城市、东部地区城市、规模较大的城市以及科教水平较高的城市对城市创新的促进作用更强,而且跨境电子商务综合试验区建设能促进实质性创新而非策略性创新。本文研究结论能够为优化跨境电子商务综合试验区发展模式、深入推进创新型国家建设提供参考和借鉴。

一、研究背景与研究意义

(一)研究背景

创新能长期驱动经济增长,提高人民收入和社会福利水平(刘乐淋和杨毅柏,

---

* 庄嘉鑫:2020级国际商务专业硕士研究生。导师:张晖副教授。

2021;Davis et al.,2018)。世界知识产权组织(WIPO)报告显示,中国研发经费投入快速增长,研发人员总量连续6年稳居世界第一,中国专利总量增速和专利申请授权总数世界第一。但值得指出的是,目前中国创新仍然存在一些突出问题,如企业研发人员占比较低、专利授权率低、有效专利总量少等(高芳等,2020)。城市作为创新活动的主要场所和创新资源集聚地(王之禹和李富强,2021;Shearmur,2012),其创新能力的建设和提升不仅有利于解决当下创新发展的薄弱环节和突出问题,而且对于加快实现创新型国家建设和提高国家战略科技力量具有重要现实意义。

跨境电商于21世纪初进入中国,如今已成为我国对外贸易和"网上丝绸之路"的重要助推器(马述忠等,2019)。根据《中国电子商务报告》和海关总署数据,海关跨境电商管理平台的进出口总额从2015年的360.2亿元增加到了2019年的1862.1亿元,年平均增速为50.8%。海关总署数据还显示,2020年我国跨境电商进出口总额为1.69万亿元,增长了31.1%,其中出口额为1.12万亿元,增长了40.1%。

企业通过跨境电商平台直接与国外客户进行交易,减少了中间环节,提升了交易效率,有助于推动企业创新(Wikhamn and Knights,2012)。跨境电商运用的大数据技术能提升企业搜集整合信息的能力,助推其推出创新产品(Zhang et al.,2018)。因此,跨境电商的应用可以从多个方面促进创新发展。为了解决跨境电商发展难题和推动跨境电商自由便利化发展,中国从2015年起在杭州等城市建立中国跨境电子商务综合试验区(简称"跨境电商综试区"),截至2020年年底,全国已有105个跨境电商综试区。目前,学术界分别探讨了国家级新区(谢果等,2021)、国家高新区(李政和杨思莹,2019)、创新型城市(李政和杨思莹,2019)、低碳城市(逯进等,2019)和宽带中国等政策试点对创新的影响,但未有研究涉足跨境电商综试区创新效应的政策评估。本文运用多维的实证方法和数据来识别、验证跨境电商综试区和城市创新之间的因果关系,不但有助于厘清跨境电商综试区发展与城市创新之间的作用机理,而且能够有效地评估跨境电商综试区建设的政策试点效果,为进一步推进跨境电商综试区建设提供经验证据。

(二)研究意义

1.理论意义

根据国务院相关文件,跨境电商综试区建设完整的产业链和生态链。跨境电商是信息技术产业,其建设必定会使得政府加大科学技术投入;跨境电商综试区吸引的入驻企业多为科技企业,政府对这些企业进行补贴,从而增加了政府的科技投入。本文以科技投入效应为机制,研究跨境电商综试区建设对城市创新的影响。

目前，跨境电商知识产权侵权问题严重，为了解决跨境电商发展难题，加强知识产权保护是跨境电商综试区建设必不可少的环节。本文以知识产权保护效应为机制，研究跨境电商综试区建设对城市创新的影响。

跨境电商综试区政策的实行会促使相关生产性服务业企业集聚跨境电商综试区，如电商、金融、物流、科技和综合服务等机构或企业。本文以生产性服务业集聚效应为机制，研究跨境电商综试区建设对城市创新的影响。

综上所述，本文通过分析跨境电商综试区相关文件及现实状况，以科技投入效应、知识产权保护效应和生产性服务业集聚效应为机制，研究跨境电商综试区建设对城市创新的影响，以丰富影响城市创新因素的研究。

2.现实意义

本文通过研究跨境电商综试区建设和城市创新之间的关系，可以为建设互联网大数据时代创新型国家提供参考。本文通过异质性分析可以了解跨境电商综试区建设在哪些城市或地区对创新的促进作用更小，找出原因后可以为国家扶持这些地区创新发展提供研究参考。综上所述，本文具有很重要的现实意义。

二、文献述评

（一）文献综述

1.创新研究

国外学者从 20 世纪初开始对创新理论进行研究，并且一直推动创新理论的发展。在最近几十年里，越来越多的国外学者开始研究创新的作用和影响创新发展的因素。与本文相关的国外研究是影响创新发展因素的研究。

创新具有很重要的作用，如促进经济增长，提升人们收入，增加社会福利。那么哪些因素会影响创新？这个问题引起了国外学术界广泛关注。国外学者研究后发现影响创新发展的因素主要有以下几类。

第一类是政府层面的因素。政府行为极大地影响经济和创新发展，如政府政策、国家法律等。如产业政策、公共投资和社会保障政策等政府政策能促进创新水平的提升，能调整创新活动的方向进而提升人们的生活水平（Stiglitz，2015）。一些学者将目光投向发展中国家，对 375 家中国公司进行研究，结果发现更强有力的知识产权保护会抑制发展中国家的创新水平。而另外一些学者却得出截然不同的结论：在发达国家和发展中国家知识产权保护都能有效地推动技术变革与创新。

第二类是企业层面的因素，如交易成本或交易效率、企业制度等。Wikhamn 和 Knights(2012)以沃尔沃集团为对象，研究交易成本和创新的关系，结果发现交易成本会潜在地破坏创新。而交易成本的降低意味着交易效率的提升，因此提升交易效率会促进企业创新。Aghion 等(2013)以 800 多家美国公司为对象进行研究，发现制度所有权能对创新产生积极影响。

第三类是行业或产业层面的因素，如产业集聚、行业竞争等。Aghion 等(2005)运用熊彼特模型研究发现竞争与创新成倒 U 形关系。但是产业集聚有利于促进产业创新和城市发展，因为产业集聚会使公司之间出现模仿、知识传播以及高技能员工跳槽等现象(Glaeser et al.,1992)。不过，也有一类学者研究发现，当产业集聚达到某一值时，就不会推动创新发展。对欧洲国家和亚洲国家进行研究时，学者们发现高新技术产业集聚能推动地区创新(Kireyeva et al.,1992)。

2.城市创新研究

近年来，有关城市创新的研究多是实证研究，主要是研究影响创新的因素。他们认为影响创新的因素主要有以下几类。

一是城市本身的特征，如城市经济集聚程度、营商环境状况、人口规模等。倪进峰和李华(2018)研究发现，经济聚集与城市创新的关系呈 U 形。城市单中心结构与城市创新的关系呈倒 U 形，城市集聚程度高，会出现阻碍创新的“拥挤效应”，但同时创新活动也不适合在集聚程度较低的多中心城市开展。营商环境也是影响城市创新的重要因素。优质的营商环境能够吸引众多企业来到一座城市进行创新活动(张存刚等,2020)。任何行业创新活动的完成都离不开相关领域的人才，而人口规模的增加有利于人力资本的积累。陈大峰等(2020)采用了 2003—2018 年中国 271 个城市的面板数据，研究城市人口规模对城市创新的影响，结果发现人口规模显著促进城市创新。

二是其他行业或产业因素，如贸易、金融、互联网等。一些学者将目光投向国际贸易对城市创新的影响。黄凌云等(2020)发现贸易开放促进产业升级，从而推动城市创新水平的提升。互联网本身能够降低城市创新成本，提升城市创新资源配置效率，而且在与其他产业结合时，也能助力其他产业发挥创新驱动效应。例如，当金融与互联网紧密联系产生数字金融，数字金融能通过提升城市全要素生产率和产业结构高级化从而推动城市创新(宋宝琳等,2022)。万道侠等(2019)则对城市产业进行汇总研究，采用 2004—2016 年 282 个地级市的面板数据，研究城市产业相关多样化、无关多样化对城市创新的影响，研究发现相关多样化显著促进城市创新，无关多样化显著抑制城市创新。

三是政府出台的政策或制定的法律。知识产权保护一直是学者研究的热门话题。高兴等(2019)以淮海经济圈城市为研究对象,发现强有力的知识产权保护会促进城市创新。李政和杨思莹(2019)基于2003—2016年269个城市面板数据,从宏观角度研究发现创新型城市试点政策显著促进城市创新。但是也有学者从微观角度研究发现创新型城市试点只能使大城市的创新水平提升,未能在中小城市发挥创新驱动作用,原因可能是大城市拥有更为强大的集聚效应和更少的制度性交易成本(杨仁发和李胜胜,2020)。进入21世纪后,中国的互联网产业飞速发展。国家为进一步推动信息基础设施建设,于2014年开始在北京等城市进行"宽带中国"战略试点。冯苑等(2021)基于2009—2017年283座城市面板数据,研究宽带基础设施建设对城市创新的影响,结果发现宽带基础设施建设通过提升互联网发展水平显著促进城市创新。为了将信息技术(大数据、云计算、互联网等)运用到城市建设的各个方面,从而提升城市居民的生活质量,我国从2012年开始在北京等城市进行智慧城市建设。学者们研究发现智慧城市建设能通过提升城市信息技术水平、人力资本质量以及优化制度环境等,发挥城市创新的驱动效应(张龙鹏等,2020;袁航等,2020)。

3.跨境电商相关研究

第一部分是跨境电商产生的影响研究。与传统线下贸易不同的是,跨境电商使交易双方突破空间的限制,直接在互联网平台上进行贸易,毫无疑问,跨境电商的出现首先会给传统外贸带来巨大冲击,进而对传统国际贸易产生深远影响,创新国际贸易的运行机制、营销方式、宏观管理方式和政策等(姚立新,2000)。跨境电商还能通过增加贸易机遇和增加商品服务品类等来推动传统外贸企业转型升级(郭四维等,2018)。

第二部分是跨境电商与跨境支付。跨境支付是跨境电商的支撑体系,传统的跨境支付成本高、耗时长,并且造成了垄断。若将数字货币和跨境支付结合在一起,形成基于数字货币的分布式跨境支付,则这种新型模式能提升经济效率,升级市场结构(刘东民等,2020)。

第三部分是跨境电商综试区相关研究。目前有关跨境电商综试区的非实证研究运用制度创新和产业集群等理论,研究跨境电商综合试验区多阶段创新演化机理(肖亮等,2020)。在实证研究中,王瑞等(2020)基于35个跨境电商综试区的数据,研究发现在电商政策力度、互联网普及率的正向调节作用下,跨境电商综试区对跨境电商贸易产生的促进作用显著为正。

4.跨境电商与创新研究

钊阳和戴明锋(2019)论述了在产业层面,跨境电商综试区能整合资源,进行产业创新;在产品层面,企业能通过平台反馈的信息进行产品创新。跨境电商是数字经济的重要形式,温珺等(2019)研究了数字经济对区域创新能力的影响，一般而言，专利包括发明专利、实用新型专利与外观设计专利，与前人研究不同的是，为了深入探索创新驱动效应的质量，他们分别研究了数字经济对这三种专利的影响，研究发现数字经济对发明专利具有最显著的作用，因此数字经济能产生实质性、高质量的创新驱动效应。近年来，中国涌现出许多优秀的互联网电商企业，如阿里巴巴、京东等，这些企业的蓬勃发展吸引了学者的注意。阿里巴巴集团旗下的天猫商城是中国 B2C 电商巨头，郑称德等(2014)以天猫商城为研究对象，运用问卷调查和实证等方法做研究，结果发现电子商务带来的竞争强度和市场信息会促进产品创新，而跨境电商是电子商务的重要形式。

(二)文献述评

国外从多方面对创新产生的作用和影响创新的因素进行了大量的研究，大大丰富了创新研究。中国学者对城市创新的重要性、影响创新的因素进行了大量研究。国内从跨境电商产生的影响和跨境电商相关产业等多方面进行了研究，但是这些研究大多是非实证研究。可能是由于跨境电商在中国发展时间较短，实行跨境电商综试区政策试点较晚，国内关于跨境电商综试区或跨境电商的高质量研究太少，虽然有关于跨境电商综试区、电商或跨境电商对产业或产品创新的研究，但是缺乏跨境电商综试区城市创新驱动效应的实证研究。鉴于此，本文从理论层面构建跨境电商综试区建设影响城市创新的分析框架，阐述互联网时代下跨境电商综试区推动城市创新的影响机制，接着以跨境电商综试区政策试点为准自然实验进行实证研究，采用多期双重差分法评估跨境电商综试区的城市创新驱动效应。

三、研究设计

(一)模型设定

由于各城市建设跨境电商综试区的时间不一样，本文采用多期双重差分法评估中国跨境电子商务综合试验区试点政策对城市创新的影响。借鉴 Bertrand 等(2004)的设定方法建立了以下双重差分模型来研究跨境电商综试区建设对城市创新的影响：

$$\ln\_inno_{it} = \beta_0 + \beta_1\, cecpa_{it} + \beta_2\, X_{it} + \mu_i + \lambda_t + \varepsilon_{it} \qquad (1)$$

在上式中，i 代表城市，t 代表年份。其中被解释变量 $\ln\_innoit$ 代表城市创新水平，$cecpa_{it}$ 为中国跨境电子商务综合试验区试点政策的虚拟变量。β_0 代表常数项，X_{it} 是控制变量，μ_i 是个体固定效应，λ_t 是时间固定效应，ε_{it} 为误差扰动项。

(二)变量说明

1.城市创新水平(ln_*inno*)

采用区域创新创业指数的自然对数衡量城市创新水平。区域创新创业指数在创建过程中结合商标数据库、专利数据库、VCPE数据库与全国工商企业注册数据,有效运用大数据思维与技术,以市场主体企业为核心,立足企业、资本和技术三个核心要素,从五个维度和七个指标对各城市(直辖市、地级市)创新水平进行衡量,各个指数的权重分配如表1所示。处理过后的各城市区域创新创业指数数值为0—100,数值越大,说明这座城市的创新创业能力越强。

表1　区域创新创业指数权重分配

核心要素	维度名称	基础指标	所占权重
企业	新建企业数量	新增企业注册数量	20%
资本	吸引外来投资	新增外来法人投资的笔数	15%
	吸引风险投资	新增风险投资的企业数量	25%
技术	专利授权数量	新增发明专利授权数量	12.5%
		新增实用新型专利公开数量	7.5%
		新增外观设计专利公开数量	5%
	商标注册数量	新增商标注册数量	15%

资料来源:北京大学企业大数据研究中心《中国区域创新创业指数》。

由于使用跨境电商的主体是中小企业,跨境电商对中小企业的发展具有重要推动作用,跨境电商综试区有许多类似"创客小镇""创客空间"的创业孵化基地,而该套数据恰好包含了中小微企业、初创期企业的数据,覆盖面更广,数据质量更高(毛文峰和陆军,2020)。

2.中国跨境电子商务综合试验区试点政策的虚拟变量(*cecpa*)

该变量为本文的核心解释变量。在某个城市批复成为跨境电商综试区试点城市的当年及之后,该变量取值为1,否则为0。它是处理组虚拟变量和设立跨境电商综试区时间虚拟变量的交互项。

3.机制变量

科技投入(*st*):科学技术支出占地方财政支出比重。

知识产权保护(*ip*):借鉴沈国兵等(2019)、WIPO(2018),用*ip*表示以专利授权数为基础的城市层面知识产权保护强度。

生产性服务业集聚(*agglo*):借鉴刘修岩等(2007),*agglo*是一个用来衡量生产性服务业空间集聚程度的常见指标,其数值越大,表明生产性服务业在该市的集聚程度越高。

4.控制变量

通过参考李勇辉等(2021)、薛宏刚等(2021)以及何凌云和马青山(2021)学者的研究,本文控制了以下几个变量:产业结构(*ind*),采用第二产业与第三产业产值比衡量;政府财政收入(ln_*inc*),采用财政收入的对数衡量;经济发展水平(*pgdp*),采用城市人均 GDP(以 2013 年为基期,计算以后每年的实际 GDP)衡量;文化水平(ln_*boo*),采用每百人图书拥有量的对数衡量;基础设施建设水平(*infra*),采用城市公路里程除以城市行政区域面积衡量;教育水平(*edu*),采用教育支出与政府财政支出的比值衡量;外贸依存度(*trade*),采用进出口贸易额占 GDP 的比重衡量。

(三)数据来源与变量描述

本文研究样本期为 2013—2019 年,样本为 35 个获批建设跨境电商综试区的城市(不包括 2019 年 12 月设立的跨境电商综试区)。区域创新创业指数数据来源于北京大学企业大数据研究中心,其他变量数据来自《中国统计年鉴》《中国城市统计年鉴》等。表 2 是描述性统计结果。

表 2　描述性统计

变量类型	变量	样本量	均值	标准差	最小值	最大值
被解释变量	ln_*inno*	2001	3.720	0.801	0.311	4.605
核心解释变量	*cecpa*	2002	0.048	0.215	0.000	1
控制变量	*ind*	1980	1.157	0.504	0.012	4.827
	ln_*inc*	1998	13.49	1.327	9.942	18.09
	pgdp	1986	10.79	0.682	9.037	13.07
	ln_*boo*	1986	3.823	0.855	0.554	7.460
	infra	1967	1.089	0.511	0.016	3.555
	edu	1718	0.174	0.039	0.014	0.302
	trade	1960	0.161	0.269	0.000	2.296

四、核心内容

(一)基准回归结果分析

为了验证跨境电商综试区建设与城市创新之间的关系,本文根据多期双重差分模型即模型(1),逐步添加固定效应和控制变量进行回归分析,表 3 是基准回归结果。表 3 第(1)列结果显示，在没有加入任何控制变量和固定效应时，*cecpa* 的估计系数在 1%的显著性水平上为正。表 3 第(2)列—第(5)列结果显示，在逐步加入控制变量以及控制时间固定效应和个体固定效应后，*cecpa* 的估计系数在 5%的显著性水平上为正。由第(5)列结果可知，某城市设立了跨境电商综试区后，其城市创新水平提升了约 6.21%，这表明在其他条件不变的情况下，跨境电商综试区试点城市的创新水平要高于非跨境电商综试区试点城市，这意味着跨境电商综试区建设促进了城市创新。上述结果说明，在互联网大数据时代，各城市亟须大力发展跨境电商，全面推进跨境电商综试区建设，充分发挥跨境电商综试区对城市创新的驱动效应，助力城市创新发展迈上更高台阶。从控制变量的实证结果来看，政府财政收入对城市创新水平的影响在 1%的水平上显著为正，这表明当地政府财力对城市创新发展影响巨大，城市创新事业的建设离不开政府强大雄厚的财力作为支撑。经济发展水平对城市创新水平的影响在 10%的水平上显著为正，这表明发达的地区经济能促进城市创新水平的提升，原因可能是发达的经济会吸引诸多有利于创新的资源，如人才、技术等。其他控制变量的估计系数皆不显著。

表 3　基准回归结果

	(1)	(2)	(3)	(4)	(5)
	ln_*inno*	ln_*inno*	ln_*inno*	ln_*inno*	ln_*inno*
cecpa	0.0213*** (0.00730)	0.0584** (0.0266)	0.0609** (0.0269)	0.0635** (0.0271)	0.0621** (0.0280)
ind		−0.0784 (0.0490)	−0.0788 (0.0493)	0.0784 (0.0493)	−0.0786 (0.0495)
ln_*inc*		0.0854*** (0.0292)	0.0866*** (0.0296)	0.0864*** (0.0296)	0.0869*** (0.0298)
edu		−0.445 (0.715)	−0.469 (0.717)	−0.476 (0.720)	−0.462 (0.723)
pgdp		0.379* (0.221)	0.389* (0.224)	0.383* (0.226)	0.392* (0.216)
ln_*boo*			−0.00557 (0.0270)	−0.00488 (0.0270)	−0.00449 (0.0273)
trade				0.0517 (0.0823)	0.0515 (0.0825)

续表

	(1)	(2)	(3)	(4)	(5)
	ln_*inno*	ln_*inno*	ln_*inno*	ln_*inno*	ln_*inno*
infra					−0.0446 (0.116)
Constant	3.719*** (0.0444)	−1.207 (2.316)	−1.311 (2.317)	−1.249 (2.331)	−1.309 (2.272)
个体固定效应	NO	YES	YES	YES	YES
时间固定效应	NO	YES	YES	YES	YES
观测值	2001	1704	1692	1692	1692
R-squared	0.046	0.019	0.019	0.019	0.019

注：括号中的数值为稳健标准误，*、**、***分别表示在10%、5%和1%统计性水平上显著。如无特别注明，以下各表同。

1.平行趋势检验

多期双重差分法与单期双重差分法都是用事件研究法进行平行趋势检验，但是不同的是多期双重差分法是当前年份减去各自不同的政策冲击时间。根据以上思路，本文建立以下模型：

$$\ln\_inno_{it}=\alpha_0+\sum_{k=-M}^{N}\alpha_k\, cecpa_{i,t-k}+\alpha_1 X_{it}+\mu_i+\lambda_t+\varepsilon_{it} \qquad (2)$$

其中 M、N 分别表示跨境电商综试区成立前和成立后的期数，i 表示城市，t 表示年份，$\ln\_inno_{it}$ 表示城市创新水平，假如政策冲击之前的交互项不显著，则平行趋势检验通过。由图1可以看出政策实施之前的交互项不显著，这表明对照组和实验组在政策实施前具有相同的变化趋势，因此通过了平行趋势检验。

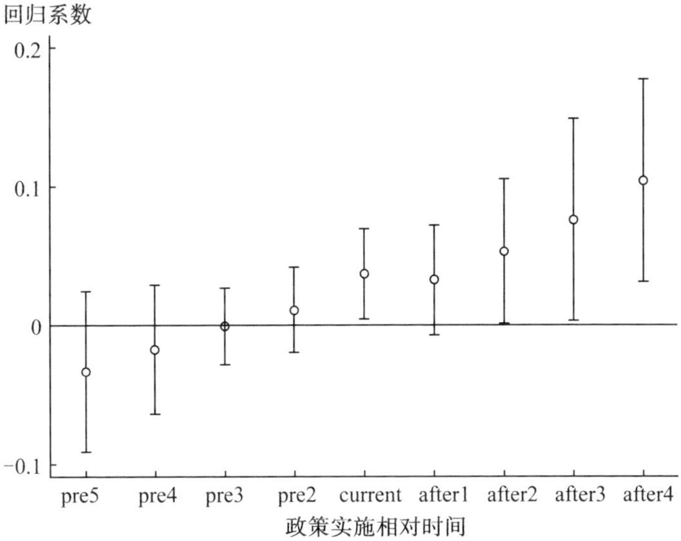

图 1　平行趋势检验

2.剔除干扰性政策

本文考虑到在样本期间内与跨境电商综试区和城市创新相关性较大的其他一些政策，如国家电子商务示范城市（刘乃全等，2021）、宽带中国、国家级新区（谢果等，2021）和创新型城市试点（李政和杨思莹，2019），可能会造成一定的政策叠加效应，所以先将每一个干扰性政策单独与跨境电商综试区政策放在一起回归，最后将所有干扰性政策与跨境电商综试区政策放在一起回归。结果如表 4 所示，在五种情况下核心解释变量系数都显著为正，而且数值与基准回归结果相比没有太大变化，这表明其他干扰性政策并未影响跨境电商综试区对城市创新的提升效应，验证了本文基准回归的稳健性。

表 4　剔除干扰性政策回归结果

	(1) 宽带中国	(2) 电子商务示范城市	(3) 创新型城市试点	(4) 国家级新区	(5) 汇总
	ln_*inno*	ln_*inno*	ln_*inno*	ln_*inno*	ln_*inno*
cecpa	0.0593** (0.0282)	0.0625** (0.0276)	0.0620** (0.0281)	0.0621** (0.0277)	0.0597** (0.0278)
didkuan	0.0226 (0.0348)				0.0232 (0.0352)

续表

	(1) 宽带中国	(2) 电子商务 示范城市	(3) 创新型城市 试点	(4) 国家级新区	(5) 汇总
	ln_*inno*	ln_*inno*	ln_*inno*	ln_*inno*	ln_*inno*
didec		−0.0082 (0.0285)			−0.0133 (0.0288)
didinno			0.0512 (0.0429)		0.0502 (0.0434)
didnew				−0.0004 (0.0282)	0.0015 (0.0277)
Constant	−1.274 (2.238)	−1.306 (2.273)	−1.332 (2.273)	−1.309 (2.280)	−1.291 (2.245)
Controls	YES	YES	YES	YES	YES
时间固定	YES	YES	YES	YES	YES
个体固定	YES	YES	YES	YES	YES
观测值	1692	1692	1692	1692	1692
R-squared	0.020	0.019	0.020	0.019	0.020

(二)异质性分析

1.城市等级异质性

本文将直辖市、省会城市与副省级城市定义为中心城市，并设定城市等级虚拟变量(*level*)，将中心城市赋值1，非中心城市赋值0，基准回归结果如表5第(1)列所示。从中可以发现，交乘项的系数在5%的水平上显著为正，这表明跨境电商综试区试点政策对行政等级较高城市的创新水平促进效应相对更强。原因可能是行政等级较高的城市拥有更高的经济发展水平、更优越的信息基础设施和更多的优质人才资源，这样就可以吸引更多的创新型企业开展业务，提升城市的创新水平。而行政等级较低的一般地级市拥有的优质创新资源较少，很难吸引创新型企业落户，这就使得试点政策对一般地级市的创新提升作用相对较弱。

2.城市规模异质性

本文设立城市规模虚拟变量(*scale*)，将城区常住人口超过100万人的城市定义为“大城市”，赋值为1，将城区常住人口小于100万人的城市定义为“中小城市”，赋值为0，基准回归结果如表5第(2)列所示。从中可以看出，交乘项的回归系数在5%的水平上显著为正，这表明跨境电商综试区试点政策对规模更大的城市的创新水平促进效应相对更强。原因可能是大城市能通过历史积累和移民流入的方式积累较多优质人力资本，推动了这些城市学习、内化新知识能力的提升，进而提升了城市创新能力（王之禹和李富强，2021）。而中小城市由于在医疗、教育、就业机会等方面与大城市存在一定的差距，无法吸引大量的优质人力资本，不能有效推动城市创新能力的提升。

3.城市区位异质性

本文设立城市区位虚拟变量（*area*），将东部城市赋值为1，中西部城市赋值为0，基准回归结果如表5第（3）列所示。交乘项的回归系数在5%的水平上显著为正，这表明跨境电商综试区政策试点对东部地区城市创新水平的促进作用相对更强。原因可能是东部地区的人才、技术等有利于丰富创新活动资源，跨境电商综试区政策试点会进一步提升东部城市的创新水平。中西部城市经济发展较落后，缺乏高端优质的人才、技术等创新资源，虽然政策试点带来了一定的推动作用，但是由于中西部城市很多方面的基础较为薄弱，很难使跨境电商综试区政策试点发挥更大的效用。

4.城市科教水平异质性

本文设定城市科教水平虚拟变量（*uni*），将有“211工程”高校的城市定义为高级科教城市，赋值为1，没有“211工程”高校的城市定义为一般科教城市，赋值为0，基准回归结果如表5第（4）列所示。交乘项的回归系数在5%的水平上显著为正，这表明跨境电商综试区政策试点对科教水平更高的城市的创新水平的促进作用相对更强。原因可能是拥有“211工程”高校的城市会有更多的人才资源和更活跃的科研活动，从而促进城市创新水平的提升。

表5　异质性回归结果

	(1) 等级异质性	(2) 规模异质性	(3) 区位异质性	(4) 科教水平异质性
	ln_*inno*	ln_*inno*	ln_*inno*	ln_*inno*
cecpa×*level*	0.0565** (0.0269)			
cecpa×*scale*		0.0609** (0.0277)		
cecpa×*area*			0.0791** (0.0315)	

续表

	(1) 等级异质性	(2) 规模异质性	(3) 区位异质性	(4) 科教水平异质性
	ln_*inno*	ln_*inno*	ln_*inno*	ln_*inno*
cecpa×*uni*				0.0521** (0.0262)
Constant	−1.207 (2.246)	−1.277 (2.264)	−1.257 (2.267)	−1.141 (2.231)
Controls	YES	YES	YES	YES
时间固定效应	YES	YES	YES	YES
个体固定效应	YES	YES	YES	YES
观测值	1692	1692	1692	1692
R-squared	0.019	0.019	0.019	0.019

(三)机制分析

以上实证研究表明了跨境电商综试区政策试点能够提升城市创新水平，但仍需进一步研究其中的作用机制，为此设计如下实证模型进行检验：

$$Y_{it} = \alpha_0 + \alpha_1 cecpa_{it} + \alpha_2 X_{it} + \mu_i + \lambda_t + \varepsilon_{it} \quad (3)$$

其中，Y_{it}是机制变量，X_{it}是控制变量，μ_i 是个体固定效应，λ_t 是时间固定效应，ε_{it}是随机扰动项。本文没有采用传统的中介效应进行机制检验，原因是在中介效应的第三步将中介变量对被解释变量进行回归时，不可观测因素会同时对机制变量和被解释变量产生影响(王莉等，2022)，这会使得机制变量变成内生变量。因此本文先用解释变量对机制变量进行回归，然后再引用已有的文献论证该机制能对被解释变量产生影响。考虑到内生性问题，本文采用二阶段最小二乘法(2SLS)进行解释变量对机制变量的回归，具体的检验结果如表 6 所示。

表 6　机制检验

	(1) 科技投入	(2) 知识产权保护	(3) 生产性服务业集聚
cecpa	0.0352*** (0.0135)	0.2108** (0.0886)	0.2165*** (0.0604)
Constant	−1.1880*** (0.3366)	0.0446 (2.3329)	7.4360*** (1.8925)

续表

	(1) 科技投入	(2) 知识产权保护	(3) 生产性服务业集聚
Controls	YES	YES	YES
时间固定效应	YES	YES	YES
个体固定效应	YES	YES	YES
观测值	1705	1679	1672

从表 6 可以看出，核心解释变量的回归系数都显著为正，这表明在缓解内生性问题后跨境电商综试区政策试点加大了科技投入程度，推动了知识产权保护，促进了生产性服务业集聚。目前已有权威研究证明这些机制促进创新。

1.科技投入对创新的影响

科技投入可以减轻跨境电商综试区内创新企业的资金压力，降低创新活动的风险和成本，从多方面为创新者提供便利，提升创新活动的效率，增强跨境电商综试区内企业进行创新的意愿与积极性（Stiglitz，2015），与此同时，科技投入还会推动跨境电商综试区企业增加自筹 R&D 投入，从而带来更多的专利产出（朱平芳和徐伟民，2003），最终促进创新水平的提升。

2.知识产权保护对创新的影响

当跨境电商综试区加强知识产权保护后，跨境电商综试区内的企业创新收益失去风险越小，创新预期利润越大，越有利于提升企业创新能力（黄先海和卿陶，2021）。跨境电商综试区加大知识产权保护力度后，一方面将使跨境电商综试区内创新企业通过专利授权或垄断专利的使用权而获得利益，这就能促进企业接连不断地创新，另一方面会使外部投资人意识到自己投资的创新项目会有很好的法律保护，因此投资人给予创新投资的意愿会更大，从而推动创新。加强知识产权保护可以使企业减少研发溢出损失和缓解企业外部融资约束，从而促进企业创新（吴超鹏和唐菂，2016）。

3.生产性服务业集聚对创新的影响

跨境电商、金融、物流等产业有很强的关联互补性，这些产业的聚集会产生知识溢出效应，包括互补性知识、差异化知识以及竞争性知识（彭向和蒋传海，2011），跨境电商、金融、物流等行业的人才聚集会形成知识传播环境，有利于促进创新（Glaeser et al.，1992）。综上所述，跨境电商综试区建设会通过增加科技投入、加强知识产权保护和促进生产性服务业集聚提升城市创新水平。

（四）研究结论

第一，在其他条件不变的情况下，跨境电商综试区试点城市的城市创新水平要高于非跨境电商综试区试点城市，这意味着跨境电商综试区建设促进了城市创新。政府财政收入对城市创新水平的影响在1%的水平上显著为正，这表明发达的当地政府财力对城市创新发展影响巨大，城市创新事业的建设离不开政府强大雄厚的财力作为支撑。地区经济发展水平的系数在10%的水平上显著为正，这表明发达的地区经济能促进城市创新水平的提升，原因可能是发达的经济会吸引诸多有利于创新的资源，如人才、技术等。其他控制变量的估计系数皆不显著。

第二，在缓解内生性问题后跨境电商综试区政策试点加大了科技投入力度，推动了知识产权保护，促进了生产性服务业集聚，而且目前已有一定数量的研究证明科技投入、知识产权保护和生产性服务业集聚能够促进创新，因此跨境电商综试区建设会通过增加科技投入、增强知识产权保护和生产性服务业集聚提升城市创新水平。

第三，跨境电商综试区试点政策对行政等级较高的城市、规模更大的城市、东部地区城市和科教水平更高的城市的创新水平促进效应相对更强。

五、政策建议

基于上述研究结论，本文提出以下政策建议：

第一，全面推动跨境电商综试区建设，促进城市创新发展。在建设跨境电商综试区过程中，跨境电商综试区运用的高新技术、多方位的制度优化以及各类生产性服务业的集聚都能够推动城市创新水平的提升，从而能进一步贯彻实施创新驱动发展等国家战略，深入推进互联网大数据时代创新型国家建设。对于还未建设跨境电商综试区的城市或者建设水平较低的城市，应该向拥有丰富建设经验的跨境电商综试区学习其成功经验，结合自身实际发展情况，建设或推动跨境电商综试区的发展，进而加强跨境电商综试区的城市创新驱动效应，最终促进城市创新水平的提升。

第二，政府应加大科技投入，大力支持与跨境电商有关的产业链和生态链的建设，如5G基础设施、大数据中心和物联网系统等，扶持高新技术企业成长，夯实创新发展的技术基础；应从多方面采取各种措施大力加强知识产权保护，如出台有关知识产权保护的法律法规，提供完善的知识产权服务等，解决知识产权侵权问题，构建促进跨境电商发展的制度环境，形成有利于创新创业的良好氛围；应不断吸引各种与跨境电商产业关联互补性强的生产性服务业企业或机构进驻综试区，如金融、物流、科技等企业，加强各行业人才交流，形成知识溢出环境，推动城市创新发展。

第三，推广跨境电商综试区试点时要采取因地制宜的原则。在行政级别较低的城市建设跨境电商综试区时，可以出台一些扶助政策以推动这些城市的经济发展，加强基础设施建设，引进更多优秀人才，这样可以使更多的创新型企业愿意在这座城市安家落户，协助跨境电商综试区推动城市创新发展；在科教水平较低的城市建设跨境电商综试区时，可以同时在当地建设高校或科研机构以提升当地的科技教育水平，助力跨境电商综试区发挥更大的创新驱动作用。在小规模城市建设跨境电商综试区时，应同时帮助其提升当地的医疗、教育以及就业水平以吸引更多的优质人力资本投身城市创新活动。在中西部城市建设跨境电商综试区时，可以借鉴东部地区发展经验，支持建设中西部城市的重要产业，全面推动中西部城市发展，在此基础上使跨境电商综试区在中西部城市以更大幅度促进城市创新水平的提升。跨境电商作为数字经济的重要形式，政府应大力推动跨境电商发展和跨境电商综试区建设，将跨境电商与实体经济紧密结合，大力扶持跨境电商创新创业活动，在跨境电商综试区内积极建设与跨境电商发展息息相关的基础设施，以此助力跨境电商综试区建设推动高质量的城市实质性创新发展。

参考文献

[1]陈大峰，闫周府，王文鹏.城市人口规模、产业集聚模式与城市创新：来自271个地级及以上城市的经验证据[J].中国人口科学，2020(5)：27-40.

[2]冯苑，聂长飞，张东.宽带基础设施建设对城市创新能力的影响[J].科学学研究，2021，39(11)：2089-2100.

[3]高芳，李梦薇，赵志耘，等.《规划纲要》实施前后中国科技创新水平研究[J].科技导报，2020，38(19)：46-57.

[4]高兴，翟柯宇.收入不平等与知识产权保护对城市创新的影响：基于淮海经济区20个城市的实证分析[J].科学管理研究，2019，37(3)：13-19.

[5]郭四维，张明昂，王庆，等.新常态下的“外贸新引擎”：我国跨境电子商务发展与传统外贸转型升级[J].经济学家，2018(8)：42-49.

[6]何凌云，马青山.智慧城市试点能否提升城市创新水平：基于多期DID的经验证据[J].财贸研究，2021，32(3)：28-40.

[7]黄凌云，张宽.贸易开放提升了中国城市创新能力吗：来自产业结构转型升级的解释[J].研究与发展管理，2020，32(1)：64-75.

[8]黄先海，卿陶.知识产权保护、贸易成本与出口企业创新[J].国际贸易问题，2021(7)：21-36.

[9]李勇辉，沈波澜，林森.生产性服务业集聚、空间溢出与城市技术创新：基

于长江经济带108个城市面板数据的实证分析[J].经济地理,2021,41(11):65-76.

[10]李政,杨思莹.创新型城市试点提升城市创新水平了吗[J].经济学动态,2019(8):70-85.

[11]李政,杨思莹.国家高新区能否提升城市创新水平[J].南方经济,2019(12):49-67.

[12]刘东民,宋爽.数字货币、跨境支付与国际货币体系变革[J].金融论坛,2020,25(11):3-10.

[13]刘乐淋,杨毅柏.宏观税负、研发补贴与创新驱动的长期经济增长[J].经济研究,2021,56(5):40-57.

[14]刘乃全,邓敏,曹希广.城市的电商化转型推动了绿色高质量发展吗:基于国家电子商务示范城市建设的准自然实验[J].财经研究,2021,47(4):49-63.

[15]刘修岩,殷醒民,贺小海.市场潜能与制造业空间集聚:基于中国地级城市面板数据的经验研究[J].世界经济,2007(11):56-63.

[16]逯进,王晓飞.低碳试点政策对中国城市技术创新的影响:基于低碳城市试点的准自然实验研究[J].中国地质大学学报(社会科学版),2019,19(6):128-141.

[17]马述忠,房超,张洪胜.跨境电商能否突破地理距离的限制[J].财贸经济,2019,40(8):116-131.

[18]毛文峰,陆军.土地要素错配如何影响中国的城市创新创业质量:来自地级市城市层面的经验证据[J].产业经济研究,2020(3):17-29+126.

[19]倪进峰,李华.经济集聚、空间结构与城市创新:基于233个地级及以上城市数据的实证研究[J].中国科技论坛,2018(10):146-153.

[20]彭向,蒋传海.产业集聚、知识溢出与地区创新:基于中国工业行业的实证检验[J].经济学(季刊),2011,10(3):913-934.

[21]沈国兵,黄铄珺.城市层面知识产权保护对中国企业引进外资的影响[J].财贸经济,2019,40(12):143-157.

[22]宋宝琳,张航,宋凤轩.数字金融对城市创新水平与质量的影响效应研究:基于我国284个地级市面板数据的实证分析[J].系统科学与数学,2022,43(1):1-16.

[23]万道侠,胡彬,李叶.相关多样化、无关多样化与城市创新:基于中国282个地级城市面板数据的实证[J].财经科学,2019(5):56-70.

[24]王莉,亢延锟,薛飞,等.环境政策效果的综合框架:来自16项试点政策的经验证据[J].财贸经济,2022,43(4):98-112.

[25]王瑞，顾秋阳，钟冰平.跨境电商需要什么样的贸易便利化：来自中国35个城市跨境电商综试区的证据[J].浙江学刊，2020(4)：100-110.

[26]王之禹，李富强.城市规模对创新活动的影响：基于区域知识吸收能力视角的分析[J].中国软科学，2021(8)：140-151.

[27]温珺，阎志军，程愚.数字经济与区域创新能力的提升[J].经济问题探索，2019(11)：112-124.

[28]吴超鹏，唐菂.知识产权保护执法力度、技术创新与企业绩效[J].经济研究，2016，51(11)：125-139.

[29]肖亮，柯彤萍.跨境电商综合试验区演化动力与创新实现机制研究[J].商业经济与管理，2020(2)：17-29.

[30]谢果，李凯，叶龙涛.国家级新区的设立与区域创新能力：来自70个大中城市面板数据的实证研究[J].华东经济管理，2021，35(10)：48-58.

[31]薛宏刚，王浩管，艺洁.政府引导基金能否促进区域创新能力的提高[J].兰州大学学报(社会科学版)，2021，49(4)：68-77.

[32]杨仁发，李胜胜.创新试点政策能够引领企业创新吗：来自国家创新型试点城市的微观证据[J].统计研究，2020，37(12)：32-45.

[33]姚立新.电子商务下的国际贸易创新研究[J].国际贸易问题，2000(3)：7-11.

[34]袁航，朱承亮.智慧城市是否加速了城市创新[J].中国软科学，2020(12)：75-83.

[35]张存刚，刘亚奇，邵传林.营商环境对城市创新能力的影响：基于中国287个地级市的空间计量分析[J].科技管理研究，2020，40(24)：216-221.

[36]张龙鹏，钟易霖，汤志伟.智慧城市建设对城市创新能力的影响研究：基于中国智慧城市试点的准自然试验[J].软科学，2020，34(1)：83-89.

[37]钊阳，戴明锋.中国跨境电商发展现状与趋势研判[J].国际经济合作，2019(6)：24-33.

[38]郑称德，王倩，刘涴潇，等.电子商务市场特征对产品创新影响的实证研究[J].管理科学，2014，27(6)：90-102.

[39]朱平芳，徐伟民.政府的科技激励政策对大中型工业企业R&D投入及其专利产出的影响[J].经济研究，2003(6)：45-53.

[40]AGHION P, BLOOM N, BLUNDELL R, et al. Competition and innovation: an inverted-U relationship [J]. The quarterly journal of economics, 2005(2): 701-728.

[41]AGHION P, VAN R J, ZINGALES L. Innovation and institutional

ownership [J]. American economic review,2013(1):277-304.

[42]BERTRAND M,DUFLO E,MULLAINATHAN S. How much should we trust differences-in-differences estimates? [J]. The quarterly journal of economics, 2004,119(1):249-275.

[43]GLAESER E, KALLAL H, SCHEINKMAN J, et al. Growth in cities [J]. Journal of political economy,1992,100(6):1126-1152.

[44]WIKHAMN B,KNIGHTS D.Transaction cost economics and open innovation:implications for theory and practice [J]. Creativity & innovation management,2012,21(3):277-289.

[45]SHEARMUR R. Are cities the font of innovation? a critical review of the literature on cities and innovation [J]. Cities,2012,29(2):S9-S18.

[46]STIGLITZ J E. Leaders and followers: perspectives on the nordic model and the economics of innovation [J]. Journal of public economics,2015, 127:3-16.

[47]KIREYEVA A A, MUSSABALINA D S, TOLYSBAEV B S. Assessment and identification of the possibility for creating it clusters in Kazakhstan regions [J]. Economy of region,2018,14(2):463-473.

[48]ZHANG Y,MA S, YANG H,et al. A big data driven analytical framework for energy-intensive manufacturing industries [J]. Journal of cleaner production, 2018, 197(1):57-72.

自由贸易港背景下中外合作办学税收风险防控研究

——以海南大学为例

何佳玲[*]

摘　要:2018年以来,随着海南自由贸易港建设的稳步推进,海南省政府积极支持、助力海南高校开展优质合作办学,已陆续开办了海南大学亚利桑那州立大学联合国际旅游学院等项目。由于涉及外方税收主体,中外合作办学面临的税收问题错综复杂,本文基于海南自由贸易港建设背景,将海南大学作为研究对象,研究其中外合作办学的税收风险问题。本文通过对海南大学现有中外合作办学机构、项目的分析,发现海南大学目前税收风险主要存在于企业所得税的缴纳、学费分成、不同类型外籍教师的个人所得税缴纳等方面。本文认为税收风险成因有四点,分别是税收法律法规分散、征管机制不全增加执法难度、中方学校风险意识淡薄、外方合作机构缺乏动力。基于对税收问题、原因的分析,本文为海南自由贸易港背景下的中外合作办学机构和项目提供了一些具有现实意义的税收风险防控建议,主要包括:完善海南自由贸易港背景下中外合作办学相关法律法规及其他政策,创新税收征管和业务指导方式,高校与税务机关就涉税事项积极互动,强化高校与外方机构的沟通主动权,力求为海南自由贸易港内其他高校举办高质量中外合作办学提供参考。

一、研究背景与研究意义

(一)研究背景

"教育"作为民生问题中的重要方面,广泛持续地受到政府、大众的关注和重视。《中华人民共和国中外合作办学条例》规定,中外合作办学是指中外教育

---

* 何佳玲:2020级会计专业硕士研究生。导师:燕新梅副教授。

机构在中国境内合作举办的以中国公民为主要招生对象的教育教学活动。中外合作办学有助于学生感受不同的文化氛围和知识体系，是培养国际化领先人才的重要途径。2018 年 4 月 13 日，习近平总书记宣布党中央决定支持海南全岛建设自由贸易试验区，海南高校中外合作办学也随之进入了崭新的发展阶段。

海南省政府着力打造国际教育创新岛，陆续颁布了《引进知名高校补助资金管理办法(暂行)》《海南省深化教育教学改革全面提高义务教育质量行动方案》《海南省加快医学教育创新发展实施方案》等文件，支持境内外高等学府在岛内开办分校，并给予资金扶持、人才激励等政策。中外合作办学分为中外合作办学机构及办学项目，分成形式众多，教师来源和类型不同，税收构成复杂，税负核算困难。自由贸易港背景下，海南省中外合作办学涉及的税费种类、适用条款又有新的调整和规定，为使海南省的中外合作办学机构和项目能够长久、稳定、健康地发展，也为保护境内高校在中外合作办学中的合法权益，对中外合作办学中存在的税收风险进行研究势在必行。

(二)研究意义

1.理论意义

目前，各大论文数据库中与“中外合作办学”直接相关的期刊、报纸、学位论文数量多，研究成果较为丰富。但搜索“中外合作办学税收风险”，理论成果却很少，与中外合作办学税收研究高度相关的文章大部分是以期刊为主的短篇研究成果，部分论文成果时间较为久远。2018 年，国家决定建设海南自由贸易港，数据库中开始收录有关“海南税务”“海南自由贸易港法律税收问题”等主题的研究成果，此外也有较少的“海南自由贸易港下的中外合作办学研究”相关成果，但依然缺少对自由贸易港背景下中外合作办学的税收研究。

本文以海南大学中外合作办学为例，梳理现有关于中外合作办学的税务政策，研究自由贸易港背景下中外合作办学的税收风险防控，为未来海南省高校研究中外合作办学的税务问题提供一定的理论支撑，对丰富自由贸易港背景下的海南中外合作办学政策研究有一定借鉴意义。

2.实践意义

高等教育中外合作办学的蓬勃发展，吸引了优质的境内外教育资源，也带来了更多潜在的税收风险。及时梳理相关政策并对税务风险进行防控，对降低办学成本、避免学校形象受损具有实际意义。

本文研究自由贸易港背景下海南大学中外合作办学机构及项目存在的税收风险，剖析其原因，提高高校财税人员对中外合作办学税收政策的理解能力，帮助海南省各高校中外合作办学的管理者、参与者加深对政策的理解，对潜在税收风险提前做好防范措施，对海南省其他高校今后开展中外合作办学工作具有实际参考意义。另外，也有利于完善我国国际税源监管机制，促进我国中外合作办学具体税收政策法规制度的细化和落实，有利于规避外方不合理的避税、漏税风险，夯实我国税收主权基础。

二、文献述评

（一）文献综述

1.国外文献综述

关于国外合作办学的研究，国外学者并未对“中外合作办学税收风险防控”进行直观的探讨，更多的是分开进行研究：对跨境高等教育的研究及非居民企业所得税管理，以此阐述对税收风险管理及防控的研究。

目前中外合作办学是跨国高等教育的主要形态之一，众多学者都对其开展了针对性的分析和研究。联合国教科文组织（UNESCO）与国际大学协会（IAU）（2002）探讨了跨境高等教育的产生原因，梳理了跨境高等教育影响各国教育质量的情况。2003 年，二者制定了《跨境高等教育质量保障指引》，提倡各地区进行保质保量的跨境高等教育活动。OECD（2004）也认为发展跨境教育有利于提高现有教学质量，是值得支持和鼓励的教育方式。然而，跨境教育也存在一些缺陷，如 Altabach（2006）发现美国一些声望较低、没有进行质量评估的学校倾向于与中国较小的省级院校合作，这不利于高质量办学工作的开展，是亟待解决的问题。

在常设机构判定方面，大多数专家都认为常设机构是两国之间评判税收的条件。日本学者 Yoshihiro Masui 在《对外国常设机构实施国内税法》中提到，“形成常设机构”是征税的标志。Raghav Sharma（2009）也持类似观点，他认为常设机构形成后就需要核算常设机构所得的利润。但由于电子商务贸易形态的诞生，某些交易活动不再有实际的固定场所，因此他认为常设机构的概念需要重新被设定。Hoffart（2007）进一步提出“经济实质”的概念，他认为经济实质可以替代常设机构，如果拥有了商业交易特征，则相关国家可以课税。

2.国内文献综述

关于海南中外合作办学的研究是从 2010 年开始的，魏晶（2010）对海南国际旅游岛发展很有信心，认为海南高校中外合作项目会越来越多。赵丽华和王彦才（2019）基于自贸港建设背景，提出海南省中外合作办学不应简单以“办成”为目的，而应以“办好”高标准要求自己，坚持贯彻“高起点、严监管、引进优质中外合作办学项目”。邓春和陈江等（2020）同样从制度方面探讨了海南省中外合作办学中出现的问题，认为要加强顶层的政策设计，从制度上强化国际化办学意识。

当前我国的税收风险防控确实存在不少问题。首先,张申(2010)认为由于我国教育机构对涉税事项不够重视,申报、备案制度执行不到位,税务机关监控税源、管理非居民税收略显吃力。李爽爽(2014)以武汉高校为例,认为税务机关收集教育机构办学信息困难,税源的监管有效性得不到保障。其次,何诗杨(2013)提出《中华人民共和国中外合作办学条例》规定不完善,税收优惠政策不适用于当前办学项目,应健全税收征管体系,抓好综合治理。此外,税收风险还涉及合作费、特许权使用费的税务问题以及外籍教师应缴纳的个人所得税问题。王琳和刘胜建(2019)提出特许权使用费占非居民企业应纳所得税额相当比重,对于特许权使用费应进行详细的界定、分析及计算,以便更准确地缴纳所得税款。李晓静(2019)提出了法律意识淡薄这一更深入的看法,认为中方受"税不进校"的影响,法律意识淡薄,被外方钻了空子,中方蒙受了经济损失。

(二)文献评述

目前针对中外合作办学税收风险的研究成果大多集中在单独研究"中外合作办学""跨境高等教育""高校税收风险防控"方面,对办学质量、优质教育资源共享、未来发展趋势的研究比较多,但与"中外合作办学税收风险"高度相关的理论成果很少,且大部分是以期刊为主的短篇研究成果。也有少量的"海南税务""海南自由贸易港法律税收问题""海南自由贸易港下的中外合作办学研究"等主题的研究成果,但是缺少对自由贸易港背景下中外合作办学的税收研究。

对国内外学者研究成果梳理后,可看出其研究一般都按以下顺序进行:首先判断中外合作办学的模式;其次明确纳税主体,分析我国关于中外合作办学的相关税收优惠条例,确定免税收入和征税收入,对具体合作办学项目进行案例分析;最后根据以上分析指出税收方面存在的问题,针对性地提出风险防控措施。我国目前中外合作办学税收风险主要集中在四个方面:第一,由于中外办学项目未进行税务登记,税务机关获取涉税信息困难,税源监管不力;第二,关于中外合作办学的相关税费无配套文件指引;第三,合作费、特许权使用费的税务问题以及外籍教师应缴纳的个人所得税问题不够明确;第四,中方税收意识和法律意识淡薄。

三、研究设计

(一)文献分析法

本文梳理了现行企业所得税、个人所得税相关税收政策,教育部、财政部发布的公告、法规,海南自由贸易港不同于内地其他地区的税收优惠政策,总结梳理了国内外不同学者关于中外合作办学税收风险防控的文献，在此基础上对中外合作办学涉税风险点进行分析。

(二)案例分析法

海南作为我国第一个自由贸易港，未来会有更多中外合作办学机构或项目进驻，因此有必要对海南中外合作办学税收风险进行研究。本文以自由贸易港背景下的海南大学为例，从其实际税收情况出发，剖析目前存在的税收风险。此外，本文还总结梳理了国内其他已经被税务机关要求补缴所得税税款的中外合作办学案例，以求为其他办学项目防范税收风险提出参考建议。

四、核心内容

(一)海南大学中外合作办学存在的税收风险

1.外方合作分成收入纳税风险

增值税：中外合作办学是学生经过统招进入学校获得国家承认的学历证书的活动，完全属于学历教育。由于教育行业“非营利”“为世界培养人才”的特点，一直享受着各国政府明确规定的“税不进校”待遇。海南大学合作办学机构、项目均属于学历教育，根据《国家税务总局关于明确中外合作办学等若干增值税征管问题的公告》和《中华人民共和国中外合作办学条例》可以判断，此类学费收入均可免征增值税，同时按照政策规定，外方合作机构取得的学费分成收入也可以免征增值税(见表1)。

表1　高校征收增值税的有关规定

条文	具体内容
《国家税务总局关于明确中外合作办学等若干增值税征管问题的公告》(国家税务总局公告2018年第42号)	境外教育机构与境内从事学历教育的学校开展中外合作办学，提供学历教育服务取得的收入免征增值税
《中华人民共和国中外合作办学条例》(国务院令第372号)	中外合作办学是指中外教育机构在中国境内合作举办的以中国公民为主要招生对象的教育教学活动

企业所得税：根据《中华人民共和国企业所得税法》、《中华人民共和国企业所得税法实施条例》、《财政部　国家税务总局关于教育税收政策的通知》(财税〔2004〕39号)、《关于非营利组织免税资格认定管理有关问题的通知》(财税〔2018〕13号)、《海南自由贸易港建设总体方案》，非学历教育收入需要征收企业

所得税(见表 2)。

表 2　高校征收企业所得税的有关规定

条文	具体内容
《财政部　国家税务总局关于教育税收政策的通知》(财税〔2004〕39 号)	对从事学历教育的学校提供教育劳务取得的收入,免征营业税
《关于非营利组织免税资格认定管理有关问题的通知》(财税〔2018〕13 号)	非营利组织享受免税必须满足依照我国法律法规成立和从事公益性活动两个条件
《海南自由贸易港建设总体方案》	对注册在海南自由贸易港并实质性运营的鼓励类产业企业(负面清单行业除外)减按 15%征收企业所得税

中外合作办学收入不完全由中方学校获得,且中外办学项目的外方机构注册地在境外,办学收费属于营利性质。因此,海南大学中外合作办学机构及项目部分收入须缴纳企业所得税。征税收入主要包括外方办学收入、超过规定标准的赞助支出及非学历教育中中方收取的各种费用等。以海南大学亚利桑那州立大学联合国际旅游学院及部分中外合作办学项目为例,可能造成外方合作分成收入纳税风险的有三个方面:合同条款拟定风险、学费分成变动风险以及外汇汇率变动风险。

(1)合同条款拟定风险

海南大学考虑到目前中外合作对象一般为国际知名度较高的优质大学,如亚利桑那州立大学、旧金山艺术大学等,为尽快促成合作,在合同拟定时通常会选择为外方合作机构承担全部税金。因此,目前海南大学举办的中外合作办学机构、项目,企业所得税由海南大学全额承担。以海南大学亚利桑那州立大学联合国际旅游学院为例,目前海口市核定的中外合作办学外方分成收入利润率是 20%,实际所得税税负为外方分成收入的 5%。其和海南大学其他中外合作办学项目的外方合作者都作为非居民纳税人,分成收入按收入 20%的利润率确定利润总额,按 25%的所得税率缴纳企业所得税。

(2)学费分成变动风险

根据最新规定,海南省内各高校已可根据办学成本、财政拨款情况、承受能力等,自行制定学费收取标准(见表 3)。

表3　海南自由贸易港对中外合作办学事项学费收取标准的相关规定

条文	具体内容
《海南省发展和改革委员会关于公布海南省定价目录的通知》(琼发改规〔2021〕7号)	公办高校中外合作办学机构或项目的学费、住宿费、服务性收费等标准不再由政府制定
《关于规范我省公办高校中外合作办学收费管理工作的通知》(琼发改收费〔2021〕617号)	公办高校中外合作办学机构或项目的学费、住宿费、服务性收费和代收费标准由办学机构自主确定。自2021年秋季开学起施行

自2021年秋季学期开学起，海南大学对于自身举办的各中外合作办学机构及项目都有自行制定学费的权力。在海南自由贸易港和国际教育创新岛建设背景下，海南大学能吸引到更加优质的合作办学对象，同时由于新建观澜湖校区、配备教学设施、购买最新教学设备仪器等办学成本的大幅支出，海南大学也在考虑必要时合理、科学地上调部分中外合作办学机构及项目的学费。

通过对相关工作人员的走访得知，部分外方合作机构在得知海南大学有上涨学费想法时，提出要按学费分成比例获取更多的办学收入，但外方显然并未为此付出更多的办学成本。若外方学费收入上涨，则海南大学为此所承担的企业所得税税额也会随之增加。因此，学费分成情况也是导致外方合作分成收入纳税风险的重要因素之一。

(3)外汇汇率变动风险

中外合作办学中，为便于双方进行学费分成计算，签订的合同通常会对对外支付币种进行规定。对外支付选择的币种不同，其兑换的人民币金额也不同。由于对外支付的收入已经是海南大学完成纳税后的金额，海南大学以不同币种对外支付所承担的企业所得税税负也不同。

以海南大学中爱国际合作办学项目签订的合同条款为例，第一轮合作中，双方约定以人民币形式向外方汇款分成收入；第二轮合作中，双方约定自2022年秋季学期起，以欧元向外方支付学费分成收入。此种情况下人民币对欧元的汇率就会影响海南大学承担的税负。海南大学与美国亚利桑那州立大学的合作办学项目则是在确立合作之初就约定以美元进行分成。汇率波动越大，海南大学对外支付金额波动越大，承担的税金波动也越大。

2.形成特许权使用费收入风险

多国税收实践证明，《关于发达国家与发展中国家间避免双重课税的协定范本》(简称《UN协定范本》)更适合发展中国家间的交易平衡。因此，我国及大部分国家都选择采用《UN协定范本》，以税收共享、平等的原则签订税收协定。我国《所得税法实施条例》已经规定，非居民企业在取得特许权使用费收入时，按10%的税率缴纳企业所得税。中外合作办学中，若与外方协定仅由外方合作办学者提供教学活动所需资源，如专业课程安排、外方教师教案、数据库等，则其所得构成特许权使用费的概率就极高。由于存在各种名目的费用支出，如质量保证金、注册费用等，其性质有可能形成非居民应纳税所得额，很容易被税务机关核查。因此，高校应着重注意，如果引进的教学资源有期限、保密和额外付费等要求，则应考虑外方合作者所得可能已经构成特许权使用费收入。若外方办学机构并未在境内构成常设机构，则应按照特许权使用费收入金额的10%缴纳特许权使用费收入所得税，可由中方机构代扣代缴。

目前，海南大学与亚利桑那州立大学、爱尔兰都柏林理工学院等外方合作机构签署的合作协议书中都未对外方教学资源的付费、使用期限和保密做出规定，因此，海南大学并不涉及特许权使用费所得税代扣代缴，不存在由特许权使用费形成的税收风险。

3.外籍教师个人所得税代扣代缴风险

考虑到国际法优先原则，若税收协定与我国所得税法相比具有更加优惠的税收待遇，纳税人应优先适用税收协定优惠条件。截至2022年2月，我国已与112个国家(地区)签署了避免双重征税协定或做出了相关安排，与10个国家(地区)签署了税收信息交换协定。目前我国与大部分国家(地区)签订的税收协定与中美协定内容相似，因此，本文以中美协定为例展开分析(见表4)。

表4　中美政府避免双重征税协定

条款	具体内容
1984年中美政府避免双重征税协定第19条规定	个人前往缔约国一方的大学、教育机构和科研机构从事教学、讲学或研究，停留时间累计不超过3年的，其教育研究活动取得的报酬，免予征税
2010年中美政府避免双重征税解释内容	(1)累计超过3年，从第4年第1天开始对该个人对应收入计征所得税，前3年可享受免税 (2)若该个人讲学或研究是为牟利或其他个人目的，不适用第19条条款
2016年《国家税务总局关于进一步完善税收协定中教师和研究人员条款执行有关规定的公告》(2016年第91号)	(1)明确教学机构包括范围，指出培训机构不属于学校，外籍人员在培训机构的相关教学活动不享受3年免税期 (2)扩大条款适用对象。若非居民纳税人需要享受免税待遇，提交有效期内的外国专家许可证、就业许可证或工作许可证复印件，即可享受累计3年免征个人所得税的优惠

按照中美税收协定，缔约国之间，只要在符合规定的中方教育机构从事教学工作累计不超 3 年，按照规定提交相关证件，就可享受 3 年免征个人所得税。相应地，税收协定中也规定了限制条件。

目前，海南大学为中外合作办学机构及项目授课的专业教师可分为三类，分别是外方合作办学者派遣教师、全球公开招聘教师、海南大学本部教师。教师来源国包括美国、韩国、巴基斯坦、俄罗斯、爱尔兰等。根据海南自由贸易港税收政策，是否与海南大学签订 1 年以上劳动合同或确定劳动关系、在琼停留是否超过 183 天，都是外籍教师是否可以享受海南自由贸易港个人所得税优惠的重要判定条件。

根据海口市税务局向学校提供的我国与各国（地区）的双边税收协定一览表，有 107 个国家（地区）的教师在符合规定的前提下可以免征个人所得税。海南大学引进外籍教师都是"一人一策"，需要根据学校与外籍教师签订的合同确定外籍教师的个人所得税征税标准。就此，本文认为海南大学外籍教师的个人所得税代扣代缴风险主要体现在两个方面：第一，居民及非居民身份判定；第二，新冠疫情期间个人所得税免税规定。

（1）居民身份判定

目前，长期在海南大学中外合作办学中进行教学活动的教师，其教学所得按规定并入应纳所得税额，由海南大学统一代扣代缴；外方办学机构派遣至海南大学的教师，其工资统一由外方支付，外方承担扣缴义务。具体根据居民个人及非居民个人判定条件可知（见表 5）。

表 5　居民及非居民个人判定条件及纳税义务

身份	判定条件	纳税义务
居民个人	境内有住所，或无住所而一个纳税年度内在境内居住累计满 183 天的个人	境内和境外所得
非居民个人	境内无住所又不居住，或无住所而一个纳税年度内境内居住累计不满 183 天的个人	境内所得

显然，居民个人税应纳税所得范围更宽。若部分外籍教师已达到居民身份条件却隐瞒不报，则海南大学可能会面临对部分外籍教师个人所得税代扣代缴不及时的风险。而判定其是否属于居民个人，也需要参考大量的法规。尤其是在自由贸易港背景下，对于来琼开展中外合作办学的高层次和紧缺人才，需由外籍教师个人自行判定其是否满足享惠条件并主动提出申请。之后，由海南大学按规定向税务局报备，统一办理相关免税业务。

海南大学自2021年下半年起已经有意识地为外籍人员做税收政策宣传及知识普及，督促符合条件的非居民个人到海口市税务局进行身份转变。2021年6月起，外籍教师中按照居民个人身份获取工资及劳务收入的人数明显增加，充分说明了海南大学对外籍教师个人所得税缴纳情况的重视程度。由居民身份性质所带来的外籍教师个人所得税代扣代缴风险较小。

(2)新冠疫情影响

由于新冠肺炎，国内外人员流动受到严格的限制。海南大学中外办学机构及项目的部分外籍教师无法离开居住地管控前往海南进行授课，但仍然对项目学生进行线上教学。

此时情况较为特殊，若教学活动正常开展，则这部分外籍个人满足在华停留时间超过183天，并根据实际税负享受税收优惠。但受疫情影响其滞留在他国境内无法入境，不可抗力导致其无法满足停留居住条件。考虑到突发情况，海口市税务局针对此次情况做出了最新答复，与海南大学签订劳动合同并形成实质雇佣关系的外籍教师依然可根据自身实际情况进行免税申请。海南大学也应就此种特殊情况下的外籍教师教学情况进行梳理，尽量避免个人所得税代扣代缴出现偏差。

(二)中外合作办学税收风险成因分析

1.涉外税收法律法规制度分散

目前我国税法并未针对中外合作办学设置专门的法律条文，相关的规定都仅涉及部分适用条款。此外，法律的修订、解释说明更是不断更新着纳税人及税务机关的认知。由于缺乏完整的成体系的法律依据，税务机关经常陷入征还是不征的两难境地。

据不完全统计，截至2020年，涉及中外合作办学的税收法规公告、通知已超过20个，且条文规定通常制定严谨、专业性极强，对于我国正在进行或准备进行中外合作教育的高校来说，全面掌握并积极践行税收政策的难度又大大增加了。如中方合作者对外方机构是否形成“常设机构”的性质很难准确界定，需税务部门专业人士指导，才能选择恰当的所得税率，避免相应的税收风险。

2.税收征管机构执法难

中外合作办学中外方的部分收入应就其所得缴纳税款，如外方收取的注册费用、派遣劳务人员薪金等。但由于征管工作开展的局限，追缴显得困难重重。一方面，中方高校由于其非营利的性质，往往缺乏必要的纳税意识，会忽略中外合作办学事项需在税务局进行税务登记这一环节。税务机关掌握的中外办学信息仅限于高校主动提供的范围。另一方面，由于中外合作办学主体包括外国非居民企业，跨境涉税信息较为分散，人工收集、分析涉税数据显得力不从心。

3.中方高校税收风险防控意识淡薄

中外合作办学中,中方高校往往是促成合作的推动方,长期熏陶在免税意识的教学环境下,主动掌握税收政策变化动态、将涉税规定引入中外合作办学协议合同中的可能性很小。外方极易在这些条款上钻空子,或令中方意识不到此项合作所得需要缴纳税款。我国高校在国际税法方面的人才队伍建设较为懈怠,也缺乏专门的风险管理团队对合作过程进行实时监控和管理。以本文研究对象海南大学为例,国际税收专业人才、风险管理团队的缺失,都使得海南大学难以为中外合作办学的税收风险提出有效的防范措施。

4.外方合作机构缺乏长期合作动力

大部分高校认为高等教育是非营利性的。中外方在合作目的上存在差异,外方对于长期合作的意愿不强,在签订协议时不会关注项目本身可能存在的缺陷或暗含的风险。因此税务层面的风险几乎都是由中方承担的。

通常情况下,只要存在长期合作办学、外籍教师固定在华进行授课等情况,中外合作办学项目中的外方一般都会符合我国非居民企业身份。部分追求经济利益、涉税意识较强的外方教育机构则会利用身份的便利想方设法避税,如在合同上巧立名目分解收入、钻国际税收协定的空子、卡时间点不形成常设机构等。

五、措施建议

(一)完善自由贸易港中外合作办学相关法律法规政策

1.中外合作办学涉税事项法律化

目前我国明确规定中外合作办学事项的文件只有两个,其他涉及中外合作办学事项的条规分散且不明确,法律引用难。

政府应推进自由贸易港税收法规制定,抽调来自高校、税务局、法院等不同行业的优秀人才及税收、法律专家等组成自由贸易港税收制度、中外合作办学政策研究小组,对相关税费核定、税款缴纳的情况进行考察调研,明确规定中外合作办学税收征管方式、应税范畴与内容、不同身份性质非居民企业免税条件、境内外劳务划分标准、收入实现时间、利润率核定、特许权使用费划分。

针对目前中外合作办学事项并未被列入享受15%企业所得税优惠的鼓励性产业目录内的情况,海南省政府也应继续推进,考虑将教育领域内目录扩大,让中外合作办学机构及项目都能享受到自由贸易港税收政策红利。

2.细化税务登记相关管理办法

最新的《税务登记管理办法》并未涉及详细的中外合作办学机构、项目申请税务登记政策规定，未切实规定认证材料、时间期限、登记平台。信息模糊、政策不明朗，降低了部分中外合作办学主体的法律遵从度。

税务机关应迅速着手中外合作办学税务登记相关管理办法细化工作，精简税务登记材料及手续，针对性地提出办理速度更快、流程更简洁的税务登记流程。利用“智慧税务”建设平台，用非接触式办税推动业务办理上网作业，将办理方式及流程以简单、易懂的方式公布，争取做到“一键直达”，以“网上资料递交＋一步提交登记”的方式减少办学主体的业务办理时间，增强中外合作办学主体主动进行税务登记的意愿。

（二）创新税收征管和业务指导方式

1.打造“数字化”税收监管体系

第一，依托数字化经济，加强税源监管。结合“金税三期”设计开发功能更加完善的税收监管软件，便利高校合作办学非居民纳税人进行身份认定、纳税申报和税款缴纳，同时可由监管系统进行指标分析、异常户提示、涉税问题处理及反馈等。利用网络化税源监控，重点关注、督促管辖海南自由贸易港内开办中外合作办学机构、项目的办学单位进行税务登记，动态评估开办机构或项目的涉税行为，按照“线下不定期税收检查＋线上实时税务监管”模式进行税务管理，网格化数据监管。与市场监管、教育、工商、海关、外汇管理局等政府部门进行信息整合，搭建数据共享分析平台，由此统一对外支付核算的统计口径，分析比对涉税资料与涉税信息是否匹配，实时更新非居民所得税税源信息库涉税数据。

第二，利用税收信息互联，应用数字科技与区块链技术，严格对外付汇备案管理。对于国际税源的监控，税务机关可以要求中方高校在向境外支付时必须提交完税证明、税票或免税文件等税务凭据，将其编写进支付程序内，在对外支付完成前进行完税信息网络＋人工核查步骤。利用区块链技术将海南自由贸易港内中外合作办学的高校信息、合作方信息、资源共享状态、往来交易频次、对外付汇、税务凭据等信息永久记录和真实呈现，将办学主体身份性质与交易账号一一对应，在与纳税人达成一致意见后可直接采取一键自动划账、网上转账方式，节省征收和审查成本与时间。

2.建立税收风险长效防控机制

第一，坚持对办学主体“诚信便利支持、失信惩戒曝光”的管理导向，实行对外支付诚信管理制度，制定激励、惩戒措施，若外方在出境前未按照规定缴纳相应税款、滞纳金且不提供纳税担保，则税务机关可直接拒绝其出境；若中外合作办学机构、项目未在开办招生前按规定向主管税务机关报告，则税务部门可责令其限期改正，并处一定罚款。

第二，与工商、教育、外汇管理局、海关等有关部门保持互动和信息共享，及时更新中外合作项目及其对外支付情形的外部信息，强调国内、国外涉税情报信息共享，积极参与国际税收征管合作，形成自由贸易港征管风险联合防控机制。目前我国已与美国、加拿大、澳大利亚等多国签订情报交换协议。但从实际看，税务机关间交换税收情报的频率并不高，时效性不强。因此，应考虑利用大数据手段依托网络风险评估系统动态提供可疑税收数据，提供给各大高校供其反复学习，统一安排时间在线答疑，注意根据自由贸易港税收政策、管理办法的变动及时进行新旧课堂内容替换。

(三)高校就涉税事项与税务机关积极互动

1.主动配合税收监管工作

高校对于税务机关工作的配合应以增强自身纳税意识作为起点，要将自己从身份的桎梏中解放出来。在自由贸易港背景下，要明悉自身教育改革创新试验的带头示范作用，重新认识作为中方合作办学者应承担的扣缴义务。

高校应将中外合作办学税收风险防控写入办学计划之中，从办学开始就将扣缴义务列为工作重点之一。按照税法规定定期、及时地向税务机关上报资料和登记信息，尤其是对于外籍派遣劳务人员（教师、管理人员）的纳税情况，使税务机关能够充分完全地了解办学现状。此外高校应尽可能与当地税务机关保持友好的合作关系，这有利于了解税收征管工作中岗位分工及运行机制，获取征管要求最新动态，真正做到办学前认真预防、办学中严格管理、办学结束后谨慎收尾。

2.合同拟定避免不利条款

防范中外合作办学税收风险，必须避免将对高校不利的协议条款写进中外合作办学合同中。在自由贸易港办学市场便利自由、税收红利多的情况下，外方机构更容易产生少交税的心理。由于促成办学项目的意愿强烈，部分高校极容易在制定合同时将“由中方承担一切境内产生税负”写进合作协议中。因此，及时向税务机关咨询合同内容非常重要。各高校在拟定好中外合作办学计划后，对草拟的办学合同可邀请税务部门工作人员进行核验，以第三方视角客观、公正地为推进办学提出利好的修改意见。此外，针对外籍教师个人所得税的缴纳问题，在签署劳动合同时，为保障个人所得税不流失，应提前做好税收筹划，根据高校情况将是否可以兼职获取劳务报酬、费用报销还是发放补贴等情况写进合同中，避免隐匿收入、个人所得税税收补缴的风险。

除此之外，规避汇率风险也非常重要。在选择对外支付币种时，自由贸易港内各高校应尽量选择本币支付，避免汇率变动带来的税收损失。若必须选择外币支付，可考虑在合同条款中增加保值条款。高校在对外支付学费分成收入时，按规定汇率对外付款即可。

(四)强化高校与外方机构沟通主动权

1.高校持续提高自身办学水平

自由贸易港为国外高校办学、合作提供了制度、法律上的便利,为岛内高校提供了中外合作办学的优质土壤,这也要求高校不断提高自身的办学水平和国际声誉,在合作过程中掌握更强的话语权。高校可考虑从学科建设及校风建设入手,从办学质量及办学氛围两方面提高办学水平。

对于学科建设,高校可立足省内丰富的热带海洋资源、旅游资源等自然优势,着重研究热带作物、海洋学、旅游等相关学科,充分发挥校、政、企的联动效应,合作探索国家重点可研项目,如海南大学与三亚市共建海南大学三亚南繁研究院,深度参与崖州湾种子实验室建设;积极参与热带雨林国家公园和国际蓝碳研究中心建设。同时重视高层次人才引进,努力参与评选一级学科博士学位授权点,鼓励高校教师积极申请国家自然科学基金课题,将研究课题着眼于海南自由贸易港四大主导产业和三大未来产业的重大需求,进行具有现实意义的学术研究。

此外,海南自由贸易港要创建国际教育创新岛,在课程设计、教学内容等方面都要向国际学校靠近。不仅培养课题研究能力出众的学术型优秀学生,更要注重培养有想法、能吃苦、敢实践的技能型优秀学生。

2.组建国际化税务人才团队

目前,海南已获批本科及以上中外合作办学机构 4 所,涉税业务也将随着办学机构、项目的正式招生迎来爆发性增长,仅仅依靠税务局监管来防范税收风险是治标不治本的。高校提高国际税收政策研究水平、组建专业涉外税务人才团队必须提上日程。

第一,厘清涉税事项办理责任人,组建高校税收管理专业团队。将高校内部中外合作办学涉税事项进行拆分,专人专责进行管理,如按照合同拟定、税务登记、收入性质核定、应纳税额登记、外方税务沟通等模块,确保法律、财务、信息管理、计算机等不同专业人员分工科学,形成长效工作合力。对于空缺、人岗不符的职位及时对外招聘,同时定期邀请国际税法专家、税务机关工作人员来校进行前沿税务指导。

第二,重点关注自由贸易港税收制度建设情况,不断学习国际前沿的税收知识。鼓励高校内教师成立自由贸易港税收政策研究小组,涉足国际税收,设立中外合作办学税收风险研究方向,为研究小组成员教师提供稳定的科研经费及奖励,将中外合作办学实务中出现的问题或未来的发展方向以课题形式进行研究,提前预判和规避可能发生的税收风险。

3.主动向外方宣传我国税收政策

为获取更优质的国际教育资源，与各大知名国际院校合作办学的机构、项目纷纷入驻海南。由于中外方高校所适用的税法制度并不一致，外方办学者代表在进入国内市场后，无法透彻理解我国税法、国际税收协定，可能会导致其无意间逃避纳税义务、被税务机关约谈，甚至缴纳罚款的情况。无论是出于何种目的与我国开展中外合作办学，我国都应该展现出大国风范，以最专业的态度向外方解释合作中可能涉及的法律条款。在中外合作办学合同拟定之前，可以将涉及的税收业务以及需要外方配合办理的涉税事项整理成册，如与当地税务局合作制作中外合作办学版本的涉税指南，以图文并茂、生动简单的形式向外方高校宣传我国的税收政策及纳税程序。

参考文献

[1]蔡昌，闫肃宁.国际自由港对海南自贸港税收制度安排的启示[J].新理财，2020(8):34-39.

[2]曹晓路，王崇敏.中国特色自由贸易港立法的基本框架与实现路径：以海南自由贸易港立法为视角[J].当代法学，2020(4):138-150.

[3]陈烈鑫.非居民企业有限合伙人境内所得纳税义务探析[J].国际税收，2021(7):53-58.

[4]陈琳，张颖，丁奕菁.非居民企业所得税出新规　扣缴时点大不同[J].国际税收，2017(11):51-53.

[5]董俊峰，倪杰.我国高校中外合作办学的新走向[J].江苏高教，2020(11):120-124.

[6]付树林.中国非居民企业所得税政策与管理研究[M].北京：中国税务出版社，2014.

[7]高金平.特许权使用费条款适用的案例分析[J].国际税收，2020(8):76-79.

[8]郭强.中美跨境高等教育发展刍议[J].黑龙江高教研究，2017(10):61-65.

[9]胡天龙.海南自贸港企业所得税优惠措施分析[J].中国发展，2020(6):61-65.

[10]贾贺麟.海南自贸港实现“零关税”目标的优化路径研究[J].价格理论与实践，2021(2):14-17+61.

[11]荆向东，鲍宁，杨晓峰.非居民企业税收管理的风险与应对：基于青岛经济技术开发区非居民企业的分析[J].国际税收，2018(1):77-79.

［12］李飞.中外合作办学税收流失问题研究［M］.北京：经济科学出版社，2012.

［13］李海燕，韦星.非居民企业所得税跨国税源监控的国际借鉴与完善措施［J］.涉外税务，2010(4)：22-26.

［14］李爽爽.中外合作办学非居民企业税收征管的实证调查：以武汉高校为例［J］.科教导刊，2015(11)：255-256.

［15］李文.浅谈中外合作高校的税务治理［J］.中国科技纵横，2009(6)：200-202.

［16］李旭红.构建海南自由贸易港税收制度体系的思考［J］.中国财政，2020(24)：38-40.

［17］林扬帆.高等教育领域中外合作办学税务风险及应对［J］.财会学习，2020(7)：145-146＋148.

［18］刘磊.海南自由贸易港税收制度改革创新的思考［J］.国际税收，2020(11)：3-8.

［19］刘伟，李俭.特许权使用费税收风险评估及管理分析［J］.国际税收，2020(3)：78-81.

［20］刘晓光，曹敏妍.全球胜任力视角下中外合作办学项目评价：基于189个项目培养方案的内容分析［J］.江苏高教，2020(4)：55-59.

［21］陆静如，郭强.中外合作办学助力高校一流学科建设：以行业特色高校为例［J］.教育探索，2019(4)：63-67.

［22］罗心月，焦婵，高远.数字经济背景下居民和非居民企业所得税税制分析和建议［J］.中国商论，2021(19)：142-144.

［23］彭骥鸣，陈爱明，韩晓琴.大数据时代强化税收风险管理的思考［J］.税收经济研究，2014(5)：28-35.

［24］桑百川，邓寅.探索建设自由贸易港：模式与方向［J］.国际贸易，2018(3)：4-8.

［25］孙作林.新个税法下的综合所得纳税筹划［J］.财会月刊，2020(9)：149-156.

［26］王宝杰.关于非居民企业所得税源泉扣缴新规的解析［J］.国际税收，2017(12)：64-66.

［27］王琳，刘胜建.中外合作办学非居民特许权使用费所得税实务探析［J］.纳税，2019(7)：10-11.

［28］吴紫骊.扎实推进新时代税务信息化建设的实践与思考［J］.税务研究，2020(11)：62-66.

［29］吴仪.《BEPS多边公约》的适用机制及对中外双边税收协定的影响［J］.

国际经济法学刊,2021(4):144-153.

[30]杨志勇.建设海南自由贸易港的税收力量[J].中国税务,2020(7):38-41.

[31]谢申祥,高媛.中国特色自由贸易港的服务业开放机制探索:以海南自由贸易港为例[J].暨南学报(哲学社会科学版),2021(6):11.

[32]叶建芳,侯晓春,杨育.浅议税收风险管理中存在的问题与对策[J].涉外税务,2012(1):72-74.

[33]余淑明.如何避免特许权使用费的重复征税[J].财会学习,2018(18):164-165.

[34]张云华,刁慧勤.海南自由贸易港税收政策:框架解析和未来展望[J].国际税收,2020(11):16-20+26.

[35]BLACKMUR D. A critical analysis of the UNESCO/OECD guidelines for quality provision of cross-border higher education [J]. Quality in higher education, 2007, 13(2): 117-130.

[36]GUENTHER D A, MATSUNAGA S R, WILLIAMS B M. Tax avoidance, tax aggressiveness, tax risk and firm risk [J]. Unpublished paper, 2013: 305-360.

[37]HUANG F. Transnational higher education: a perspective from China [J]. Higher education research & development, 2003, 22(2): 193-203.

[38]OECD. Base erosion and profit shifting project 2015 final report [R]. Organization for economic cooperation and development, 2015.

[39]SHUKLA V, SHUKLA S K. Globalization and tax jurisdiction [J]. Zenith international journal of multidisciplinary research, 2019, 9(2): 58-64.

类 REITs 市场退出机制的探索
——以海南人才租赁住房类 REITs 为例

张建文*

摘　要:2021 年中国正式揭开了公募 REITs 的篇章,而在此之前学界和实务界为此做了很多探索和尝试,其中最重要的就是发行类 REITs 产品。大多数类 REITs 在发行之初均设置了通过公募 REITs 实现退出的处置分配方式。随着我国公募 REITs 的平稳运行,类 REITs 通过公募 REITs 退出的现实基础已初步具备,如何推动类 REITs 通过公募 REITs 实现退出就成为学界和实务界共同关心的一个话题。基于以上背景,本文首先阐述国内外学者对于 REITs 研究的现状,介绍类 REITs 市场退出机制的现状。其次,选取海南人才租赁住房类 REITs 作为研究对象,通过对比类 REITs 四种退出途径,设计出通过公募 REITs 退出的方案。对成立后的公募 REITs 进行估值分析后发现,基于目前的底层资产以及定价水平,项目估值不能够满足发行公募 REITs 的底线要求。最后,通过对本文案例的深入分析,结合类 REITs 市场退出机制的现状,本文给出了关于促进类 REITs 通过公募 REITs 实现退出的系列建议。

一、研究背景与研究意义

(一)研究背景

党的二十大报告指出,要构建高水平社会主义市场经济体制,健全资本市场功能,提高直接融资比重。近些年来,我国为拓宽融资渠道,降低融资成本,盘活大量沉淀不动产推出多项重要举措,其中最受大家关注的就是 2021 年我国公开募集基础设施证券投资基金(Real Estate Investment Trust,简称“公募

---

* 张建文:2020 级金融专业硕士研究生。导师:罗晋京教授。

REITs")的正式发行。

而在公募 REITs 发行成功之前，学界和实务界对于公募 REITs 的推进做了很多尝试，其中最主要的就是发行了类 REITs 产品。截至 2023 年 2 月 10 日，我国境内共发行了 146 单类 REITs，累计发行规模为 2732.72 亿元，其中目前仍处于存续期间的类 REITs 有 114 单，发行规模为 2085.75 亿元。考虑到目前类 REITs 底层资产中的基础设施、租赁住房、仓储物流等领域都和公募 REITs 试点行业存在重合，因此如果能够将这些存续期间类 REITs 通过公募 REITs 实现退出，那么势必会进一步推动我国 REITs 市场发展。

大多数类 REITs 在发行之初设置了类 REITs 通过公募 REITs 实现退出的处置分配方式。随着公募 REITs 的平稳运行，类 REITs 通过公募 REITs 实现退出的现实基础已初步具备，因此如何推动类 REITs 通过公募 REITs 实现退出就成为一个学界和实务界共同关心的问题。

(二)研究意义

1.理论意义

现有关于 REITs 的研究大多数没有将公募 REITs 和类 REITs 联系起来，而大多数类 REITs 在发行时均设计了公募上市退出的安排，目前少有学者研究类 REITs 通过公募 REITs 退出的具体方法。本文将通过选取类 REITs 项目设计通过公募 REITs 上市退出方案的方式来丰富这方面的研究。

目前关于 REITs 的研究大多集中在商业地产，对租赁住房的研究相对较少，本文有助于完善 REITs 在租赁住房领域应用的理论研究。本文从租赁住房这一角度出发，深入分析海南人才租赁住房类 REITs 项目的退出途径、项目估值与定价以及其他发行公募 REITs 时所涉及的重点问题，有利于丰富 REITs 在租赁住房领域的研究，从理论层次为构建租赁住房企业长效融资机制筑基。

2.实践意义

本文对租赁住房领域类 REITs 退出途径的研究，尤其是通过公募 REITs 退出途径的探索，可以为目前仍处于存续期的租赁住房领域类 REITs 提供一种相对具体的参考方案，有利于打破租赁住房领域类 REITs 与保障性租赁住房 REITs 的壁垒，实现融资渠道多元化，降低融资成本。

本文对租赁住房领域类 REITs 退出途径的研究将推动类 REITs 在商业地产、仓储物流等多个领域的公募退出，尽管目前类 REITs 领域中仅有租赁住房、仓储物流、基础设施等部分板块和公募 REITs 发行范围重合，但考虑到公募 REITs 市场不断发展，试点范围不断扩大，本文势必可以对后续其他符合发行公募 REITs 要求的存续类 REITs 产品提供退出途径的参考。

二、文献述评

(一)文献综述

1.国外文献综述

类REITs产品是我国在前期探索公募REITs的过程中基于当时的监管和税收制度的一种创新性金融产品,国外并没有类REITs产品,因此国外学者并没有研究类REITs的文献。国外学者对于租赁住房REITs的研究,主要是通过对日本、西班牙等租赁住房REITs发展迅速的国家和地区进行研究,进而分析租赁住房金融化背后的原因。Lin等(2019)评估了日本租赁住房REITs在2006年7月到2018年8月期间的风险调整后业绩和投资组合多元化收益,发现相比于日本其他行业REITs、股票和债券,租赁住房REITs普遍提供了更高的风险调整后回报,在完整的混合资产投资组合背景下具有理想的投资组合多元化收益。August(2020)研究分析了加拿大的多户公寓金融化的过程,认为新自由主义重组、政府政策以及金融创新为租赁住房的再投资创造了条件,使得租赁住房行业成为全球重要资产类别。Fuller(2021)研究讨论了在过去二十年间,租赁住房是如何越来越多地融入金融市场,尤其是房地产投资信托和上市房地产运营公司,同时对租赁住房金融化概念进行了界定,认为在住房和金融市场以及全球投资的结构性变化中,住房通常被视为一种商品和一种积累财富的手段,并且通常作为在全球市场上交易和出售的金融工具的担保,而租赁住房金融化就是指租赁住房资本投资日益将住房与其提供安全和有尊严的居住场所这一社会功能脱节的一种行为。

2.国内文献综述

一些国内学者从法律保障、政策配套等角度论述将REITs引入租赁住房领域所遇到的问题。刘倬和张丽(2017)分析了住房租赁市场在住房市场体系中的作用,提出应该学习美国等发达国家的租赁住房融资方式,通过REITs等方式获得资金支持,推动住房租赁市场的规模化发展。王茜萌(2018)认为在当前政策利好、商业地产存量高而证券化渗透率低的环境下,租赁住房REITs的发展将迎来全面的机遇,从改进财税政策、增加租赁用地供给以及加强配套金融设施服务等方面提出了建议。

对于类REITs通过公募REITs实现退出的研究,可以分成两个阶段。第一个阶段是在我国没有推出公募REITs之前,国内学者更多的是去研究如何改良类REITs的交易结构,尽快推动公募REITs的发行,实现类REITs的“公募化”。孟明毅(2020)通过对国内外REITs的横向比较,更加全面地认识到我国 REITs 的不足之处以及原因，其中在对我国 REITs 的未来发展展望时提到发行模式的公募化，认为“中国版”公募 REITs 的发展可以从两个途径开展：一是设计全新的公募 REITs 制度，二是将公募 REITs 嫁接到目前的类 REITs 制度之上。

第二个阶段就是在公募 REITs 即将推出或者已经推出的大环境下，国内学者结合已发行项目进行案例分析，但是很少设计具体的退出方案。陈仙丽(2021)运用案例分析法和对比分析法，选取顺丰产业园类 REITs 作为案例分析对象，提出可以考虑在交易结构中引入公募基金的方式推进仓储物流类 REITs 公募化。林育英等(2021)和张谦(2020)以租赁住房领域类 REITs 为研究对象，提到可以将租赁住房领域类 REITs 通过公募上市的方式实现退出。

(二)文献评述

综上所述，国外学者对于租赁住房 REITs 的研究，主要是通过对一些租赁住房 REITs 发展迅速的国家和地区进行研究，进而分析租赁住房金融化背后的原因。

因为我国公募 REITs 发展时间较晚，可获得的数据较少，因此很难从量化的角度去研究产品的资产配置问题。在租赁住房 REITs 这一块，国内学者更多的是通过分析目前住房租赁市场现状进行研究，建议借鉴美国等发达国家租赁住房融资方式。而关于类 REITs 市场退出机制的研究，国内学者普遍认为类 REITs 市场退出目前有四种途径，即原始权益人回购、续发新产品、市场化处置以及通过公募 REITs 实现退出。通过公募 REITs 实现退出是一种相对理想的退出途径，但受限于公募 REITs 市场发展现状以及政策支持情况，过去并没有实施案例。下一步，随着我国公募 REITs 市场发展越发成熟，应努力推动存续期间类 REITs 通过公募 REITs 实现退出。

根据以上文献回顾和评述，笔者发现国内外学者对类 REITs 市场退出机制的研究，尤其是通过公募 REITs 实现退出的研究相对较少，本文将以海南省人才租赁住房第一期资产支持专项计划(简称“海南人才租赁住房类 REITs”)为研究对象，结合类 REITs 市场退出机制的现状分析，基于对目前几种退出途径的对比分析，对海南人才租赁住房类 REITs 做出通过公募 REITs 退出的方案设计，同时就公募 REITs 发行过程中重点关注的问题，如估值、保租房认定、资产出表及控制权，进行分析讨论，希望可以为类 REITs 退出，尤其是通过公募 REITs 实现退出，提供一些可行的参考意见。

三、研究设计

本文在研究过程中主要采用案例分析法、比较分析法以及定性与定量相结合分析法。

一是案例分析法。本文选取海南省发行的全国首单省级租赁住房REITs——海南人才租赁住房类REITs作为研究对象进行案例分析。本文首先梳理海南人才租赁住房类REITs的案例背景、实施方案、实施效果以及产品缺陷等基本情况,然后探索如何通过公募REITs公开上市的方式实现类REITs退出,同时以海南人才租赁住房类REITs为例,讨论通过公募REITs退出时遇到的项目估值以及其他问题。

二是比较分析法。本文运用比较分析法,在法律载体方面,就类REITs与公募REITs的相同点与不同点进行比较分析;在类REITs市场退出机制方面,就四种常见的类REITs退出途径结合具体案例进行比较分析。

三是定性与定量相结合分析法。本文将运用《海南省人才租赁住房第一期资产支持专项计划之计划说明书》(简称《计划说明书》)、基金年度报告、公募REITs招募说明书、NAREIT、Wind数据库等公开信息和数据,整合后进行定性和定量相结合的分析。

四、核心内容

(一)类REITs市场退出机制的现状分析

目前类REITs市场退出机制包括以下几种。

1.原始权益人回购

原始权益人回购通常包括两种情况:第一种情况是原始权益人行使优先回购权,第二种情况是投资者行使回售权。

2.投资者行使回售权

因为类REITs设立之初的法定存续期较长,所以在每三年的退出开放期,原始权益人有权力决定上调或者下调类REITs证券端的票面利率,而同时证券投资者也有回售权,即将证券出售给原始权益人的权力。通过这种方式,原始权益人或主动或被动地达成了回购类REITs的效果。从目前已退出类REITs的情况来看,原始权益人回购是最常见的一种退出途径。

3.续发新产品

续发新产品从程序上来讲其实包括两步:第一步是实现旧类REITs的回

购，第二步是以旧类 REITs 的底层资产重新发一个新的类 REITs。后者可以通过引入新的投资人实现原来持有类 REITs 的投资者退出。原始权益人之所以愿意采用这种途径可能是考虑到证券到期的资金压力较大，原始权益人仍然想将其底层资产继续转移进行新一轮融资。

截至 2023 年 2 月 10 日，一共有 5 单类 REITs 通过续发新产品的途径实现退出，其中有 4 单产品底层资产都是零售物业，表明其原始权益人的融资需求比较大，具体信息如表 1 所示。

表 1　通过续发新产品实现退出的类 REITs

产品简称	发行量(亿元)	产品细分	起息日	清算日
北塔 2019-1	11.65	办公物业	2019 年 7 月 16 日	2022 年 7 月 18 日
苏广 2016-1	16.80	零售物业	2016 年 12 月 27 日	2020 年 1 月 3 日
天虹 2015-1	14.50	零售物业	2015 年 12 月 11 日	2020 年 11 月 19 日
苏宁 2015-2	33.35	零售物业	2015 年 6 月 29 日	2018 年 6 月 28 日
苏宁 2014-1	43.95	零售物业	2014 年 12 月 16 日	2018 年 1 月 30 日

数据来源：根据 Wind 数据库数据整理。

4.市场化处置

市场化处置是指将类 REITs 产品底层资产直接出售给第三方，然后以现金的形式分配给类 REITs 证券端持有人，从而实现类 REITs 的退出。比较典型的案例是海航浦发大厦类 REITs 项目，产品简称为“恒浩航 2015-1”。原始权益人海航实业集团有限公司以 27.52 亿元的价格将底层资产上海浦发大厦出售给凯德集团，从而实现了通过市场化处置的途径退出，同时这也是首单通过市场化方式处置底层资产实现退出的类 REITs 产品。

截至 2023 年 2 月 10 日，一共有 3 单类 REITs 产品通过市场化处置的途径实现退出，具体信息如表 2 所示。

表 2　通过市场化处置实现退出的类 REITs

产品简称	发行量(亿元)	产品细分	起息日	清算日
亿利 2017-2	7.36	办公物业	2017 年 7 月 28 日	2021 年 3 月 19 日
华远 2017-1	7.36	零售物业	2017 年 1 月 24 日	2020 年 12 月 28 日
恒浩航 2015-1	25.00	混合	2015 年 12 月 2 日	2019 年 1 月 23 日

数据来源：根据 Wind 数据库数据整理。

(二)海南人才租赁住房类 REITs 案例

1.案例背景

海南人才租赁住房类 REITs 在 2019 年 4 月 8 日正式在深圳证券交易所发行,这是海南省首单类 REITs 产品,也是全国首单省级人才租赁住房类 REITs。

海南人才租赁住房类 REITs 的原始权益人是海南发展控股有限公司(简称“海发控股”),计划管理人由工银瑞信投资管理有限公司担任,底层资产是永秀花园 1035 套住房。产品的发行受到市场投资机构的高度认可,最终超额认购倍数达到 2.16 倍,同时优先级证券发行利率达到 4.5%,是同时期同类型产品中发行利率最低的,这也侧面体现出海南人才租赁住房类 REITs 底层资产质量以及原始权益人的资质得到了市场投资机构的高度认可。

2.产品缺陷

(1)风险隔离效果较差

根据海南人才租赁住房类 REITs 计划说明书,底层资产运营机构海南省润思房屋租赁服务有限责任公司(简称“海南润思”)作为整租人,承租了目标公司海口永秀瑞思项目管理有限责任公司(简称“永秀公司”)的 1035 套底层资产。根据天眼查股权结构,海南润思系海发控股全资控股的二级子公司(见图 1)。考虑到类 REITs 项目公司永秀公司的所有收入来源于整租人海南润思,而海南润思又是原始权益人海发控股的全资控股二级子公司,所以在类 REITs 计划存续期内,如果出现原始权益人海发控股破产、财务状况恶化等情况,可能会影响整租人海南润思的履约能力,导致专项计划现金流减少,从而使得可支配给优先级资产支持证券持有人的收益下降,最终导致优先级资产支持证券投资者的利益受到损害。所以,虽然海南人才租赁住房类 REITs 从交易结构和安排上实现了名义上的“真实出售”,但是实际上并没有实现真实的风险隔离。

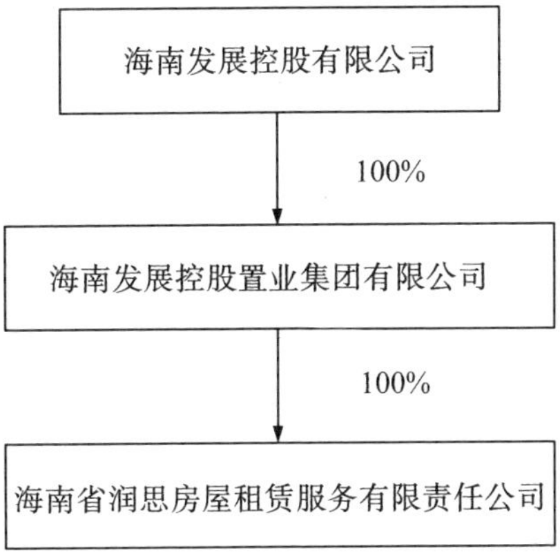

图 1　海南润思股权结构

(2)增信措施主体单一

海南人才租赁住房类 REITs 所有信用增信措施主体都是原始权益人海发控股，尤其是信用增级承诺和权力维持费的支付会对海发控股产生一定的财务压力，一旦海发控股出现破产或者财务状况恶化的情况，势必会影响海南人才租赁住房类 REITs 的信用评级，进而导致专项计划现金流减少，严重损害优先级资产支持证券投资者的利益。

(3)证券层级设计不合理

海南人才租赁住房类 REITs 和其他类 REITs 产品一样，设计了优先级和次级资产支持证券的结构，优先级资产支持证券约定了预期收益率，而由原始权益人持有的次级资产支持证券不约定收益率，更多的是采用信用增级手段。投资者之所以持有优先级资产支持证券，主要原因是原始权益人强大的信用背书下底层资产现金流的收益稳定。对于投资者而言，持有类 REITs 更多像是投资原始权益人的公司债券。总的来看，海南人才租赁住房类 REITs 产品的优先级资产支持证券和次级资产支持证券的属性非常不一致，前者拥有较多的固收属性，而后者带有一定的权益属性，二者属性不同导致其对应持有人的权利和业务也不一致，这一点和欧美成熟市场上的公募 REITs 非常不同。

(三)海南人才租赁住房类 REITs 市场退出方案设计

1.市场退出方案设计概述

假设海南人才租赁住房类 REITs 选择通过公募 REITs 实现退出，以下为其退出的方案设计。

首先设立公募 REITs，公募 REITs 名称为“海南人才安居保障性租赁住房封闭式基础设施证券投资基金”，简称“海南人才安居保租房 REITs”，表 3 是该发行产品的基本要素信息。

表 3　海南人才安居保租房 REITs 产品基本要素信息

	公募基金层次	专项计划层次
计划规模	10 亿元	10 亿元
存续期限	初始与资产期限匹配,后续可根据扩募资产延长基金合同期限	匹配基础资产存续期限
收益分配方式	至少每年分配一次,分配比例不低于基金年度可分配金额的 90%	至少每年一次
基金份额认购价格	与投资者预期派息率相关,由询价得出	—
投资比例	80%以上持有单一基础设施资产支持专项计划全部份额	100%持有项目公司股权和债权

公募基金合同生效后首次投资的基础设施资产支持证券为“海南人才安居保障性租赁住房资产支持专项计划资产支持证券”,并将通过持有该资产支持证券全部份额,持有基础设施资产所属的项目公司的全部股权和全部股东债权。

基金整体交易架构如图 2 所示。

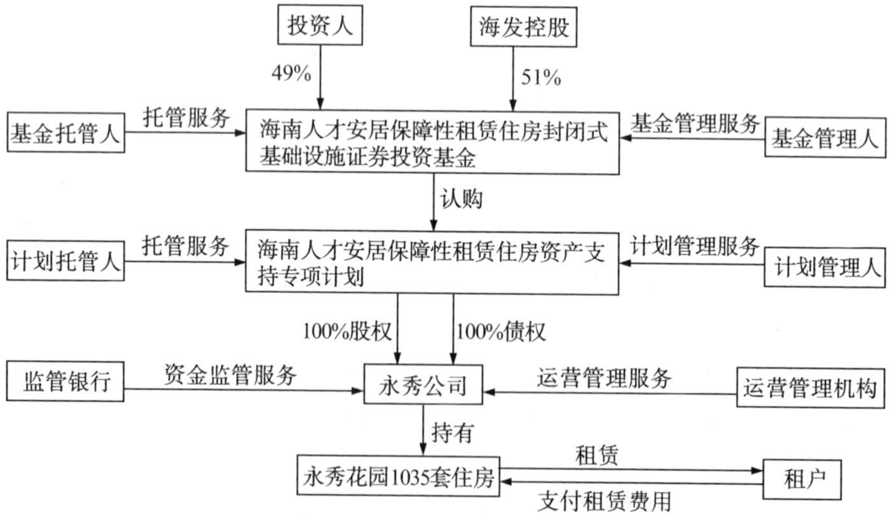

图 2　海南人才安居保租房 REITs 交易结构

海南人才安居保租房 REITs 成立后,以募集资金认购海南人才安居保障性租赁住房资产支持专项计划资产支持证券的全部份额。然后海南人才安居保障性租赁住房资产支持专项计划管理人与海南省人才租赁住房私募基金签订股权转让协议，购买目标公司永秀花园所有股权以及债权，海南省人才租赁住房私募基金以现金的方式对原专项计划、海南人才租赁住房类 REITs 证券端进行分配，从而实现海南人才租赁住房类 REITs 的退出（见图 3）。

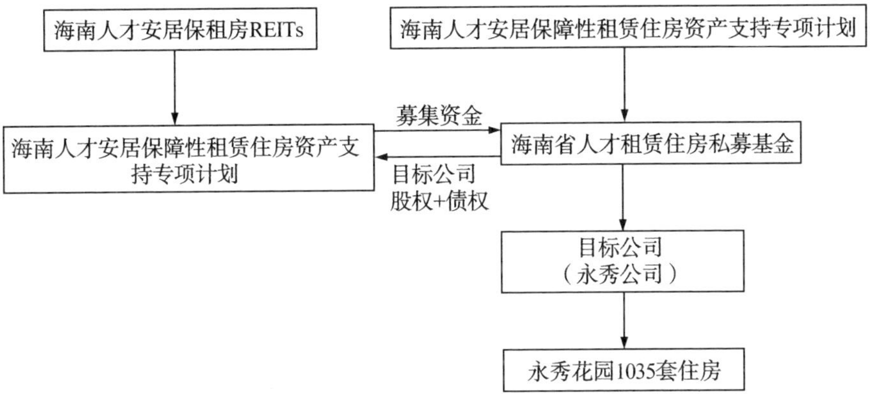

图 3　通过公募 REITs 退出的方案设计

2.市场退出途径选择

对比分析类 REITs 市场退出机制后发现，这四种退出途径的主要优势和劣势如表 4 所示。

表 4　类 REITs 四种退出途径优缺点

退出途径	优势	劣势
市场化处置	在物业价值增高时可以实现底层资产溢价的变现	对资产价值、流动性等要求较高
原始权益人回购	原始权益人保留对底层资产的控制权，享有物业增值收益	原始权益人到期回购资金的压力较大
续发新产品	原始权益人不需要实际回购，实现产品闭环运作	如果存续期物业表现较差，则面临寻找合适投资者的压力
公募 REITs 上市	扩大投资者范围，增强房地产市场的流动性，实现真正的风险隔离	我国公募 REITs 启动时间较晚，需要相关政策支持

通过对以上四种退出途径的对比分析，本文认为类 REITs 通过公募 REITs 上市退出的途径除了上述优点以外，最重要的是符合国家战略发展方向，符合海南自由贸易港金融创新需要，符合原始权益人融资渠道拓展需求。

海南人才租赁住房类REITs如果采用这种途径退出，就可以创新类REITs市场退出途径，体现海南自贸港金融创新优势，具有极大的示范意义。综合以上考虑，本文决定采用公募REITs上市的途径实现海南人才租赁住房类REITs的退出。

目前，已经发行的类REITs在处置分配安排中几乎都设置了公募REITs上市退出的机制安排。如果海南人才租赁住房类REITs通过公募REITs上市实现退出，有三种方案可以选择。

第一种方案是根据公募REITs交易结构安排，公募REITs成立后以募集资金认购专项计划资产支持证券的全部份额。然后，专项计划管理人从类REITs的私募基金处购买所有的目标公司股权，达到对目标公司100%控股，私募基金以现金的方式对原专项计划、对海南人才租赁住房类REITs证券端进行分配（见图3）。

第二种方案是用公募REITs份额对原专项计划进行分配，原专项计划通过私募基金持有公募REITs份额。在这一方案里，一方面，原专项计划的证券端依然保持分层结构设计和约定预期收益的固定收益证券的特点，在开放日给优先级证券兑付本息时需要在二级市场出售公募REITs，考虑到这种方案和类REITs投资人的预期收益以及风险偏好不一致，很难通过持有人大会决议；另一方面，公募REITs采用“公募基金＋专项计划”的交易结构，类REITs方案设计及交易结构参见图4和图5。

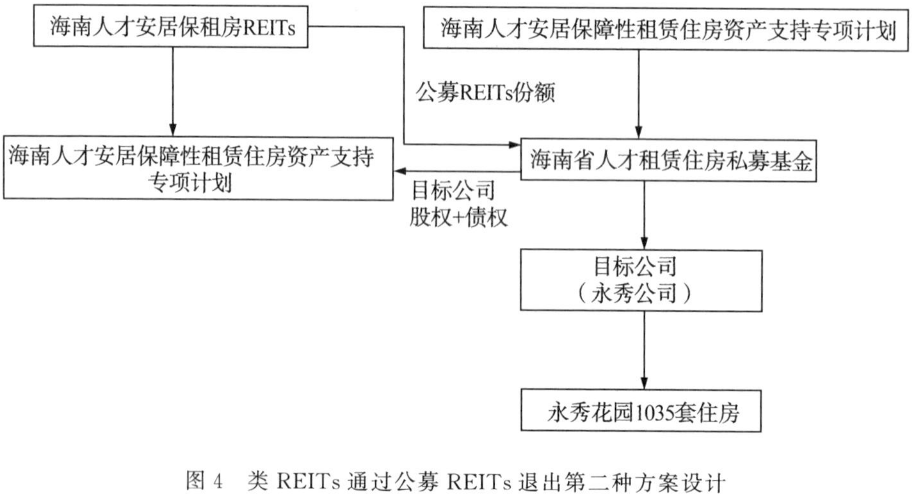

图4 类REITs通过公募REITs退出第二种方案设计

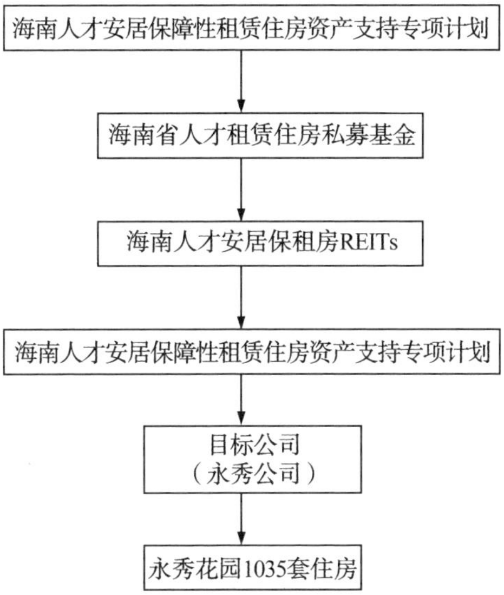

图 5　类 REITs 通过公募 REITs 退出第二种方案最终交易结构

第三种方案要比前面两种方案更加复杂，可以以一定比例的募集资金和 REITs 份额共同进行分配，也就是目标资产并非全部以公募 REITs 的方式募集，还可以保留一部分份额分配给当前类 REITs 的持有者，这一方案也存在第二种方案面临的风险，操作上更加复杂。

通过公募 REITs 上市实现类 REITs 退出，需要证券持有人大会进行决议，上述三种方案中第一种方案通过证券持有人大会决议的可能性最大，操作上也更为方便，因此决定采用第一种方案作为实现海南人才租赁住房类 REITs 通过公募 REITs 退出的方式。

3.项目估值和定价分析

海南人才租赁住房类 REITs 的投资收益主要来源于目标公司偿付的股东借款利息及本金，其中目标公司通过底层资产的运营收入来偿付股东借款本息。对于整个类 REITs 而言，底层资产的运营收入决定了整个项目的估值。参考《计划说明书》，海南人才租赁住房类 REITs 底层资产估值情况如下。

（1）估值方法

房地产估值方法主要有比较法、成本法、现金流量折现法等。戴德梁行在对海南人才租赁住房类 REITs 估值时，结合项目实际情况，采用比较法和现金流量折现法进行估值，权重各取 50%。海南人才租赁住房类 REITs 的底层资产现金流预测可以根据交易结构分为目标公司层次、基金层次以及专项计划层次，以下分别是根据《计划说明书》收集整理所得的三个层次现金流的预测情况。

①目标公司层次

底层资产未来能够产生的现金流主要来源于租金收入。在本案例中，目标公司作为出租方将底层资产整租给房地产运营机构，底层资产实测建筑面积为93767.51平方米，按照底层资产运营机构与目标公司签署的相关合同，底层资产运营机构按照28元/(平方米・月)的标准向目标公司支付首期租金，租金增长率设定为3%，租赁期限为18年。同时根据类REITs相关管理规定，目标公司现金流免征税收。另外，假设在类REITs存续期间，项目公司除了租金收入以外，没有其他的现金流。在此情况下，底层资产经营净现金流等于底层资产现金流入。目标公司层次的现金流预测如表5所示。

表5　目标公司层次的现金流预测　　单位:万元

	现金流入	现金流出	净现金流合计	支付至基金的利息支出
第一期	3150.59	—	3150.59	3150.59
第二期	3245.11	—	3245.11	3245.11
第三期	3342.46	—	3342.46	3342.46
第四期	3442.73	—	3442.73	3442.73
第五期	3546.01	—	3546.01	3546.01
第六期	3652.40	—	3652.40	3652.40
第七期	3761.97	—	3761.97	3761.97
第八期	3874.83	—	3874.83	3874.83
第九期	3991.07	—	3991.07	3991.07
第十期	4110.80	—	4110.80	4110.80
第十一期	4193.02	—	4193.02	4193.02
第十二期	4276.88	—	4276.88	4276.88
第十三期	4362.42	—	4362.42	4362.42
第十四期	4449.67	—	4449.67	4449.67
第十五期	4538.66	—	4538.66	4538.66
第十六期	4629.43	—	4629.43	4629.43
第十七期	4722.02	—	4722.02	4722.02
第十八期	4816.46	—	4816.46	4816.46
合计	72106.52	—	72106.52	72106.52

数据来源:《海南省人才租赁住房第一期资产支持专项计划之计划说明书》。

②基金层次

在类 REITs 存续期间，基金层面的费用包括基金管理费以及增值税、附加税费。其中根据《计划说明书》约定，基金的年管理费为 0.4%。同时，基金规模为最终募集的 8700 万元。另外，在类 REITs 存续期间，基金从目标公司获得的股东借款利息收入需要缴纳相应的增值税及附加税费，基金的所有收益均由基金份额持有人享有。类 REITs 存续期间，假定除上述现金流入和现金流出外，基金无任何其他的现金流。基金层次的现金流预测如表 6 所示。

表 6　基金层次的现金流预测　　单位：万元

	基金现金流量		基金分配至专项计划的现金流量
	利息收入（含税）	基金期间支出	
第一期	3150.59	450.78	2699.81
第二期	3245.11	453.86	2791.25
第三期	3342.46	457.04	2885.42
第四期	3442.73	460.31	2982.42
第五期	3546.01	463.68	3082.33
第六期	3652.40	467.15	3185.25
第七期	3761.97	470.72	3291.25
第八期	3874.83	474.40	3400.43
第九期	3991.07	478.19	3512.88
第十期	4110.80	482.10	3628.70
第十一期	4193.02	484.78	3708.24
第十二期	4276.88	487.52	3789.36
第十三期	4362.42	490.31	3872.11
第十四期	4449.67	493.15	3956.52
第十五期	4538.66	496.06	4042.60
第十六期	4629.43	499.02	4130.41
第十七期	4722.02	502.04	4219.98
第十八期	4816.46	505.12	4311.34

数据来源：《海南省人才租赁住房第一期资产支持专项计划之计划说明书》。

③专项计划层次

专项计划层次包括专项计划规模和专项计划层面费率、优先收购权及权利维持费、专项计划存续期间增值税及附加税费。专项计划层次的现金流预测如表 7 所示。

表 7　专项计划层面的现金流预测　　单位:万元

基金分配至专项计划的现金流量	退出时取得的现金	专项计划期间支出	权利维持费	优先级投资人分的现金	次级投资人分的现金
2699.81	—	126.59	2163.93	4306.50	430.65
2791.25	—	123.51	2069.41	4306.50	430.65
2885.42	—	120.33	1972.06	4306.50	430.65
2982.43	—	117.06	1871.78	4306.50	430.65
3082.34	—	113.69	1768.50	4306.50	430.65
3185.25	—	110.22	1662.12	4306.50	430.65
3291.25	—	106.65	1552.55	4306.50	430.65
3400.42	—	102.96	1439.69	4306.50	430.65
3512.88	—	99.17	1323.45	4306.50	430.65
3628.70	—	95.27	1203.71	4306.50	430.65
3708.24	—	92.58	1121.50	4306.50	430.65
3789.36	—	89.85	1037.64	4306.50	430.65
3872.11	—	87.06	952.10	4306.50	430.65
3956.51	—	84.21	864.85	4306.50	430.65
4042.60	—	81.31	775.86	4306.50	430.65
4130.41	—	78.35	685.08	4306.50	430.65
4219.98	—	75.33	592.50	4306.50	430.65
4311.34	87000.00	72.25	498.06	82606.50	9130.65

数据来源:《海南省人才租赁住房第一期资产支持专项计划之计划说明书》。

(2)估值结果

根据《计划说明书》,戴德梁行在以上现金流预测的基础上,选择适当的资本化率折现,可得底层资产项目估值为 9.62 亿元,同时结合同期市场实际交易价格,通过比较法对底层资产估值,结果为 10.46 亿元。根据市场处理惯例,将两种估值方法所得结果各赋予 50%的权重,最终得到估值结果为 10.04 亿元。

如图 6 所示,市场上目前常用的不动产估值方法有收益法、比较法、成本法以及假设开发法,同时收益法又包括直接资本化法和现金流折现法两种,考虑到在数据缺乏的基础上选择折现率和预测未来较长时间的现金流具有较大的偏差,因此本文选用直接资本化法来对底层资产进行简单估值。

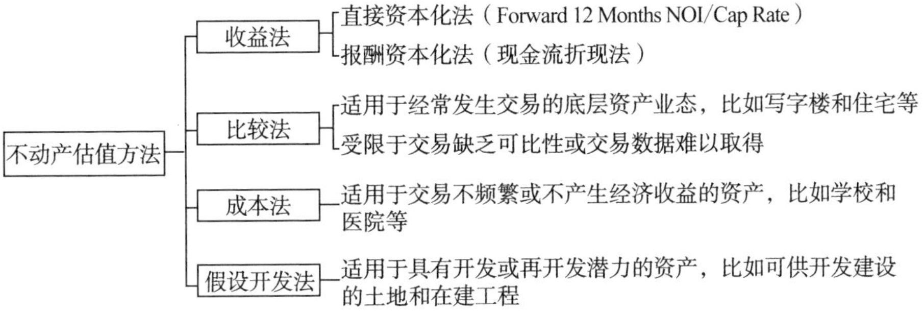

图 6　不动产常用估值方法

通过从类 REITs 专项计划说明书和城市房网收集整理的数据可得底层资产租金约占市场租金的 81.63%，如表 8 所示。

表 8　底层资产租金以及市场租金情况

	合计建筑面积（平方米）	物业套数	平均单套面积（平方米）	单套租金（元/月）	市场租金（元/月）	单套租金/市场租金
两室	23427.17	307	76.31	2136.69	2617.45	81.63%
三室	69689.97	723	96.39	2698.79	3306.02	81.63%
四室	653.55	5	130.71	3659.82	4483.28	81.63%
总计	93770.69	1035	90.60	2536.71	3107.46	81.63%

数据来源：《海南省人才租赁住房第一期资产支持专项计划之计划说明书》、城市房网。

《关于进一步做好基础设施领域不动产投资信托基金（REITs）试点工作的通知》（发改投资〔2021〕958 号，简称“958 号文”）要求，发行公募 REITs 必须保证底层资产项目收益持续稳定而且来源合理分散。因此，之前海南人才租赁住房类 REITs 通过整租获得租金的模式就不能在实际中使用，如今海南人才安居保租房 REITs 的出租率就不会是过去现金流预测的 100%，而是随着市场的波动而波动。

目前单套租金的价格约是市场租金价格的 81.63%，根据保障性租赁住房的相关规定，保障性租赁住房租金价格不应该高于市场租金的 90%，因此海南人才保障性租赁住房 REITs 的租金还有一定的提升空间。基于此，本文做以下两种假设分情况讨论。

假设一：租金价格不变，不同出租率情况下总的租金收入变化如表 9 所示。

表 9　租金不变时不同出租率情况下总的租金收入

出租率	总的租金收入(万元)
90%	2835.53
92%	2898.54
94%	2961.55
96%	3024.56
98%	3087.58
100%	3150.59

假设二:租金价格达到市场租金价格的 90%,不同出租率水平下总的租金收入市场租金价格为 34.3 元/(平方米·月),租金价格为市场租金价格的 90%时为 30.87 元/(平方米·月),租金提高至市场价格 90%时不同出租率情况下总的租金收入如表 10 所示。

表 10　租金提高至市场价格 90%时不同出租率情况下总的租金收入

出租率	总的租金收入(万元)
90%	3126.17
92%	3195.64
94%	3265.11
96%	3334.58
98%	3404.05
100%	3473.52

假设在改造为公募 REITs 之后,预测海南人才安居保租房 REITs 底层资产公寓运营情况(不调整租金下的情况)如表 11 所示。

表 11　底层资产运营情况预测

	2022 年	2023 年	2024 年
运营收入(万元)	3101.55	3164.56	3227.58
出租率假设	94%	96%	98%
运营总成本(不含折旧)(万元)	260	264	268
其中:维修改造费(万元)	80	80	80
税金及附加(万元)	180	184	188
运营净收益(NOI)(万元)	2841.55	2900.56	2959.58

根据以上分析，未来租金暂不调整情形下，2023 年运营净收益（NOI）达到 2900.56 万元。为了提振现金流水平，以提高资产估值，假设考虑在 2023 年对各户型进行调整，调整结果如表 12 所示。

表 12　租金调整后各房型租金情况

	物业套数（套）	2021 年市场租金（元/月）	2021 年单套租金（元/月）	2022 年调价后租金（元/月）	2023 年调价后租金（假设每类租金调整到极限值）（元/月）	租金涨幅（元/月）	2023 年调价后租金/2021 年市场租金
两室	307	2617.45	2136.69	2200.80	2355.71	154.91	90%
三室	723	3306.02	2698.79	2779.75	2975.42	195.67	90%
四室	5	4483.28	3659.82	3769.62	4034.96	265.34	90%

在将底层资产租金调整到市场租金的 90%，也就是规定上限之后，预测 2022—2024 年底层资产运营情况如表 13 所示。

表 13　2022—2024 年底层资产运营情况预测

项目	2022 年	2023 年	2024 年
运营收入（万元）	3405.11	3474.59	3544.01
出租率假设	94%	96%	98%
运营总成本（不含折旧）（万元）	260	264	268
其中：维修改造费（万元）	80	80	80
税金及附加（万元）	180	184	188
运营净收益（NOI）（万元）	3145.11	3210.59	3276.01

根据以上预测和分析，应计算在不同租金水平下项目的估值，本文选用收益法中的直接资本化法进行估值，其中运营总成本包括综合管理服务费、增值税附加税、土地使用税、房产税、印花税、保险费等，运营收入、运营净收益预测值均参考《计划说明书》及市场同类型资产。

基于以上假设，在现有租金水平下，2023 年运营净收益现金流可以达到 2900.56 万元，当资本化率（Cap Rate）为最低要求 4%时，项目估值结果为 7.25 亿元；当把租金提高至规定极限值时，2023 年运营净收益现金流可以达到 3210.59 万元，项目估值结果为 8.03 亿元。

4.海南人才安居保租房 REITs 估值结果敏感性分析

根据上面的估值结果，发现其估值结果不满足公募 REITs 发行需要满足的 10 亿元的最低要求，因此需要对项目的估值敏感性进行分析，测算在不同的租金水平下估值是否满足发行要求。具体分析情况如表 14 所示。

表 14　项目估值敏感性分析(Cap Rate=4%)

估值(万元)	2023 年需达到的现金流(万元)	备注	租金与 2022 年周边租金水平对比
100000.00	4000.00	使估值达到 10 亿元时的租金要求,在现有租金情况下要提升 26.33%	107.96%
80264.75	3210.59	现有租金政策下,提升租金水平至极限租金(提升 8.37%)	90%
72514.00	2900.56	现有租金水平下	81.63%

根据敏感性分析结果,如果要项目估值达到 10 亿元,那么就需要将租金提高到市场租金的 107.96%,但这就无法满足“90%”政策要求。因此在现有底层资产的基础上,项目估值很难达到发行公募 REITs 要求的 10 亿元门槛。

考虑到项目所在地为三线城市海口,市场会要求更高的资本化率,4%的底线要求并不能满足市场投资者的需要,因此当资本化率要求升高时,势必会导致估值的进一步降低,进而导致发行难度加大,因此考虑发行项目时应提高现金流水平,进而提高估值。

五、政策建议

(一)打通类 REITs 与公募 REITs 的市场联系

相关部门应该加强类 REITs 市场和公募 REITs 市场的联系,选取类 REITs 市场中满足公募 REITs 发行要求的项目进行试验性公募上市退出。一方面,这有利于探索创新类 REITs 市场退出途径,进一步盘活类 REITs 市场底层资产的流动性,推动类 REITs 市场更好发展与完善;另一方面,有利于拓宽公募 REITs 资产来源,激发市场活力,丰富公募 REITs 项目储备,进一步推动公募 REITs 市场的成熟发展。

(二)推进公募 REITs 市场底层资产多元化

目前国内公募 REITs 试点范围仅限于交通基础设施、能源基础设施、市政基础设施、生态环保基础设施、仓储物流基础设施、园区基础设施、新型基础设施、保障性租赁住房以及包括水利设施和旅游设施在内的其他基础设施,酒店、商场、写字楼等商业地产项目不属于试点范围。而一个国家公募 REITs 市场的规模以及成熟度很大程度上取决于底层资产的范围,因此如何拓宽公募

REITs底层资产试点范围，引入更多领域的不动产资产是我国公募REITs发展的下一个工作重点。

一旦公募REITs试点范围拓展到市场化的长租房以及商业不动产领域，就可以更大程度上促使商业地产类REITs通过公募REITs实现退出，更好推动公募REITs市场的发展。

（三）完善类REITs与公募REITs运行的体制机制

首先，目前类REITs退出案例较少，退出制度和规则不明晰，有待进一步完善，同时在公募REITs后续逐渐发展成熟之后，类REITs定位会变得较为尴尬，应继续完善类REITs运行机制，与公募REITs形成差异化发展，更好地发挥盘活不动产存量资产的作用。其次，正因为公募REITs起步较晚，运行体制机制也仍在不断完善的过程中，后续更应该总结经验，形成从发行到运营，到最后退出的体制机制建设。最后，应该继续完善类REITs和公募REITs的市场运行体制机制，从体制机制的角度保证类REITs和公募REITs市场的联动，形成系统性的基础制度和配套规则。

（四）构建更加健全的风险防范机制

首先，针对类REITs，应加强信息披露，完善监督激励机制，建立风险预警机制，更好地防范风险。其次，针对公募REITs，必须严格执行公募REITs投资不动产的比例、分红比例等标准。截至本文成稿，我国公募REITs相关制度规则暂时没有规定收益来源中不动产投资收益的最低比例，后面需要补充和完善相关规定。最后，因为目前尚没有类REITs通过公募REITs实现退出的案例，所以应该建立相关的风险防范措施，保证投资者的利益不被侵犯，同时规避其他风险。

（五）建立专项法律，完善相关配套设施

国内现存的类REITs产品是对过去法律框架以及相关政策妥协的产物，相关法律条文以及规章制度具有一定的滞后性，而公募REITs发展时间较短，目前主要是以部门规章的形式规范公募REITs的发展，因此有必要从更高的立法层级建立针对REITs产品的专项法律法规，从根本上解决一些类REITs通过公募REITs退出所遇到的难题。本文认为：首先，从立法的角度确认类REITs通过公募REITs退出的具体方法与途径，以规范退出流程，保护投资者和原始权益人利益。其次，针对目前公募REITs和类REITs存在多重委托—代理关系的问题，应对其有相对应的约束与规范，以避免各层管理人侵犯投资者的权益。再次，为缓解信息不对称问题，应该从立法的角度加大信息披露力度，提高REITs产品的透明度。最后，就目前退出过程中涉及的税收问题通过税

法的方式予以确认，进而调动市场机构投资的积极性，更好地打通类 REITs 和公募 REITs 间的堵点，推进我国 REITs 市场的长期健康发展。

参考文献

[1]陈仙丽. 仓储物流类 REITs 公募化转型分析[D].广州：广东工业大学，2021.

[2]林育英，梁家肇，冼冰怡.我国长租公寓 REITs 公募化发展探究[J].环渤海经济瞭望，2021(12)：168-170.

[3]刘倬，张丽.关于我国住房租赁专业化规模化发展的思考与建议[J].住宅产业，2017(7)：54-57.

[4]苏虹，陈勇.REITs 对培育租赁市场的意义及发展路径探讨[J].城市发展研究，2016，23(4)：118-124.

[5]王茜萌.我国住房租赁 REITs 市场发展探析[J].新金融，2018(3)：28-32.

[6]张谦.基于 REITs 的公共租赁住房融资风险管理研究[D].武汉：华中师范大学，2020.

[7]马世昌，吴与双.基础设施公募 REITs"单、双 SPV 结构"的税负比较研究[J].建筑经济，2021，42(S2)：100-104.

[8]孟明毅.不动产信托投资基金的美国经验借鉴[J].经济与管理评论，2020，36(1)：124-136.

[9]任荣荣，李泽正.保租房 REITs 上市的示范意义[J].中国金融，2022(18)：80-81.

[10]张小富.我国新派与美国 EQR 长租公寓 REITs 对比分析与建议[J].建筑经济，2020，41(5)：99-103.

[11]张晓兵.基于 PFI+REITs 的公租房融资模式整合[J].土木工程与管理学报，2018，35(1)：78-83.

[12]张照.我国类 REITs 的公募化路径探索[J].延边教育学院学报，2020，34(2)：108-111+114.

[13]钟妮婉.恒泰浩睿—海航浦发大厦 REITs 应用案例分析[D].深圳：深圳大学，2020.

[14]AKINSOMI O. How resilient are REITs to a pandemic? the COVID -19 effect [J]. Journal of property investment & finance，2021，39(1)：19-24.

[15]AUGUST M. The financialization of Canadian multi-family rental housing：from trailer to tower [J]. Journal of urban affairs，2020，42(7)：975-997.

[16]AVELINE-DUBACH N. The financialization of rental housing in

Tokyo [J]. Land use policy, 2022, 112: 104463.

[17]BOSSMAN A, UMAR Z, TEPLOVA T. Modelling the asymmetric effect of COVID -19 on REIT returns: a quantile-on-quantile regression analysis [J]. The journal of economic asymmetries, 2022, 26: e00257.

[18]DIBARTOLOMEO J A, GATCHEV V A, HARRISON D M. The liquidity risk of REITs [J]. Journal of real estate research, 2021, 43(1): 47-95.

[19]ELI B, FENG Z F, HARDIN W G. REIT operational efficiency: performance, risk, and return [J]. The journal of real estate finance and economics, 2019, 58(3): 408-437.

[20]FULLER G W. The financialization of rented homes: continuity and change in housing financialization [J]. Review of evolutionary political economy, 2021, 2: 551-570.

[21]CHEN J H, CHANG T T, HO C R, et al. Grey relational analysis and neural network forecasting of REIT returns [J]. Quantitative finance, 2014, 14(11): 2033-2044.

[22]COTTER J, O' SULLIVAN N, ROSSI F. The conditional pricing of systematic and idiosyncratic risk in the UK equity market [J]. International review of financial analysis, 2015, 37: 184-193.

[23]GLASCOCK J L, LU-ANDREWS R. The price behavior of REITs surrounding extreme market-related events [J]. The journal of real estate finance and economics, 2015, 51(4): 441-479.

[24]HO K H, ADDAE-DAPAAH K, PECK F R. Cross-listing of real estate investment trusts (REITs) [J]. Journal of property investment & finance, 2017, 35(5): 509-527.

[25]LI L, ZHU B. REITs' stock return volatility: property market risk versus equity market risk [J]. The journal of real estate finance and economics, 2022: 1-25.

[26]LIN Y C, LEE C L, NEWELL G. The significance of residential REITs in Japan as an institutionalised property sector [J]. Journal of property investment & finance, 2019, 37(4): 363-379.

[27]NEWELL Y, KWONG W, SIU K, et al. The development and performance of REITs in Hong Kong [J]. Pacific rim property research journal, 2010, 16(2): 190-206.

[28]PERIOLA-FATUNSIN O, OLIYIDE J A, FASANYA I O. Uncertainty due to pandemic and the volatility connectedness among Asian REITs market [J]. Asian economics letters, 2021, 2(2):1-5.

[29]PIAO X, YAO W, MEI B. On the risk of novel specialized REITs [J]. Journal of real estate portfolio management, 2022, 28(1): 33-47.

[30]SHEN J. Distress risk and stock returns on equity REITs [J]. The journal of real estate finance and economics, 2021, 62: 455-480.

[31]SU Z, TALTAVULL P. Applying the Fama and French three-factor model to analyze risk/reward in the Spanish REITs: an ARDL approach [J]. Journal of European real estate research, 2021, 14(2): 189-208.

[32]ADAMS Z, FÜSS R, SCHINDLER F. The sources of risk spillovers among U.S. REITs: financial characteristics and regional proximity [J]. Real estate economics, 2015, 43(1): 67-100.

[33]ZHANG Y, HANSZ J A. Industry concentration and US REIT returns [J]. Real estate economics, 2022, 50(1): 247-267.

[34]AKINSOMI O. How resilient are REITs to a pandemic? The COVID -19 effect [J]. Journal of property investment & finance, 2021, 39(1): 19-24.

[35] AUGUST M. The financialization of Canadian multi-family rental housing: from trailer to tower [J]. Journal of urban affairs, 2020, 42(7): 975-997.

[36]BERACHA E, FENG Z F, HARDIN W G. REIT operational efficiency: performance, risk, and return [J]. The journal of real estate finance and economics, 2019, 58(3): 408-437.

[37]FULLER G W. The financialization of rented homes: continuity and change in housing financialization [J]. Review of evolutionary political economy, 2021, 2: 551-570.

[38]LIN Y C, LEE C L, NEWELL G. The significance of residential REITs in Japan as an institutionalised property sector [J]. Journal of property investment & finance, 2019, 37(4): 363-379.

[39]SHEN J. Distress risk and stock returns on equity REITs [J]. The journal of real estate finance and economics, 2021, 62: 455-480.

[40]ZHANG Y, HANSZ J A. Industry concentration and US REIT returns [J]. Real estate economics, 2022, 50(1): 247-267.

海南金融服务实体经济效率的时空异质性及其驱动机理研究

黄林峰*

摘　要:提升金融服务实体经济效率是海南加快建设自贸港和深化改革开放亟待研究和突破的“靶点”。本文以海南18个市县为研究对象,对其金融服务实体经济效率进行测算,并从地理学时空分异视角刻画效率的时空异质性,继而构建空间权重矩阵,分析市县间金融服务实体经济效率的空间关联模式及其特征。同时,进一步借助随机森林模型揭示其驱动机理,创新性地从时空视角挖掘海南金融服务实体经济效率分异机制。通过研究得到如下结论:(1)海南金融服务实体经济效率时空非平衡性明显,时序上阶段特征显著,空间上呈西高东低、高值聚集、中部“洼地”的分布特征。(2)海南金融服务实体经济效率呈“簇状”分布的多线程网络结构形态,南北双向纵深分布。各市县空间节点为非平衡状态,主要呈核心—边缘的非对称结构。(3)从空间溢出机制可以发现,考虑了地理与经济因素的效率关联网络更能显著地描述经济、金融资源的流动性,较多因素均呈现显著的空间溢出效应且以抑制作用为主。(4)海南金融服务实体经济效率时空异质性受政府干预、对外开放度等因素的非线性影响,其中政府干预是主导影响因子,各因素的边际产出能力及各市县对要素的吸收与应用能力的动态差异是时空异质性的主要来源。

一、研究背景与研究意义

(一)研究背景

党的二十大报告明确指出,坚持把发展经济的着力点放在实体经济上。而金融作为现代经济的血液,支持实体经济是金融部门义不容辞的责任,提高金

* 黄林峰:2020级金融专业硕士研究生。导师:郭庆宾教授。

融服务实体经济水平是当前我国深化改革开放的重要战略抓手，更是加快建设海南自由贸易港（简称“海南自贸港”）、打造新时期中国对外开放前沿地的重要基石。海南自贸港将逐步成为中国金融开放的试验田和对外开放的前沿地，优化金融资源配置、培育壮大海南全岛实体经济和构建安全稳定的发展环境至关重要。

海南金融市场主体匮乏、结构不优和地区差距悬殊的问题尤为突出，制约了金融服务实体经济能力的提升，许多方面仍未能与自由贸易港（简称“自贸港”）发展需求相匹配。此外，市县间存在的经济发展差距、产业特征差异也导致海南金融服务实体经济效率差异较大。“三极一带一区”的区域发展战略部署下，广大中部山区市县的主要职能在于生态保护，部分市县过度依赖旅游业，容易因缺乏实体产业支柱导致金融资源无法实现高效产出。目前，海南正着力构建“全岛一盘棋”的空间系统格局，岛内人流、物流、资金流、信息流等流动更加频繁，在此过程中各市县金融服务实体经济效率将受到其他市县的影响，从而形成跨地区的金融服务实体经济效率关联关系。因此，有必要从金融服务实体经济效率空间结构出发，构建海南金融服务实体经济效率空间关联网络，研究其整体及个体网络关联特征并刻画溢出效应，进一步厘清其背后的作用机制，为形成全岛资源高水平动态平衡、畅通金融服务实体经济路径和建设中国特色自由贸易港提供一定的参考借鉴。

（二）研究意义

1.理论意义

在当前深入贯彻新发展理念，构建新发展格局的背景下，推动金融回归本源并构建与实体经济发展相适应的现代金融体系，成为一项亟待研究的现实课题。通过构建合理的投入—产出指标体系，客观评价海南金融服务实体经济效率，并定量刻画金融服务实体经济效率的时空异质性及其驱动机理，解析海南金融资源培育实体经济发展现状，为构建与自贸港相匹配的金融服务实体经济良性机制和优化资源配置提供模式借鉴及参考依据。同时，在对海南省内金融服务实体经济效率中所存在的问题分析、空间特征与网络机制分析的基础上，力求准确把握提升海南金融服务实体经济效率的具体路径，最终提出切实可行的政策建议。

2.现实意义

作为唯一被赋予建设中国特色自由贸易港使命的省份，海南全岛经济和金融活动的时空系统性是需要重点关注的问题，提升金融服务实体经济效率是海南自贸港建设亟待研究和突破的“靶点”。本文首先对海南金融服务实体经济效率进行测度，并从地理学时空分异视角厘清海南金融服务实体经济效率的时空异质性。此外，从空间视角对各地理单元的空间系统性、关联性进行研究，反映各地理单元间所存在的空间关系及其互动机制，揭示经济主体间的相互作用及外部性来优化金融资源与实体经济的空间匹配机制。有针对性地发掘海南金融服务实体经济中在地区循环与互补中所存在的问题，将有助于寻找资源调配的切入点，进而利用经济主体间的外部性来优化金融资源与实体经济的空间匹配机制。通过厘清海南金融服务实体经济背后的作用机制与驱动机理，为寻求海南金融服务实体经济效率合理提升路径提供依据。

研究遵循“全岛一盘棋”的系统性思维，以加强城市间金融资源的彼此调剂和实体产业的生产链条互补性，实现城市群组团模式协调发展为主要的研究目标。因此，对海南金融服务实体经济时空异质性、空间效应及驱动机理的研究对建立金融资源在自贸港内的空间优化机制与良性循环机制、发挥经济腹地的资源反哺功能具有重要现实意义。

二、文献述评

（一）文献综述

1.金融功能发展方面的相关研究

在金融功能理论方面，白钦先（2005）在《比较银行学》中提出金融功能主要包括基础功能、主导功能、衍生性功能三大层次，分别指的是服务与中介作用、资源配置与经济调节作用、资产管理—财务分配—风险分散功能。随着我国金融业的逐步发展，“金融功能迷失陷阱”逐步显现，表现为金融增长与经济增长的相关性变弱，资源配置功能缺失，金融虚拟化的逐利性更为明显（白钦先和主父海英，2009；Law and Singh，2014）。

在推动金融功能回归本源与重塑方面，学者们主要从金融冲击、金融约束、体系现代化、功能重塑、金融供给、金融过度等角度开展了研究（王国静和田国强，2014；姚耀军和董钢锋，2015；徐忠，2018；王国刚，2018；张成思，2019；李奇璘，2020；赵瑞政等，2020），表明了金融是经济发展的重要驱动力量，金融通过信用松紧及对企业借贷能力的强制约束对经济构成冲击，这对经济产出、投资、债务等多方面的波动具有很强的解释力，金融总量扩大与结构优化能够显著缓解金融约束。

自贸港是构建新时期对外开放新格局的“桥头堡”，也是推动金融改革开放的“排头兵”。现有研究多是从理论梳理的定性角度分析自贸区（港）金融改革的问题以及对未来发展提出相应对策。各自贸区（港）均立足金融业务模式创新、贸易投资便利化、利率市场化、人民币跨境结算等金融功能的开放（花磊，

2017)。海南目前金融开放程度较低、市场主体匮乏、金融交易不活跃的问题依旧显著。自贸港金融的功能应遵循融资功能—自由便利—资源中心的路径进行建设,从满足一般融资需求出发推动金融自由化,在经济整体发展质量提升的背景下,着力打造金融功能聚集区(吴玲,2019)。但从定量角度研究自贸港金融改革成效的文献相对较少,从金融服务实体经济效率的角度探讨自贸港金融改革的文献更为鲜见。

2.金融与实体经济关系机制的相关研究

关于"金融与实体经济关系"的问题得到较多学者关注,也是学者们研究的重点。现有相关研究基本是从金融服务实体经济理论机制出发,但相应侧重点各有差异。在金融支持实体经济发展方面,学者们一般从资本配置效率、经济金融化、企业要素配置、财务风险、金融可得性、部门异质性、风险溢出等视角研究金融服务实体经济效率问题(李青原等,2013;张成思,2019;盛明泉等,2018;Law et al.,2018;王竹泉等,2019;刘亦文等,2019;孙红燕等,2021;尚友芳,2021;Goldstein et al.,2021;Chen,2022),认为金融服务实体经济效率较低或实体企业金融约束的主要影响因素为外部干预下的资金配置扭曲、金融杠杆率、企业金融行为挤占实业投资、财务风险、金融可得性、金融资源非均衡流动以及行业风险特征等,导致金融功能过度偏于逐利性动机,继而诱发企业的金融化行为(Hussain et al.,2021;Yua et al.,2022)。

在金融与实体经济协调发展方面,金融体系的功能之一是实现社会资源的有效配置,金融发展与实体经济是双向的互动循环而非单项传导(孙继国和吴倩,2019),但二者之间当前正处于非均衡、非协调关系是学者们得出的普遍结论(Ductot et al.,2011;Law et al.,2014;Prochniak and Wasiak,2017)。随着关于金融功能、金融深化、金融边界理论研究的逐步深入,金融与实体经济间的协调发展成为重点。从机制上看,实现货币与资金的"松紧"协调、提高金融中介效率、实现金融资源有效供给、创新金融工具、优化金融生态环境等是克服当前金融与实体经济非平衡关系"痛点"的重要路径(蔡则祥和武学强,2017;李扬,2017;邱兆祥和王树云,2017;李孟刚和徐英倩,2018;楚晓光,2021)。基于最优金融结构理论,最优金融结构需要与实体经济相适应,因此,在讨论二者的因果关系时,不能脱离实际的经济环境和背景进行空谈。综合以往学者的研究成果可以发现,金融服务实体经济效率的核心内涵是从效率维度上衡量金融功能在实体经济发展中的作用程度,或是实体经济单元运用金融资源的边际效应。

(二)文献述评

当前关于金融与经济关系的研究已较为丰富,但其主题仍主要集中于金融功能发展、金融与实体经济的关系机制等方面。从金融服务实体经济效率角度探讨金融与实体经济之间协调发展关系、评价金融与实体经济间的匹配程度的文献相对较少，而从金融服务实体经济效率角度探讨自贸港金融改革与经济发展成效的文献更少。现有研究的不足之处，也为本文的深化研究指明了方向。

在研究视角上，一是现有文献基本侧重于理论机制的一般性分析，从效率角度分析金融发展与实体经济增长关系的文献尚不多见，所得出的理论机制的具体性、针对性有待提升；二是现有研究较少从金融服务实体经济效率角度来检验金融改革创新的成效。

在研究方法上，现有文献更多侧重于属性数据的分析，在深入揭示内部机理方面存在不足。而区域内的各地理单元在空间上并不是割裂的，若未能从空间视角对各地理单元的空间系统性、关联性进行研究，将无法充分反映各地理单元间所存在的空间关系及其互动机制，也无法通过揭示经济主体间的相互作用及外部性来优化金融资源与实体经济的空间匹配机制。空间网络对空间格局的刻画超越了“属性数据”与地理距离，以此识别各地理单元的空间关系与互动机制，一定程度上对解释现实空间组织关系更具说服力。

三、研究设计

本文围绕海南金融服务实体经济的时空异质性及驱动机理的剖析，从属性、时间、空间三个层面进行，具体方法主要包括以下几种。

1.文献研究与比较分析结合的方法

首先，对金融服务实体经济效率的相关文献资料、研究报告进行搜集、分析和整理，以掌握金融服务实体经济效率的研究发展现状，归纳总结金融服务实体经济效率的驱动因素以及金融服务实体经济效率的测算方法。其次，在对已有文献进行梳理的基础上，对比总结现有研究的不足与改进之处，继而提出本文的问题与切入点，构建全面、系统的金融服务实体经济效率评价框架以及驱动因素。

2.定性分析与定量分析结合的方法

本文基于超效率数据包络分析（DEA）方法对海南金融服务实体经济效率进行测算，通过定性分析海南金融服务实体经济效率发展现状与特征，利用 Dagum 基尼系数、Kernel 密度估计等多种空间数据分析方法对其属性特征进行刻画。同时，采用社会网络分析方法，探索海南省内各市县在效率整体网络中发挥的不同角色与作用，从而形成定量的结论。

四、核心内容

(一)海南金融服务实体经济效率的时间异质性

1.研究方法

超效率 CCR-DEA 模型,具体测算方法参考巩灿娟等(2020)。

2.指标选取与数据说明

(1)效率测算指标体系

一般认为,金融服务实体经济效率是指单位金融资源投入所带来的实体经济增长的边际效果。构建科学合理的投入—产出体系是准确测算金融服务实体经济增长效率的关键。本文选取银行贷款总额作为金融部门投入实体经济资源的代理变量,原保险保费支出作为本文保险业资金投入的代理变量,选取金融机构数量、金融业从业人员数量等作为组织资源投入变量(马勇等,2021)。在产出指标方面,以各市县 GDP 与房地产业增加值和金融业增加值的差额表示(马勇等,2021)。具体指标及含义如表 1 所示。

表 1　海南金融服务实体经济效率测度指标体系

<table>
<tr><th>类别</th><th colspan="2">指标及说明</th><th>测算方法</th></tr>
<tr><td rowspan="4">投入变量</td><td rowspan="2">资金资源投入</td><td>贷款总额</td><td>以商业银行本外币贷款余额表示金融部门向实体经济的资金资源投入</td></tr>
<tr><td>原保险保费支出</td><td>以各保险机构的原保险赔付支出作为保险机构的资金投入</td></tr>
<tr><td rowspan="2">组织资源投入</td><td>金融机构数量</td><td>以包括银行、证券以及保险在内的金融机构总数(含营业网点)作为机构资源投入</td></tr>
<tr><td>金融业从业人员数量</td><td>以金融业从业人员数量代替金融业人力资源投入</td></tr>
<tr><td>产出变量</td><td>实体经济产出</td><td>GDP—金融业增加值—房地产业增加值</td><td>将国民经济中过度占用金融资源的房地产业以及金融业剔除后的经济增加值作为实体经济产出</td></tr>
</table>

相关数据由作者通过历年《海南统计年鉴》及各市县统计年鉴、《中国金融年鉴》,中国人民银行海口中心支行、中国银行保险监督管理委员会海南监管局、中国证券监督管理委员会海南监管局、海南省与各市县政府官网,RESSET

数据库以及 Wind 数据库整理得来,其中缺失数据利用多重插补法补齐。

(2)海南金融服务实体经济效率的时序演化

基于本文表 1 中所构建的投入—产出指标体系,运用超效率 DEA 模型对海南金融服务实体经济效率进行测算,结果如表 2 所示。

表 2 海南金融服务实体经济效率测度结果

市县	2011 年	2012 年	2013 年	2014 年	2015 年	2016 年	2017 年	2018 年	2019 年	2020 年
海口	0.91	0.96	1.05	0.93	0.96	0.94	1.02	0.95	1.09	1.06
三亚	0.52	0.54	0.38	0.46	0.51	0.56	0.60	0.68	0.75	0.77
五指山	0.56	0.66	0.60	0.64	0.71	0.74	0.67	0.52	0.42	0.47
文昌	0.65	0.60	0.62	0.56	0.66	0.60	0.59	0.69	0.74	0.71
琼海	0.58	0.59	0.65	0.69	0.66	0.74	0.72	0.71	0.68	0.64
万宁	0.83	0.71	0.64	0.66	0.47	0.69	0.63	0.65	0.68	0.65
定安	0.58	0.56	0.52	0.57	0.49	0.54	0.47	0.49	0.74	0.68
屯昌	0.62	0.53	0.46	0.53	0.53	0.53	0.45	0.46	0.47	0.45
澄迈	0.98	0.91	1.18	0.99	0.98	0.92	0.99	0.97	1.28	0.99
临高	1.10	1.11	0.98	0.93	1.22	0.91	1.19	1.01	1.39	0.99
儋州	0.55	0.52	0.48	1.08	1.00	0.95	1.06	1.03	1.08	1.03
东方	1.02	0.99	0.74	0.73	0.78	0.69	0.71	0.84	0.56	0.78
乐东	1.22	0.70	0.57	0.63	0.76	0.57	0.58	0.66	0.60	0.66
琼中	0.50	0.42	0.38	0.42	0.32	0.26	0.26	0.29	0.56	0.41
保亭	0.78	0.70	0.48	0.50	0.55	0.50	0.43	0.52	0.44	0.43
陵水	0.96	0.68	0.57	0.62	0.68	0.53	0.49	0.61	0.68	0.59
白沙	0.60	1.02	0.77	0.62	0.78	0.54	0.55	0.52	0.58	0.48
昌江	1.14	0.99	0.91	0.75	0.59	0.66	0.66	0.65	0.65	0.64

由测度结果可知,海南岛内 18 个市县效率值的绝对数值与相对排名均发生较大波动。在时序上,海南金融服务实体经济效率值相对排名的更替特征明显,三亚、昌江、白沙、东方、乐东等市县存在较大波动,东方、临高等市县效率排名逐步下降。

以上分布特征的形成受经济、社会、区位等多重因素的影响。其一,与海南房地产业调控以及产业结构调整息息相关。2011 年后海南房地产市场迎来第二轮高涨周期,杠杆率高涨的同时实体经济融资需求难以满足,导致金融服务实体经济效率降低,而 2014 年"限购令"的放松带来直接驱动。直至 2015 年海南逐步出台“暂停批地、暂停批建”的措施，商业地产的建设资金投入逐步收紧，实体产业金融资源可获得度才得到进一步提升。后期随着产业调整的逐步实施和自贸港建设的开局，全岛基础设施建设、重点产业园区企业孵化和实体经济企业转型升级进一步催生了资本需求，金融服务实体经济效率呈现缓慢提升态势。其二，区位因素导致不同市县功能定位不同。琼中、五指山、保亭等市县被列为中部山区生态保育区，在金融资源流动中，岛内资源基本向海口、三亚以及其他市县倾斜，金融市场与金融工具发育有限，囿于产业基础以及人才结构，无法将有限的金融资源形成有效的经济产出。

（二）海南金融服务实体经济效率的时空异质性

1.研究方法

本文采用 Dagum 基尼系数及其分解方法研究海南金融服务实体经济效率的区域差异及其原因；参考张旺和白永秀（2022）的研究成果，采用 Kernel 密度曲线分布位置、形态、极化趋势和延展性来反映海南金融服务实体经济效率值的动态演进特征。

空间关联研究方法：构建金融服务实体经济效率空间网络，参照张启楠等（2022）的做法，采用改进的引力模型构建空间网络、建立模型，并计算出海南金融服务实体经济效率的引力矩阵，进而构建起海南金融服务实体经济效率的空间关联矩阵。

社会网络分析方法：选取网络密度指标揭示海南金融服务实体经济效率网络的整体联系强度。同时，采用度数中心度、中间中心度和接近中心度识别各空间单元网络节点地位。

2.指标与数据说明

海南金融服务实体经济效率影响因素指标体系如表 3 所示。

表 3　海南金融服务实体经济效率影响因素指标体系

变量	变量表示	指标测算
经济发展水平	$\ln Eco$	市县人均 GDP 的对数值
工业发展规模	RS	第二产业增加值/GDP
服务业规模	SS	第三产业增加值/GDP
对外开放度	$Open$	进出口总额/GDP
金融业规模	FP	金融业增加值/GDP
金融体系结构	FS	股票市值与保费收入之和/金融总资产

续表

变量	变量表示	指标测算
金融集聚度	*FA*	各市县银行存贷款总额、上市公司总市值、原保险保费收入之和与全省总额的比值/各市县人口总数与全省人口总数的比值
固定资产投资信贷比例	*Fal*	市县固定资产投资资金来源中信贷资金数额/市县贷款余额
房地产建设信贷资金比例	*Rel*	市县房地产建设各项资金来源中国内信贷的数额/市县贷款余额
政府干预	*Gov*	地方政府财政支出/GDP
国有化率	*Nation*	市县规模以上工业企业所有者权益结构中国家资本占实收资本的比例
城镇化水平	*Urban*	市县城镇人口数量/总人口数
人力资本	*Human*	市县高中及以上学历人数/总人口数

相关数据由作者通过历年《海南统计年鉴》及各市县统计年鉴、《中国金融年鉴》，中国人民银行海口中心支行、中国银行保险监督管理委员会海南监管局、中国证券监督管理委员会海南监管局、海南省与各市县政府官网，RESSET数据库以及 Wind 数据库整理得来，其中缺失数据利用多重插补法补齐。

3.海南金融服务实体经济效率的时空格局

海南金融服务实体经济效率呈现较强的时空异质性。时序上，研究期内效率值绝对差异呈扩大趋势，西北部沿海区域与中部非沿海区域的高值、低值聚集特征逐步强化；空间上，总体呈西高东低、高值聚集、中部“洼地”的分布特征。2011 年，各市县效率水平分布较为分散，乐东、昌江以及临高分别为效率值前三名，而海口、澄迈、东方以及陵水等市县则属于第二梯队，琼中、五指山等市县则处于末位；而从 2014 年、2017 年以及 2020 年空间分布情况可以发现，沿海市县环状分布特征加强，中部市县以琼中为中心扩散，至 2020 年屯昌、白沙、五指山、保亭等市县均位于低值聚集区，整体呈“盆地”状分布。

4.区域差距

由以上分析结果可以发现，海南金融服务实体经济效率具有较强的时空异质性。本文运用 Dagum 基尼系数分解方法挖掘效率的时空异质性。计算结果如表 4 所示。

表 4　Dagum 基尼系数分解结果

年份	总体 G	组内差异 G_w		组间差异 G_{nb}	贡献率(%)		
		沿海	非沿海	沿海—非沿海	G_w	G_{nb}	G_t
2011	0.166	0.151	0.072	0.203	48.774	44.792	6.434
2012	0.155	0.143	0.154	0.168	53.114	24.744	22.142
2013	0.184	0.179	0.123	0.203	53.388	35.314	11.299
2014	0.147	0.136	0.076	0.174	49.951	45.468	4.581
2015	0.174	0.157	0.146	0.199	51.577	37.970	10.453
2016	0.149	0.116	0.137	0.191	46.373	48.097	5.530
2017	0.194	0.156	0.144	0.251	46.804	50.568	2.628
2018	0.165	0.106	0.081	0.255	36.797	63.203	0.000
2019	0.193	0.170	0.109	0.239	48.970	48.407	2.623
2020	0.167	0.117	0.089	0.245	39.823	58.833	1.345

2011—2020 年海南金融服务实体经济效率的总体基尼系数呈波动分布，由 2011 年的 0.166 扩大至 2019 年的 0.193，而后又缩小至 2020 年的 0.167。这一结果出现主要是两方面原因导致：一方面，海南在这 10 年间先后承接了“国际旅游岛”“中国特色自由贸易港”建设的重大战略使命与政策红利，一定程度上打通了市县间金融资源流通渠道，各类经济金融资源对非沿海市县的倾斜更为明显；另一方面，总体基尼系数波动分布且数值未发生明显下降是由于省内市县间发展差异大，部分非沿海市县原有基础较弱且发展路径要以生态保护为核心，全方位的经济开发受到限制，最终成为总体差距收敛的一大掣肘。

从组内基尼系数来看，沿海市县效率水平组内差异大于非沿海市县，且变化幅度大于后者；沿海市县组内差异总体呈缩小趋势而非沿海市县波动增加。这主要受房地产与服务业的资源挤占效应以及海口等经济圈资源集聚效应影响。

5.动态演化特征

使用 Kernel 密度估计分析海南金融服务实体经济效率的动态演进趋势，可以对其时空分异特征进行深层次的动态刻画。本文采用 Matlab2021 软件，利用高斯核密度函数，绘制海南金融服务实体经济效率的 Kernel 密度估计图。

(1)整体动态演变特征

如图 1(a)所示，2011—2020 年海南金融服务实体经济效率总体分布曲线中心与变化区间存在随时间推移的左移趋势，说明效率取得一定提升，且西部高于东部,主峰高度波动上升,说明总体效率水平有所提升。从分布延展性看,效率分布曲线延展性依旧较强,表明区域内空间差异依然明显,全岛效率水平的时空异质性并未得到收敛。从波峰演变来看,总体分布曲线多数年份均为“主峰+侧峰”形态且侧峰突起,侧峰锐度有所减少,但高度波动上升,说明随着时间推移,梯度效应和分化趋势仍然明显。尽管考察期内各市县金融服务实体经济效率均有不同程度的提升,但不同市县在产业结构、经济基础、资源集聚能力方面存在的异质性使发展水平较低的市县难以快速弥补与高效率市县间的差距,进而导致分异特征仍旧明显。

(2)区域动态演变特征

图1(b)和图1(c)则从沿海市县与非沿海市县两大区域分析效率的分布动态演进机制。由图1(b)可以发现,沿海市县金融服务实体经济效率分布曲线与总体分布曲线一致,呈“主峰+侧峰”且侧峰突起的形态,在侧峰左移的同时右侧异峰突起,主峰高度波动上升但无明显收缩趋势。图1(c)的非沿海市县金融服务实体经济效率分布曲线总体形态规律性强,保持“单峰”形态稳定分布且延展性有所收窄,内部差异有所收缩。在2011—2020年,沿海市县在保持总体效率水平上升的同时,内部分化性加剧,峰态集聚性逐步增强,形成了以海口为核心的高值聚集区,且该曲线波动状况与总体曲线形态相似。

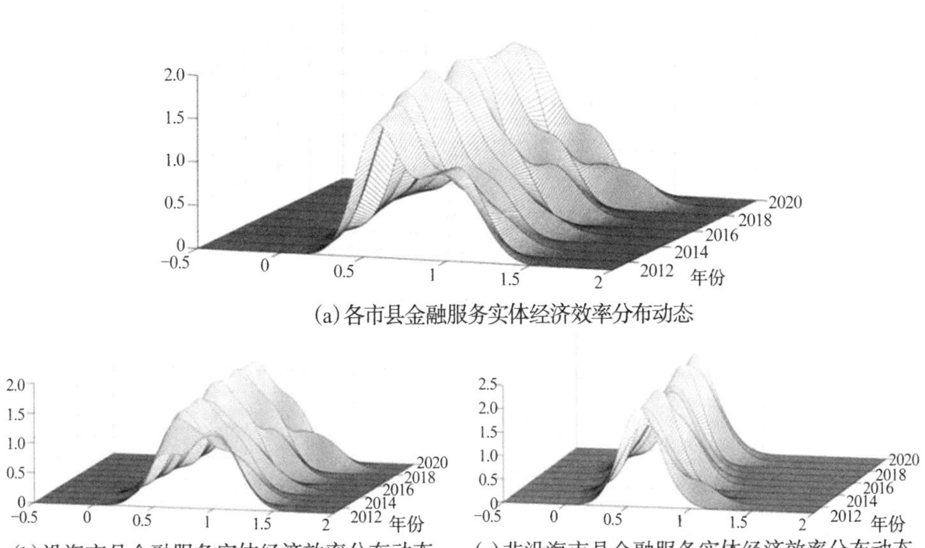

(a)各市县金融服务实体经济效率分布动态

(b)沿海市县金融服务实体经济效率分布动态

(c)非沿海市县金融服务实体经济效率分布动态

图1　海南金融服务实体经济效率动态演化

(三)海南金融服务实体经济效率的空间关联网络

1.整体网络特征分析

本文基于修正的引力模型识别了海南18个市县金融服务实体经济效率的空间关联关系,可以发现,研究区内各网络单元的空间关联强度以儋州、琼海为重要支点,呈南北两极纵深分布,尤其北部海口经济圈联系强度为紧密的环状分布。

海口经济圈与三亚经济圈作为贯穿海南南北两端的关键经济增长极,对所属区域经济发展具有较强带动作用。不同的是,海口经济圈以海口为核心,除旅游产业外,临近的文昌、澄迈等市县均为海南自贸港的重要产业布局基地,如文昌国际航天城、海南生态软件园等均是当地实体经济发展的重要驱动力。而三亚经济圈不论是核心城市三亚,还是周边的乐东、保亭、陵水等县均以旅游、康养产业为重要支柱,但受地理位置、季节、基础设施等方面的影响较大,且周边城市对三亚发展的资源配给、产业协作功能匮乏。正是以上存在的城市群发展差异,导致海口经济圈金融服务实体经济效率的空间关联关系较为密切。

对其空间关联网络进行解构,效率值呈"簇状"分布的多线程网络结构形态,海口、澄迈、儋州分布于网络中心,空间关联稠密。海口作为海南省的省会城市,其固有的经济、金融资源与实体产业基础较为雄厚,金融资源与实体经济发展匹配度较高,而澄迈、儋州两地则主要发展实体产业。正是基于以上两地较好的经济发展成效,金融方能发挥好提振经济的关键作用,从而提升两地金融服务实体经济效率,澄迈、儋州两地故而居于网络核心。通过测算,海南各市县的网络密度为0.2765,表明各市县间存在一定紧密度,但网络密度较低,全岛金融与实体经济协同提升仍有较大的空间。因此,应进一步构建全岛资源和要素的流通机制,着力打造全岛要素共享、协同发展的空间关联网络。

2.个体网络特征分析

各空间单元节点地位主要取决于其自身金融市场规模和结构、地区产业布局和产出能力的相对优势及外部联系强度,同时也受其经济距离的影响。依托上文构建的金融服务实体经济效率空间关联网络,通过测算相关指标,揭示海南各市县在金融服务实体经济效率关联网络中所处节点,表5为具体结果。

表5　海南金融服务实体经济效率网络结构指标测度结果

市县	度数中心度			节点中心度		中间中心度
	点出度	点入度	度数中心度	内节点中心度	外节点中心度	
海口	3	12	70.588	77.273	36.170	28.789
澄迈	4	11	64.706	70.833	43.590	32.440

续表

市县	度数中心度			节点中心度		中间中心度
	点出度	点入度	度数中心度	内节点中心度	外节点中心度	
儋州	8	11	64.706	70.833	58.621	95.666
三亚	4	8	47.059	53.125	43.590	20.268
乐东	6	2	41.176	50.000	48.571	8.088
东方	6	2	35.294	43.590	53.125	10.811
琼海	6	4	35.294	44.737	48.571	14.930
陵水	6	4	35.294	42.500	47.222	15.575
琼中	6	5	35.294	56.667	58.621	36.237
万宁	6	2	35.294	35.417	58.621	7.594
五指山	5	3	29.412	47.222	54.839	11.290
白沙	5	2	29.412	43.590	51.515	10.811
屯昌	4	4	23.529	53.125	48.571	17.108
昌江	4	2	23.529	32.075	47.222	1.333
保亭	4	2	23.529	36.170	51.515	4.821
定安	4	4	23.529	53.125	48.571	17.108
临高	3	2	17.647	48.571	43.590	3.181
文昌	2	1	11.765	44.737	33.333	0.953

就节点中心度来看，海口、澄迈、儋州位于前三，表明上述市县与其他市县关联性最强，位于空间网络的中心位置；而定安、临高、文昌则居于后三位，说明上述市县的空间关联性较弱，处于网络边缘区。可以发现，度数中心度与经济发展程度、实体经济布局密切相关。此外，点入度与点出度分别表示各节点的受益性与溢出效应。海口、澄迈、三亚等市县均是点入度较高且远高于点出度，表明上述市县资源虹吸效应显著，依托本地重点产业对岛内其他市县资源吸纳能力强。乐东、琼海等市县则是点出度较高但点入度较低，主要是由于本地缺乏具有竞争力的重点产业布局，如琼海第二产业增加值仅占 13.08%，农业、旅游仍是其重要经济支柱。此外，儋州的点入度与点出度均位居前列。儋州作为海南西部的重要节点，区内设有洋浦经济开发区、海南西部创新创业产业园等具有强资源吸纳能力与经济产出能力的重要园区，通过实际生产渠道将经济金融资源高效产出，从生产的上下游渠道实现与周边地区协同发展。

海口、澄迈、儋州等市县内节点中心度位居前列，对其他市县金融服务实体经济效率整体优化影响力较大。而万宁、琼中、保亭等市县外节点中心度较高，主要是受区位以及当地产业布局的影响，金融机构数量较少，规模以上的实体企业数量缺乏，农业或旅游业仍是当地支柱性产业，导致金融服务实体经济效率容易受到所关联市县的影响。

各市县中间中心度差异巨大，儋州、琼中居前两位，表明儋州、琼中具有岛内网络结构的中心节点特征，起着要素流通桥梁作用。儋州凭借其西部重要支点的地位，资源吸纳与产出能力强，而琼中的节点中心位置主要与点出度相关，该县点出度高于点入度，尽管其位于中部山区，但其外溢效应明显。琼中作为重要的热带农业基地，这一特征导致其对金融资源依赖度低，实体经济产出效率高，从而可能更好发挥其资源的传导作用。值得注意的是，其他市县中间中心度均较低，网络中介作用力度较弱，这主要与当地金融产业与实体经济产出溢出特征相关。

整体而言，海南各市县空间网络为非平衡状态，各市县在空间网络中的结构性特征明显，主要呈核心—边缘非对称分布。可以发现，当地经济环境、产业布局是一大关键，自贸港建设重点园区的布局是提升当地经济虹吸效应和有效加强当地与其他地区空间互动性的重要引力。

(四)海南金融服务实体经济效率时空异质性的驱动机理

1.研究方法

随机森林模型，其中使用 Bootstrap 抽样与 CART 算法。

2.基于随机森林模型的关键因素识别

本文以 2011—2020 年海南金融服务实体经济效率及其影响因素分别作为因变量与解释变量，利用 R 语言平台构建随机森林模型进行分析。

在重要性排序方面，其中，lncMSE 为均方误差增加量，lncNodePurity 为节点纯度增加量，二者均是值越大表明变量的重要性越强。由已有研究可知，对外开放、金融资源、产业结构、政府扶持等方面要素缺乏时，将对金融资源的产出效应最大化产生抑制性。经济发展水平、金融资源规模、产业结构基础是金融服务实体经济效率提升的基础要素和内在驱动，而对外开放、政府支持等因素则是促进金融服务实体经济能力优化的激励要素（见图 2）。

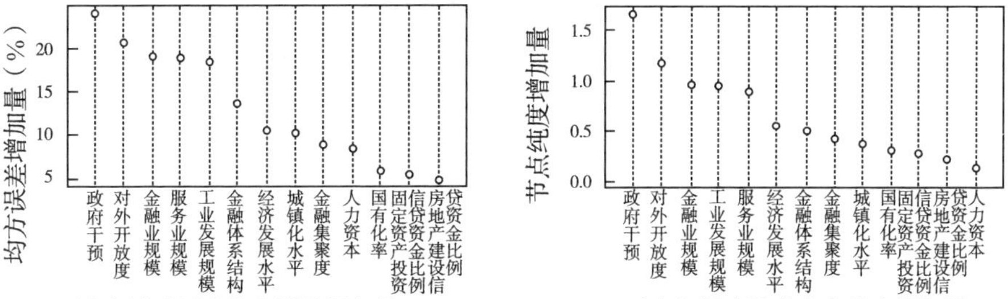

(a)各影响因素均方误差增加量　　(b)各影响因素节点纯度增加量

图 2 海南金融服务实体经济效率影响因素重要性排序

3.基于随机森林模型的重要影响因子的作用机制

为分析海南金融服务实体经济效率时空异质性的驱动机理，本文从“金融体系内在效率性”及“经济产出效率性”两方面对驱动机制进行分析。金融资源投入与实体经济产出作为一个有机系统，内部的资源流通以及政府、产业、企业三方面的协调是效率最大化的核心，也是时空异质性形成的关键。从要素属性看，金融业规模、金融体系结构、金融集聚度、政府干预等因素可作为“金融体系内在效率性”关键变量，而对外开放度、工业发展规模、服务业规模等因素则可作为影响“经济产出效率性”的重要因素。

在金融体系内在效率性方面，政府干预作为一种行政资本，随着财政支出的增加，边际效率越弱；金融业规模、金融体系结构以及金融集聚度等因素是关键金融资源投入端的影响因素，作用趋势分别呈现边际效用递减、迅速上升后平稳运行以及迅速降低后平稳运行的特征。综合来看，政府干预对效率的影响是逆向的，即财政资金渗透越多，对金融体系的自我调节作用越弱。而对于金融业规模、金融体系结构以及金融集聚度等因素，海南金融市场发展较为落后，金融资源贫乏是其效率值不高的重要原因。在金融资源相对丰富的地区，结构不优、体系内的资金“空转”等问题也会对效率产生抑制作用，如海口、三亚等市县各类金融资源较为丰富，但历年金融服务实体经济效率平均值仍不甚理想。

在经济产出效率性方面，对外开放度的作用趋势在低值区迅速增加，而当其达到 0.5 时，效率便不再提高；而工业发展规模则是在响应数值迅速降低后当其大于 0.2 时又迅速提升，服务业规模则反之，迅速降低后以低值反映二者的驱动作用。从要素属性可以发现，对外开放度是从宏观环境上作用于金融服务实体经济效率，以更高的开放水平吸引外资，又可充分依托开放市场吸收资金并投入生产获取最优产出；而工业发展规模与服务业规模是从行业视角切入，工业发展水平越高，对资本的吸收和运用能力越强（见图 3）。各影响因素的规模特征与时空异质性息息相关，从要素规模上看，沿海市县总体优于非沿海市县，但整体要素禀赋强并不意味着实体经济产出高，要素规模取决于当地应用金融资源的产出能力。三亚市以旅游等服务业为支撑，而其他市县一系列实体经济产业如儋州工业园、洋浦经济开发区、澄迈高新技术产业园等的落地，在经济产出效率性方面有较大提升作用(郭庆宾和黄林峰，2023)。

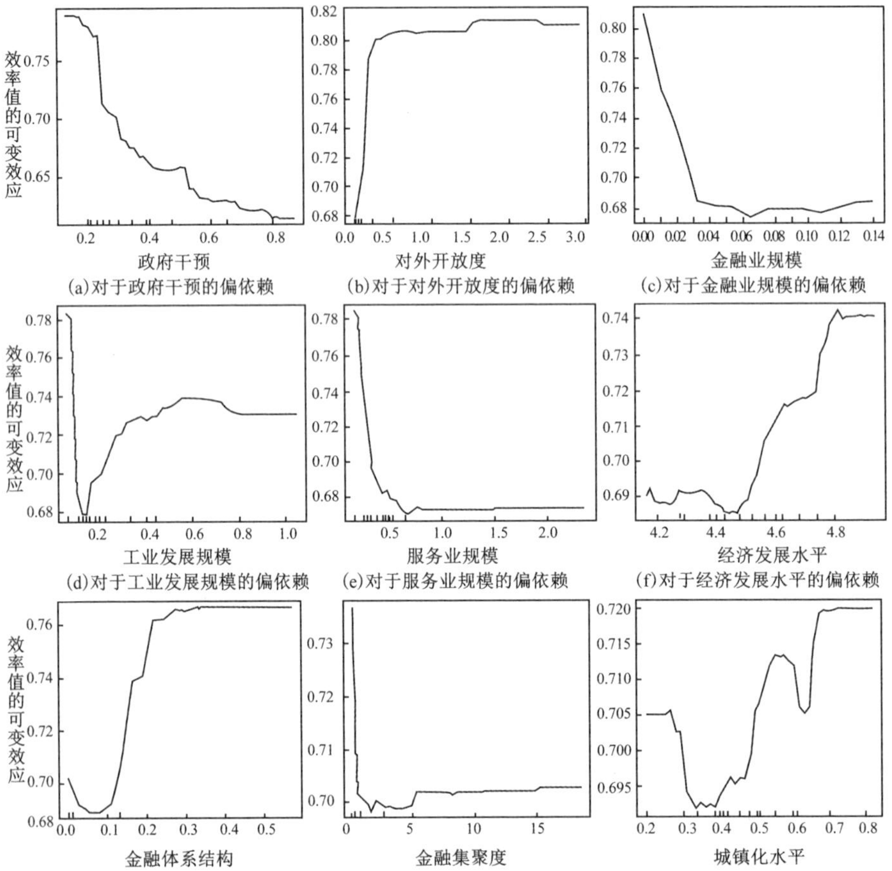

(a)对于政府干预的偏依赖　(b)对于对外开放度的偏依赖　(c)对于金融业规模的偏依赖
(d)对于工业发展规模的偏依赖　(e)对于服务业规模的偏依赖　(f)对于经济发展水平的偏依赖
(g)对于金融体系结构的偏依赖　(h)对于金融集聚度的偏依赖　(i)对于城镇化水平的偏依赖

图 3　海南金融服务实体经济效率重要影响因素作用机制

随机森林模型影响因素重要性排序及偏依赖图可为分析海南金融服务实体经济效率时空异质性的驱动机理提供证据。效率的核心在于通过路径优化使有限资源投入获取最高效的边际产出，其中资源的高效配置是关键，避免过多金融资源流入产能过剩的传统行业或风险积聚的房地产业，引导其流向高效、良性经济产出的新型产业。在金融服务实体经济的功能中，相较于资金支持这一传统功能，更应发挥金融对实体经济创新的支持作用，依托金融投融资导向，在风险可控的条件下发挥金融筛选创新的功能。在增强资金可得性的同时，引导经济创新发展。

五、政策建议

首先，依托金融开放红利，增强外部经济金融流量虹吸效应，提高直接融资比重。一方面，通过培育有针对性的离岸金融市场，以合格境外有限合伙人（QFLP）和合格境内有限合伙人（QDLP）为有力抓手吸收跨境资本流入；另一方面，加快融入国内其他开放型经济圈，吸收国内资本到海南投资，形成服务于开放型经济的高效金融服务体系。优化金融资源的跨区域配置机制，推动全省经济、金融资源高水平动态平衡。

其次，根据政府引导、市场运作、风险可控、实现双赢的原则，充分利用资本市场加快海南实体经济发展，提升资本市场对创新的支持力度。综合运用发展基金、创投资金、风险补偿、贷款贴息以及财政资金后补助等多种形式，引导和带动社会资本参与科技创新，支持企业加大科技投入，激发企业创新内生动力。

再次，加快产业结构调整，培育具有良好资源转化能力的新经济增长点。加强银行信贷资金流向管理与审核机制建设，在避免房地产行业过度挤占金融资源的同时完善信贷审核机制，提升金融服务小微企业的效率。加快高新技术产业、医疗健康产业等新兴产业发展，以具有高效、良性经济产出的新型产业结构壮大海南实体经济。

最后，贯彻“全岛一盘棋”资源配置理念，构建省内资源高效互动机制。打破资本、科技、人才资源垄断是一大关键，从规避金融资源过度流入房地产业出发，开发多类针对不同产业特征的信贷产品及证券类产品，以专业机构为中介对接资金供求双方，在全岛范围内从供需两端盘活金融资源，实现全岛各类资源的高水平动态平衡。

参考文献

[1]白钦先，主父海英.功能观视角下“金融地位”问题研究[J].金融理论与实践，2009(10)：3-9.

[2]白钦先.金融结构、金融功能演进与金融发展理论的研究历程[J].经济评论，2005(3)：39-45.

[3]蔡则祥，武学强.新常态下金融服务实体经济发展效率研究：基于省级面板数据实证分析[J].经济问题，2017(10)：14-25.

[4]楚晓光.论金融支持实体经济[D].武汉：中南财经政法大学，2021.

[5]巩灿娟，徐成龙，张晓青.黄河中下游沿线城市水资源利用效率的时空演变及影响因素[J].地理科学，2020，40(11)：1930-1939.

[6]郭庆宾，黄林峰.海南自贸港金融服务实体经济效率的时空异质性及其驱动机理[J].地理科学进展，2023，42(1)：53-65.

[7]韩钰，苏庆义，白洁.上海自贸区金融改革与开放的规则研究：阶段性评估与政策建议[J].国际金融研究，2020(8)：46-55.

[8]花磊.中国自贸区金融政策比较分析[J].经济研究导刊，2017(35)：118-119.

[9]李孟刚，徐英倩.新时代增强金融服务实体经济能力研究[J].理论探讨，2018(1)：106-112.

[10]李奇璘.金融过度化问题研究[D].上海：上海财经大学，2020.

[11]李青原，李江冰，江春，等.金融发展与地区实体经济资本配置效率：来自省级工业行业数据的证据[J].经济学(季刊)，2013，12(2)：527-548.

[12]李扬."金融服务实体经济"辨[J].经济研究，2017，52(6)：4-16.

[13]刘亦文，陈亮，李毅，等.金融可得性作用于实体经济投资效率提升的实证研究[J].中国软科学，2019(11)：42-54.

[14]马勇，姜伊晴，付莉.经济开放、金融集聚与金融支持实体经济效率[J].国际金融研究，2021(2)：3-11.

[15]邱兆祥，王树云.金融与实体经济关系协调发展研究[J].理论探索，2017(4)：28-34.

[16]尚友芳.我国实体经济与金融体系风险溢出研究[D].北京：中央财经大学，2021.

[17]盛明泉，汪顺，商玉萍.金融资产配置与实体企业全要素生产率："产融相长"还是"脱实向虚"[J].财贸研究，2018，29(10)：87-97+110.

[18]孙红燕，管莉莉，张先锋.基于FWTW资金流量表的金融服务实体经济测算研究：兼论其对实体经济增长影响[J].数量经济技术经济研究，2021，38(7)：159-176.

[19]孙继国，吴倩.金融发展与实体经济增长良性互动机制研究[J].理论学刊，2019(2)：71-79.

[20]王国刚.金融脱实向虚的内在机理和供给侧结构性改革的深化[J].中国工业经济，2018(7)：5-23.

[21]王国静，田国强.金融冲击和中国经济波动[J].经济研究，2014，49(3)：20-34.

[22]王竹泉，王苑琢，王舒慧.中国实体经济资金效率与财务风险真实水平

透析:金融服务实体经济效率和水平不高的症结何在[J].管理世界,2019,35(2):58-73.

[23]吴玲.海南自贸区自贸港建设背景下金融开放路径思考[J].经济研究导刊,2019(34):95-96.

[24]徐忠.新时代背景下中国金融体系与国家治理体系现代化[J].经济研究,2018,53(7):4-20.

[25]姚耀军,董钢锋.中小企业融资约束缓解:金融发展水平重要抑或金融结构重要——来自中小企业板上市公司的经验证据[J].金融研究,2015(4):148-161.

[26]张成思.金融化的逻辑与反思[J].经济研究,2019,54(11):4-20.

[27]张启楠,张凡凡,麦强,等.中国粮食生产效率空间溢出网络及提升路径[J].地理学报,2022,77(4):996-1008.

[28]张旺,白永秀.中国乡村振兴水平的区域差异、分布动态演进及空间相关性研究[J].数量经济技术经济研究,2022,39(2):84-102.

[29]赵瑞政,王文汇,王朝阳.金融供给侧的结构性问题及改革建议:基于金融结构视角的比较分析[J].经济学动态,2020(4):15-32.

[30]AJIDE F M. Shadow economy in Africa: how relevant is financial inclusion?[J]. Journal of financial regulation and compliance, 2021(29):297-316.

[31]ASHRAF B N. Do trade and financial openness matter for financial development? bank-level evidence from emerging market economies [J]. Research in international business and finance, 2018(44):434-458.

[32]BAUD C, DURAND C. Financialization, globalization and the making of profits by leading retailers [R]. Socio-economic review, 2012, 10(2): 241-266.

[33]BURT R S. Structural holes: the social structure of competition [M]. Cambridge: Harvard University Press,2009.

[34]CHEN X. Financial shared services empower the real economy: the evidence from China [J]. Mathematical problems in engineering, 2022(21):1-12.

[35]GOLDSTEIN I, KOIJEN R S, MUELLER H M. COVID-19 and its impact on financial markets and the real economy [J]. The review of financial studies, 2021, 34(11): 5135-5148.

[36]HUSSAIN A, OAD A, AHMAD M, et al. Do financial development and economic openness matter for economic progress in an emerging country? seeking a sustainable development path [J]. Journal of risk and financial

management, 2021, 14(6):237.

[37]LAW S H, SINGH N. Does too much finance harm economic growth? [J]. Journal of banking & finance,2014(41):36-44.

[38]PROCHNIAK M, WASIAK K. The impact of the financial system on economic growth in the context of the global crisis: empirical evidence for the EU and OECD countries [J]. Empirica,2017(44): 295-337.

[39]LAW S H, ALI M, KUTAN N A M,NASEEM N A M. The role of institutions in finance curse: evidence from international data [J]. Journal of comparative economics, 2018(1):174-191.

[40]YUA H, EPOR S O, CROSS O D. The influence of market-based and bank-based financial systems on economic growth: an evaluation of nigeria and south Africa's data [J]. World scientific news, 2022(174): 85-98.

第二部分

企业战略管理

贸易摩擦对中国出口企业技术创新的影响

卢鑫然*

摘　要:在新冠疫情对世界经济冲击的背景下,各国都逐渐将技术创新驱动的新兴产业作为经济增长的引擎,因此,贸易摩擦也随之向新兴产业蔓延,这对中国出口企业的技术创新产生了不可忽视的影响。本文首先基于贸易摩擦的理论研究文献,结合中国出口企业遭遇贸易摩擦的现状,探讨中国出口企业遭遇贸易摩擦的原因以及对出口企业技术创新的影响机制;其次,通过匹配2000—2013年中国工业企业数据、海关数据库和中国专利数据三个数据库形成面板数据,建立固定效应模型分析贸易摩擦对中国出口企业技术创新的影响,在稳健性检验的基础上,结合企业异质性研究贸易摩擦对中国出口企业技术创新的差异性影响,并进一步探究其内在影响机制。实证研究发现:贸易摩擦对全样本企业的创新起到了促进作用,这表明贸易摩擦在一定程度上倒逼了出口企业的技术创新;贸易摩擦仅对非发明专利产生了促进作用,而对发明专利产生了显著的抑制作用,因此贸易摩擦一定程度上恶化了中国企业的专利申请结构。

一、研究背景与研究意义

(一)研究背景

在新冠疫情的冲击下,世界经济增长乏力,贸易保护主义随之出现增长势头,许多国家为保护国内产业、发展国内经济而对其他国家频繁发起贸易摩擦。随着我国进出口贸易的迅猛发展,我国在国际贸易市场中的份额不断上升,遭受的贸易摩擦问题也日益突出,目前我国已经成为最大的贸易摩擦受害国。根据商务部数据,2020年中国货物贸易进出口总值32.16万亿元人民币,同比增

* 卢鑫然:2019级国际商务专业硕士研究生。导师:李世杰、李翔。

长1.9%，创历史新高。而随着我国与其他国家和地区进出口贸易往来的增加以及贸易保护主义的兴起，我国所遭受的国际贸易摩擦案件也日益频繁。2000—2019年，全球5260起贸易摩擦案件中，有1800起是针对中国发起的，占比高达34.224%(鲍宗客和朱魏巍，2017)。值得注意的是，以信息技术、生物技术等高新技术为重要引擎的新型产业成为世界经济发展的关键领域，各国都逐渐开始将新兴产业作为重要的经济增长点进行产业保护，贸易摩擦已经开始向新兴产业蔓延。例如清洁能源相关行业，我国企业在2011—2012年先后遭到了美国和欧盟的制裁。2018年6月，美国针对航空航天、信息通信、新材料技术等产品对从中国进口的500亿美元的商品额外征收关税，这是对“中国制造2025”发展的打压。由此可见，欧美等发达经济体以“全球治理和国家安全”为借口对中国进行技术封锁性质的贸易摩擦，并正在向战略性新兴产业扩展。而科技创新也是中国经济发展的重中之重，在中国特色社会主义自主创新之路上，中国不仅确立了“科学技术是第一生产力”的思想，而且在新冠疫情冲击和国际贸易摩擦的背景下，更是明确了“创新是引领发展的第一动力”，这对中国科技创新发展提出了更高要求。党的十九大报告指出，要把“加快建设创新型国家”作为贯彻新发展理念、建设现代化经济体系的一项重大战略任务。出口企业作为贸易摩擦案件的直接承担主体，同时也是技术创新驱动发展的基本单位，在响应我国科技创新战略过程中发挥了重要的基础性作用。因此，对华贸易摩擦是否会影响中国出口企业技术创新及其影响机制亟待深入研究。

(二)研究意义

1.理论意义

从理论上看，一方面，现有文献中关于贸易摩擦对企业创新的影响没有统一的观点：一种观点认为贸易摩擦降低了企业的出口额，使得企业利润下降，进而减少技术研发投入(李双杰等，2020)；另一种观点认为出口企业遭受贸易摩擦后有动机进行技术创新，进而在国际市场上占据更大的市场份额(谢申祥和王孝松，2013)。此外，以上研究对于企业异质性、创新异质性和贸易摩擦对于企业创新影响的机制等问题缺少讨论，尤其是对于企业创新而言，黎文靖和郑曼妮(2016)认为实际上存在以发明专利为主要内容的实质性创新以及以外观设计专利和实用新型专利为主要内容的策略性创新。对于出口企业而言，在遭遇贸易摩擦之后，企业可能减少创新活动以保持利润水平，也有可能通过增加实质性创新来实现技术突破，以扩大自身在国际市场上的份额；而不同行业、不同性质的出口企业在遭遇贸易摩擦后会在技术研发投入方面有异质性的反应。因此，基于异质性企业、异质性创新行为来探究贸易摩擦对中国出口企业的影响及其作用机制亟待进行。本文在一定程度上补充了贸易摩擦对企业创新的影响机制,并为后续研究拓宽了视角。

2.实践意义

从实践上看,随着世界经济全球化,贸易摩擦案件调查愈加频繁。其中,中国是累计遭受贸易摩擦案件数量最多的国家,研究对华贸易摩擦产生的成因以及对出口企业技术创新的影响机制不仅可以为中国贸易政策的制定实施、贸易摩擦预警机制的完善提供思路,而且对中国出口企业积极应对贸易摩擦有一定意义。

二、文献述评

(一)文献综述

国际贸易过程中的冲突与摩擦随着贸易的日渐密切不断加剧,涉案金额也呈现阶梯式增长的态势。在这种背景下,学术界已然着力于对贸易摩擦相关问题进行深入研究,并取得了丰硕的研究成果。陈立鹏(2006)指出中国遭遇的贸易摩擦主要包括瞄准价格的反倾销调查、瞄准政府财政支持的反补贴调查、瞄准进口数量的保障措施、瞄准知识产权的337调查以及瞄准技术性要求的技术性壁垒这五类;包小忠(2006)分析认为,贸易摩擦案件发生的范围将向多领域扩展;李成钢(2005)指出贸易摩擦呈现向新兴产业蔓延的特点;黄建忠和吴超(2013)指出随着各国对本国新兴产业的保护,贸易摩擦呈现越来越隐蔽的特征。基于以上关于贸易摩擦特点与发展趋势的梳理,有关贸易摩擦的研究主要集中于对贸易摩擦成因与影响机理这两个方面。

1.贸易摩擦的成因

贸易保护一直被学界看作产生贸易摩擦的主要原因,最优关税理论、重商主义以及幼稚工业保护理论等早期国际贸易理论均可印证该观点,如Brander(1981)基于不完全竞争假设,提出了战略性贸易政策的观点,认为一定的贸易补贴有助于本国战略性产业占领更大的国际市场,从而使得国内产业迅速成长。此后,Krugman(1986)对战略贸易政策加以扩展和补充,认为在不完全竞争下,每个参与国际贸易的国家都想获得更多的超额利润以更好地参与国际竞争。随着全球化深入发展,21世纪以来,政治因素越来越被学界认为是引起贸易摩擦的重要因素,Perrelli(2002)以美国的数据通过实证检验得出政治变量是引起贸易摩擦的重要变量;通过理论和实证的结合分析研究,Lee和Mah(2003)发现国际贸易摩擦的重要影响因素之一是美国国际贸易委员会(ITC)在具体损害案件中做出的裁决,而裁决思维的更迭则与美国政治制度的变迁息息相关。中国在加入WTO后,抓住了全球化机遇,各行业在发展过程中与世界经济联系紧密度日益加强，而在中国进出口贸易得到迅猛发展的同时，其他各国和地区对中国的贸易摩擦案件调查也日益频繁，因此中国学者也对针对中国发起贸易摩擦案件调查的成因进行了深入的探讨。付娟(2003)指出，中国出口产品的单一性和竞争性导致产品价格低廉，进行出口贸易容易引起其他国家反倾销调查；石磊和寇宗来(2004)指出，中国长期的贸易顺差导致了贸易失衡，因此中国频繁遭遇其他国家和地区的贸易摩擦案件调查；鞠真(2005)进一步指出，从中国所频繁遭受的贸易摩擦案件特点来看，中国的快速发展是其重要原因。

2.贸易摩擦的影响效应

事实上，贸易摩擦给贸易福利带来的量化变异是学术界在研究国际贸易摩擦影响效应过程中最先关注的问题。Whalley(1985)在Johnson(1951)研究的基础上，发现如果双方规模相近，即出现贸易摩擦的国家同是大国或同是小国，则各方福利都会出现不同程度的受损；而如果双方规模不同，则大国从贸易摩擦中获利，小国受损。Bagwell 和 Staiger(2001)通过构建局部均衡模型指出，虽然贸易摩擦对发起国国内总福利不利，但在战略性保护原则的要求下，在一定程度上保护了国内的相关产业；而 Elms(2004)则指出贸易摩擦在带来小量利润的同时伴随着高额经济损失。李昕(2012)通过均衡模型模拟中美两国贸易摩擦经济效应，发现中国经济、就业、贸易均会受损，同时对美国的经济也没有发挥有益作用。马永健和漆腊应(2020)使用引力模型对关税税率对于中美贸易的影响机制进行了定量研究，研究发现中美贸易摩擦对中国的GDP、贸易增长、社会福利和制造业发展都产生了抑制作用。还有许多学者在此基础上进一步深入研究贸易摩擦对进出口贸易(王瑞峰，2019)、外国直接投资(李猛，2014；史本叶，2014；张相伟，2018)、全球价值链(张帅，2019；张鸿韬，2019；丁一兵，2019)等的影响。

现代科学技术的不断发展使得在微观层面获得准确全面的企业数据成为可能。相对于国家层面的宏观研究，对企业数据的精细研究具有独特的价值，因此，越来越多的学者开始将目光聚焦于微观企业在贸易摩擦中受到的影响。Lu(2013)研究发现对华反倾销降低了出口企业的市场份额，同时使得部分企业退出了国际市场。而 Jabbour 等(2019)研究发现，虽然反倾销调查导致了一些企业退出国际市场，但这些生存下来的企业的生产率得到了显著提高；奚俊芳和陈波(2014)的研究也得出了类似结论。同时，也有学者得出了不同的结论：Chandra 和 Long(2013)研究认为反倾销并不能对企业生产率产生正向促进效果；谢申祥等(2017)进一步研究发现，出口企业在遭受反倾销调查后，生产率出现了明显下降；谢建国和章素珍(2017)发现，贸易摩擦案件调查不仅降低了中国企业的出口规模,同时对出口产品质量也产生了不利影响。在新新贸易理论(异质性企业贸易理论)诞生之后,一些学者将之前的研究成果与该理论进行结合,贸易摩擦研究进入了新的阶段:蒋为和孙浦阳(2016)指出对华反倾销不仅对中国企业有贸易扩散效应,同时也具有贸易破坏效应;杜威剑和李梦洁(2018)使用倾向匹配得分的方法,研究了美国对中国实施反倾销的经济效应,结果表明,对于中国企业而言,出口二元边际增长被削弱,异质性检验表明得到政府补贴的企业以及创新企业所受到的削弱作用较其他类型的企业而言较小。陈丽丽和郭少宇(2020)则在实证中得到了与之相反的结论,认为对华反倾销对中国企业的出口产业加成率有显著提高作用,而进一步异质性研究发现,反倾销只对非核心产品有提高作用,对核心产品的作用并不显著。

3.企业创新的研究进展

对出口企业技术创新的研究主要存在自我选择效应和出口对创新的处置效应两种。一方面,Roper 和 Love(2002)及 Caldera(2010)研究发现出口企业具有自我选择效应;另一方面,出口对企业生产率、研发投入、创新成果等具有提高效应,简言之,出口企业在国际贸易过程中"耳濡目染",通过借鉴吸收他国企业优秀的管理模式和先进的科学技术推陈出新。Salomon 和 Shaver(2005)的实证研究证实了出口对企业创新起到了显著的促进作用。De Loecker(2007)使用倾向匹配得分分析,结果显示,对于制造业而言,企业出口活动会显著促进其生产率增长;Hanley 和 Perez(2012)则使用同样的方法,研究显示出口企业在创新方面的发展显著优于非出口企业。康志勇(2011)利用 Tobit 模型重点研究分析了出口贸易对从事制造业的企业在自主创新方面所发挥的积极作用。近年来,微观企业的专利数据库逐步完善,越来越多的学者开始关注对外贸易对企业创新的影响。Liu 和 Qiu(2016)在成功匹配中国工业企业数据库和中国专利数据库的基础上,通过实证分析发现,在进出口贸易中,中间品的进口竞争对企业专利创新有显著提升作用;Ma 和 Liu(2017)同样使用该匹配数据库,实证检验结果表明贸易政策的不确定性阻碍了企业的创新活动,在消除不确定性后,企业专利创新有明显提升。张杰等(2021)指出,总体而言,政府创新扶持补贴对企业创新投入的激励效应呈现 U 形趋势,即在补贴达到一定资金规模之前,对企业创新投入造成的是挤出效应。崔静波等(2021)指出,企业出口在影响企业创新方面发挥了积极作用,企业的创新投入与产出都明显增加。当然这种积极促进作用在不同的行业存在极大的差异,并非所有行业的企业均能在出口过程中出现企业创新的显著提升。在创新投入方面,该促进作用呈现先增强后减弱的趋势;而在创新产出方面,则呈现周期性的特点。

在初始的研究阶段,对于创新类型的差异学术界没有过多关注,普遍认为,技术研发是高质量的创新行为,研发投入最终必然促进企业技术发展和升级,从而使企业在竞争中处于优势地位。随着企业专利创新研究的发展,Hall 和 Harhoff(2012)以及 Tong 等(2014)指出,并不是所有企业的专利都是对企业发展有推动作用的创新行为,有的企业的专利仅仅是迎合政策或者恶意获得补贴的策略,没有实际意义和价值。黎文靖和郑曼妮(2016)也进一步明确了这种观点,并将创新分为策略性创新和实质性创新,二者的根本区别在于创新目的是否为提高企业生产力,若是则为实质性创新,若只是为了迎合政策监管或者恶意获得补贴,则为策略性创新。鲍宗客和朱魏巍(2017)实证分析结果表明,相比于策略性创新而言,实质性创新有利于企业规避风险,抢占更大的市场份额,在激烈的竞争中更好地生存。改革开放之初,我国处于技术追赶阶段,彼时作为策略性创新代表的实用新型专利发挥了积极作用,但是在当下这个阶段,其已经不再具有创新累积效应,甚至在促进宏观经济发展和提高社会生产效率方面具有消极作用(毛昊等,2018)。还有很多学者在对创新结构的异质性影响因素进行研究分析时,把目光放在国家宏观政策方面,如法律法规、资本市场规则、奖励补贴以及政府产业扶植手段等。Tong 等(2014)通过研究专利法对创新结构的影响,得出的结论是在相关法律颁布实施后,政策鼓励的企业知识产权申请数量虽然短期明显提高,然而却多集中在外观设计和实用新型专利,发明专利并未有明显增加。林志帆和龙晓旋(2019)研究了在流动的资本市场融资融券制度对中国企业创新的影响,发现空头的威胁会导致上市公司通过释放策略性创新利好信号来维持资本证券的稳定,但这种信号降低了专利申请质量,恶化了专利申请结构。邢会等(2019)的研究结果显示,环境等选择性的产业政策不仅没有引导企业的实质性创新,反而使得相关企业更多地进行策略性创新,使得创新结构进一步恶化。张杰和郑文平(2018)认为,为鼓励企业创新而出台的专利成果奖励等政策在实际实施过程中存在投机行为,最终会导致专利申请质量下降,只有在批准和审查时加强管理这种问题才能得到有效解决。

4.贸易摩擦与出口企业技术创新的研究进展

通过梳理现有文献,直接研究贸易摩擦对出口企业技术创新影响的文献目前为止数量较少,相关研究多集中于贸易摩擦影响了企业在技术研发上所投入的资金。Gao 和 Miyagiwa(2005)指出,企业在应对单边反倾销和双边反倾销时所做出的反应有所区别,单边反倾销会显著降低企业的技术研发投入,而面对双边反倾销,企业会增加技术研发投入。曲如晓和江铨(2007)同样使用该模型研究发现,企业在面临单边反倾销时会比面对双边反倾销时有更强的意愿进行研发投入。贸易摩擦影响企业研发投入的结论并不统一,Kao 和 Peng(2016)研究发现,面临双边反倾销的进出口企业进行研发投入的多少取决于进口国政府设定的倾销额度门槛。谢申祥和王孝松(2013)则从产品差异的角度进行分析，研究结果表明，只有当产品差异较小时，出口企业才有动力增加创新投入，因为在这时企业研发投入的边际收入是递增的。Miyagiwa 等(2016)从市场规模差异的角度切入，认为对于规模相似的两个国家而言，贸易摩擦案件调查将同时降低双方的利润和技术创新；而若是规模相差较大的两个国家，则贸易摩擦案件调查将促进大国利润和技术创新的提高。以上研究着重于企业的创新投入，目前关于贸易摩擦对企业技术创新成果的影响鲜有研究，现存少量文献中也同时存在两种观点：李双杰等(2020)通过实证检验发现对华贸易摩擦抑制中国企业创新；何欢浪等(2020)认为中国对其他国家实施的反倾销显著提升了国内企业技术创新水平，颛孙书勤(2020)和熊凯军(2020)认为贸易摩擦案件一定程度上起到了激励效应，倒逼中国企业创新。

(二)文献评述

通过梳理和总结可以发现，贸易摩擦与企业创新之间的相互关系受到许多学者的关注，但是研究方法略显单一，主要是运用模型进行推导。不仅如此，在研究结论上仍然是见仁见智，距离达成共识尚远。一方面，模型推导的研究方法先天性存在缺陷，精确的假设基础和严格的先决条件要求足够且正确的事实数据，但是目前国内在贸易摩擦对企业创新所发挥的作用方面的实证屈指可数；另一方面，中国的企业创新存在大量“钻空子”的策略性创新，其创新的主要目的在于应付政府的监管或者在外贸中获取国家补贴，其效果相比于实质性创新差距较大。也正是如此，在对贸易摩擦如何影响企业创新进行研究时，区分创新动机和类型不可不为。因此，区分企业创新动机、研究贸易摩擦对出口企业异质性创新类型产生的影响十分有必要。

根据上述文献综述可知，相关研究可以从以下两个方面进一步完善：

第一，丰富研究内容。目前的研究多聚焦于反倾销的影响效应，而放眼世界各国之间的进出口贸易，贸易摩擦不仅包含反倾销，还包括反补贴和保障措施等；对于贸易摩擦的影响效应而言，大多研究聚焦于贸易摩擦对经济的影响效应和对企业一些指标的直接影响效应，而对于出口企业的技术创新，并未将其纳入贸易摩擦影响效应的统一框架内。因此，本文从研究内容上对上述问题进行补充和完善。

第二，拓宽研究视角。目前学界关于贸易摩擦对出口企业技术创新的影响效应未能有统一结论，对于异质性影响以及影响路径探究有待深入，需要对目前存在的一些理论研究提供微观数据以进行实证检验以及深入探究贸易摩擦对企业创新的影响机制。鉴于此，本文采用企业微观数据实证检验贸易摩擦对企业创新的影响，并且引入中介效应模型探究贸易摩擦对企业创新的作用机制，丰富既有贸易摩擦效应的研究。

三、研究设计

(一)研究方法

在贸易摩擦对中国出口企业技术创新的影响研究中，本文将理论分析、统计规律描述以及实证分析相结合，采用恰当的经济计量模型，同时结合大量文献和数据，展开了比较深入细致的研究，并使用图表等呈现方式，对数据统计结果和实证结果进行总结展示。在数据方面，对中国工业企业数据库、中国海关数据库和中国专利数据库三个数据库进行匹配与合并：首先，利用企业名称合并数据库，并利用企业电话号码后七位及其所在地的邮编识别两个数据库中的相同企业；其次，通过企业名称将合并后的数据与中国专利数据库进行匹配，最终得到2000—2013年105598个数据样本，将形成的面板数据作为本文的数据支撑；最后，利用所得数据建立固定效应模型进行实证分析，在结果通过稳健性检验的基础上通过分组回归进一步探究该影响的异质性，并通过中介效应检验探究其影响机制。

(二)计量模型与变量设置

在进行实证检验之前，首先剔除了财务数据缺失的样本，其次为避免极端数值的影响，对所有指标进行Winsorize分位数缩尾处理。所涉及的总体及分组模型的实证均通过了F检验和Hausman检验，因此确定使用面板固定效应模型估计各模型参数。

为有效检验贸易摩擦对出口制造业企业创新的影响，本文基于以上理论分析构建了如下计量模型(1)：

$$innovation_{ijt}=\beta_0+\beta_{11}\, tradfrict_{jt}+\beta_{12}X_{ijt}+u_t+\varepsilon_{ijt} \tag{1}$$

模型(1)中，i表示企业，j表示国民经济行业分类中的4分位行业，t表示年份。$innovation_{ijt}$表示处于j行业的i企业在t年的创新水平，$tradfrict_{jt}$表示j行业在t年遭受的贸易摩擦水平，X_{ijt}表示企业层面的控制变量。u_t为时间固定效应，ε_{ijt}为随机扰动项。

1.被解释变量

企业创新($innovation_{ijt}$)是被解释变量。虽然企业的创新能力和创新产出与其研发投入十分相关，但无法考量和评估体现企业政策、研发条件、人才队伍建设等因素对企业创新的影响程度。Cornaggia(2015)和Bloometal(2016)认为相比于企业研发投入，企业专利能更好地衡量企业创新能力水平。其中专利按照创新的质量高低具体可以分为三类：发明专利、实用新型专利以及外观设计专利。相较于后两者而言，发明专利需要更高的技术和能力，一份被授权的发明专利包含更高的技术含量，更能体现企业的创新水平。

2.核心解释变量

本文借鉴杨飞等(2018)和余振等(2018)的研究，采用公司所处细分行业遭受的反倾销、反补贴和保障措施案件数评估企业所遭受的贸易摩擦程度。选用2000—2013年制造业各细分行业的贸易摩擦案件总数对贸易摩擦($tradfrict_{jt}$)进行衡量。

3.企业层面控制变量

企业规模($\ln scale$)，根据熊彼特假说的内容，由于规模大的企业可以为技术创新活动提供财力、物力和人力支持，因此企业创新效率会随着企业规模的扩大而提高，本文将企业资产总额作为衡量企业规模的指标，选取企业固定资产总值的对数值来衡量。员工总数($staff$)，用年末员工总数衡量。企业年龄(age)，王华等(2010)认为当企业在市场上经营年限较长，就会积累更多的知识经验，在参与市场竞争时就有技术基础优势，从而获取更多的利润以及抢占更大的市场份额，为避免出现企业年龄0值，使用当期与企业注册日期差值加1作为最终值来衡量。人力资源水平(hc)，用人均工资收入衡量。资产收益率(roa)，毛其淋和许家云(2019)指出企业之所以表现出异质性特点，主要原因是企业间的资本密集度不同，这同时也会对企业创新产生影响。一般来说，资本密集度较高的企业创新能力更强，用净利润与总资产的比值衡量。政府补贴收入($subsidy$)，邹洋和王茹婷(2018)以及雷根强和郭玥(2018)通过上市公司数据进行实证检验得出结论，认为企业的财政补贴收入显著促进了企业的创新投入。

四、贸易摩擦的发展现状

中国进出口贸易发展十分迅猛，是2020年全球唯一实现贸易正增长的主要经济实体。2020年，中国进出口总额达到32.2万亿元人民币，同比增长1.9%；贸易顺差3.7万亿元，同比增长27.4%。除此之外，中国在对外贸易市场上也呈现出日益多元化的趋势。数据显示，2020年中国的前五大贸易伙伴东盟、欧盟、美国、日本和韩国分别与中国达到了4.7万亿元、4.5万亿元、4.1万亿元、2.2万亿元、2.0万亿元的进出口交易额，东盟在2020年首次成为中国第一大贸易伙伴。对“一带一路”沿线国家进出口增长1%，其中，出口增长3.2%。高新技术产品出口5.4万亿元，增长6.5%，占整体出口的29.9%。在新冠疫情的冲击下，全球经济下滑，而中国进出口贸易逆势增长，很多国家对中国挑起了贸易摩擦,这些案件或者基于政治因素,或者基于经济因素,总之,中国已经成为遭受贸易摩擦案件调查的最主要国家。

(一)贸易摩擦案件数

1995—2019 年,全球累计发起 7156 起贸易摩擦案件,其中针对中国发起的贸易摩擦案件数就累计达到 2198 起之多,占比 30.7%。通过绘制贸易摩擦案件数趋势图(见图 1),从案件变化趋势来看,中国遭受贸易摩擦案件数随时间变化趋势同全球贸易摩擦案件总数随时间变化趋势大致类似,因此中国是遭受贸易摩擦案件的最主要国家。

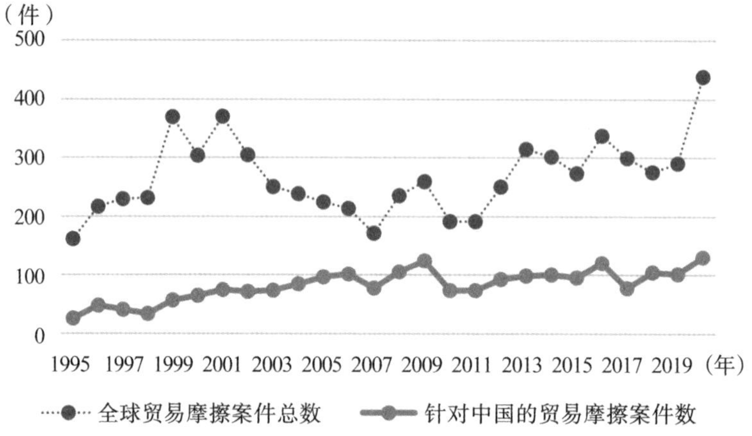

图 1　2010—2021 年全球贸易摩擦案件总数及针对中国发起的贸易摩擦案件数

数据来源:商务部中国贸易救济信息网。

(二)对中国发起贸易摩擦指控措施的前十名国家(地区)

2010—2021 年,中国共遭到贸易摩擦案件调查 1124 起。其中,排名前十的国家和地区分布如图 2 所示。由图中数据可知,美国和印度是对中国发起贸易摩擦案件调查的主要国家,占比合计达到了 30%以上。从发起国(地区)的发展程度来看,不仅包括美国、欧盟、澳大利亚和加拿大等发达国家(地区),还包括印度、巴西、阿根廷等发展中国家。在中国对外贸易发展之初,与发达国家间(地区)的贸易不平衡现象较为突出,贸易摩擦案件也多为发达国家(地区)发起的;而随着"一带一路"倡议的提出,与发展中国家贸易往来日益密切,在这个过程中,不可避免会因与其存在某些商品的相似性而产生竞争,因此越来越多的发展中国家开始对中国发起贸易摩擦案件申诉从而实现限制中国产品出口的目的。

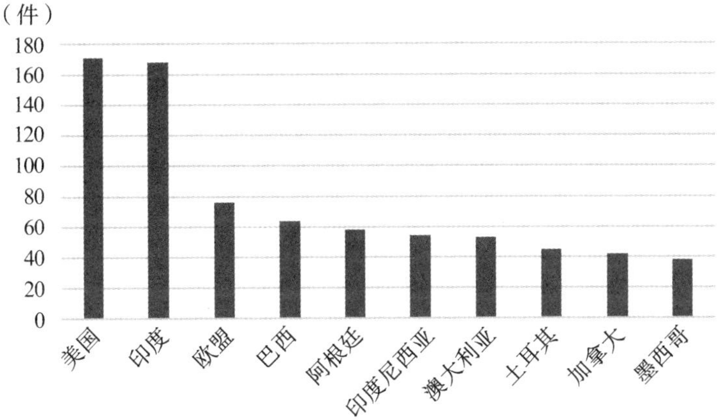

图 2　针对中国发起贸易摩擦指控措施的前十名国家(地区)

数据来源:商务部中国贸易救济信息网。

(三)案件类型分布

2010—2021 年,全球各国(地区)对我国发起的贸易摩擦案件按照案件类型分布如图 3 所示。由图 3 可见,反倾销已经成为各国对中国发动贸易摩擦的主要手段。在中国对外贸易的初期阶段,对华反倾销活动主要被欧美等发达国家(地区)所频繁使用,它们认为早期中国的对外贸易主要是以价格为优势的倾销行为。然而,随着中国逐渐发展成为世界上最大的发展中国家,其他发展中国家(如印度、墨西哥等)频繁对中国发起反倾销调查,以压制中国贸易发展。中国作为遭到反倾销最频繁的国家,在整体贸易发展、企业持续性发展等方面都受到了一定的影响和制约,是需要国家和企业共同面对的巨大挑战。

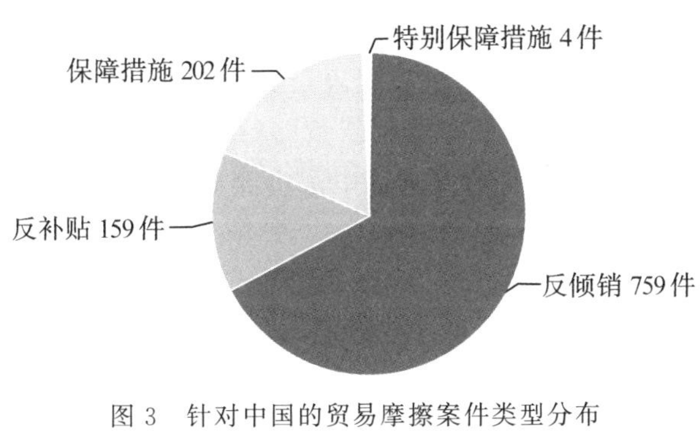

图 3　针对中国的贸易摩擦案件类型分布

数据来源:商务部中国贸易救济信息网。

(四)主要行业分布

2010—2021 年,全球各国(地区)对中国发起的贸易摩擦案件的行业分布情况如图 4 所示，主要统计排在前十名的行业。对华贸易摩擦案件集中在钢铁工业、金属制品工业、化学原料和制品工业，占比分别为 18.8%、17.3%、15.9%。贸易摩擦已经成为一国保护产业的常用策略，欧美等发达国家(地区)针对中国在高新技术领域采取限制出口措施，而长期的贸易不平衡使得贸易摩擦集中于钢铁工业、金属制品工业、化学原料和制品工业等资源密集型产业。

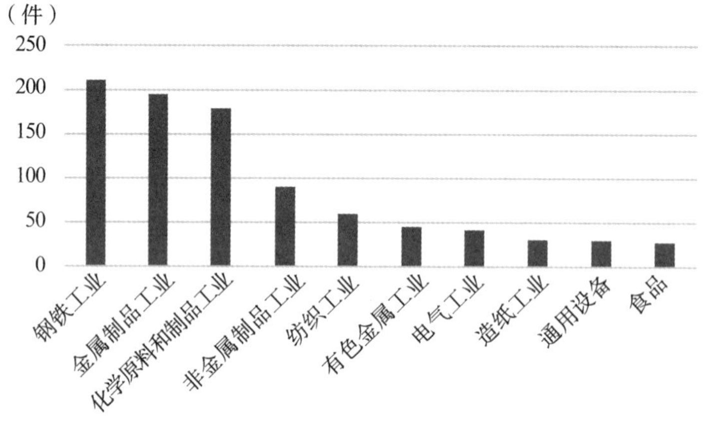

图 4　针对中国的贸易摩擦案件行业分布

数据来源：商务部中国贸易救济信息网。

(五)结果与分析

根据前文对以往研究的梳理，目前学界关于贸易摩擦对企业创新的影响没有形成统一的认识，对其内在的影响机制也欠缺深入探讨。因此，本文在前人研究基础上，通过对 2000—2013 年企业微观数据进行实证检验，试图明确贸易摩擦对企业创新的影响，厘清其内在的影响机制。企业发明专利是普遍认为可以推动技术进步、技术含量最高、最能代表企业创新能力的创新性行为，而其他类型专利多是迎合产业政策激励的创新策略行为。因此，本文研究进一步表明，贸易摩擦虽然在一定程度上促进了中国企业专利申请数量增加，但是对中国企业专利的结构优化却无显著作用。

五、主要结论与政策建议

(一)主要结论

本文基于理论模型和实证检验发现，贸易摩擦虽然对全样本企业创新有一定的促进作用，但却不利于中国制造业企业专利的结构优化。另外通过异质性检验发现，贸易摩擦抑制了技术密集型企业以及非国有企业的技术创新发展，而对非技术密集型企业的技术创新有一定的倒逼效应,对国有企业的科技创新发展并无显著影响作用。基于异质性检验,本文进一步进行了中介效应检验,结果表明贸易摩擦通过竞争效应以及融资效应两个方面对企业的技术创新产生影响。一方面,贸易摩擦通过加剧企业所处行业的竞争激励企业创新;另一方面,通过降低企业产品利润、限制企业融资抑制企业创新。

(二)政策建议

以上结论对于中国政府制定创新政策以及企业应对贸易摩擦都有重要启示。随着国际贸易保护主义的抬头以及中国经济的不断发展壮大、对外贸易规模的逐渐升级,其他国家针对中国的贸易摩擦愈加频繁,不仅不利于中国专利申请结构优化,更对中国的技术密集型企业创新产生了持续的破坏效应。在这一背景下,中国一方面应在世界贸易组织的框架内积极寻求争端解决机制,努力维护本国企业的利益;另一方面,应加强对非国有企业尤其是技术密集型企业的融资支持,以有效缓解企业资金短缺问题,提高企业技术创新活力。本文基于以上结论,得出以下几方面的启示。

第一,政府应增强对企业实质性创新的融资支持。在贸易摩擦的冲击下,出口企业可能会遇到严重的融资约束问题,进而使得企业的创新投入受到抑制。因此,遭受贸易摩擦调查的出口企业要进行技术创新以取得长久发展,首先要解决的就是融资问题。政府应当发挥创新引领作用,打通金融、财政等多方面融资渠道,加大在高新技术行业的资金补贴,通过出口补贴帮助企业扩大出口规模。在此过程中,政府不但需要扶植高新技术企业发展壮大,而且要对其在出口贸易市场上的恶意竞争做好防范,因此政府在制定政策时应当对高新技术企业进行恰当的引导和适度的扶植。同时,政府还要在企业逐步发展壮大过程中,适时适量减少出口补贴,引导其在创新发展过程中完善产品质量、发展核心竞争力,保证出口企业日后有足够的力量独自参与国际市场竞争。此外,对于研发补贴政策的完善、创新基金的制度保障等一系列配套措施都应逐步建立完善,以此缓解企业融资约束,从而提高企业创新力。

第二,建立相关信息服务机构,健全国内贸易摩擦应对机制。针对中国的贸易摩擦案件愈加频繁,作为受到直接影响的微观主体,出口企业可能疲于应对。此时各个政府、组织应当加强部门联合,建立相关信息服务机构,及时为受损企业提供信息、应对指导等服务。主管部门对于贸易摩擦的应对重点应为预警机制的健全,通过定期对相关产业受损情况进行调查统计,做好预警工作,才能从容应对。

第三,企业自身应当勇于创新,提高产品质量以参与国际竞争。随着贸易保护主义的抬头和贸易摩擦案件所涉及的产品范围向高新技术行业的蔓延,出口企业面临的机遇与挑战并存。企业应当充分重视和利用参与全球化贸易带来的机会，积极响应创新发展战略的要求，加大创新投入，调整创新结构，以实质性创新成果带动产品质量的提升以及生产成本的降低。以高质量产品参与全球贸易竞争，以获取更大的市场份额和利润收益。

参考文献

[1]包小忠.我国对外贸易摩擦前瞻[J].华南师范大学学报（社会科学版），2006(1):50-55+158.

[2]鲍宗客，朱魏巍.中国企业的实质性与扭曲性研发:研发企业存在生存溢价吗[J].科学学研究，2017，35(11):1691-1699.

[3]曹平，肖生鹏，林常青.美国对华反倾销对中国企业创新效应再评估[J].国际经贸探索，2021，37(1):34-49.

[4]陈丽丽，郭少宇.反倾销调查对中国出口企业产品成本加成率的影响[J].国际经贸探索，2020，36(9):4-21.

[5]陈立鹏.应对贸易摩擦演义:贸易摩擦武器探秘[J].大经贸，2006(3):53-55.

[6]杜威剑，李梦洁.反倾销对多产品企业出口绩效的影响[J].世界经济研究，2018(9):55-67+136.

[7]崔静波，张学立，庄子银，等.企业出口与创新驱动:来自中关村企业自主创新数据的证据[J].管理世界，2021，37(1):76-87+6.

[8]付娟.贸易摩擦日益频繁的原因及对策分析[J].东北财经大学学报，2003(4):91-92.

[9]何欢浪，张娟，章韬.中国对外反倾销与企业创新:来自企业专利数据的经验研究[J].财经研究，2020，46(2):4-20.

[10]黄建忠，吴超.国际服务贸易摩擦研究:现状、特征与成因[J].国际贸易问题，2013(9):92-100.

[11]黄先海，卿陶.异质性贸易成本与企业出口产品质量:机理与事实[J].南方经济，2020(5):79-93.

[12]蒋为，孙浦阳.美国对华反倾销、企业异质性与出口绩效[J].数量经济技术经济研究，2016，33(7):59-76.

[13]鞠真.入世以来的贸易摩擦:现状、原因与对策[J].市场周刊(管理探索)，2005(6):71-73.

[14]康志勇.出口贸易与自主创新:基于我国制造业企业的实证研究[J].国际贸易问题，2011(2):35-45.

[15]雷根强，郭玥.高新技术企业被认定后企业创新能力提升了吗：来自中国上市公司的经验证据[J].财政研究，2018(9)：32-47.

[16]李成钢.当前贸易摩擦呈现四大特点[J].当代经济，2005(9)：5.

[17]李春涛，闫续文，宋敏，等.金融科技与企业创新：新三板上市公司的证据[J].中国工业经济，2020(1)：81-98.

[18]黎文靖，郑曼妮.实质性创新还是策略性创新：宏观产业政策对微观企业创新的影响[J].经济研究，2016，51(4)：60-73.

[19]李双杰，李众宜，张鹏杨.对华反倾销如何影响中国企业创新[J].世界经济研究，2020(2)：106-120＋137.

[20]李小平，周记顺，王树柏.中国制造业出口复杂度的提升和制造业增长[J].世界经济，2015，38(2)：31-57.

[21]李昕.中美贸易摩擦：基于GTAP可计算一般均衡模型分析[J].国际贸易问题，2012(11)：50-65.

[22]林志帆，龙晓旋.卖空威胁能否激励中国企业创新[J].世界经济，2019，42(9)：126-150.

[23]马永健，漆腊应.中美经贸摩擦的潜在经济效应及中国对策研究[J].国际商务(对外经济贸易大学学报)，2020(5)：19-34.

[24]毛其淋，许家云.贸易自由化与中国企业出口的国内附加值[J].世界经济，2019，42(1)：3-25.

[25]曲如晓，江铨.论反倾销保护对企业R&D投入的影响[J].经济经纬，2007(5)：43-47.

[26]施炳展，冼国明.技术复杂度偏好与中国出口增长：基于扩展引力模型的分析[J].南方经济，2012(8)：87-101.

[27]石磊，寇宗来.美国的贸易逆差及中美贸易摩擦成因探析[J].复旦学报(社会科学版)，2004(4)：23-27.

[28]田巍，余淼杰.企业出口强度与进口中间品贸易自由化：来自中国企业的实证研究[J].管理世界，2013(1)：28-44.

[29]王华，赖明勇，柒江艺.国际技术转移、异质性与中国企业技术创新研究[J].管理世界，2010(12)：131-142.

[30]王瑞峰，李爽.中美贸易摩擦背景下中国外贸高质量发展的评价[J].中国流通经济，2019，33(12)：16-24.

[31]奚俊芳，陈波.国外对华反倾销对中国出口企业生产率的影响：以美国对华反倾销为例[J].世界经济研究，2014(3)：59-65＋89.

[32]谢申祥，王孝松.反倾销政策与研发竞争[J].世界经济研究，2013(1)：

22-28+87.

[33]谢申祥,张铭心,黄保亮.反倾销壁垒对我国出口企业生产率的影响[J].数量经济技术经济研究,2017,34(2):105-120.

[34]谢建国,章素珍.反倾销与中国出口产品质量升级:以美国对华贸易反倾销为例[J].国际贸易问题,2017(1):153-164.

[35]邢会,王飞,高素英.政府补助促进企业实质性创新了吗:资源和信号传递双重属性协同视角[J].现代经济探讨,2019(3):57-64.

[36]杨飞,孙文远,程瑶.技术赶超是否引发中美贸易摩擦[J].中国工业经济,2018(10):99-117.

[37]余振,周冰惠,谢旭斌,等.参与全球价值链重构与中美贸易摩擦[J].中国工业经济,2018(7):24-42.

[38]邹洋,王茹婷.财政分权、政府研发补贴与企业研发投入[J].财经论丛,2018(9):32-42.

[39]张杰,郑姣姣,于浩.政府创新补贴政策对企业私人性质创新投入的激励效应[J].南京大学学报(哲学·人文科学·社会科学),2021,58(2):16-45+157.

[40]张杰,郑文平.创新追赶战略抑制了中国专利质量么[J].经济研究,2018,53(5):28-41.

[41]张璇,刘贝贝,汪婷,等.信贷寻租、融资约束与企业创新[J].经济研究,2017,52(5):161-174.

[42]周开国,卢允之,杨海生.融资约束、创新能力与企业协同创新[J].经济研究,2017,52(7):94-108.

[43]颛孙书勤.中美贸易摩擦与中国制造业企业创新研究:基于2008—2017年上市公司数据的研究[J].技术经济与管理研究,2020(5):122-128.

[44]BAGWELL K, STAIGER R W. Domestic policies, national sovereignty, and international economic institutions [J]. The quarterly journal of economics, 2001, 116(2): 519-562.

[45]BRANDER J A. Intra-industry trade in identical commodities [J]. Journal of international economics, 1981, 11(1): 1-14.

[46]CALDERA A. Innovation and exporting: evidence from Spanish manufacturing firms [J]. Review of world economics, 2010, 146(4): 657-689.

[47]CHANDRA P, LONG C. Anti-dumping duties and their impact on exporters: firm level evidence from China [J]. World development, 2013, 51: 169-186.

[48]EGGER P, NELSON D. How bad is antidumping? evidence from panel data [J]. Review of economics and statistics, 2011, 93(4): 1374-1390.

[49]ELMS D K. Large costs, small benefits: explaining trade dispute outcomes [J]. Political psychology, 2004, 25(2): 241-270.

[50]GAO X, MIYAGIWA K. Antidumping protection and R&D competition [J]. Canadian journal of economics/revue canadienne d'économique, 2005, 38(1): 211-227.

[51]GRINOLS E L, PERRELLI R. Politics, the WTO and trade disputes: evidence from US cases [J]. Pacific economic review, 2002, 7(2): 335-357.

[52]HALL B H, HARHOFF D. Recent research on the economics of patents [J]. Annual review of economics , 2012, 4(1): 541-565.

[53]HALL R, ANDRIANI P. Managing knowledge for innovation [J]. Long range planning, 2002, 35(1): 29-48.

[54]HSU P H, TIAN X, XU Y. Financial development and innovation: cross-country evidence [J]. Journal of financial economics, 2014, 112(1): 116-135.

[55]JABBOUR L, TAO Z, VANINO E, et al. The good, the bad and the ugly: Chinese imports, European Union anti-dumping measures and firm performance [J]. Journal of international economics, 2019, 117: 1-20.

[56]JOHNSON H G. Optimum welfare and maximum revenue tariffs [J]. The review of economic studies, 1951, 19(1): 28-35.

[57]KAO K F, PENG C H. Profit improving via strategic technology sharing [J]. The BE journal of economic analysis & policy, 2016, 16(3): 1321-1336.

[58]KRUGMAN P. Strategic trade policy and the new international economics [M]. Cambridge:MIT Press, 1986.

[59]LEE K H, MAH J S. Institutional changes and antidumping decisions in the United States [J]. Journal of policy modeling, 2003, 25(6-7): 555-565.

[60]MA C, LIU Z. Effects of M & As on innovation performance: empirical evidence from Chinese listed manufacturing enterprises [J]. Technology analysis & strategic management, 2017, 29(8): 960-972.

[61]ROPER S, LOVE J H. Innovation and export performance: evidence from the UK and German manufacturing plants [J]. Research policy, 2002, 31(7): 1087-1102.

[62]SALOMON R M, SHAVER J M. Learning by exporting: new insights from examining firm innovation [J]. Journal of economics & management strategy, 2005, 14(2): 431-460.

[63]TONG T W, HE W, HE Z L, et al. Patent regime shift and firm innovation: evidence from the second amendment to China's patent law [C]// Academy of management proceedings. Briarcliff Manor, NY 10510: academy of management, 2014, 2014(1): 14174.

[64]WHALLEY J. Trade liberalization among major world trading areas [M]. Cambridge:MIT Press, 1985.

[65]YI L U. To be an aggressive but patient learner-analysis of China's participation in defending anti-dumping challenges within the WTO framework [J]. PKU transnational law review , 2013, 1: 374-420.

海南省上市公司碳信息披露现状及影响因素研究

陈幽贝*

摘　要：近年来，环境与气候问题日益突出，世界各国开始提倡低碳经济，企业的碳信息披露越来越受到重视。在我国碳排放权交易系统构建和发展的过程中，碳信息披露制度的建设是一项重要的基础工作。我国在2011年启动了碳交易试点工作后，上市公司在碳信息披露上取得了进步，但仍有诸多不足，特别是很多上市公司在碳信息披露上还存在内容不完整、方式不规范等问题。本文以海南省上市公司为例，对2012—2021年海南省上市公司发展状况进行分析，同时根据碳信息披露评价指标对碳信息披露及时性、可靠性、可理解性、可比性和完整性进行具体分析；再根据强制性与自愿性将碳信息披露的影响因素分为政府监管、公司治理及公司发展三个角度，从政府法规和证监会管理方面分析政府监管对碳信息披露的影响，从股权结构和董事会方面分析公司治理情况对碳信息披露的影响，从公司规模、盈利能力和发展能力方面分析公司发展情况对碳信息披露的影响；最后针对上市公司碳信息披露提出不仅要制定高质量碳信息披露准则、加强上市公司内部治理等策略，还要提供制度、人员等方面的保障的优化策略。

一、研究背景与意义

（一）研究背景

随着碳交易市场的建立、气候变化问题的出现及“碳减排”“碳达峰”等概念的提出，关于碳信息的披露变得非常重要。碳信息披露的质量前身是环境信息

---

* 陈幽贝：2020级会计专业硕士研究生。导师：符少燕、王将。

披露的质量，因此环境信息披露的质量与碳信息披露的质量密切相关。与碳信息披露相比，环境信息披露更加宽泛一些，碳信息披露更像是一种义务和承诺，这种义务和承诺的内容主要是温室气体排放情况、预期减排目标和碳减排效果等，为利益相关者评估环境影响提供相关的信息。

通过公司适当的碳信息披露，我们可以更好地了解其在一段时间内为了减少能源消耗和节能减排所制定的计划和采取的行动。尽管公司可能只是有选择地披露其碳信息，利益相关者也可能无法通过碳信息披露全面了解公司的碳绩效水平，但公司的碳信息披露还是可以减少企业与利益相关者之间的信息不对称，为利益相关者提供决策依据。碳信息披露不仅是向利益相关者传递内部碳信息的有效途径，还是提升公司社会形象、强调公司社会责任的有效途径。碳信息披露得越及时、越完整，就越能表明公司在积极履行社会责任，也更加容易取得利益相关者的信任。当前，中国还没有统一的碳信息披露的标准，因此企业披露碳信息的方式和形式多种多样，主要是在年度报告、社会责任报告和环境报告中披露。

随着低碳经济的发展，对碳会计信息的需求越来越大。在中国，没有关于企业碳信息披露的强制性标准，企业是否向公众和相关部门披露碳信息是自愿的，披露的动机也不尽相同。然而，随着绿色商业理念和低碳概念的普及，社会公众和政府都更加重视碳信息披露的透明度，因此公司披露碳信息的压力也在增加。公司的碳信息披露压力主要来自内部和外部。其中，外部的压力主要来自政府、社会公众、媒体和债权人，内部压力则主要来自股东和管理层。由于内部和外部的压力，为了提高公众的接受度，公司需要找到合适的披露方法，向社会公众传递公司的相关信息，而碳信息披露可以证明企业重视环境保护并且依法合规经营。同时，披露碳信息并且允许公众监督的企业可以证明其信息公开透明，增加社会公众对企业的信任，体现企业发展理念与社会价值体系的结合。

(二)研究意义

1.理论意义

碳信息披露制度是促进环境改善的一项重要的举措，对碳信息披露结构、碳会计处理体系都能起到改善的作用。本文以海南省上市公司为例，分析政府监管、公司治理、公司发展等因素对上市公司碳信息披露的影响，丰富学术界在该领域的研究内容，具有一定理论意义。

2.现实意义

第一，碳信息披露有助于加强对海南省上市公司的管理，促进政府碳减排政策的落实，为地方政府环境监管工作提供有针对性的建议，有助于政府更好地规范上市公司的碳排放行为，加强碳密集行业的碳管理，营造绿色环境。第二，更好的碳信息披露不仅可以帮助企业更好地履行社会义务，提高企业声誉，还可以促进环境的保护和绿色经济的发展，本文的研究对于提高海南省上市公司在碳信息披露方面的重视程度、提高碳信息披露水平具有一定的现实指导意义。第三，本文所得出的研究结论和提出的政策建议对于我国其他省份上市公司碳信息披露也有借鉴的意义。

二、文献述评

（一）文献综述

1.关于碳信息披露内容的研究

有关碳信息披露的具体内容，谭德明和邹树梁（2010）考虑到中国的国情和信息披露的特殊性质，构建了主要由碳审计、碳管理和碳核算组成的一个碳信息披露结构。其中，碳审计主要是对信息的可靠性以及真实性进行核查，包含了对碳减排报告真实性的核查以及对碳减排数量真实性的核查；碳管理部分主要是进行碳减排目标制定、碳减排计划实施以及编制碳减排报告；碳核算部分则主要是记录和收集碳减排的有关数据。在中国低碳经济的大背景下，陈华等（2013）参考了国际组织对碳信息内容的界定，指出公司的碳信息披露应涵盖六个方面内容：碳风险与机遇及应对措施与体系、碳排放、碳减排与增效措施、碳交易状况、碳审计与鉴证、其他碳信息。李慧云等（2015）总结了碳信息披露项目的披露情况，认为碳信息披露的内容可以缩小到四个方面，分别是气候变化机遇和风险及应对策略、气候变化管理、温室气体排放管理、温室气体排放数量核算。武筱帆（2021）以宝山钢铁为例，分析了该公司的碳信息披露内容，基于TCFD（气候相关财务信息披露工作组）四要素和碳信息披露问卷，从公司治理、公司战略、风险与机遇、目标与绩效四个维度建立了与宝钢特色相对应的碳信息披露评分体系。徐国平（2021）分析了航空业、清洁能源、家电业、钢铁业和银行业的碳信息披露特点，提出了针对大型温室气体排放企业和非温室气体排放企业的碳信息披露内容的建议。

2.关于碳信息披露影响因素的研究

关于碳信息披露的影响因素，可以从宏观环境因素、企业微观因素和利益相关者因素等方面进行分析。

关于宏观环境因素，有研究表明政府法规监管、私营部门应对环境变化的能力、市场结构、经济压力、新闻报道等因素会对企业碳信息披露产生影响。Frost（2007）发现，在政府对环境进行监管后，企业环境信息披露水平会提高，增强信息披露的有效性，公司环境信息披露水平与政府监管之间存在相关性，政府监管对公司进行环境信息披露起到积极作用。Peters 和 Romi(2009)认为，政府在环境监管的力度方面、私营部门应对环境变化的能力方面以及企业碳信息披露水平方面均起决定性作用，国家特征影响企业参与碳信息披露的水平。Luo 等(2012)发现，社会、金融市场、经济、制度、政府监管和经济压力对公司自愿进行碳信息披露有较大的影响。这里的经济压力指的是征收碳税、费用、许可证以及其他减少碳排放和提高能源效率的激励措施，以及潜在的成本。碳信息披露的主要动力来源是公众的期望和政府的监管，而不是其他的利益相关者。沈洪涛和冯杰(2012)在环境信息披露水平与政府监管之间关系的研究中认为，有力的政府监管鼓励了企业进行环境信息披露，使得环境信息披露水平提高。Luo 等(2013)在研究中也发现，发展中国家在碳信息披露方面缺乏进展的原因之一是资源的限制和约束。中国学者李力和刘全齐(2016)认为，中国重污染行业的上市公司碳信息披露水平普遍比较低，新闻报道会对企业碳信息披露水平起到正向影响的作用，政府监管也会对企业碳信息披露水平起到正向作用。除此以外，研究发现新闻报道在一定程度上削弱了政府监管对碳信息披露水平的正向作用，政府监管也同样在一定程度上弱化了新闻报道对碳信息披露水平的正向作用。陈媛媛等(2021)发现，经济发展水平和监管体系对于制药行业上市公司碳信息披露水平有正向影响。

关于企业微观因素，有研究表明合法性、来自非政府组织的压力、碳信息披露的自愿性、股权集中度、董事会活跃度、企业盈利能力、公司规模等因素会对企业碳信息披露产生影响。Knox-Hayes 和 Levy(2011)发现，碳信息披露的增加是合法性、非政府组织和管理信息系统的压力这三大核心因素驱动的结果，是为了降低成本和声誉风险以及提高在碳市场中的参与度。陈华等(2013)认为，上市公司要想维持或提高其合法性地位，一种有效途径是自愿进行碳信息披露，合法性压力大的公司会更愿意披露碳信息，合法性压力小的公司会不愿意披露碳信息。林英晖等(2016)在研究中国制造公司披露碳信息意愿的内部机制时，基于计划行为理论提出了新的观点，认为碳信息披露的态度是影响碳信息披露意愿最主要的因素，感知行为规范和结果预测能够激励碳信息披露意愿。但是，中国制造公司披露碳信息的意愿是中立的，实证检验也证实主观规范对于碳信息披露意愿的影响不显著。崔也光等(2016)发现，上市公司碳信息披露质量与董事会活跃度、股权集中度、企业盈利能力和公司规模均呈正相关，而与独立董事在董事会中的比例和资产负债率没有显著相关性。吕靖烨和董潇(2021)发现，公司规模和债务水平对碳信息披露有正向影响，而发展能力、盈利能力则未呈现，但在媒体调节作用下发展能力对碳信息披露呈现正向影响。

关于利益相关者因素，有研究表明股东决议、利益相关者态度、较低的披露成本等因素会对企业碳信息披露产生影响。Reid 和 Toffel(2009)在实证研究中发现,影响企业碳信息披露水平的关键因素是监管压力和股东决议。Wegener 等(2013)认为,对碳信息披露起到重要作用的是法规风险、利益相关者态度和较低的披露成本。方健和徐立群(2012)利用碳信息披露项目的数据对 2010—2011 年《财富》欧洲 500 强企业的碳信息披露进行了研究,发现供应链成员间信息共享水平与碳信息披露的质量呈正相关关系。同时,供应链中的间接碳排放是影响碳信息披露质量的因素之一。黄竞(2021)发现,企业利益相关者较为关注大型污染企业的盈利水平和发展模式,碳信息披露成本对大型污染企业的碳减排战略造成了强大压力。此外,人们对低碳战略和碳信息披露的认识不够深入,利益相关者通常会忽视环境的社会效益,只关注经济效益,对碳信息披露的理解不全面,甚至不愿意承担碳战略的相关成本。

3.关于碳信息披露的后果研究

目前对企业价值与碳信息披露的相关性研究较为丰富,并且许多研究发现,碳信息披露会给公司带来正向的激励作用,下面从企业价值和企业绩效两方面对这些激励作用进行介绍。

在碳信息披露对企业价值的影响方面,有研究表明有效进行碳信息披露与公司价值呈正相关,而碳排放行为会降低公司价值。Clarkson 等(2008)研究了公司环境绩效与环境信息披露之间的关系,公司环境信息披露的替代变量为碳信息披露水平,研究结果发现披露的环境信息越多,企业的经济价值也越高。Matsumura 等(2013)将标准普尔 500 指数中 2006—2008 年参与碳信息披露项目的公司披露的碳信息作为数据来源,研究分析碳排放、碳信息披露以及公司价值三者之间的内在联系,研究发现,碳排放行为会降低公司的价值,披露碳信息的公司平均价值高于不披露碳信息的公司平均价值,这说明投资者在评估公司价值时,会综合考虑碳信息披露与碳排放情况,虽然碳排放降低了企业价值,但及时且有效地披露碳排放数据可以提高公司价值。我国学者王仲兵和靳晓超(2013)研究社会责任股企业,实证检验了碳信息披露对公司价值的影响,研究发现,碳信息披露水平对公司价值产生了正向激励作用,但是显著性还有待提高。杨园华(2015)从产品市场和资本市场两个角度分析了碳信息披露影响企业价值创造的动态过程,研究了碳信息披露的价值影响。结果发现,从资本市场的角度看,碳信息披露的深度和数量都对公司的价值创造有积极影响;从产品市场的角度来看,只有碳信息披露的数量与公司价值正相关。

在碳信息披露对企业绩效的影响方面,有研究表明进行碳信息披露可以增加企业的商誉,提高公司绩效。韩金红和曾晓(2018)认为公司进行的碳信息披露越多,投资者就越容易做出投资决策,这可以增加投资者对企业的信任和企业商誉，降低公司的股权和债务融资成本。他们还发现，公司所在地区的社会信任程度在上述关系中可以起到积极的调节作用。田宇和宋亚军(2019)的研究进一步论证了盈余管理质量能够明显增强碳信息披露质量对企业财务绩效的影响。刘东晓和彭晨宸(2018)、马微和盖逸馨(2019)的研究也发现，碳信息披露水平与财务约束之间存在负相关关系，主要集中在高污染水平的行业。基于组织合法性理论，季晓佳等(2019)在探究媒体报道和政府监管对公司环境信息披露的影响研究中发现，虽然政府监管无法显著提高企业的环境信息披露水平，但是可以显著提高企业环境信息披露的意识，鼓励企业自愿进行碳信息披露。杨洁等(2020)研究发现碳信息披露与债务融资成本之间呈倒U形的相关性，随着碳信息披露的增强，债务融资成本先变高后降低。顾鹏(2022)发现，碳信息披露与公司财务绩效呈现正相关性，碳信息披露的增加对公司财务绩效有显著影响。

(二)文献评述

综上所述，目前关于碳信息披露的研究不少，由于国外学者在碳信息披露方面研究的时间较长，因此国外关于碳信息披露的研究比我国更加深入和健全。概括来看，目前相关研究还存在以下几个不足之处：第一，国内外研究中，研究某省碳信息披露现状的较少；第二，在既有的研究中，基于某省来研究碳信息披露影响因素的也较少。根据以上分析，本文在结合前人研究的基础之上，以海南省为例，通过对海南省上市公司2012—2021年的相关数据进行分析，探讨上市公司碳信息披露的影响因素，提出优化策略，在实践和理论方面具有一定的研究意义。

三、研究方法

一是文献研究法。本文通过知网、维普以及学校图书馆等途径，大量查阅与上市公司碳信息披露相关的文献和资料，掌握相关概念和理论，为全文研究奠定理论基础。

二是案例分析法。以海南省上市公司为例，选取海南省上市公司2012—2021年的相关数据，深入分析上市公司碳信息披露的具体情况，让本文的研究更加具有针对性。

三是总结归纳法。通过对上市公司碳信息披露状况的分析，结合相关理论，探讨影响海南省上市公司碳信息披露的相关因素，归纳出优化对策。

四、海南省上市公司碳信息披露现状及影响因素

(一)海南省上市公司发展现状

1.海南辖区上市公司注册地分布

截至2021年,海南省上市公司共有34家,分布情况如表1所示。其中注册地在海南省省会城市海口市的有27家,数量占比达到了79.41%;注册地不在海南省省会城市海口市的有7家,占比为20.59%。海南省34家上市公司的注册地主要集中在省会城市,占比接近八成,而注册地在非省会城市的占比仅为两成左右。因此,海南省上市公司注册地的分布主要呈现出以省会城市海口市为中心,向周边城市辐射的发展格局。

表1　海南辖区上市公司注册地分布情况

	数量(家)	占比(%)
注册地为省会城市	27	79.41
注册地为非省会城市	7	20.59
小计	34	100

2.海南辖区上市公司类型

从产权性质来看,我国的国有企业可以分为国有独资企业、国有控股企业和国有参股企业。其中,国有控股企业是指国家资本占主导地位且占比较高,实际经营也由国家控制的企业,或必要时有权由国家出面控制的企业。国有控股企业有绝对控股和相对控股两种。从量化的角度来看,绝对控股是指国家资本占总体比例为50%及以上,而相对控股是指国家资本占比不到50%但仍在总体资本构成中占据主导地位的控股方式。海南辖区上市公司类型如表2所示,截至2021年,在海南省34家上市公司中,国有控股企业有5家,占总体比例为14.71%;非国有控股企业有29家,占总体比例为85.29%。因此,海南辖区上市公司主要类型为非国有控股企业。

表2　海南辖区上市公司类型

	数量(家)	占比(%)
非国有控股企业	29	85.29
国有控股企业	5	14.71
小计	34	100

从行业性质来看，截至2021年，海南省34家上市公司涉及农林牧渔、化学制药、金融、汽车、酒店餐饮、旅游文化、钢铁、酿酒、航空、电气等诸多行业，将其按照第一、第二、第三产业的标准来划分，海南省上市公司所属行业占比情况为：第一产业公司占比为8.82%，第二产业公司占比为55.89%，第三产业公司占比为35.29%。

3.海南辖区上市公司新增数量变化

我国上市公司市场的历史可以追溯到20世纪90年代。随着改革开放的逐步深入，我国上市公司数量在1992年之后与日俱增。海南辖区新增注册上市公司数量如表3所示。将海南省上市公司1992—2021年发展的情况以每五年为间隔划分为1992—1996年、1997—2001年、2002—2006年、2007—2011年、2012—2016年、2017—2021年六个区间，剔除已退市的公司，揭示海南辖区新增注册上市公司数量变化的趋势。海南辖区新增上市公司主要集中在1992—2001年，2002—2006年新增上市公司数量最少，但近年新增上市公司数量有所增加。

表3　海南辖区新增注册上市公司数量

区间	新增数量(家)
1992—1996年	10
1997—2001年	11
2002—2006年	1
2007—2011年	5
2012—2016年	3
2017—2021年	4

(二)海南省上市公司碳信息披露现状

1.碳信息披露评价指标及得分情况

借鉴李慧云等(2015)的研究成果，本文将衡量和评价碳信息披露的指标体系分为5个一级指标以及14个二级指标，5个一级指标为及时性、可靠性、可理解性、可比性、完整性。对这些指标进行相等权重、相同值域的赋值，碳信息披露水平的最终总分是一级指标的总和，总分范围为[0,28]。本文的数据均来自各上市公司的公开报告，包括但不限于：上市公司年报、社会责任报告、ESG报告、可持续发展报告等。碳信息披露评价指标体系及其评价标准不仅为碳信息披露现状分析奠定了基础，还为碳信息披露的影响因素分析提供了方向。

在海南辖区中，截至2021年沪深A股上市公司有34家，在2012—2021年上市的有 7 家。其中，在 2012 年上市的有 1 家：海南双成药业股份有限公司；在 2014 年上市的有 1 家：海南矿业股份有限公司，在 2016 年上市的有 1 家：海南海汽运输集团股份有限公司，在 2017 年上市的有 2 家：海南钧达汽车饰件股份有限公司和海南普利制药股份有限公司，在 2020 年上市的有 1 家：海南葫芦娃药业集团股份有限公司，在 2021 年上市的有 1 家：海南金盘智能科技股份有限公司。

2012—2021 年是海南快速发展的十年。在这十年间，海南省 GDP 由 2012 年的 2855.54 亿元提高至 2021 年的 6475.20 亿元，根据时效性以及海南省自由贸易港的发展规划性，本文选择这十年的数据作为研究样本。根据碳信息披露评价指标体系及其评价标准，共得出海南辖区上市公司碳信息披露得分 307 个数据，并将碳信息披露水平的总分值划分为 0—7 分、8—14 分、15—21 分、22—28 分四个区间。由图 1 可以了解到，海南辖区上市公司碳信息披露总分在 0—7 分的公司数量在 2012—2021 年内呈下降趋势，与此同时，8—14 分以及 15—21 分这两个区间的上市公司数量有所增加，22—28 分的上市公司数量也从无到有。从整体看，海南省上市公司的碳信息披露水平在近十年内有所提高，但还需根据碳信息披露评价指标体系及其评价标准具体分析。

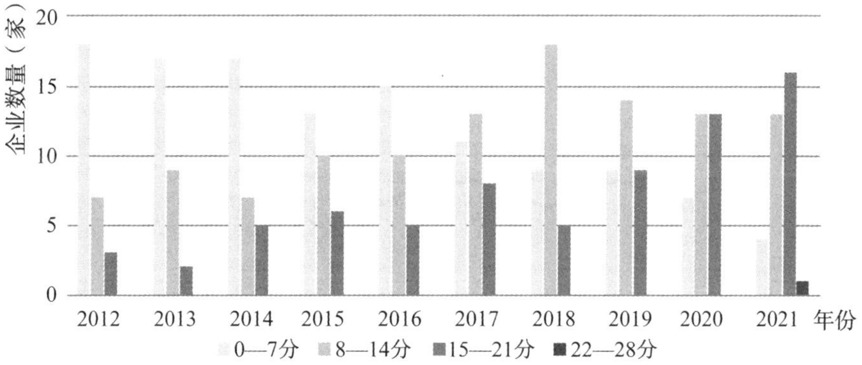

图 1　海南辖区上市公司碳信息披露总分情况

2.碳信息披露及时性

及时性由报告披露时间来衡量，海南辖区碳信息披露及时性分析如图 2 所示。由图 2 可以发现海南辖区的上市公司在 2012 年时有近一半碳信息披露不及时，即碳信息披露的时间在年报披露之后。但从 2013 年开始，海南辖区上市公司碳信息披露随年报披露或在年报之前披露的数量有所增加，直到 2021 年，海南辖区全部的上市公司碳信息披露均随年报披露或在年报之前披露，碳信息披露及时性表现较好。

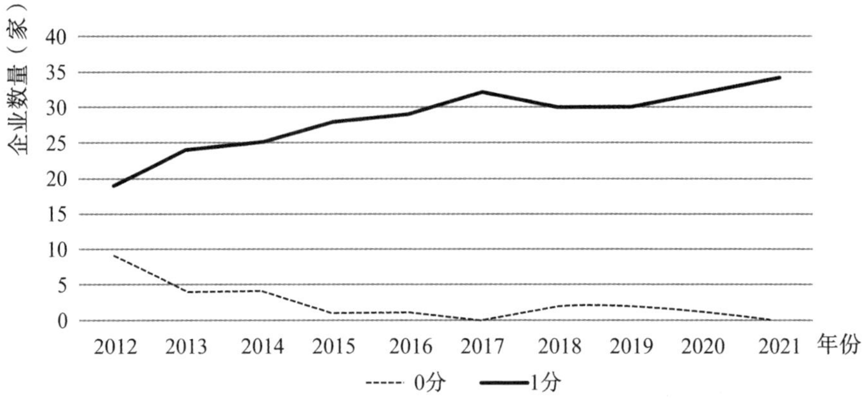

图 2　海南辖区上市公司碳信息披露及时性分析

3.碳信息披露可靠性

可靠性由报告采集流程体系与审验鉴证两个指标来衡量。

报告采集流程体系如图 3 所示。在图 3 中可以发现 2012—2021 年海南辖区上市公司中得 0 分的企业，即没有碳信息采集流程体系的企业数量还是较多，但略微呈下降趋势；得 1 分的企业，即有相关温室气体装置说明或计算方法介绍的企业数量呈上升趋势，在 2021 年数量达到最多，为 11 家；没有企业有详细完整的碳信息采集流程体系介绍。

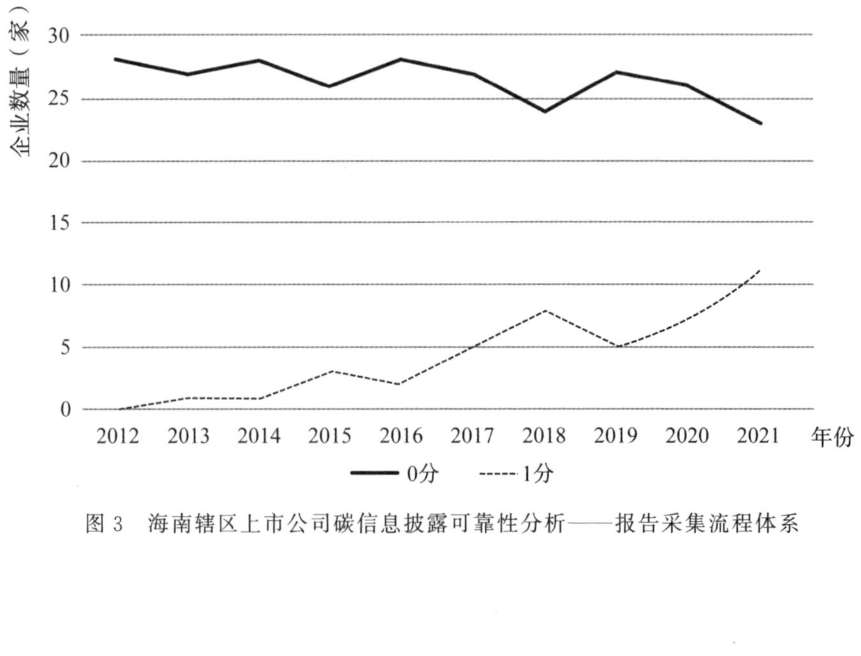

图 3　海南辖区上市公司碳信息披露可靠性分析——报告采集流程体系

审验鉴证如图 4 所示。在图 4 中,2012—2021 年得 0 分的海南辖区上市公司数量最多,即所披露的碳信息没有第三方独立审验鉴证,但从 2020 年开始,得 0 分的企业数量有下降的趋势;得 1 分的企业,即有社会责任报告鉴证的企业数量在 2021 年达到最多,为 4 家;得 2 分的企业,即有专门碳信息披露鉴证的企业也在 2021 年达到最多,为 7 家。

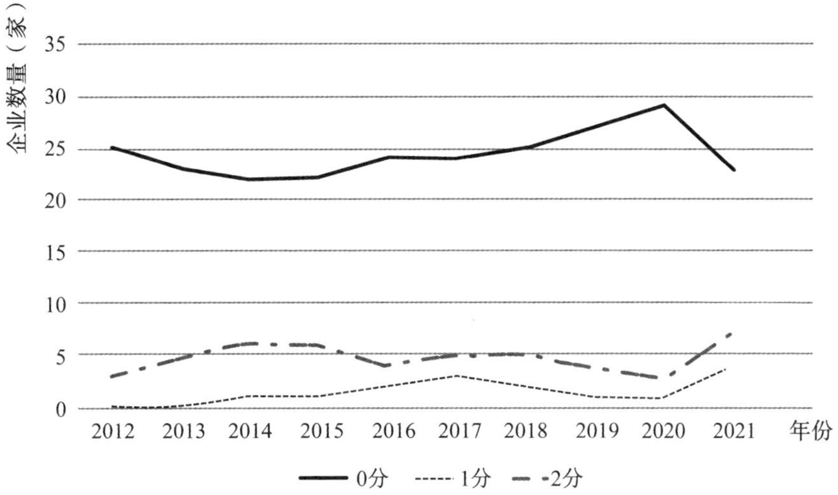

图 4 海南辖区上市公司碳信息披露可靠性分析——审验鉴证

因此,海南辖区上市公司碳信息披露在可靠性方面,除了有相关温室气体装置说明或计算方法介绍的企业数量明显增多外,其他方面 2012—2021 年没有明显变化,但从 2020 年开始有变好的趋势,在 2021 年表现最佳,未来有很大进步空间。

4.碳信息披露可理解性

可理解性由图文说明与专业术语两个指标来衡量。

图文说明如图 5 所示。从图 5 中可以看出,2012—2021 年,海南辖区得 0 分的上市公司,即碳信息披露中没有使用文字、数据与图表的企业数量总体呈下降趋势,在 2021 年数量降为 0;得 2 分与得 3 分的上市公司,即在碳信息披露中使用文字与数据的企业数量与综合使用文字、数据、图表三者来披露碳信息情况的企业数量均有增多;仅使用文字、数据或图表三者之一进行碳信息披露的企业数量,即得 1 分的企业数量呈先增多后减少的趋势。

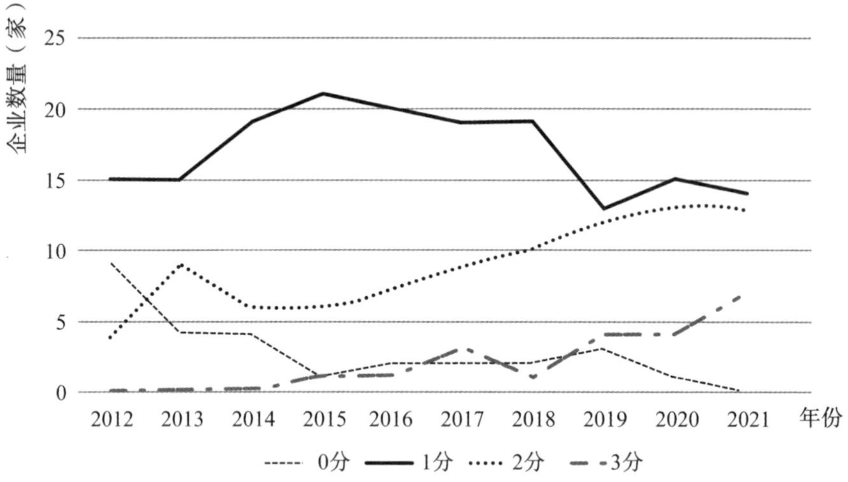

图 5　海南辖区上市公司碳信息披露可理解性分析——图文说明

专业术语如图 6 所示。在图 6 中得 0 分的企业，即碳信息披露中有专业术语且没有解释的企业数量在 2012—2021 年总体呈增加趋势；得 2 分的企业，即在碳信息披露中有专业术语并附解释说明的企业从 2019 年才开始出现，到 2021 年也只有 2 家；得 1 分的企业，即碳信息披露中无专业术语的企业还是占大多数，且数量没有明显变化。

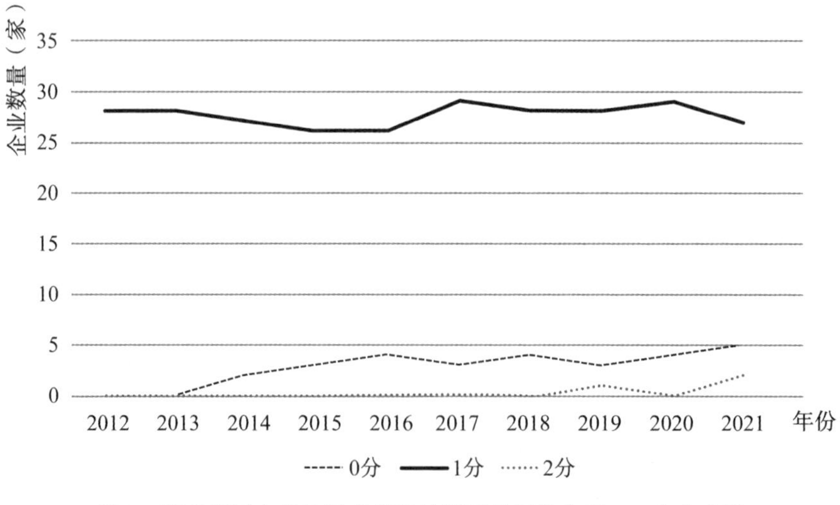

图 6　海南辖区上市公司碳信息披露可理解性分析——专业术语

因此，海南辖区上市公司在可理解性方面，图文说明的表现呈向好的趋势，专业术语方面有待加强。

5.碳信息披露可比性

可比性由碳核算量化标准来衡量,如图 7 所示。由图 7 可以看出,得 0 分的企业,即在碳信息核算中没有计算方法及数据的企业数量呈下降趋势;得 1 分的企业,即在碳信息核算中有大众性标准化具体数据的企业数量呈上升趋势,且从 2020 年开始就超过了没有计算方法及数据的企业数量;但没有企业同时有计算方法和具体数据。碳信息披露可比性表现有向好趋势,同时也有提高的空间。

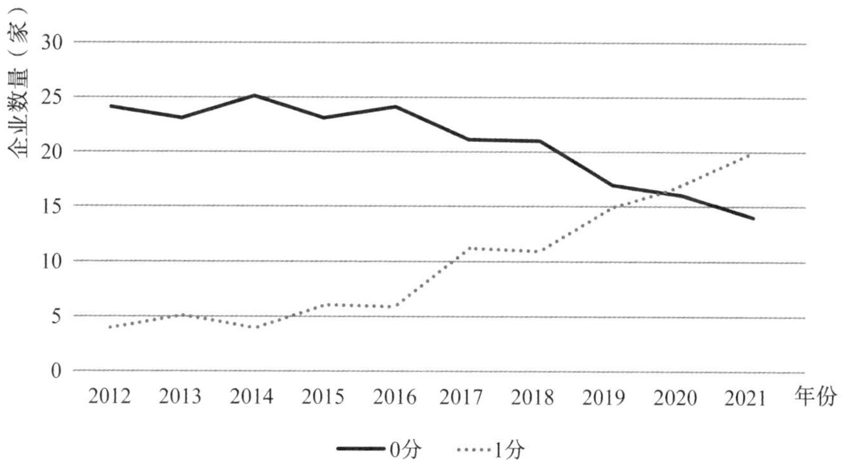

图 7　海南辖区上市公司碳信息披露可比性分析

6.碳信息披露完整性

完整性的第一部分由减排战略、减排目标、减排管理和减排风险四个指标衡量,如表 4 所示。

在减排战略方面,得 2 分的企业,即在战略规划中详细说明碳减排的企业数量在 2012—2021 年呈增长趋势,在 2021 年达到最多,为 28 家;得 1 分的企业与得 0 分的企业,即在战略规划中简单说明碳减排的企业与在战略规划中没有碳减排说明的企业数量在 2012—2021 年总体呈下降趋势,这与得 2 分企业数量的增加趋势相吻合。

在减排目标方面,得 0 分的企业,即没有碳减排目标说明的企业在 2012—2021 年一直占多数;得 2 分的企业,即有定性定量说明碳减排目标的企业数量一直保持较低水平;没有仅定性说明碳减排目标即得 1 分的企业。

在减排管理方面,得 2 分的企业,即有详细说明减排职能机构设立等措施的企业数量在 2012—2021 年总体呈增加趋势,在 2021 年达到 25 家;得 1 分的企业,即有简单说明碳减排措施的企业数量在2012—2021年呈先增加后减少的趋势；得0分的企业，即没有碳减排措施说明的企业数量呈减少的趋势。

在减排风险方面，得0分的企业，即没有说明可能造成经济效益损失的减排风险的企业数量在2012—2021年均占多数；得1分的企业，即简单说明减排风险的企业数量一直保持较低水平；得2分的企业，即有详细说明减排风险的企业数量呈增多的趋势，在2021年达到了最多，为9家。

表4 海南辖区上市公司碳信息披露完整性分析(1) 单位：家

		2012年	2013年	2014年	2015年	2016年	2017年	2018年	2019年	2020年	2021年
减排战略	0分	16	12	11	9	11	8	13	10	6	4
	1分	6	11	11	8	11	8	7	7	6	2
	2分	6	5	7	12	8	16	12	15	21	28
减排目标	0分	28	27	29	28	29	31	32	32	32	32
	1分	0	0	0	0	0	0	0	0	0	0
	2分	0	1	0	1	1	1	0	0	1	2
减排管理	0分	17	16	13	11	9	5	6	6	3	3
	1分	7	8	10	5	12	12	10	10	11	6
	2分	4	4	6	13	9	15	16	16	19	25
减排风险	0分	26	27	27	25	24	27	25	24	25	24
	1分	1	0	0	1	1	2	1	1	1	1
	2分	1	1	2	3	5	3	6	7	7	9

完整性的第二部分由减排投入、减排补贴、减排核算与减排绩效四个指标衡量，如表5所示。

在减排投入方面，得0分的企业，即没有说明为碳减排所投入技术改进等方面的企业数量在2012—2021年总体呈现减少趋势，在2021年达到最少，为8家；得1分的企业，即定性说明为碳减排所投入事项的企业数量呈增加趋势，在2021年达到最多，为21家；得2分的企业，即定性定量说明为碳减排所投入事项的企业数量呈现低水平上下波动。

在减排补贴方面，得0分的企业，即没有说明是否获得政府减排补助及奖励金情况的企业数量呈下降趋势；得1分的企业，即简单说明是否获得补贴情况的企业数量呈增加趋势，在2018年，得1分的企业数量超过了得0分的企业数量，在2021年达到了最多，为22家；没有企业详细说明是否获得补助情况。

在减排核算方面，得2分的企业，即定性与定量说明核算方法、减排吨数等信息的企业数量呈增加趋势，在 2021 年达到了最多，为 20 家；得 0 分的企业，即没有说明核算方法、减排吨数等信息的企业数量呈减少趋势，这与得 2 分的企业数量增加的趋势吻合；得 1 分的企业，即仅定性说明核算方法、减排吨数等信息的企业数量呈小范围上下波动。

在减排绩效方面，得 0 分的企业，即没有说明减排产生的经济效益等信息的企业数量呈下降趋势，在 2021 年降至 1 家；得 1 分的企业，即仅定性说明减排产生的经济效益等信息的企业数量呈波动趋势；得 2 分的企业，即定性定量说明减排产生的经济效益的企业数量呈增加趋势，在 2021 年达到了最多，为 20 家。

因此，在碳信息披露的完整性中，海南辖区上市公司在减排战略、减排管理、减排核算和减排绩效方面表现较好，减排目标的说明还处于较低水平，减排风险、减排投入和减排补贴有向好的趋势。

表 5　海南辖区上市公司碳信息披露完整性分析(2)　　单位：家

		2012 年	2013 年	2014 年	2015 年	2016 年	2017 年	2018 年	2019 年	2020 年	2021 年
减排投入	0 分	18	16	13	9	17	11	15	15	11	8
	1 分	5	8	11	17	8	14	12	11	14	21
	2 分	5	4	5	3	5	7	5	6	8	4
减排补贴	0 分	18	17	18	15	15	16	14	15	16	12
	1 分	10	11	11	14	15	16	18	17	17	22
	2 分	0	0	0	0	0	0	0	0	0	0
减排核算	0 分	20	21	21	18	20	16	13	13	12	8
	1 分	4	2	4	5	4	5	8	4	4	6
	2 分	4	5	4	6	6	11	11	15	17	20
减排绩效	0 分	16	13	12	7	6	4	5	7	3	1
	1 分	8	10	13	16	18	17	16	10	13	13
	2 分	4	5	4	6	6	11	11	15	17	20

(三)海南省上市公司碳信息披露影响因素

1.政府监管对碳信息披露的影响

(1)政府法规视角

目前，我国颁布了一系列与环境保护相关的法律法规，强制限制重度污染企业的排放污染物行为，同时引导上市公司更加自觉主动地披露环境信息。2002 年颁布的《清洁生产促进法》，要求一些公司除了向相关监管部门报告外，还要进行清洁生产检查,并将审计报告公开,便于公众进行监督。

上述出台的环境保护政策与低碳减排措施都表明了政府对企业碳排放行为进行约束的耐心和决心。而海南省政府作为地方政府,对上市公司碳信息披露没有直接的监管权,但是海南省也出台了诸多与环境保护相关的政策制度,这些制度的出台对当地上市公司的碳信息披露也具有一定促进作用。

(2)证监会管理视角

中国证监会属于国务院直属的正部级事业单位,根据法律法规和国务院批准,集中对全国证券及衍生品市场进行监督管理,积极维护证券及衍生品市场秩序,确保市场合法运行。中国证监会作为上市公司的直接监管机构,也会重点关注上市公司碳信息披露的相关问题。20 世纪 90 年代后期,参考国外上市公司的一些要求,中国证监会开始关注公司环境治理等社会责任的履行情况。从 2005 年以来,中国证监会多次修订《公开发行证券的公司信息披露内容与格式准则第 2 号——年度报告的内容与格式》《公开发行证券的公司信息披露内容与格式准则第 3 号——半年度报告的内容与格式》,明确要求上市公司重点排污单位按照法律法规的要求披露环境信息。

2016 年、2017 年,中国证监会两次修订上市公司定期报告的内容与格式准则,逐渐完善分层次的环境信息披露制度,要求属于重点排污单位的上市公司及其主要子公司必须依法披露主要环境信息,其他上市公司的环境信息披露实行“遵守或解释”政策。除此以外,还鼓励上市公司自愿披露有利于保护生态、防止污染、履行环境责任的信息。同时,上海证券交易所(简称“上交所”)还制定了《上市公司环境信息披露指引》,不仅促进了上市公司积极推进环境保护的工作,同时也加强了对上市公司环境保护工作的社会监督。

近年来,随着 A 股被纳入美股(MSCI)等国际指数和参与机制的深化,资本市场的相互开放对上市公司提出了新的要求,以改善信息披露。2022 年,中国证监会再次修订上市公司定期报告的内容和格式指南,公司治理、环境、社会责任等相关内容成为定期报告的独立章节,要求所有上市公司披露在报告期内因为环境问题而受到的行政处罚,鼓励上市公司自愿披露其在报告期内为节能减排所采取的相关措施和效果。

2.公司治理情况对碳信息披露的影响

(1)股权结构视角

公司治理的重要组成部分是股权结构。一般情况下认为,在股权结构高度集中时,控股股东能够对经理人员进行足够的监督,而这种监督往往是有利于企业经营的,是有效的。我国上市公司有“一股独大”的特点,而且第一大股东大多具有政府背景,这样特殊的环境使得国有控股企业在追求经济利益时会考虑履行社会责任。沈洪涛等(2010)研究发现,在合规性理论的框架下,国有控股股东对提高企业社会责任信息披露水平有正向激励作用。国有控股股东持股比例大的公司更可能会受到碳排放制度的管控压力影响,率先垂范,从事节能减排工作并披露更多的碳排放信息。

以海南省上市公司为例,2021 年,海南省的 34 家上市公司中,海南橡胶(601118)的第一大股东持股比例是最高的,达到了 61.27%,其碳披露总分也处于中上水平,达到 14 分。华闻集团(000793)的第一大股东持股比例是最少的,仅有 7.12%,其碳披露总分仅有 10 分,处于中下水平。碳披露总分最高的公司是金盘科技(688676),达到 24 分,其第一大股东持股比例也较高,达到了 43.43%。碳披露得分最小的海航创新(600555)和海南海药(000566)均只有 5 分,其第一大股东持股比例也较低,分别为 13.81%和 22.89%。2021 年海南省上市公司碳披露总分与股权制衡散点图如图 8 所示。从图 8 可以看出碳披露总分与股权制衡呈现正相关关系。这些数据都印证了股权结构对公司碳信息披露的影响,可见股权结构越集中,公司的碳披露情况相对就会更好一些。

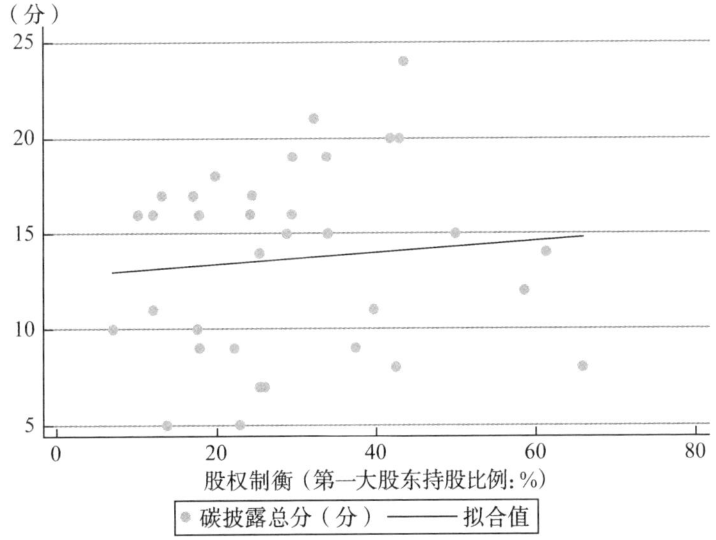

图 8 2021 年海南省上市公司的碳披露总分与股权制衡散点图

为了更深入地分析 2021 年海南省上市公司碳信息披露与股权结构的关系,将碳信息披露评价指标体系及其评价标准里的一级指标得分与股权制衡绘制成散点图,如图 9 所示。从图 9 中可以看出,可靠性、可理解性、可比性、完整性均与股权制衡呈现出正相关关系,可靠性的正相关关系较为明显,及时性的相关关系则不明显。因此,股权结构对公司碳信息披露的可靠性起到了较明显的支持作用。

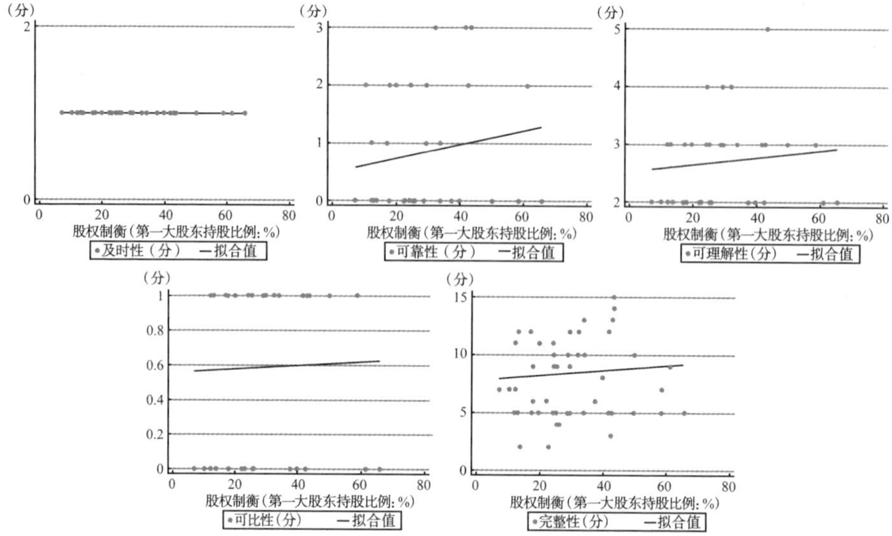

图 9　2021 年海南省上市公司的碳披露一级指标与股权制衡散点图

注:从左至右,从上至下依次为及时性、可靠性、可理解性、可比性和完整性。

(2)董事会视角

公司治理水平会受到董事会效率的影响。董事会效率高的公司,其合规性管理水平也相对会更高。董事会的效率一般可以从董事会规模和独立性两方面来衡量。在董事会规模方面,John 和 Senbet(1998)等认为,当董事会成员的数量增加时,董事会的监督能力也会增强,但这种正向影响是有限的,具体表现为董事会规模过大的时候会产生增量成本,导致沟通和决策困难,进而抵消董事会的效率。程新生等(2008)也发现,董事会规模太大或者太小都不利于企业进行信息披露。沈洪涛等(2010)研究表明,董事会规模在一定范围内可以提升公司社会责任信息披露水平,具体来说,两者之间呈现不显著的倒 U 形关系。Johnson 和 Greening(1999)将独立董事作为董事会独立性的替代变量,因为独立董事是股东之外不同的利益团体,能够从第三方视角更客观、全面地分析公司所面临的包括低碳减排、媒体报道、声誉损失、社会责任等在内的生存环境对公司的影响。王帆和倪娟(2016)的研究也证实,独立董事数量的增多对提高公司社会责任绩效和增强环境信息报告透明度都具有显著正向影响。但是对于这一结论,有学者有不同的看法,党文娟和张宗益(2010)发现独立董事在履行监督职责时态度消极;崔也光等(2016)在基于中国电力行业上市公司的研究中发现,上市公司碳信息披露质量与独立董事人数没有明显相关关系。

以海南省上市公司为例，2021 年，海南省的 34 家上市公司中，独立董事人数相对较多的公司为凯撒旅游（000796）、欣龙控股（000955）、海峡股份（002320）、海南椰岛（600238）、海南橡胶（601118）、海南矿业（601969），独立董事人数均为 4 人，这些公司的碳披露总分分别为 9 分、16 分、12 分、18 分、14 分和 21 分。其中凯撒旅游（000796）的碳披露得分最低，主要是因为凯撒旅游公司因被冠以 ST（“特别处理”），存在退市风险，所以在碳信息披露方面不够重视。而海南矿业（601969）的碳披露得分最高，主要是因为海南矿业作为采矿类企业，对碳信息披露本身就较为重视。独立董事人数相对较少的公司为大东海 A（000613）、双成药业（002693）和金盘科技（688676），独立董事人数均为 2 人，这些公司的碳披露总分分别为 10 分、19 分和 24 分。2021 年海南省上市公司碳披露总分与独立董事人数散点图如图 10 所示。从图 10 可以看出，碳披露总分与独立董事人数的相关关系并不明显。通过分析可知，海南省上市公司碳披露情况与独立董事人数有一定关联性，但关系不明显。同时，独立董事人数也受到公司的行业特征、发展情况等因素的影响。

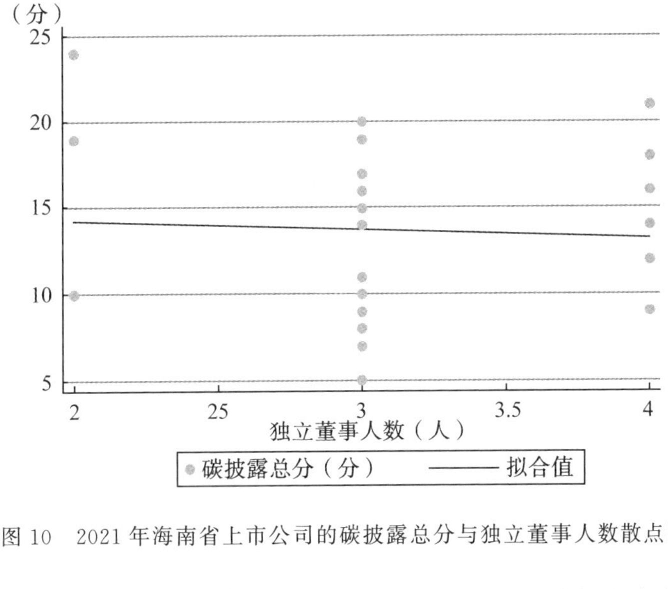

图 10　2021 年海南省上市公司的碳披露总分与独立董事人数散点图

为了更深入地分析 2021 年海南省上市公司碳信息披露与董事会的关系，将碳信息披露评价指标体系及其评价标准里的一级指标得分与独立董事人数绘制成散点图，如图 11 所示。从图 11 中可以看出，可靠性与独立董事人数呈现正相关关系，可理解性、可比性与独立董事人数呈现负相关关系，及时性、完整性与独立董事人数的相关关系不明显。因此，独立董事人数对公司碳信息披露的可靠性起到了较明显的支持作用，但对可理解性与可比性则起到了抵消作用。

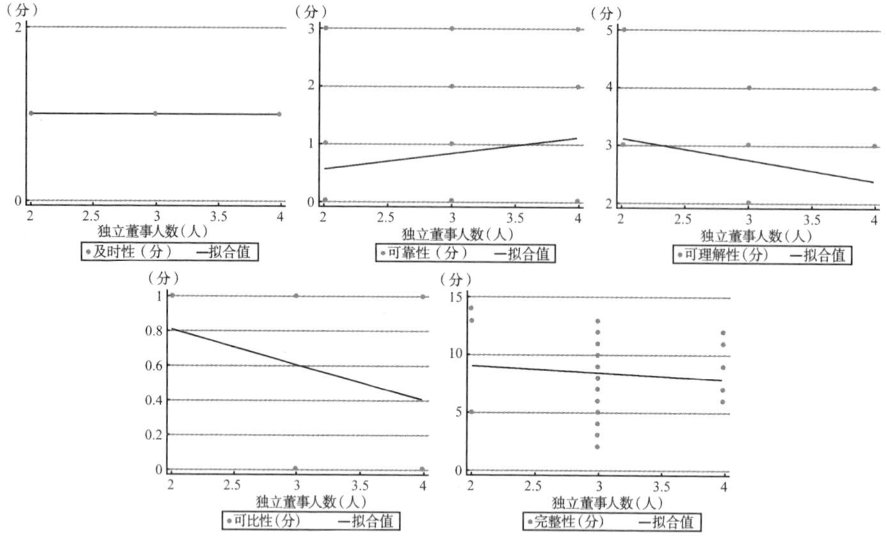

图 11　2021 年海南省上市公司的碳披露一级指标与独立董事人数散点图

注：从左至右，从上至下依次为及时性、可靠性、可理解性、可比性和完整性。

3.公司发展情况对碳信息披露的影响

利益相关者理论指出，公司作为社会各方不同部门利益的结合体，在经济方面有责任使其股东的财富最大化，在社会方面也有责任照顾其他社会成员的利益。一个发展越好的企业，其涉及的利益相关者也越多，为了利益相关者，如政府、债权人、投资人等能够更全面地掌握公司的相关信息，企业应该更加全面地披露碳信息等相关信息。

考虑到盈利能力和发展能力对公司的发展至关重要，而不同规模的公司对社会产生的影响也存在差异，公司对自身形象的维护也更看重，所以从公司规模、盈利能力和发展能力三个视角来分析公司发展情况对碳信息披露的影响。

(1)公司规模视角

规模越大的企业给社会公众提供的商品和服务越多，消耗和占用的自然环境资源也越多，碳排放量也会更大，比如消耗更多的能源、占用更大的场地、雇用更多的员工等。从社会责任论的角度来看，规模大的企业相较于规模小的企业应当承担更多保护环境的责任，因此规模大的企业也应该比规模小的企业披露更多的与环境有关的信息。此外，规模大的企业所面临的社会公众压力也大于规模小的企业，因为环保部门和政府常常会重点关注规模大的公司，将规模大的公司作为重点扶持以及重点监督的对象。不仅是政府和环保部门，公司债权人和消费者也会关注规模大的公司情况。债权人主要关注公司运营情况，便于做出财务决策，消费者主要关注所购买商品中的碳含量，因此，进行碳信息披露有助于企业建立保护环境的良好社会形象。

以2021年海南省上市公司为例，在34家上市公司中，规模最大的是海航控股(600221)，该公司资产规模达到1432.55亿元，其碳披露总分也处于中上水平，达到16分。规模最小的是大东海A(000613)，公司资产只有0.86亿元，其碳披露水平也较低，只有10分。碳披露总分最高的金盘科技(688676)资产规模达到53.82亿元，处于中上水平。2021年海南省上市公司碳披露总分与公司规模散点图如图12所示，从图12可以看出碳披露总分与公司规模呈现正相关关系。整体而言，规模越大的公司，其与社会的连接通常就会越深入，所以受到的社会监督就越多，公司的碳披露情况相对就会越好。

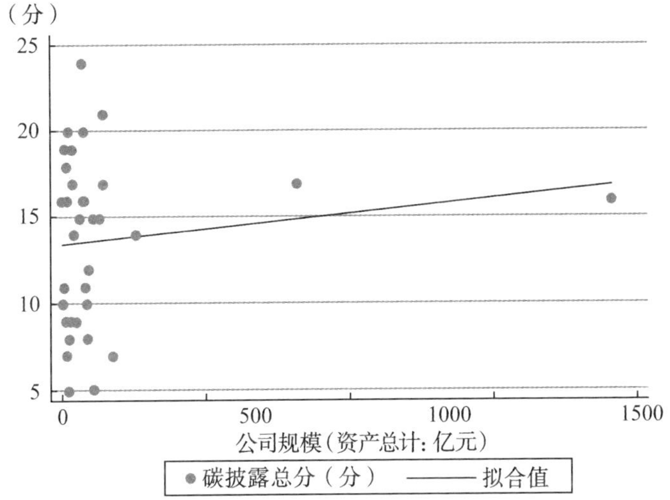

图12　2021年海南省上市公司的碳披露总分与公司规模散点图

为了更深入地分析2021年海南省上市公司碳信息披露与公司规模的关系，将碳信息披露评价指标体系及其评价标准里的一级指标得分与公司规模绘制成散点图，如图13所示。从图13中可以看出，可靠性、可理解性和可比性与公司规模呈现正相关关系，及时性和完整性与公司规模的相关关系不明显。因此，公司规模对碳信息披露的可靠性、可理解性和可比性起到了较明显的支持作用。

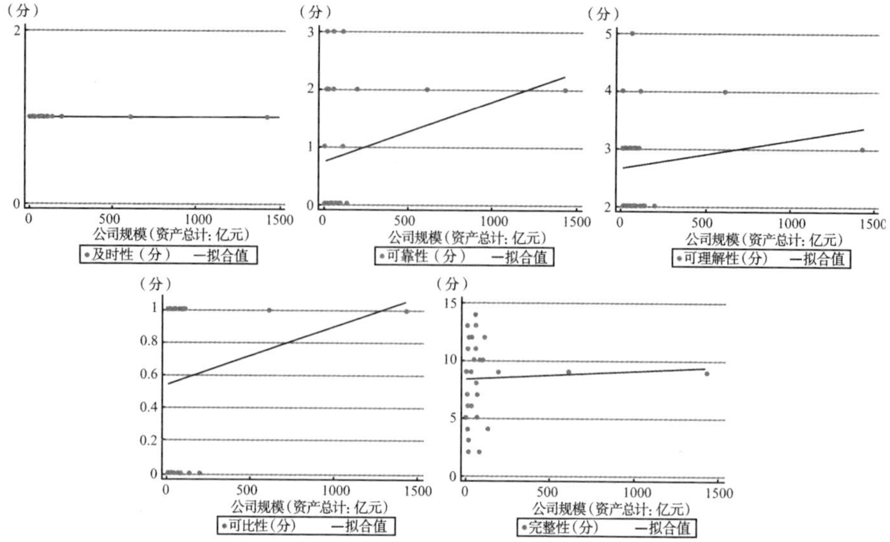

图 13　2021 年海南省上市公司的碳披露一级指标与公司规模散点图

注:从左至右,从上至下依次为及时性、可靠性、可理解性、可比性和完整性。

(2)盈利能力视角

盈利能力强的企业为了筹集更多的资金、获取更多的利润,往往会主动向内部和外部披露环境信息(特别是正面信息),从而向市场发出积极的信号,特别是在态度上,发出愿意保护环境、对环境负责、响应国家对低碳经济号召的信息,获得投资者和社会的信任。同时,由于投资者无法衡量和评估企业的碳排放量和企业对低碳经济的投资,市场对这些公司的支持更加保守。因此,由于信息不对称和决策偏差,利润率较高和环境投资较高的公司会在融资成本方面面临较高的风险,这种风险也被称为“逆向选择”。那么,表现较好的公司就会愿意向投资者披露更多有用的信息,用来规避这种风险,投资者也能够从披露的信息中更全面地了解企业的真实状况,为决策提供依据。

公司的盈利能力是体现公司价值的一个方面。倘若一个公司是盈利的,那也就意味着它能赚到钱,同时公司对现金流的运用越充分,资源的使用和分配效率越高,支付给股东的红利越多,投资者就越愿意投资该公司,因此投资者愿意把钱借给盈利的公司。盈利能力较强的企业为了更好地满足利益相关者的要求,将更有可能披露与环境相关的信息,并且传达其对低碳环保和可持续发展理念的承诺。

以海南省上市公司为例,2021 年,海南省的 34 家上市公司中,净资产收益率最高的为海南矿业(601969),净资产收益率达到 18.24%,该公司的碳披露总分也很高,达到了 21 分,而净资产收益率最低的凯撒旅游(000796)则只有 9 分。

另外，海南省2021年碳披露总分最高的金盘科技(688676)净资产收益率也达到了10.61%。碳披露得分最低的海航创新(600555)和海南海药(000566)的净资产收益率分别为－32.31%和－53.13%。碳披露总分与盈利能力散点图如图14所示，图中碳披露总分与盈利能力表现出了正相关关系，可见海南省上市公司盈利能力情况与其碳披露情况存在较强的一致性，即盈利能力越强的公司在碳信息披露方面往往会做得更好。

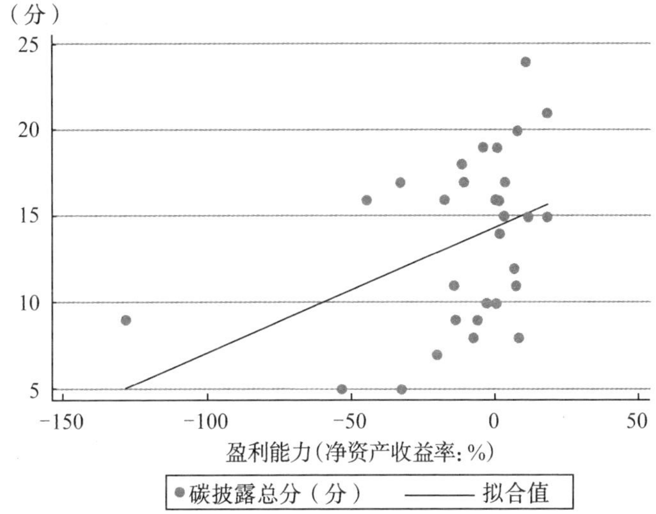

图14　2021年海南省上市公司的碳披露总分与盈利能力散点图

为了更深入地分析2021年海南省上市公司盈利能力与碳信息披露的关系，将碳信息披露评价指标体系及其评价标准里的一级指标得分与盈利能力绘制成散点图，如图15所示。从图15中可看出，可靠性、可理解性、可比性和完整性均与盈利能力呈现较为明显的正相关关系，而及时性与盈利能力的相关关系则不明显。因此，盈利能力对碳信息披露的可靠性、可理解性、可比性和完整性均起到了明显的支持作用。

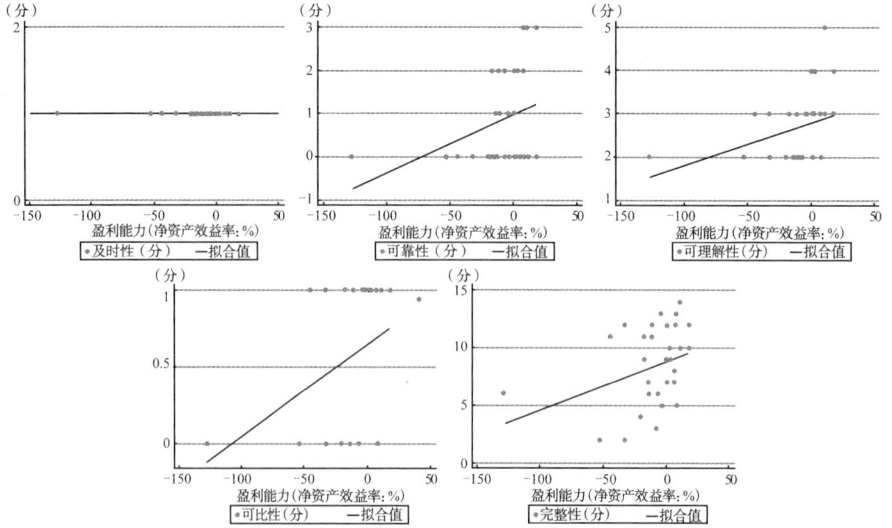

图 15　2021 年海南省上市公司的碳披露一级指标与盈利能力散点图

注:从左至右,从上至下依次为及时性、可靠性、可理解性、可比性和完整性。

(3)发展能力视角

在公司中,管理层常常可通过增加内部运营成本或外部收入来处理其环境责任信息,然后对外公布。如果公司在披露过程中或之后获得的收益大于投入的内部成本,公司就会愿意披露更多的社会责任信息,否则,就会披露更少的社会责任信息。因此,具有较好发展潜力的公司会更愿意在生产经营活动中投入其有限的资源,从而获得更多的利益。

从公司的外部视角来看,在当今快速变化的经济中,任何企业的目标都是占领更大的市场份额。公司越是发展壮大,就越有机会利用其财务资源,获得供应商、消费者和公众的更多关注和支持。因此,来自各利益相关者的压力导致了对公司财务严格的环境审查要求。公司越有能力,就越重视公布它认为能增加投资者信心和反映其自身价值的信息。

以海南省上市公司为例,2021 年,海南省的 34 家上市公司中,净资产增长率最大的为海南机场(600515),其净资产增长率达到了 159.81%,相应的碳披露得分也较高,达到了 17 分。而净资产增长率最低的则是凯撒旅游(000796),其净资产增长率为-85.66%,碳披露总分也较低,只有 9 分。与此同时,海南省 2021 年碳披露总分最高的金盘科技(688676)净资产增长率也达到了 25.83%。碳披露得分最低的海航创新(600555)和海南海药(000566)净资产增长率分别为-26.76%和-42.01%。碳披露总分与发展能力散点图如图 16 所示,图中碳披露总分与发展能力表现出了正相关关系,可见上市公司发展能力与其碳披露情况存在较强的一致性，即发展能力越强的公司在碳信息披露方面往往会做得更好。

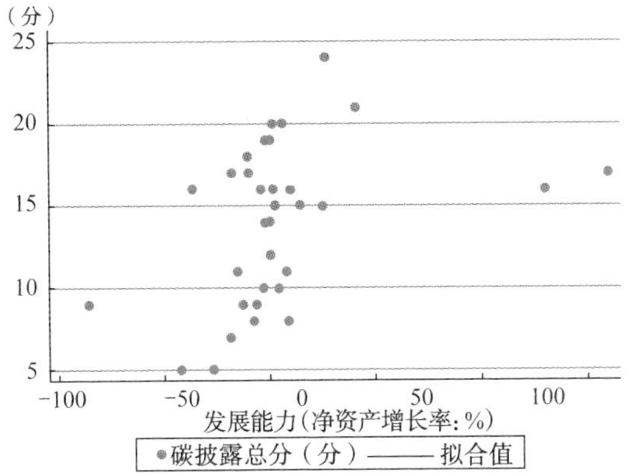

图 16　2021 年海南省上市公司的碳披露总分与发展能力散点图

为了更深入地分析 2021 年海南省上市公司碳信息披露与发展能力的关系，将碳信息披露评价指标体系及其评价标准里的一级指标得分与发展能力绘制成散点图，如图 17 所示。从图 17 中可看出，可靠性、可理解性、可比性和完整性均与发展能力呈现明显的正相关关系，及时性与发展能力的相关关系则不明显。因此，发展能力对碳信息披露的可靠性、可理解性、可比性和完整性起到了较明显的支持作用。

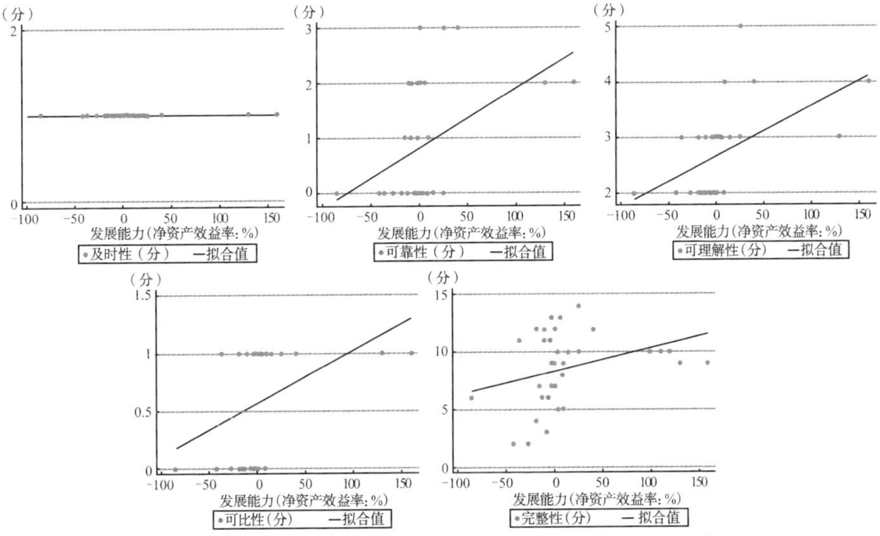

图 17　2021 年海南省上市公司的碳披露一级指标与发展能力散点图

注：从左至右，从上至下依次为及时性、可靠性、可理解性、可比性和完整性。

五、海南省上市公司碳信息披露优化策略

(一)上市公司碳信息披露制度的设计

1.碳信息披露应遵循的基本原则

海南省上市公司应该在我国政府及证监会关于碳信息披露制度的基础上，坚持海南省当地的环境规范制度。虽然我国尚未对碳信息要求强制披露，但是海南省上市公司在进行碳信息披露的过程中，应该坚持以下原则。

(1)全面性原则

碳信息披露带来的影响可以从两个方面来看：第一，低碳经济的发展将对全人类的未来起到重要作用。因此，企业作为信息披露的主体，不仅自身要积极开展碳信息披露，还要积极带动碳排放和碳能耗的相关机构和团体开展碳信息披露，自觉接受公众的监督。第二，对碳信息了解不够深入，实际数据被隐藏，因为大家认为碳信息对企业会有负面影响。因此，企业和组织必须全面开展碳信息披露。

从前文关于海南省上市公司的碳信息披露完整性情况来看，2012—2021年，海南省上市公司在碳信息披露的减排战略、减排目标、减排管理和减排风险四个指标上都表现出逐渐提升的态势，这一点是值得继续保持的。

(2)成本效益原则

在现有的经济体制下，企业作为商业性的社会组织，以创收和利润最大化为主要目标。作为企业的管理层，在进行碳信息披露时，要考虑所产生的成本和所获得的利益价值。为了尽量获得收入最大化的结果，通常投入最小的成本，使碳信息披露不减损收入。基于成本效益原则，在进行碳信息披露的过程中，海南省上市公司应该全面衡量碳信息披露的重要意义，不能单纯从自身利益角度出发，而应该以社会整体的利益为基准。

(3)循序渐进原则

碳信息披露在其发展过程中面临许多尚未解决的问题。目前无论是理论还是实践，国内上市公司都没有建立相对统一的碳信息披露标准和规范，在中国发展碳会计难免会有很多障碍，积极研究和深入探讨也需要很长的时间。因此，中国的碳信息披露模式建设应遵循循序渐进的原则，在实践和发展的过程中逐步解决问题。

从海南省上市公司来看，2012—2021年海南省上市公司在碳信息披露的及时性、完整性方面都有逐步提升的趋势，但是在可比性和可理解性方面还需要

逐渐加强。

(4)可操作性原则

所有的经典理论都来自实践,更重要的是必须在实践中发挥作用,碳信息披露的发展也必须如此。学术讨论不仅要考虑国内上市公司碳信息披露的各种模式,而且首先要关注实际的可行性。要实事求是,从国情出发,分析当前存在的问题,提出解决方案,建立符合国情的上市公司碳信息披露制度。

基于可操作性原则,海南省上市公司在进行碳信息披露的过程中,应该考虑我国以及海南省的具体情况,在相关政策下进行披露。

2.上市公司碳信息披露的内容

根据海南省上市公司碳信息披露的现状,可以从以下几个方面考虑未来的碳信息披露内容。首先,通过可有效计量的碳信息进行披露,主要包括碳资产负债表、碳利润表等。其次,通过包括经营业绩在内的不可计量的碳信息来进行披露。为便于计量和评估,应采用具体的碳元素量化信息进行绩效评估,具体包括公司财务报表中的收入、税收、利润等数据,如果不能量化,则以其他方式进行披露,以保证披露信息的完整性。除此以外,公司可以对关于低碳的战略和治理信息进行公开,发布企业对日益恶化的环境制定的相应规划安排,以及低碳成果的信息披露,比如企业具体采取了什么措施,有什么变化对比,表达企业保护环境的积极性。

3.上市公司碳信息披露的方式

(1)财务会计报告内的披露

财务报告中的披露事项一般由表格中的信息和附注中的信息组成。表格披露的主要目的是在碳信息和财务报表数据之间建立信息联系,在实体的财务报告中增加碳信息的内容,分析碳信息的作用,并在报告中总结和披露相关信息。在实际提供信息时,公司可以结合具体的业务流程,将与碳信息相关的交易单列出来,实现相关信息的可视化。海南省的上市公司可以在财务报表的附注中进一步解释碳信息的细节,以加强财务报表使用者对于碳信息的理解。

(2)财务会计报告外的披露

在现有的环境报告当中,公司披露的碳信息可以通过各种形式来实现,包括但不限于文字、视频、图片、音频和其他的显示方法。由于碳信息的披露报告没有固定的模板或者指南,因此企业有相对较高的自由度来选择合适的披露工具。公司不仅可以在社会责任报告中进行碳信息披露,还可以在其他相关报告中披露碳信息,比如招股说明书、业务发展报告、董事会报告、社会调研报告、重大事项报告、上市公司公开资料等。

(二)制定高质量碳信息披露准则

结合我国实际情况,健全碳交易相关的披露准则,完善碳信息以及相关的准则条例。2030年我国的目标是碳达峰,必须要督促碳信息披露准则的完善,必须把法律法规作为其达标的基础,在这个基础上加快健全碳信息披露准则。在制定法律法规时,要充分考虑企业在低碳发展中所必须承担的义务和责任,将其结合在碳信息披露的内容中,要求企业真实反映碳情况,这样企业在实际生产经营时,才会更加规范,促进企业绿色经济发展。《会计法》是目前中国财务信息主要依赖的法律,能够为碳信息披露提供重要的参考价值。政府可以以《会计法》为辅助,在《环境保护法》《环境污染治理法》中补充关于碳信息披露的内容,从法律层面规范碳信息披露。在条件允许的情况下,可以在地区进行试点,由点到面,对后开展碳交易的区域进行实践经验的补充,以此来协助其他区域的发展,最终完善碳信息披露准则。

对于海南省上市公司而言,在坚持我国相关法律法规以及中国证监会关于碳信息披露的相关规定基础之上,还应该考虑海南省当地的一些政策制度。这就需要海南省政府结合自身实际情况,更加全面、细致地制定环境政策以及鼓励上市公司碳信息披露的相关准则。

为了提高碳信息披露内容和方式的规范性,国家政策制定相关部门向英国的碳信息披露项目学习,结合中国首先开展碳交易试点的电力行业和近年全国交易市场的实践数据制定符合我国实际的碳信息披露制度,并要求重点排污企业公开碳排放的相关信息和其为环境恶化所采取的解决办法的详细情况。碳信息的披露有利于加快碳市场的建设、完善,基于此,证券监管部门能够根据实际情况要求企业提供实行碳信息公开的具体计划。此外证券监管部门需要对碳排放权交易的情况定期进行评估,并编制真实有效的评价报告。

海南省政府也可以积极制定适合本地企业的碳信息披露制度,比如可以更加细致地完善与温室气体相关的环境保护的法律法规。第一,会计处理时可以结合生态环境法律法规,这样能够为会计与碳信息结合提供法律指引,提高碳信息内容的规范性。第二,对于温室气体排放重点企业,应该加强其碳信息公开化管理,在碳信息披露的内容上提高可比性。

(三)加强碳信息确认与计量理论的研究

碳信息的确认、计量对企业的经济行为有一定影响,帮助企业构建有效统一的碳信息系统,提高公司高层管理者在企业中开展减排温室气体行动决策的有效性,积极推动落实政府提出的绿色可持续发展对企业的要求,促进社会低碳环保发展。由于各项相关准则和计量方法的不同,其披露的内容也不尽相同,因而必须对碳信息核算和碳计量的理论进行深入研究。

对于海南省上市公司而言,碳信息的确认与计量需要坚持客观真实、实事求是的态度,因为碳信息确认与计量过程较为复杂,如果不用心,就难免会出现一些纰漏。

(四)增加碳信息披露的强制性

目前,我国对于碳信息披露的强制性并没有在法律法规中做出明确规定,但海南省政府可以根据省内实际情况,要求环境管理部门尽可能掌握企业的碳排放信息,利用实践信息,制定合理有效的低碳绿色发展路线,从政府层面上进行高效的碳调控。强制披露要求可以先易后难、循序渐进,譬如要求海南省上市公司先从定性披露开始,再要求定量披露。强制披露对象也可以由点及面、渐次推开,从基础条件较好的公司开始,譬如境内外同时上市的公司,最后推广到全市场。着手编制技术指引文件,立足国内“双碳”政策、绿色金融政策的现状,结合气候相关财务信息披露指南框架,有序引导市场预期、提升公司碳核算和气候信息披露能力。

1.制度保障:加强政府部门监督,增强内容规范性

作为企业碳信息的使用者,政府和相关人员应该积极主动监督企业碳信息披露的情况。在加强对碳信息披露的监管过程中,政府为了增强碳信息披露的合理性以及准确性,有必要利用第三方监管机构的力量。同时也需要对第三方监管机构进行监督,并且将监督过程和结果纳入企业评价,从而形成一种有效的企业碳信息披露监管机制。生态环境部应该制定企业实地检测的计划,并按计划实施,在过程中调查取证,保证碳信息披露的真实完整,加强对公司温室气体排放物自动检测控制机制的监督。单独建立一个负责碳会计信息审核的审查部门,对有害环境气体的排放量进行监管,对碳排放权市场上的买卖交换进行定期审查,以降低重排行业上市公司披露内容的不规范性。

2.社会保障:加强投资者碳教育,增强企业自律性

国内多数投资者对于碳金融的了解其实并不多,并且当前市场上还没有比较具有普遍教育性的碳信息知识,因此在碳市场中,投资者简单了解了重排企业披露的碳信息就出手投资,是盲目跟风的不理智行为。

企业是开展碳排放活动、进行碳信息披露的主要社会组织,有义务积极配合来自政府和社会的规定、监督。企业管理层应积极主动发现企业内部治理机制的不足,并及时进行升级完善,尤其要思考如何在企业开展低碳发展理念,通过形成一定范围内的奖金激励机制、开展全员参与的互动宣传,在企业中贯彻低碳发展理念。公司在碳信息披露上紧跟政策安排、条例规定,按时按质量披露企业碳排放情况;将企业自身的监管和来自政府社会的监督结合形成公司碳

排放的管控机制；把绿色发展思想融入企业的日常活动中，实现保护环境、低碳发展的企业发展观。

3.人员保障：加强人员培训，提高从业者素质

每一项会计规范是否能够真正落地，关键在于公司员工是否根据规范遵照执行。在关于碳信息披露的规范成文发布后，地方政府的相关部门应继续加强企业人员的培训。

参考文献

[1]陈华，王海燕，荆新.中国企业碳信息披露：内容界定、计量方法和现状研究[J].会计研究，2013(12)：18-24+96.

[2]陈媛媛，马从文，武亚平，等.空间异质性视角下企业碳信息披露水平的影响因素研究：基于制药行业上市公司的经验数据[J].湖南工业大学学报，2021，35(4)：46-55.

[3]程新生，徐婷婷，王琦，等.自愿性信息披露与公司治理：董事会功能与大股东行为[J].武汉大学学报(哲学社会科学版)，2008(4)：489-494.

[4]仇小微，马丙周.企业碳绩效、碳信息披露对企业绩效的影响探讨[J].商展经济，2022(22)：144-146.

[5]崔也光，李博，孙玉清.公司治理、财务状况能够影响碳信息披露质量吗：基于中国电力行业上市公司的数据[J].经济与管理研究，2016，37(8)：125-133.

[6]党文娟，张宗益.独立董事的消极行为：股权集中度角度的分析[J].求索，2010(4)：19-21.

[7]董木欣.基于XBRL的碳信息披露研究：框架构建与路径选择[J].中国注册会计师，2022(9)：84-86.

[8]樊超.不同类型碳信息披露对重污染行业上市企业绩效的影响研究[D].哈尔滨：哈尔滨工业大学，2021.

[9]方健，徐丽群.信息共享、碳排放量与碳信息披露质量[J].审计研究，2012(4)：105-112.

[10]符少燕，李慧云.碳信息披露的价值效应：环境监管的调节作用[J].统计研究，2018，35(9)：92-102.

[11]高婷.碳信息披露视角下造纸企业价值影响因素探究[J].中国林业经济，2022(3)：81-84.

[12]顾鹏.碳信息披露、技术创新投入对企业财务绩效的影响研究[D].南京：南京信息工程大学，2022.

[13]韩金红，曾晓.碳信息披露与股权融资成本：基于2011—2015年《CDP

中国百强气候变化报告》[J].财会月刊,2018(10):108-115.

[14]黄竞.碳信息披露对重污染企业价值效应的影响研究[D].上海:上海工程技术大学,2021.

[15]季晓佳,陈洪涛,王迪.媒体报道、政府监管与企业环境信息披露[J].中国环境管理,2019,11(2):44-54.

[16]李慧云,符少燕,王任飞.碳信息披露评价体系的构建[J].统计与决策,2015(13):40-42.

[17]李力,刘全齐.新闻报道、政府监管对企业碳信息披露的影响[J].贵州财经大学学报,2016(3):30-39.

[18]林英晖,吕海燕,马君.制造企业碳信息披露意愿的影响因素研究:基于计划行为理论的视角[J].上海大学学报(社会科学版),2016,33(2):115-125.

[19]刘东晓,彭晨宸.政府监管、碳信息披露与融资约束[J].财会通讯,2018(27):17-23+129.

[20]刘梅娟,金佳颖,喻海霞,等.电力行业碳交易试点上市公司碳信息披露研究[J].财会通讯,2021(3):92-97.

[21]刘志超,李根柱.碳信息披露对企业价值影响研究[J].价格理论与实践,2018(7):51-54.

[22]罗喜英,张睿敏,杨璐菲.管理层异质性与碳信息披露水平:基于我国火力发电企业的实证经验[J].湖南财政经济学院学报,2021,37(1):62-71.

[23]吕靖烨,董潇.我国火力发电上市公司碳信息披露影响因素研究[J].煤炭经济研究,2021,41(9):77-84.

[24]马微,盖逸馨.企业生命周期、碳信息披露与融资约束:基于重污染行业的经验证据[J].工业技术经济,2019,38(1):109-116.

[25]沈洪涛,冯杰.舆论监督、政府监管与企业环境信息披露[J].会计研究,2012(2):72-78+97.

[26]沈洪涛,杨熠,吴奕彬.合规性、公司治理与社会责任信息披露[J].中国会计评论,2010,8(3):363-376.

[27]谭德明,邹树梁.碳信息披露国际发展现状及我国碳信息披露框架的构建[J].统计与决策, 2010(11):126-128.

[28]田宇,宋亚军.碳信息披露、盈余质量与重污染企业财务绩效[J].财会通讯,2019(3):87-91.

[29]王帆,倪娟.公司治理、社会责任绩效与环境信息披露[J].山东社会科学,2016(6):129-134.

[30]王婧.碳信息披露对电力行业上市公司股价影响研究:以华能国际为例

[J].煤炭经济研究,2020,40(7):71-75.

[31]王宁宁.低碳时代企业碳信息披露的探讨[J].商业会计,2012(2):120-121.

[32]王微.上市公司碳信息披露制度研究:基于博弈论视角[J].财会通讯,2021(14):105-108+140.

[33]王仲兵,靳晓超.碳信息披露与企业价值相关性研究[J].宏观经济研究,2013(1):86-90.

[34]闻吉尔.低碳经济下企业碳会计信息披露问题探究[D].南昌:江西财经大学,2021.

[35]武筱帆.基于TCFD-CDP的宝钢碳信息披露内容及其质量研究[D].北京:北京林业大学,2021.

[36]徐国平.上市公司碳信息披露要素与规范性研究[J].工业安全与环保,2021,47(S1):16-19.

[37]杨洁,乔宇洁.是否强制监管对碳信息披露与融资约束的效果研究:来自我国重污染行业的经验证据[J].重庆文理学院学报(社会科学版),2022,41(6):49-62.

[38]杨洁,张茗,刘运材.碳信息披露、环境监管压力与债务融资成本:来自中国A股高碳行业上市公司的经验数据[J].南京工业大学学报(社会科学版),2020,19(6):86-98+112.

[39]杨雅歆.碳信息披露质量、环境监管政策与企业价值关系研究[D].济南:山东财经大学,2022.

[40]杨园华.碳信息披露对企业价值创造的影响[D].哈尔滨:哈尔滨工业大学,2015.

[41]张学勇,廖理.股权分置改革、自愿性信息披露与公司治理[J].经济研究,2010,45(4):28-39+53.

[42]张正勇,吉利,毛洪涛.公司治理影响社会责任信息披露吗:来自中国上市公司社会责任报告的经验证据[J].经济经纬,2012(6):107-111.

[43]CLARKSON P M, LI Y, RICHARDSON G D, et al. Revisiting the relation between environmental performance and environmental disclosure: an empirical analysis [J]. Accounting, organizations and society, 2008, 33(4-5): 303-327.

[44]DEEGAN C, GORDON B. A study of the environmental disclosure practices of Australian corporations [J]. Accounting and business research, 1996, 26(3): 187-199.

[45]FROST G R. The introduction of mandatory environmental reporting guidelines：Australian evidence [J]. Abacus，2007，43(2)：190-216.

[46]JOHN K，SENBET L W. Corporate governance and board effectiveness [J]. Journal of banking & finance，1998，22(4)：371-403.

[47]JOHNSON R A，GREENING D W. The effects of corporate governance and institutional ownership types on corporate social performance [J]. Academy of management journal，1999，42(5)：564-576.

[48]KNOX-HAYES J，LEVY D L. The politics of carbon disclosure as climate governance [J]. Strategic organization，2011，9(1)：91-99.

[49]LUO L，LAN Y C，TANG Q. Corporate incentives to disclose carbon information：evidence from the CDP global 500 report [J]. Journal of international financial management & accounting，2012，23(2)：93-120.

[50]LUO L，TANG Q，LAN Y C. Comparison of propensity for carbon disclosure between developing and developed countries：a resource constraint perspective [J]. Accounting research journal，2013，26(1)：6-34.

[51]MATSUMURA E M，PRAKASH R，VERA-MUNOZ S C. Firm-value effects of carbon emissions and carbon disclosures [J]. The accounting review，2013，89(2)：695-724.

[52]PETERS G，ROMI A. Carbon disclosure incentives in a global setting：an empirical investigation [J]. University of Arkansas，Fayetteville，AR，working paper，2009.

[53]REID E M，TOFFEL M W. Responding to public and private politics：Corporate disclosure of climate change strategies [J]. Strategic management journal，2009，30(11)：1157-1178.

[54]WEGENER M，ELAYAN F A，FELTON S，et al. Factors influencing corporate environmental disclosures [J]. Accounting perspectives，2013，12(1)：53-73.

“双碳”目标下H公司财务风险分析及防范研究

尹雁*

摘　要:党的二十大报告提出,企业要积极稳妥推进“双碳”工作。发电企业作为高碳排放的企业之一,被认为是实现“碳达峰、碳中和”目标的排头兵。本文以H公司为例进行分析研究。H公司是一家以火电为主要产品的集团公司,是中国大型发电企业之一,“双碳”目标下其面临的财务风险在我国发电行业具有鲜明的代表性。首先分析“双碳”目标下H公司面临的财务风险的传导路径;其次从财务活动的四个角度对其财务风险进行识别,并运用碳商法和F分数模型分别评价碳排放导致的H公司财务风险以及进行财务风险预警分析。研究发现,“双碳”相关政策会增加产品成本,影响企业资源配置决策,碳排放权交易市场成熟会增加费用支出,进而影响企业收入费用及现金流,引发企业财务风险;H公司主要存在筹资风险、投资风险和营运风险;情景假设法下,H公司碳排放会导致企业丧失利润空间至亏损,F分数表明企业财务风险需要提高预警等级。为此,本文提出了“双碳”目标下H公司财务风险防范目标、防范原则、防范对策和防范保障,以建立健全财务风险防范体系。本文基于“双碳”目标展开研究,在一定程度上丰富了企业财务风险研究视角。研究具有一定的实际意义,可以为同行业其他企业的财务风险防范提供一定的借鉴。

一、研究背景与意义

(一)研究背景

2020年9月,习近平主席在联合国大会上宣布我国二氧化碳排放将力争于2030年前达到峰值,努力争取2060年前实现碳中和。这确定了我国碳排放控

* 尹雁:2020级会计专业硕士研究生。导师:伍中信教授、陈颖。

制的目标，也表明了我国实现该目标的决心。这是继全球签署《巴黎协定》，共同确立应尽快实现温室气体排放达到最高值，并且在21世纪下半期能够实现温室气体净零排放的共同目标后，我国提出的应对气候变化的进一步重大举措。

在全球变暖、极端天气频现的今天，推进“碳达峰、碳中和”（简称“双碳”）目标有助于缓解全球气候变化，对促进生态文明具有积极贡献，是践行人类命运共同体的切实举措。自“双碳”目标提出以来，我国始终在推进“双碳”工作的道路上坚定前行，各部门、各地区“双碳”相关政策密集出台。

表1列举了部分“双碳”相关政策，从中可以看出“双碳”已经成为我国“十四五”时期及以后发展的重要主题之一。在“十四五”开局之年，化石燃料仍是我国能源消费的主要燃料，占总能源消费比重高达74.7%，说明我国的经济发展对化石能源的依赖度依然非常高。然而，要实现“双碳”目标就必须减少对化石能源的依赖，这必然会影响国家现有产业结构和发展空间。企业实现“双碳”目标之路是企业持续发展的必经之路，也是企业重塑核心竞争力、实现高质量发展的绝佳机会（陈关中，2021）。低碳转型绿色发展在为企业提供难得的机遇和巨大的商机之时，也会带来相应风险（黄世忠等，2021）。

表1　“双碳”政策梳理（部分）

时间	部门/地区	政策
2020年12月	生态环境部	《碳排放权交易管理办法（试行）》
2021年1月	生态环境部	《关于统筹和加强应对气候变化与生态环境保护相关工作的指导意见》
2021年2月	国务院	《关于加快建立健全绿色低碳循环发展经济体系的指导意见》
2021年3月	—	《中华人民共和国国民经济和社会发展第十四个五年规划和2035年远景目标纲要》
2021年3月	生态环境部	《关于加强企业温室气体排放报告管理相关工作的通知》
2021年3月	国家能源局	《清洁能源消纳情况综合监管工作方案》
2021年4月	中国人民银行等	《绿色债券支持项目目录》（2021版）
2022年6月	江苏省	《江苏省“十四五”可再生能源发展专项规划》
2021年5月	浙江省	《浙江省可再生能源发展“十四五”规划》
2021年6月	上海市	《上海市2021年节能减排和应对气候变化重点工作安排》

“积极稳妥推进碳达峰碳中和”是党的二十大报告对实现“双碳”目标的系统安排，为开展“双碳”工作定下了基调。以“积极稳妥”为行动指南，要求企业

既要积极开展“双碳”工作低碳转型，也要顺利稳妥度过转型期。发电行业作为高碳排放行业之一，其碳排放约占全国碳排放的40%，发电行业碳排放控制对于我国实现“双碳”目标意义非凡。国务院出台的《2030年前碳达峰行动方案》对发电行业企业明确提出了淘汰煤电落后产能、加快推进煤电机组灵活性改造、严控新增煤电项目等要求，可以说发电企业低碳转型迫在眉睫，是积极推进“双碳”工作的排头兵。因此，识别和评价“双碳”目标下发电企业财务风险，加强重点领域的财务风险管控，健全财务风险防范机制，对企业稳妥低碳转型至关重要。基于此，本文以H电力股份有限公司(简称“H公司”)为例，识别与评价H公司在“双碳”目标下的财务风险，健全财务风险防范机制，期望能够为我国发电企业在“双碳”目标下财务风险评价及防范提供借鉴。

(二)研究意义

1.理论意义

“双碳”目标下企业的风险，包括技术风险、政策风险、法律风险以及财务风险等，均受到广泛关注和研究。目前，碳排放控制下的企业财务风险研究多数为单因素的实证分析或行业的整体财务风险评价，缺乏对具体案例的综合分析研究。本文将“双碳”目标下的财务风险与具体案例公司结合，识别并评价案例公司的财务风险，从而健全财务风险防范措施。通过对“双碳”目标下的案例公司财务风险的综合研究，进一步丰富企业财务风险的研究视角。

2.实践意义

为推进“双碳”工作，H公司制定了相应的战略规划：2025年清洁能源装机占比增长至32%，然而截至2021年年底，H公司的清洁能源装机占比仅有22.39%，相差近10个百分点。这表明H公司将不仅需要投入巨额的资金建设新能源发电项目，而且一定比例的燃煤发电机组等固定资产需提前结束使用，这都会对H公司的财务成果产生负面影响。因此，对“双碳”目标下H公司的财务风险进行评价，健全财务风险防范体系，一方面有利于H公司更好地推进战略规划，另一方面为H公司实现“双碳”目标提供保障。本文也希望从H公司的案例分析出发从个性延展到共性，为其他发电行业企业在“双碳”目标下的财务风险评价和防范提供指导，同时为政府有关部门制定“双碳”政策提供参考。

二、文献综述

(一)文献综述

1.碳排放控制政策相关研究

碳排放控制相关的政策最早由欧洲提出来，因为欧洲作为第二次工业革命的发源地，最早进行工业化发展，大量且粗放地消耗化石能源导致的严重环境问题引起了广泛关注。目前有研究认为碳排放控制政策根据其发展进程可以分为三个阶段：一是萌芽阶段——环境保护，二是探索发展阶段——节能减排，三是成型阶段——碳达峰、碳中和。目前碳排放控制政策发展正处在成型阶段，政府主要通过以下政策手段来控制碳排放。

第一，碳排放权交易。碳排放权交易通过市场机制调动企业积极性，将碳减排责任与企业利益挂钩。2005 年欧盟开始构建欧盟碳排放交易体系，发展至今已成为比较成熟的交易市场。2005 年 4 月至 2021 年 12 月 31 日，欧洲碳排放配额以及欧洲碳排放配额期货累积成交量已分别达到 600 亿吨和 871 亿吨二氧化碳当量。我国碳排放权交易市场起步晚，需要加快推进顶层设计，完善碳市场交易制度（吴学安和李鑫欣，2023）。从企业方面来看，碳排放权交易价格上涨会导致传统能源企业价值下滑，因此要创新碳市场金融产品，让企业利用碳市场管理自身价值（韩民和黄文璐，2022）。

第二，碳税或财政补贴。碳税通过影响企业生产销售行为而产生作用，最终将成本转嫁到消费者身上。一些欧洲国家 1990 年起相继开征碳税，例如芬兰 1990 年开始实施碳税，并取得了一定的减排效果（吴斌等，2020）。我国目前还没有征收碳税，但已有相关可行性研究。温志超（2022）结合我国立法政策频繁更迭、碳排放跟踪技术尚不成熟以及经济发展情况，认为我国在 2030 年之后实施碳税为最佳。利用财政补贴激励手段主要是为了推进企业进行碳捕捉技术研发以及新能源项目开发，从源头上减少碳排放。此外，待技术发展成熟，从公众需求侧对企业选择新能源进行财政补贴，可以为公众参与碳排放控制提供保障（盛春红，2019）。

为实现《巴黎协定》目标，全球各主体包括国家、城市及企业等均需要控制其碳排放，碳排放控制势必会给各主体带来一定影响或变化。

从宏观角度来看，Battiston 等（2017）认为研究气候政策在金融系统中的传播方式，可以尽快找到稳定的气候政策，有助于资产价值的平稳调整；Chaudhry 等（2020）选取了七国集团（G7）国家的交通、电力和工业三个碳密集行业的数据，采用一种极端价值理论来衡量主权风险，其结果表明碳排放控制可能显著增加主权风险。Semieniuk 等（2021）认为向低碳经济的转型过渡将带来大规模的经济结构变化，一些行业将扩大其相对经济权重，而与化石燃料生产和消费直接相关行业的经济权重将会下降，这种转变可能会对金融体系的稳定性产生重大影响；Zhou 等（2019）提出了集体碳税的政策，并认为该政策可以鼓励厂商低碳运营。

从微观角度来看，Xu 等（2020）认为库存系统的碳排放大多由仓储活动引起，因而研究开发了一个连续审查库存系统，并提出了库存模型以分析碳排放对库存系统的影响；马梅若(2021)认为需要防范企业因减排不符合政策要求而产生的违约、大额罚款甚至倒闭的风险；宋芳(2021)通过案例说明石化企业在碳排放权交易中存在法律风险，如交易代理风险和交易履约风险；韩国文和樊呈恒(2021)认为企业碳排放控制需要承担新技术和节能减排的风险。

2.企业财务风险研究

关于影响财务风险的因素研究，一般认为既有企业外部因素，如环境、经济及政策变化等，又有企业内部因素。

从外部因素来看，外部政策变动会影响企业财务风险，如产业政策若利好行业发展，则既可能促进企业融资，降低财务风险，也可能使企业过度自信而激进发展，增加财务风险。由于企业管理者对产业政策的理解认知不同，从而产生资源配置偏差，造成资金流动性风险(毕晓方等，2015)。从资源依赖视角看，产业政策变化可能对企业供应链运营造成破坏，影响原料库存，增加进货成本，对企业财务风险产生负面影响(Darby et al.，2020)。除此之外，多变的市场环境、国内外宏观经济发展及信息不对称和地域差异等都会影响企业财务风险(肖萍等，2020)。企业无法改变外部因素，只能积极应对，健全风险防范机制。

从内部因素来看，企业社会责任的履行情况可以影响财务风险。企业没有如实履行社会责任会影响企业声誉，根据声誉理论，消费者、投资者对企业声誉产生负面印象，就会影响其消费决策以及投资决策。Kölbel 等(2017)通过对 539 家国际性公司的数据进行研究，发现外界对公司社会责任相关负面报道越多，公司将面临的企业财务风险越大；Boubaker 等(2020)使用 1991—2012 年 1201 家在美国上市的公司的样本数据，研究发现企业社会责任绩效与公司信誉正相关，并影响企业融资机会；Gangi 等(2020)认为公司的环境政策会影响公司的声誉，从而影响风险调整后的盈利能力和公司的财务风险，参与环境保护和企业声誉可以在一定程度上保证企业竞争力。

公司的投资决策会影响财务风险。投资不当对财务风险产生负面影响，Soh 等(2022)对能源基础设施如天然气、煤炭和光伏电站三种能源资产投资进行资产层面前瞻性评估，通过预测能源资产的净现金流量发现其会负面影响与气候相关的财务风险，并观察到与气候相关的财务风险具有系统性。徐玉芳(2017)对互联网行业的 20 起并购案例的财务数据进行研究，发现并购完成后财务风险显著增加，但随后会呈下降趋势；张继德等(2019)以天神娱乐为例进行研究并提出了被并购方的业绩承诺会影响收购方的财务风险，他认为并购方没有完成业绩承诺会影响收购方的偿债能力，并购方完成了业绩承诺、并购标的估值升高，收购方就会支付原对赌协议的并购费用，从而增加非理性杠杆融资。

影响企业财务风险的内部因素还有很多，如企业内部控制质量、企业金融资产配置、公司董事会结构和规模等。王进朝和张永仙(2020)以沪深A股上市公司为研究样本，发现提升内部控制质量可降低企业财务风险，衰退期的企业财务风险受内部控制质量的影响更加明显；黄贤环等(2018)研究发现，金融资产配置影响企业财务风险，且长短期金融资产对财务风险的影响正好相反；José García等(2021)使用面板数据分析研究2002—2019年的109家欧洲上市投资公司，发现公司董事会结构和规模影响着投资公司的违约风险。

对财务风险评价的研究主要集中在以下两方面：一是财务风险评价方法研究，二是对具体企业财务风险进行评价的研究。

从财务风险评价方法来看，不同成因、不同行业的企业财务风险适用不同的评价方法，因此部分学者提出了针对性的财务风险评价方法。Wei(2021)建立了财务危机成因与财务指标变化的关系，提出了基于决策树的财务危机预警模型框架，该模型以制造业发债企业为样本，通过实证分析表明了基于决策树集成的财务预警模型更加准确，能够在一定程度上提高企业财务危机的识别率；Rogers和Ross(2021)提出用碳商法来计量企业与气候相关的财务风险，建构了一个能够捕捉碳排放导致的财务风险的分析方法；Zhu等(2021)研究了基于物联网的智能企业财务风险评价Z-Score模型，认为物联网公司财务风险预警系统由风险点、Z-Score模型、财务数据分析组成；Feng等(2021)构建了基于反向传播神经网络的企业财务风险预警模型，并对200家制造企业2018年和2019年的财务危机进行了预测，准确率比传统方法至少提高了2%。

从对具体企业财务风险进行评价来看，利用已知的或改进的评价方法对具体企业的财务风险进行研究是财务风险评价的研究热点。Franzoni和Pelizzari(2019)基于2005—2014年加尔达湖酒店的业务绩效以及同一地区的降雨量的实证实验，对酒店的财务风险评估模型进行了补充；Çolak(2021)对Z-Score模型中使用的变量进行了多重判别分析，引入了一个新的指标——多元公司评估分数，该指标反映宏观经济发展对伊斯坦布尔上市公司资产负债表的影响，可以作为土耳其公司财务困境的影响；Chi等(2022)考虑企业内部信息的财务指标和非财务指标，采用文本挖掘和二元逻辑回归模型对光伏行业37家上市公司的财务风险进行评估，结果表明盈利能力是最重要的因素。

对财务风险防范进行研究需要根据风险成因和评价结果综合考虑，一般可以分为防范财务风险理论方法研究和防范财务风险实际应用研究。

防范财务风险理论方法研究已有一套成熟的方法，包括分散、转移和降低等(严真红，2001)，但也有学者使用超过5000个公司的年终财务报表的数据对宏观经济和市场预测因素进行验证，提出了一种通用的两阶段混合整数线性规划模型，这种模型能够找到企业运营的年利润最大化的情景，从而最大限度地降低相关的财务风险（Vieira et al.，2021）。

防范财务风险实际应用研究一般都具有针对性，一方面需要针对财务风险成因，另一方面需要针对企业具体情况开展研究。有学者认为国有企业财务风险防范意识薄弱，需要从思想上强化国有企业管理者的风险防范意识（王颖，2022）；陈敏（2022）认为在“房住不炒”的政策下，房地产企业集中管控资金，发挥资金规模效应能够有效防范资金链断裂的风险。

3.碳排放控制对企业财务风险的影响研究

2015 年，国际金融稳定委员会提出气候变化对全球金融体系稳定性构成风险，并对企业应该如何披露气候变化引起的财务风险提出建议。毕马威（2017）审阅了来自不同发展程度国家和地区的约 5000 家企业的社会责任报告与可持续发展报告，出具了《2017 年企业社会责任报告》，报告指出在全球前 250 名的公司中仅有约 28％的公司在年报中提到了气候风险导致的企业财务风险。

（1）整体财务风险研究

碳排放控制对企业财务风险的影响是多样的。Ganda 和 Milondzo（2018）以 2015 年 63 家南非公司为样本进行研究，表明碳排放量与企业财务业绩之间存在负相关关系；高金河（2018）研究了某高碳排放企业的财务风险预警等级，结果表明该企业属于“高风险预警”；Trinks 等（2020）以 2009—2017 年 1572 家公司为样本，发现碳排放量相对较高的企业对排放二氧化碳的不确定成本更加敏感，碳排放控制能对财务绩效产生明显的影响，并且能够降低系统性风险；Nguyen 和 Phan（2020）检验碳风险与企业资本结构的因果关系，增加的碳风险会导致更严重的财务困境，从而促使企业降低财务杠杆；Faiella 等（2021）通过计算碳税是否影响财务以及面临的风险债务的份额，发现气候冲击引起的金融风险在整体上是有限的，但在特定的行业即高碳排放行业的风险需要引起重视；黄世忠等（2021）定性分析了低碳转型过程中企业可能遭遇的财务风险，并建议高碳排放企业建立减排曲线以避免风险。

（2）融资风险研究

Jung 等（2018）通过调查贷方是否通过融资成本将公司碳风险纳入发放贷款决策，发现碳风险映射的标准偏差使债务成本增加了 38—62 个基点，增加了公司融资难度；Kleimeier 和 Viehs（2021）利用碳排放数据分析发现较高的碳排放与较高的贷款利差相关，这种效应存在于所有贷方安排的贷款中，这表明利差溢价是由环境风险而非投资者偏好驱动的；刘燕春子（2021）认为企业发展清洁能源和低碳转型面临多种风险：一是资金短缺，二是技术瓶颈，三是政治壁垒。

(3)投资风险研究

Zhang 等(2019)认为大型碳排放企业实现减少二氧化碳排放并清洁生产有两种选择,即投资碳捕集与封存系统和缴纳碳税附加费,其中碳捕集与封存系统要求行业在基础设施上进行巨额投资,成本非常高;司秀华等(2020)认为高碳排放企业的固定资产投资会更大、可持续经营的风险增大,企业需要构建科学的财务风险预警体系;刘彬(2021)通过分析"双碳"目标对新能源发电企业的影响,认为企业在"双碳"目标下应当重视并制定合理的财务战略;van Benthem 等(2022)认为投资界越来越意识到气候变化的物理影响和促进碳中和的监管措施能够带来投资风险,鉴于化石能源公司在产生碳排放中的核心作用,其中气候转型风险的潜在影响尤其大。

(4)资产减值风险研究

Ploeg 和 Rezai(2020)认为,如果全球气温升高的幅度保持在 2℃以下,则存在资产搁浅的三个风险:一是大量的勘探资产和化石燃料储备将在化石时代末期搁置;二是当前或预期的气候政策的变化会导致现有的相关资产估值出现离散增长;三是如果不确定气候政策的变化和强度,则随着未来气候政策的不确定性增强,资产将重估。Hickey 等(2021)开发了一个框架来评估电力公司承受发电厂固定资产强制减值的能力,并将其应用于欧洲市场,大多数欧洲公用事业公司有能力及时采取行动以满足目前政策下净零排放的要求,然而,若推迟五年进行低碳转型则会给整个行业带来严重的财务风险。Gould(2021)认为对于某些行业来说,"碳中和"的财务风险主要来自需要加速"退休"和更换的碳密集型资产。

(二)文献评述

本文从碳排放控制相关研究、企业财务风险以及碳排放控制对企业财务风险的影响三个方面进行了文献综述。首先介绍了碳排放权交易和碳税财政补贴两个主要政策的研究现状和碳排放控制产生的影响,其次对财务风险影响因素、评价和防范的研究现状进行文献梳理,最后从四个角度对碳排放控制对财务风险的影响进行了详细分类整理。

关于碳排放控制对企业财务风险的影响,国内外从理论层面到实践层面都已进行了比较详细的研究。部分学者早期研究结论表明碳排放控制会负面影响企业财务绩效。但是,随着气候形势更加严峻,多种碳排放控制政策陆续出台,学者们的研究逐渐转向碳排放控制可能导致企业存在财务风险,他们认为企业尤其是高碳排放企业的融资成本增加、固定资产的重新估值以及碳税带来的相关现金流出等都可能给企业带来财务风险。此外,如何衡量及列报财务风险、如何构建财务风险预警体系来防御碳排放控制导致的财务风险也是研究的重点内容。

尽管国内外在碳排放控制导致的企业财务风险研究上取得了一定的成果，但仍然存在一些不足：极少研究通过将碳排放控制与具体案例公司结合来综合分析碳排放控制下企业的财务风险。本文基于“双碳”目标，结合代表性案例——H公司，分析“双碳”目标下H公司的财务风险传导路径，识别并评价“双碳”目标下企业财务风险，健全风险防范机制，补充和丰富企业财务风险的研究成果。

三、研究方法

一是文献研究法。针对碳排放控制相关研究以及财务风险影响因素、评价和防范等研究领域进行广泛的文献阅读，对相关研究观点、成果等进行归纳总结，提出自己的研究见解，并为研究的展开提供支持。

二是案例分析法。选择高碳排放行业的一家发电公司作为特定研究对象，对其在推进“双碳”工作进程中的财务风险传导路径进行研究，分析潜在的财务风险并从风险识别评价及防范等角度展开深入研究，形成对这一案例较为全面和整体的结论。

三是情景分析法。“双碳”目标是持续性的长期目标，随着“双碳”目标的推进，碳排放权交易市场逐渐成熟，会出现免费碳排放权配额逐渐减少的情景。在本文中，假设案例公司在一定时间内必须达到碳中和目标或者免费碳排放权配额取消，从而产生碳排放权交易相关费用，通过该费用对其营业收入、净资产等财务指标的侵蚀程度来衡量其财务风险。

四、公司概况及“双碳”目标下H公司财务风险分析

（一）公司概况

1.H公司简介

H电力股份有限公司于1994年成立于北京，是中国大型发电企业之一，规模庞大，其电厂广泛分布在中国大部分省市，同时还拥有两家国外电力公司。H公司的主要业务是开发、建设和运营大型燃煤发电厂、光伏发电和海陆风发电项目及增量配电网等设施，向社会提供电力、热力和其他综合能源服务。

2.H公司经营状况

H公司成立至今30多年，发展迅速并取得了辉煌的业绩，位列中国最大发电企业之一。但近几年受到环境、政策等影响，发展不稳定，波动较大，2017—2021

年 H 公司主要财务数据如图 1 所示。

2017—2021 年，H 公司营业收入波动增长，2020 年营业收入降低，主要是受新冠疫情影响较严重，2021 年疫情缓解，经济复苏，社会用电量猛增，营业收入明显增长。此外，毛利率在 2017—2020 年缓慢增长，2021 年营业成本超过营业收入，造成毛利润为负，毛利率降低至－0.33%。

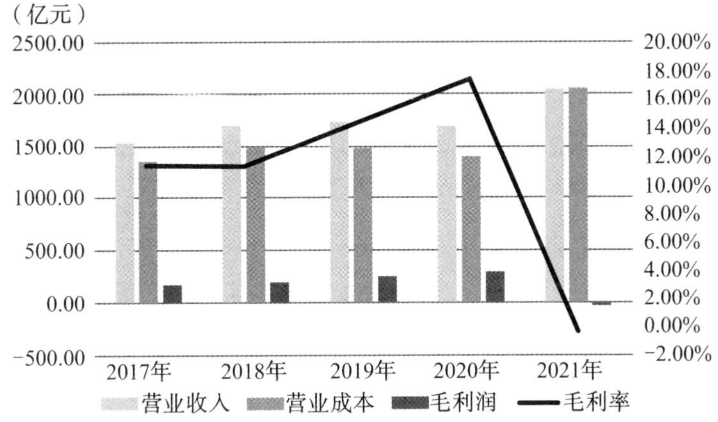

图 1　H 公司 2017—2021 年主要财务指标

资料来源：作者根据 2017—2021 年 H 公司年报自行整理。

从图 2 产品分类角度来看，H 公司主要产品为火电，火电营业收入占比稳居第一，2017 年高达 90.12%。2017—2021 年火电收入占比逐年降低，至 2021 年火电营业收入占比降低了 3.52 个百分点，主要是由于公司投资新能源项目，风电收入和光伏发电收入占比得到提升，但新能源发电的营业收入占营业收入总额比不足 7%，占比过低，对 H 公司的低碳转型造成极大的压力。

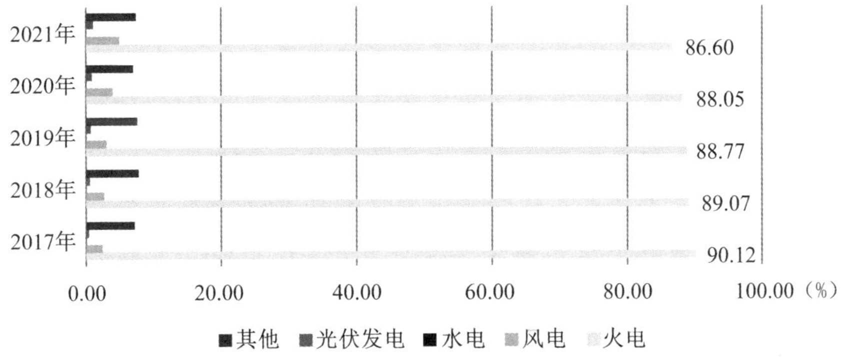

图 2　H 公司 2017—2021 年分类营业收入占比

资料来源：作者根据 2017—2021 年 H 公司年报自行整理。

虽然火电的营业收入占比很大，但其毛利率较低，且由于火电营业成本波动大，造成毛利率波动起伏很大，企业经营不稳定(见表 2)。

表 2　H 公司 2017—2021 年产品毛利率　　单位:%

	2017 年	2018 年	2019 年	2020 年	2021 年
火电	11.26	9.82	12.54	14.81	−6.13
风电	51.42	52.19	54.38	56.25	61.53
水电	36.91	41.14	25.00	31.21	37.54
光伏发电	76.00	69.38	65.96	59.97	59.69

资料来源:作者根据 2017—2021 年 H 公司年报自行整理。

3.H 公司碳排放表现

根据《温室气体核算体系》，企业的温室气体排放应该涵盖企业生产运行的整个过程，据此可分为三个类别:一是企业运行中的直接碳排放，如燃料燃烧以及公司拥有的交通运输工具的碳排放;二是企业运行中的间接碳排放，如公司外购的自用电力产生的碳排放;三是代表企业价值链上游下游的所有间接排放，如外购材料的生产、外包活动、员工商务旅行等等产生的碳排放(见图 3)。其中类别一和类别二代表企业运行相关的碳排放，比较容易确定，但是类别三的统计具有技术难度，目前暂未计算在内。

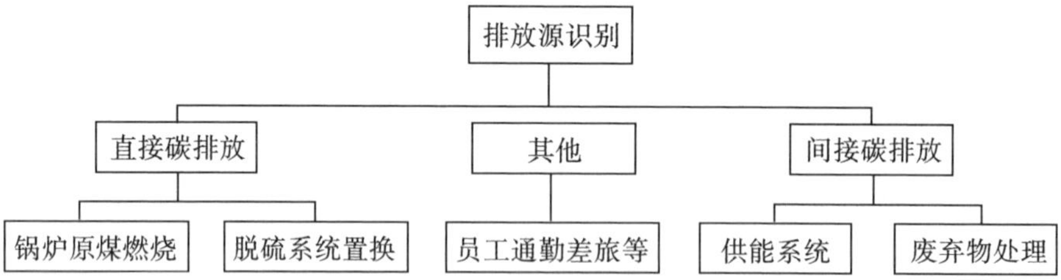

图 3　二氧化碳排放源识别

资料来源:作者根据《温室气体核算体系》自行整理。

H 公司的火电营业收入占比高达 88%，是一家高碳排放企业，火力发电许多流程存在碳排放(见图 4)。进煤、卸煤环节运输工具存在直接碳排放，锅炉和烟囱环节燃烧煤炭存在直接碳排放;其他企业运行需要动力支撑的环节如输煤、制粉、凝结水泵等存在间接碳排放;仅有少数环节如煤仓、粉仓不存在碳排放。

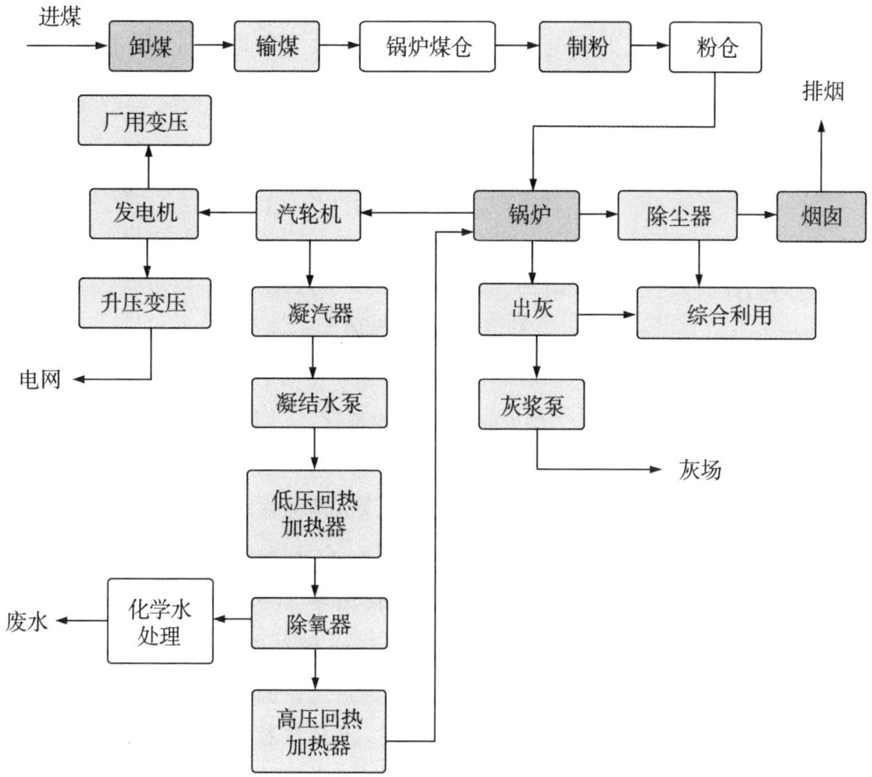

图 4　火力发电流程

(1)H 公司碳排放状况

H 公司碳排放总量由 2017 年的 33559.30 万吨上涨到 2021 年的 36983.00 万吨,说明其碳排放处在爬峰阶段,但碳强度波动下降,说明 H 公司正在采取相应的措施控制碳排放,并且取得了一定成效(见表 3)。

表 3　H 公司 2017—2021 年温室气体排放总量及碳强度

	温室气体排放总量(万吨)	碳强度(吨/万元)
2017 年	33559.30	21.94
2018 年	34810.51	20.49
2019 年	33630.12	19.39
2020 年	33340.25	19.68
2021 年	36983.00	18.08

资料来源:作者根据 H 公司 ESG 报告自行整理。

(2)H 公司碳排放特点

本文选取三家以火力发电为主、规模相当的大型发电企业(国电电力、华电国际、大唐发电)与 H 公司进行横向对比(见图 5)。

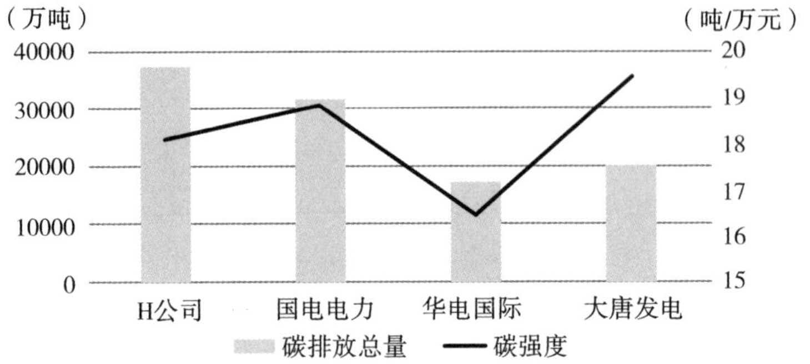

图 5　四家企业 2021 年碳排放总量及碳强度

可以看出 H 公司碳排放有以下特点:第一,H 公司碳排放总量大。H 公司碳排放总量位居四家发电企业之首,这主要是由于 H 公司处于火电行业,以及其火力发电量位于火力发电行业企业之首,高产量必然需要消耗较多的能源。第二,H 公司碳强度处于中等水平。碳强度是企业碳排放总量与其营业收入的比值,碳强度越低,表明碳要素的生产率越高,碳排放控制表现越好。发电企业的碳强度与其业务布局和能源利用效率有关,考虑到多数上市发电企业存在可再生能源发电业务,目前上市发电企业的碳强度均值为 18 吨/万元,2021 年 H 公司碳强度略高于均值,在发电企业中处于中等水平。

(3)H 公司碳排放控制规划

目前已陆续有发电企业宣布了碳达峰时间表,相对于国家的"双碳"目标,国电电力预计其有望提前 7 年实现碳达峰;华电国际与大唐发电预计将提前 5 年实现碳达峰。H 公司作为其母公司旗下规模最大的上市发电公司,其实现"双碳"目标的战略规划紧跟母公司的脚步。母公司实现"双碳"目标的战略规划分两步走:第一步,到 2025 年,新增新能源装机 80GW 以上,同时确保碳强度降低 20%;第二步,到 2035 年,新能源装机占比 75%以上。根据战略规划,H 公司在"十四五"期间每年需新增 5GW 的新能源装机容量,但是 2021 年公司新增新能源装机容量仅 3.2GW,其中风电新增 2.4GW,光伏发电新增 0.8GW,仅完成规划任务的 64%,进度落后不达预期。

(二)"双碳"目标下 H 公司财务风险传导路径分析

结合图 6 来看,为实现"双碳"目标,国家已出台相关政策来逐步改善能源消费结构,以达到从源头上减少碳排放的目的。因此受相关政策的影响,煤炭等化石能源的市场供给会减少，供不应求导致价格上涨，发电企业原材料成本增加。发电企业自身会开发一系列项目来减少二氧化碳排放，这需要企业重新进行资源配置。新建新能源项目是对原有高碳排放的项目改造或淘汰，需要企业进行投融资决策。从长远角度来看，随着市场成熟、政策完善，碳排放权免费配额会逐步减少，碳税、碳足迹成本会逐步增加，从而导致费用增加。“双碳”目标下，企业不同的营运资本投入、投资决策、筹资计划产生的收入、费用和现金流都不同，从而可能导致实际经营成果与预期不符，引发财务风险。

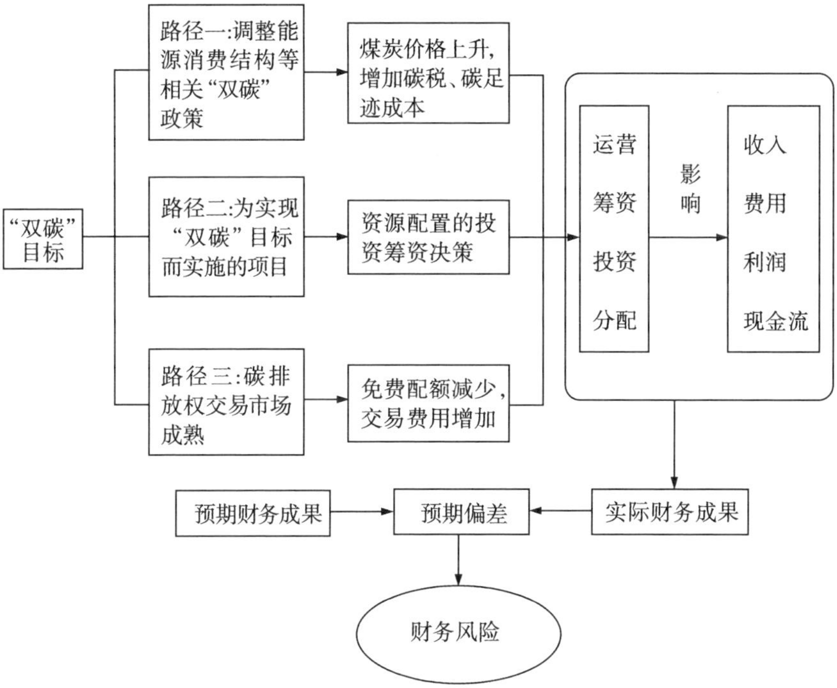

图 6 “双碳”目标下财务风险传导路径

(三)“双碳”目标下 H 公司财务风险识别与评价

1.财务风险识别

(1)筹资风险识别

宏观经济环境变化对资金供需市场产生影响，进而使企业筹资存在一定的机遇或风险。在“双碳”目标下，政府会出台相关政策对高碳排放企业的碳排放进行限制，如果高碳排放企业没有及时根据政策做出相应的调整，势必会影响企业正常经营活动，从而使得企业的盈利能力降低，现金流不确定性增加。这种情况下外部投资者从投资风险角度出发会要求提高投资回报率，从而增加筹资方的筹资成本，较高的现金流风险和较低的投资者认可度会使高碳排放企业筹资成本增加，筹资渠道减少。

①筹资活动资金现状

为实现“双碳”目标，H公司需要对高碳排放设备进行更新改造、投资新能源项目建设，除使用自有资金外，还加大了筹资力度。从表4可以看到H公司2017—2021年筹资活动现金流量净额从－32.94亿元增长至397.67亿元，筹资活动流入现金额2020—2021年平均增长近20%，H公司2021年筹资活动金额流入是流出的1.18倍，较前几年显著增加。2021年筹资渠道包括吸收少数股东投资、借款、发行债券及短期融资券，其中通过借款收到的现金高达2018.81亿元，占总筹资额的76.87%。短期借款的利率范围是2.0%—4.35%，长期借款的利率范围是0.75%—5.20%，而2021—2022年一年期央行基础利率为3.85%—4.25%，五年期以上央行贷款市场报价利率(LPR)为4.65%—4.85%，可见H公司筹资的资本成本并不高。

表4　2017—2021年H公司筹资活动现金流量概况　　单位：亿元

	筹资活动流入	筹资活动流出	净额
2017年	1861.17	1828.23	－32.94
2018年	1894.95	1918.63	23.68
2019年	1722.41	1830.23	－107.82
2020年	2198.31	2183.12	15.19
2021年	2626.38	2228.71	397.67

资料来源：作者根据2017—2021年H公司年报自行整理。

H公司并没有出现筹资渠道减少、筹资成本增加的情况，究其原因可能是H公司是一家国资委控股的集团公司，且处在发电行业，在一定程度上筹资相对较容易。但在其筹集资金后，可能产生由市场利率变化引起的利率风险，以及增加财务杠杆效应。

②利率风险低

2021年H公司集团的借款总金额2459.67亿元，其中浮动利率借款1691.71亿元，占比68.78%，浮动利率的借款使H公司面临现金流出的利率风险(见表5)。在其他参数不变的情况下，如果人民币借款的利率提高/降低50个基点，利息费用将会分别增加/减少人民币10.02亿元。不过近3年央行基础利率LPR利率稳中有降，因利率上升而导致以浮动利率计算的带息债务利息支出增加的可能性较低，利率风险较低。

表 5　H 公司 2021 年借款情况　　单位:亿元

	浮动利率借款	固定利率借款
短期借款	225.41	693.55
长期借款	1466.30	74.41
合计	1691.71	767.96
占比	68.78%	31.22%

资料来源:作者根据 2021 年 H 公司年报自行整理。

③财务杠杆负效应增加

由于 H 公司主要是通过债务筹集资金,并没有通过发行股票筹集资金,所以其资本结构发生变化,财务杠杆增大,负债占长期资本比重增加。财务杠杆增大可以产生正效应,如利息抵税效应,使企业综合资本成本降低;也可以产生负效应,即高财务杠杆带来的财务危机。当企业过度举债时,为了偿还现有的债务本息,维护企业的信誉,企业不得不再度举债,从而进入恶性循环,面临日益严重的债务危机。

2017 和 2018 年利息费用占比均超过 70%,2019 年利息占息税前利润的 69.84%,占比有所下降,但利息费用额为 2017—2021 年最高,为 107.98 亿元,2020 年利息费用占比下降 18.69 个百分点,下降幅度很大,主要是由于利息费用下降且息税前利润上升的双重作用(见表 6)。2021 年在息税前利润为负的情况下,H 公司仍需支付 87.98 亿元的利息费用,给资金链带来极大的压力。此外,长期借款近五年内需偿还 62.76%,偿还压力大。

表 6　H 公司 2017—2021 年利息占息税前利润比率

	利息费用(亿元)	息税前利润(亿元)	利息费用占比
2017 年	98.51	135.71	72.59%
2018 年	105.45	139.81	75.42%
2019 年	107.98	154.61	69.84%
2020 年	92.30	180.44	51.15%
2021 年	87.98	−54.79	−160.58%

资料来源:作者根据 2017—2021 年 H 公司年报自行整理。

整体来看,H 公司筹资成本处于中等水平,筹资渠道较多,但是举债经营严重导致利息费用负担重,偿还债务利息的压力大,有可能陷入上述的资金怪圈,存在资金链断裂的风险。

(2)投资风险识别

上文筹资风险分析得出 H 公司依然有足够强大的筹资能力,但筹资带来的财务杠杆的负面效应也显著增强,说明筹集的资金在投资使用时没有产生足够的回报,因而接下来对 H 公司的投资风险进行分析。

①投资活动资金现状

2020 年和 2021 年的投资活动现金净额稳定在－420 亿元左右,平均比 2018—2019 年超出 100 亿元以上(见表 7)。投资活动现金流出主要是由于 H 公司正处于加强碳排放控制的转型期,既要投资新能源发电项目,也要投资火电技术改造项目,还要投资碳捕集等相关碳排放控制项目,相关支出占投资活动现金流出的 90%以上。

表 7　2017—2021 年 H 公司投资活动现金流概况　　单位:亿元

	投资活动流入	投资活动流出	净额
2017 年	54.22	395.99	－341.77
2018 年	14.40	219.68	－205.28
2019 年	29.42	324.79	－295.37
2020 年	14.74	435.41	－420.67
2021 年	16.19	442.76	－426.57

资料来源:作者根据 2017—2021 年 H 公司年报自行整理。

2017—2021 年投资活动现金流入均小于投资活动现金流出,2020 年和 2021 年投资活动流入流出差额进一步扩大,对 H 公司的现金流造成较大的压力。这种情况下,投资活动中任何情况发生变化都可能使投资收益偏离预期或投资回报降低而产生投资风险。

②投资项目回报不确定性增加

H 公司目前新能源风电和光伏发电项目投资总额约为 460 亿元,其在建工程中海上风电项目 7 个,遍布辽宁、山东、江苏、浙江、广东等沿海省份。我国海上风能资源丰富,但我国大部分海域受太平洋海域影响处于台风区,极限风速大,风浪高,气象条件较恶劣,此外,高湿度和高含盐量导致海水腐蚀性强,相对于陆上风电,海上风电项目建设施工以及运营维护技术要求高,项目的技术问题会造成投资周期延长、回报率低于预期。

H 公司的其他投资项目如技术改造项目 2020—2021 年每年投入金额约 70 亿元。技术改造主要是针对碳排放较高的火电项目,一方面,通过设备技术更新控制其碳排放;另一方面,运用先进技术将排放的二氧化碳捕集,但目前这些技术研发存在较大的困难,仍处在探索阶段。

此外，受政策影响，某些项目投资周期延长或无限期停滞，项目投资回报率降低。如灌云大机组项目、罗源发电有限责任公司二期新建工程项目等火电投资项目立项于“十三五”期间，规划项目建设至“十四五”期间，但在“双碳”目标下，各级政府严控碳排放总量及强度，未将这些项目列入“十四五”投资规划。项目建设停滞，推进前景不容乐观。巢湖电厂二期扩建工程项目因建设容量指标被正式取消，预计不再具备建设可能，对发生的其他前期支出，如场地平整等可行性研究阶段和动工准备阶段的相关支出，全额计提减值。

整体来看，H公司的投资风险体现在两方面：一是投资流入流出资金差额增大，容易导致公司现金流紧张；二是由于“双碳”相关技术研发的成功概率和政策变化都存在不可预见性，项目的投资回报不确定性增加。

(3)营运风险识别

2017—2021年，H公司的流动资产一直小于其流动负债，且2020—2021年差额明显增大(见表8)，这说明H公司的流动负债中有一部分由其固定资产等长期资产占用，而长期资产变现能力差，可能导致流动负债到期无法偿还，财务状况不稳定。接下来本文通过分析H公司的变现能力和偿付能力来识别其营运风险。

表8　H公司2017—2021年营运资产表　单位：亿元

	流动资产	流动负债	营运资产
2017年	485.38	1559.50	−1074.12
2018年	617.99	1382.06	−764.07
2019年	607.75	1416.20	−808.55
2020年	661.38	1540.48	−879.10
2021年	924.71	1863.98	−939.27

资料来源：作者根据2017—2021年H公司年报自行整理。

①变现能力较弱

本文选用流动比率和现金比率两个指标来反映H公司的变现能力。企业的流动比率维持在2∶1左右是一个比较理想的状态，流动比率过低说明资产的变现能力差，可能造成不能及时偿还债务的情况；流动比率过高，可能由于货币资金未能得到有效利用造成应收账款回收期长或者存在存货积压。现金比率是企业短期偿债能力的直接体现，一般在20%左右较合适，该指标过大表明企业资金利用效率低，机会成本增加；该指标过小，则会存在资金短缺风险。

2017—2021年，H公司的流动比率均小于或等于50%，现金比率均小于

15%，现金比率约为流动比率的1/5（见表9），说明流动资产中应收账款、存货占比很大。2021年流动比率最高，而现金比率却下降至2018年以来最低，这是由于存货和应收账款占比增加，说明2021年H公司的变现能力降低。

表9　H公司2017—2021年变现能力财务指标

	流动比率	现金比率
2017年	31.00%	6.50%
2018年	45.00%	12.49%
2019年	43.00%	9.75%
2020年	43.00%	9.32%
2021年	50.00%	9.07%

资料来源：作者根据网易财经自行整理。

②偿付能力较低

本文选用资产负债率、利息保障倍数来反映H公司的偿付能力。资产负债率反映负债占公司总资产的比值，该比率越高，企业财务状况越不稳定，存在的财务风险越大。利息保障倍数通常用来衡量企业的长期偿债能力，它是企业息税前利润与利息费用之比。利息保障倍数小于1时，则说明企业通过生产经营获得的收益不足以支付当期产生的利息费用，企业需要动用原有累积的资金或者通过其他资产变现来偿还债务利息，财务状况不稳定；利息保障倍数越大，说明企业偿债能力越强。

2018年中央出台了企业去杠杆文件，要求企业降杠杆，不能过度举债经营。H公司的资产负债率在2017—2020年逐渐下降，但2021年又增长了约7个百分点（见表10）。2019—2021年利息保障倍数先上升后急剧下降，主要是由于2021年H公司亏损达126亿元。2021年H公司的资产负债率反弹增长，利息保障倍数降低，偿债能力变弱。

表10　H公司2017—2021年偿还能力财务指标

	资产负债率	利息保障倍数
2017年	75.65%	137.76%
2018年	74.77%	132.58%
2019年	71.64%	143.18%
2020年	67.71%	195.49%
2021年	74.72%	−62.28%

资料来源：作者根据网易财经自行整理。

③行业对比

H 公司的资产流动性很低，表明营运风险显著，但作为一个重资产的公司，这可能是由其所在行业决定的，因此接下来本文选择同为发电行业且以火电为主的实力相当的国电电力、华电国际和大唐发电三家企业作为对比，以得出 H 公司的营运风险在行业的水平。

四家企业的资产流动比率都很低，最高不超过 50%（见图 7）。H 公司的流动比率相对来说在这四家集团中是最高的，但整体相差不大，说明火电行业中，流动比率普遍偏低，这由企业性质决定。

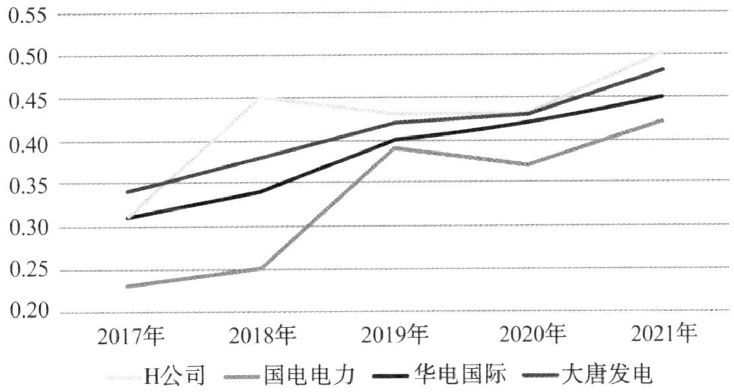

图 7　2017—2021 年四家企业资产流动比率

资料来源：作者根据网易财经自行整理。

2017—2021 年，四家企业的现金比率都没有达到一般企业的安全值，但在对比企业中，2020 年起 H 公司的现金比率垫底，且呈下降趋势（见图 8）。2021 年，H 公司的现金比率比大唐发电的现金比率低了 2.68 个百分点，说明 H 公司的现金流相对更紧张，变现能力较低，短期偿债能力差。

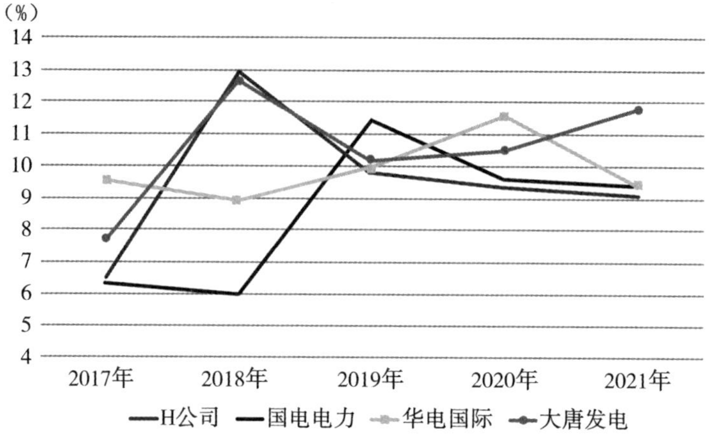

图 8　2017—2021 年四家企业现金比率

资料来源：作者根据网易财经自行整理。

2017—2021 年四家企业的利息保障倍数变化趋势是一致的，都是先增大后减小；资产负债率的变化趋势也趋于一致，先降低后增高，说明这是行业发展趋势，或者行业受到宏观环境影响。但 H 公司的利息保障倍数在对比企业中一直处于落后地位(见图 9)。H 公司的资产负债率在对比集团中一直处于高位，2021 年 H 公司的资产负债率为 74.72%，比华电国际高 8.3 个百分点(见图 10)。

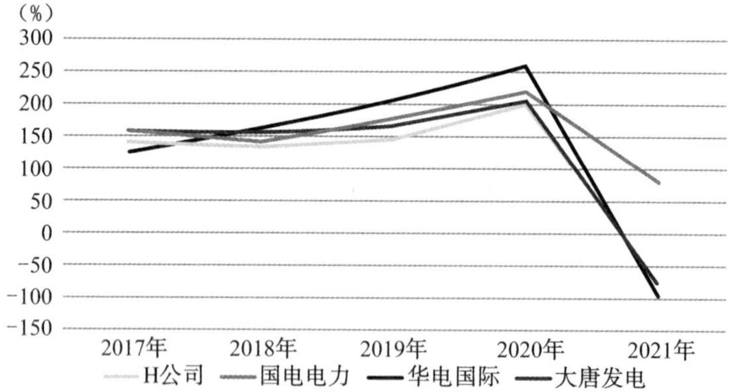

图 9　2017—2021 年四家企业利息保障倍数

资料来源：作者根据网易财经自行整理。

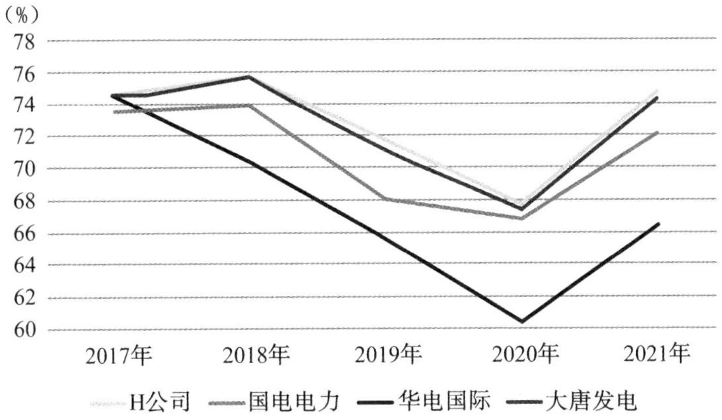

图 10　2017—2021 年四家企业资产负债率

资料来源：作者根据网易财经自行整理。

因此，不论是 H 公司自身纵向对比，还是与行业内实力相当的企业横向对比，其变现能力和偿还能力都相对较差，且存在恶化趋势，营运风险增加。

(4)收益分配风险识别

收益分配风险是公司的收益分配行为影响其后续经营活动所带来的风险，主要与企业所有者对净利润的分配即普通股股利支付占净利润的比例相关。企业应该根据自身的经营情况和财务状况选择股利政策。

H 公司采用的股利政策是固定股利额政策，2017 年、2018 年按普通股每股股利 0.1 元支付，2019 年、2020 年分别按普通股每股股利 0.135 元、0.18 元支付。其中 2017 年、2019 年支付的普通股每股股利高于当年的普通股每股收益(见表 11)，说明当年动用以前年度累积的未分配利润来发放股利。2020 年支付的普通股每股股利与当年的普通股每股收益相当，也就是说股利支付率 100%。

表 11　H 公司 2017—2020 年股利支付情况

	普通股每股收益(元)	普通股每股股利(元)
2017 年	0.07	0.1
2018 年	0.11	0.1
2019 年	0.06	0.135
2020 年	0.18	0.18

资料来源：作者根据 2017—2020 年 H 公司年报自行整理。

H 公司支付的股利额相当高。前文已分析 H 公司目前处于碳排放控制的转型时期，需要大量资金投资新项目。公司进行股利分配比例高，虽然能够传递出公司经营状况稳定的积极信号，并且能够稳定股票价格，但不利于H公司的资本积累，在此转型特殊时期，容易导致现金短缺。H公司2022年年度股东大会未批准宣派2021年进行股利分配，其自身似乎意识到持续高股利分配率可能会给企业造成资金短缺的压力，因此H公司存在收益分配降低风险。

2.财务风险评价

本文接下来针对识别的财务风险进行评价。首先考虑到H公司自身处在高碳排放行业，通过与同行业进行对比，针对碳排放控制产生的财务风险进行评价；再运用F分数模型对“双碳”目标下H公司整体财务风险进行预警分析。

(1)碳商法评价碳排放导致的财务风险

①评价方法

碳商法基于情景假设分析通过未实现碳费用对企业财务指标如营业收入、净资产等的侵蚀程度来体现其对财务成果的负面影响。其计算过程具体分为三步：首先，将当年实现的碳排放量乘以长期有形资产的剩余使用寿命，计算结果为企业产生碳排放的长期有形资产在剩余使用寿命内的未实现碳排放量；其次，将未实现碳排放量乘以处理每吨温室气体当量的预计成本，即货币化为未实现碳费用；最后，计算未实现碳费用与企业财务指标的比例，得出侵蚀程度。

②评价过程

本文假设企业在当下时刻必须实现碳中和目标，或发电行业碳排放免费配额为零，计算其碳排放耗费的成本费用对企业营业收入的侵蚀。对碳排放所耗费的成本费用的计算目前主要有两种定价方法，分别是碳税和碳排放权交易体系。其中碳税主要适用于碳排放量较小的企业，而碳排放权交易则适用于碳排放量较大的企业。

H公司碳排放量大，且我国目前没有征收碳税，因此本文采用碳排放权交易来确定碳价，确定碳排放所耗费的成本，2021年全国碳排放交易碳均价为50元/吨。

由于碳商法是一种基于情景假设的研究方法，综合考虑绝对数据与相对数据更具有研究意义，因此本文选取国电电力、华电国际、大唐发电三家以火力发电为主的规模相当的企业作对比分析。碳排放导致的未实现碳费用对企业营业收入的侵蚀最严重的是大唐发电，H公司位居第三，侵蚀比例为9.04%(见表12)。

表12 四家企业2021年未实现碳排放费用占比

	碳排放量（万吨）	未实现碳费用（亿元）	营业收入（亿元）	侵蚀比例	主营业务利润率
H公司	36983	184.91	2046.05	9.04%	8.39%
国电电力	31611	158.06	1681.85	9.40%	11.88%

续表

	碳排放量（万吨）	未实现碳费用（亿元）	营业收入（亿元）	侵蚀比例	主营业务利润率
华电国际	17205	86.03	1044.22	8.24%	3.16%
大唐发电	20071	100.36	1034.12	9.70%	7.77%

资料来源：作者根据企业年报自行整理。

③评价结论

结合各公司的主营业务利润率来看，在情景假设下，除国电电力外的三家企业都会出现亏损情况，说明在高碳排放的火电行业，若碳排放免费配额取消，那就需要各企业在碳交易系统竞价拍卖，导致利润空间大大减小，甚至亏损。

在实现“双碳”目标的道路上，国家利用免费配额制度，倒逼企业优化改革，同时给予低碳转型期限。在此期限内，碳排放免费配额逐渐减少，盈利水平会降低，为此 H 公司需要重点关注碳排放导致的财务风险，做好风险防范。

(2)F 分数对财务风险预警分析

①评价方法

基于情景假设，碳商法评价了碳排放导致的财务风险，不过这只聚焦于假设未来政策变化而发生的碳排放费用对财务产生的风险。但“双碳”目标下企业财务风险的传导路径不仅于此，因此需运用 F 分数模型对 H 公司的财务风险进行预警分析。

F 分数模型脱胎于 Z 分数模型，Z 分数模型的财务指标涉及流动性、盈利能力、经营效率等五个方面，但忽略了现金流变动的因素，因而具有一定的局限性。因此有学者对其加以改进，形成了 F 分数模型(见表 13)。

表 13　F 分数模型

<table>
<tr><td colspan="2"></td><td colspan="2">F 分数模型</td></tr>
<tr><td colspan="2">判别式</td><td colspan="2">$F=-0.1774+1.1091\times X1+0.1074\times X2+1.9271\times X3+0.0302\times X4+0.4961\times X5$</td></tr>
<tr><td rowspan="6">模型分项因素</td><td rowspan="2">X1</td><td>(期末流动资产—期末流动负债)/期末总资产</td><td rowspan="2">流动性风险</td></tr>
<tr><td>反映资产流动性和规模及短期偿债能力</td></tr>
<tr><td rowspan="2">X2</td><td>期末留存收益/期末总资产</td><td rowspan="2">收益分配风险</td></tr>
<tr><td>反映企业积累的利润及历史收益分配</td></tr>
<tr><td rowspan="2">X3</td><td>(税后净利润＋折旧)/平均总负债</td><td rowspan="2">流动性风险</td></tr>
<tr><td>反映现金流可用于偿还企业债务能力</td></tr>
</table>

续表

<table>
<tr><td colspan="2"></td><td colspan="2">F 分数模型</td></tr>
<tr><td rowspan="4">模型分项因素</td><td rowspan="2">X4</td><td>期末股东权益的市场价值/期末总负债</td><td rowspan="2">筹资风险</td></tr>
<tr><td>反映股东与债权人提供的资本相对关系及企业资本结构</td></tr>
<tr><td rowspan="2">X5</td><td>(税后净利润＋利息＋折旧)/平均总资产</td><td rowspan="2">投资风险</td></tr>
<tr><td>反映总资产创造现金流的能力,与投资回报相关</td></tr>
<tr><td colspan="2" rowspan="3">风险临界值</td><td colspan="2">F≤0.0274:破产危机区域</td></tr>
<tr><td colspan="2">0.0274<F<0.075:不确定区域</td></tr>
<tr><td colspan="2">F≥0.0775:安全区域,继续生存</td></tr>
</table>

②评价过程

将 H 公司的数据代入模型计算,得到表 14。

表 14　H 公司 F 分数

	X1	X2	X3	X4	X5	F 分数
2017 年	－0.28	0.10	0.08	0.24	0.09	－0.27
2018 年	－0.19	0.10	0.07	0.27	0.08	－0.20
2019 年	－0.20	0.09	0.07	0.20	0.08	－0.20
2020 年	－0.20	0.09	0.07	0.16	0.07	－0.22
2021 年	－0.19	0.05	0.03	0.29	0.04	－0.31

资料来源:作者根据 2017—2021 年 H 公司年报自行整理。

X1 因子自 2018 年以来比较稳定,2021 年小幅度上升是由于总资产增长幅度较大。但是 X1 因子连续五年均为负数,说明 H 公司营运资金紧张。H 公司通过短债长投的形式来进行资本性投资,使企业长期资产占比越来越高,而长期资产变现能力弱,且日常维护和管理成本相对较高,企业的流动性风险大。X2、X3 和 X5 因子均呈下降趋势,且 2021 年下降幅度大。这是由于 2021 年 H 公司经营亏损 126 亿元但仍需对 2020 年进行高额股利分配,导致留存收益下降较快,同时企业总资产由 4382 亿元增长到 4900 亿元,增长幅度较大。2020 年 H 公司经营状况良好,税后净利润同比增长了 170.68%,并且未进行大额筹资,负债总额波动小。2021 年,受煤炭价格的巨大波动影响,H 公司虽然营业收入同比增长了 20.78%,但其净利润却亏损了 126 亿元,并且为投资新能源发电,企业通过发行债券及银行借款进行大额筹资,负债总额增长近 700 亿元。

2017—2021 年 X4 因子先下降后增加,2021 年达到最高值,主要是由于

2021 年受资本市场系统性的影响，股价整体上涨。H 公司的市值虽有提升，但其市值小于负债总额。H 公司财务杠杆一直以来都比较高，资本结构稳定性较差，外界环境变化或行业变化易影响其财务状况的稳定性。

③评价结果

F 分数线 2017—2021 年均小于 0.0274，处在预警线之下，且均为负值，这主要由于火电行业的营运资产为负这一行业性特征导致。但 H 公司 2021 年各分项因素值变化明显，导致当年的 F 分数显著下降，说明 H 公司财务风险增加，需要提高风险预警等级。

五、财务风险防范对策与保障措施

(一)财务风险防范对策

1.科学设计筹资方案，创新筹资方法

(1)科学设计筹资方案，改善资本结构

H 公司主要是通过长短期借款筹得资金，每年还本付息压力很大，资产负债率 2021 年增长至 74%，长期负债是所有者权益的 2 倍左右，并且存在短债长投的现象。H 公司需要结合项目具体情况科学设计筹资方案：确定适当的筹资方式，以改善资本结构，降低筹资成本；确定合理的筹资额度，避免增加闲置资金的持有成本和时间成本；确定恰当的筹资时间，避免项目资金链断裂。H 公司可以聘请第三方中介机构对各筹资方案进行论证，并出具财务风险评估报告。最后，依据经论证及评估的方案开展筹资活动，在控制成本和财务风险的基础上，确保能够在准确的时间内获取所需资金。

(2)创新筹资方法，拓宽融资渠道

目前已有金融机构开发了一种新型的绿色信贷产品——碳排放权质押融资。H 公司作为发电行业的一员，可以将其拥有的免费配额的碳排放权进行质押融资。碳排放权质押融资不但能提高企业碳资产的利用效率，拓宽企业绿色融资渠道，而且其融资成本低，能够促进企业节能减排、绿色转型发展。H 公司也可以通过设立光伏基金、新能源发展基金等方式筹集资金，围绕清洁能源低碳转型进行基金管理，通过基金运作的方式进行产业的整合和业务的拓展。

2.统筹投资方案，重视项目可行性分析

(1)统筹投资方案，推进“双碳”工作

目前，推进“双碳”工作一般有三种思路：一是存量优质化，包括节能降耗改造、灵活性改造、供热改造以及淘汰低参数小火电等项目；二是增量清洁化项目，主要是指发展新能源项目，新能源项目包括水电、风电和光伏发电等；三是探索负排放技术研发项目如生物质能碳捕集与封存(BECCS)项目。

对上述推进“双碳”工作项目的投资选择,H公司首先要结合社会需求的发电量来考虑,因为其首要任务是满足社会用电量的供应;其次,需要结合企业自身的人力、物力和资金实力,避免由于激进投资产生风险;最后,要考虑研发项目技术难度以及“双碳”目标的进度,因此H公司需要统筹投资方案设计。H公司可以设计多个投资方案,对投资方案进行财务风险评估,按照“双碳”目标的战略规划,预测各个投资方案实现碳达峰的时间。根据财务风险评估结果及碳达峰时间预测结果,选择一个最优的投资方案。

(2)重视可行性分析,避免盲目投资

确定投资方案之后,H公司应当根据方案选择投资项目,并在进行全面可行性分析之后做出投资决策。H公司在建工程已计提减值的某些项目主要是因为前期调研不充分,未了解相关政策规划。前期调研需要更加深入全面,不能仅拘泥于形式,否则会导致决策不当,盲目立项,从而与预期效益偏离,造成人力、物力及资金的大量浪费。比如,针对已有资产的改造项目,要全面调研煤电机组的资产状况、经营情况、盈利水平和能耗水平等,考虑综合效益以确定需要改造或关停的项目,避免错改错关。新建清洁能源项目前期主要是对选址进行充分调研,这需要从长远的角度考虑,要考虑所选地址的气候环境,电厂对风速、日照时长和强度等的要求,也要考虑交通运输是否便利及周边电网的情况。一些碳捕集的研发项目是否经过科学论证并且论证是否充分;根据科学论证的结果,能够在多大程度上降低碳排放;H公司的相关领域科研人员储备是否充足或市场上相关人才是否易获得:这些都是H公司在前期调研时需要注意的问题。

为统筹推进“双碳”项目,确保按期完成投资项目的任务,公司还应当从人力、物力及资金等方面积极筹划,以确保在项目实际执行层面可行。首先,补充人力资源,包括管理人才、专业人才、技能人才。风电和光伏发电项目从勘察、设计、设备采购到施工与煤电项目均有区别,H公司风电和光伏发电的人才相对紧缺,可以通过社会招聘引进高素质人才,通过校园招聘扩大人才储备,建立人才储备中心。同时,可以对原有岗位进行优化或利用服务外包等方式实现减员增效。其次,完善物资采购。风力发电选址一般在海上或者山上,光伏发电的选址一般在未开发利用地或荒地,与火电选址均有区别,需要协调安排物资采购、配送运输、设备安装等事宜。最后,对项目进行科学预算。每个项目所需资金估算值要科学合理,因为这一估算值是确定立项选择的依据之一,也是公司融资需要参考的数据。估算值过高,项目可能会被搁置或导致过量融资加重利息偿还压力;估算值过低,可能会导致资金不足,资金链紧张。因此对估算的精确度有一定的要求，需要选择合适估算的方法、合理的估算流程。

3.加强资金管理，严控成本支出

(1)加强对投资项目的预算管理

项目筹建过程中要加强对项目的预算管理。"双碳"项目如新能源项目或BECCS技术研发项目耗时长达3—5年甚至更长，而项目最初的预算是立项时对项目所需资金的初步估算，由于经济形势变化、物价上涨等，最初预算可能与实际情况存在较大偏差，此时若只根据最初预算执行，可能导致项目进度延迟或项目建设材料以次充好，偷工减料，最终导致项目交付使用后存在隐患。因此，H公司需要注意预算的调整优化，避免项目进展不顺利或资金浪费，同时也要允许预算调减，当经济下行、物价下跌时，项目实际支出数低于预算数，及时调整可以避免资金浪费。在调整预算时，应当设置调整次数上限，并且建立调整审批制度，避免随意调整，造成管理混乱。

此外，建立预算预警有助于加强预算与实际工作的联系，根据项目建设规划，以季度为时间段，以预算支出的80%为预警值，当一个季度的项目支出达到预算支出的80%之后，向项目部发出预警，该项目部应当重视，在剩余时间内严格控制支出，确保不超过预算值。但若实际超支无惩罚、实际结余无奖励，那预算执行最终会下降甚至流于形式。因此，执行预算考核也有利于预算执行，并且考核力度和考核频次越合理，越能够提高实际工作中执行预算的积极性。

(2)加强应收账款管理

H公司应收账款占比逐年上涨，占流动资产的比重达50%以上。应收账款周转率下降，说明应收账款降低了资金运营效率，企业应当对应收账款加强管理。首先，应当重视客户信用管理相关的规章制度建设以及执行。在债权成立之前应当根据客户经营现状及历史表现设置信用等级以及信用政策，并且严格按照多层审批政策执行，不能仅考虑营业收入增加，忽略债权成立后的收账风险。其次，加强应收账款风险防范。2021年H公司所计提的坏账按客户分析，计提比例为100%的占比80%，说明对客户的信用状况跟踪了解不到位，应当在应收账款存续期间定期对客户信用等级进行核查，根据变化及时调整等级政策，可以给予合理优惠鼓励提前还款，避免坏账增加。此外，加大账龄分析力度有助于了解应收账款质量，避免大量呆账、坏账产生的风险。

(3)加强煤炭成本管控

在碳排放量和排放强度的"双控"政策下，煤炭市场供应紧缺，煤炭价格波动对公司火电业务盈利能力影响巨大，所以控制煤炭采购的成本支出有助于增强盈利能力，降低企业整体财务风险。控制燃料成本支出，公司需要提升燃料集约化管理，集中采购及配置各电厂煤炭份额。建立供应商管理系统，实时监测和跟踪记录供应商煤炭价格，选择优质供应商，积极与煤炭供应商签订长期合同，并且落实合同履约工作，促进煤炭供应的稳定性，减少采购煤炭的价格波动。目前，H 公司长期协议的煤炭采购量占比保持在 50%以上的中等水平，若其占比持续增高至 100%，则火电用煤成本有望快速下降。

4.建立现金流预警机制

"双碳"目标下 H 公司筹资、投资和经营产生的现金流净额变动较大，且呈现朝不利方向发展的趋势。秉持以资金为导向的原则，H 公司应当建立现金流预警机制。根据自身的实际情况，选取与公司现金流量相关的敏感性财务指标，构建符合行业特点的现金流预警机制，设置警戒值及预警信号。

H 公司定期对现金流进行监测跟踪，在现金流量突破警戒值时及时预警，通过采取加强现金收支管理、改善信用政策以及完善内部控制等相应措施，及时解除预警，避免出现现金流断裂等财务危机。

（二）财务风险防范保障措施

1.培育财务风险防范的文化

由于碳排放体现在 H 公司生产经营的许多环节，"双碳"目标下的财务风险防范不应仅局限于公司财务部门人员，上到公司管理层，下至公司一线员工，人人都应当具有财务风险防范意识。管理层的财务风险防控意识决定了公司财务风险防范的强弱程度，提高管理层的防范意识，有利于管理层科学决策，并为整个公司的财务风险防范奠定基调。一线员工的财务风险防范意识薄弱也可能给公司带来巨大的财务损失，提高一线员工的财务风险防范意识，能提高相关防范措施的执行力度，确保财务风险防范措施的执行效果。因此，H 公司应当培育财务风险防范的文化。可以通过定期举办财务风险相关的知识讲座和案例分析等方式，引导员工认识财务风险防范的重要性，使财务风险不仅存在于书本或口头的理论，而是内化为员工工作中的行为习惯。

2.完善财务风险防范的内部控制

H 公司不仅要培育财务风险防范的文化，还要将财务风险防范体现在公司内部控制制度中，并且根据企业内外部环境变化，相应完善财务风险防范的内部控制。通过内部控制制度明确员工在财务风险防范方面的权责，同时也要考虑如何更有效地执行内部控制。对员工履行相关职责建立监督和奖惩机制，如对现金流风险预警机制的相关工作人员定期实施考核，并将风险预警效果与奖惩机制相关联，提高员工的财务风险防范积极性，以此提高公司财务风险防范效率和效果。

参考文献

[1]毕晓方,张俊民,李海英.产业政策、管理者过度自信与企业流动性风险[J].会计研究，2015，329(3)：57-63＋95.

[2]巢清尘."碳达峰和碳中和"的科学内涵及我国的政策措施[J].环境与可持续发展，2021，46(2)：14-19.

[3]陈关中.为"碳达峰碳中和"贡献企业财务力量[J].管理会计研究，2021，4：1.

[4]陈敏.新形势下房地产企业财务风险防范与控制策略探讨[J].商讯，2022，276(14)：13-16.

[5]范英,滕飞,张九天.中国碳市场：从试点经验到战略考量[M].北京:科学出版社,2016.

[6]高金河.低碳经济视角下高碳排放企业财务风险预警分析[J].经济研究导刊，2018，6:98-100.

[7]郭朝先. 2060 年碳中和引致中国经济系统根本性变革[J].北京工业大学学报(社会科学版)，2021，21(5)：64-77.

[8]韩国文,樊呈恒.企业碳排放与股票收益:绿色激励还是碳风险溢价[J].金融经济学研究，2021，36(4)：78-93.

[9]韩民,黄文璐.碳排放权价格对能源企业价值的影响研究[J].中国石油大学学报(社会科学版)，2022，38(5)：20-28.

[10]韩松.中国能源结构与产业结构发展现状及灰色关联关系研究[J].工程建设标准化，2020，7：69-79.

[11]胡鞍钢.中国实现 2030 年前碳达峰目标及主要途径[J].北京工业大学学报(社会科学版)，2021，21(3)：1-15.

[12]黄世忠,叶丰滢,李诗.碳中和背景下财务风险的识别与评估[J].财会月刊，2021，22：7-11.

[13]黄贤环,吴秋生,王瑶.金融资产配置与企业财务风险:"未雨绸缪"还是"舍本逐末"[J].财经研究，2018，44(12)：100-112＋125.

[14]刘彬.碳中和背景下新能源发电企业高质量发展中财务战略的选择[J].纳税，2021，15(23)：91-92.

[15]刘恩禄,汤谷良.论财务风险管理[J].北京商学院学报，1989，1：50-54.

[16]刘燕春子.亚太地区低碳转型已成共识[N].金融时报，2021-11-17(008).

[17]吕峻,胡洁.企业财务风险识别评价研究[M].北京:经济管理出版社,2018.

[18]马梅若.助力实现“双碳”目标：银行业如何“向绿”[N].金融时报，2021-12-01(002).

[19]盛春红.能源转型的制度创新：德国经验与启示[J].科技管理研究，2019，39(18)：25-31.

[20]司秀华，李俊倩，常冶衡.低碳经济视角下高碳排放企业财务风险预警研究[J].中国市场，2020，25：197-198.

[21]宋芳.石化企业碳排放权交易法律风险分析及防范[J].石油化工技术与经济，2021，37(5)：1-4.

[22]闻吉尔.低碳经济下企业碳会计信息披露问题探究[D].南昌：江西财经大学，2021.

[23]王进朝，张永仙.企业生命周期、内部控制质量与财务风险[J].会计之友，2020，643(19)：87-94.

[24]王毅刚.中国碳排放交易体系设计研究[M].北京：经济管理出版社，2011.

[25]王颖.国有企业内控管理及财务风险防范措施分析[J].中国市场，2022，1117(18)：103-105.

[26]温志超.我国征收碳税的可行性与政策研判及影响[J].财经界，2022，635(28)：30-32.

[27]吴斌，曹丽萍，沃鹏飞.复合的碳税和碳排放权交易政策：欧盟的经验与启示[J].广西师范大学学报(哲学社会科学版)，2020，56(4)：84-94.

[28]吴学安，李鑫欣.碳排放权交易市场建设需有顶层设计[J].绿化与生活，2023，309(1)：25.

[29]肖萍，高艳艳.逆全球化背景下农业企业海外并购的困境和破局策略[J].中国经贸导刊(中)，2021，2：29-31.

[30]徐玉芳.互联网企业并购财务风险分析[J].财会通讯，2017，745(17)：109-111.

[31]严真红.我国企业财务风险的成因及其防范[J].江西财经大学学报，2001，4：38-40.

[32]张继德，詹鑫，康佳婧，等.实体企业业绩承诺与金融风险的机制与防控研究：以天神娱乐为例[J].会计研究，2019，382(8)：40-46.

[33]张晓玲.可持续发展理论：概念演变、维度与展望[J].中国科学院院刊，2018，33(1)：10-19.

[34]BATTISTON S，MANDEL A，MONASTEROLO I，et al. A climate stress-test of the financial system [J]. Nature climate change，2017，7：283-288.

[35]BOUBAKER S, CELLIER A, MANITA R, et al. Does corporate social responsibility reduce financial distress risk? [J]. Economic modelling, 2020, 91: 835-851.

[36]CHAUDHRY S M, AHMED R, SHAFIULLAH M, et al. The impact of carbon emissions on country risk: evidence from the G7 economies [J]. Journal of environmental management, 2020, 265: 110533.

[37]CHI Y, YAN M, PANG Y, et al. Financial risk assessment of photovoltaic industry listed companies based on text mining [J]. Sustainability, 2022, 14 (19): 12008.

[38]ÇOLAK M S. A new multivariate approach for assessing corporate financial risk using balance sheets [J]. Borsa istanbul review, 2021, 21: 239-255.

[39]FAIELLA I, LAVECCHIA L, MICHELANGELI V, et al. A climate stress test on the financial vulnerability of Italian households and firms [J]. Journal of policy modeling, 2022, 44(2): 396-417.

[40]FENG Q, CHEN H, JIANG R H. Analysis of early warning of corporate financial risk via deep learning artificial neural network [J]. Microprocessors and microsystems, 2021, 87: 104387.

[41]FRANZONI S, PELIZZARI C. Rainfall financial risk assessment in the hospitality industry [J]. International journal of contemporary hospitality management, 2019, 31: 1104-1121.

[42]GANDA F, MILONDZO K S. The impact of carbon emissions on corporate financial performance: evidence from the South African firms [J]. Sustainability, 2018, 10: 2398.

[43]GANGI F, DANIELE L M, VARRON N. How do corporate environmental policy and corporate reputation affect risk-adjusted financial performance [J]. Business strategy and the environment, 2020, 29(5): 1975-1991.

[44] HICKEY C, O'BRIEN J, CALDECOTT B, et al. Can European electric utilities manage asset impairments arising from net zero carbon targets? [J]. Journal of corporate finance, 2021, 70: 102075.

[45]DARBY J L, DAVID J, KETCHEN J, et al. The implications of firm-specific policy risk, policy uncertainty, and industry factors for inventory: a resource dependence perspective [J]. Journal of supply management. 2020, 56 (4): 3-24.

[46]JOSÉ GARCÍA C,BEGOÑA H,MORILLAS F. Corporate board and default risk of financial firms [J]. Economic research-ekonomska istraživanja, 2021, 35: 511-528.

[47]KLEIMEIER S,VIEHS M. Pricing carbon risk: investor preferences or risk mitigation? [J]. Economics letters, 2021, 205: 109936.

[48]KÖLBEL J F,BUSCH T,JANCSO L M. How media coverage of corporate social irresponsibility increases financial risk [J]. Strategic management journal, 2017, 38: 2266-2284.

[49]JUNG J, HERBOHN K, CLARKSON P. Carbon risk, carbon risk awareness and the cost of debt financing [J]. Journal of business ethics, 2018, 150: 1151-1171.

[50]NGUYEN J H, PHAN H V. Carbon risk and corporate capital structure [J]. Journal of corporate finance, 2020, 64: 101713.

[51]PLOEG F,REZAI A. The risk of policy tipping and stranded carbon assets [J]. Journal of environmental economics and management, 2020, 100: 102258.

[52]SEMIENIUK G,CAMPIGLIO E,MERCURE J,et al. Low-carbon transition risks for finance [J]. WIREs climate change, 2021, 12: e678.

[53]SOH Y I,BERK M,CLOTHILDE M A,et al. Climate-related financial risk assessment on energy infrastructure investments [J]. Renewable and sustainable energy reviews, 2022, 167: 112689.

[54]TRINKS A,MULDER M,SCHOLTENS B. An efficiency perspective on carbon emissions and financial performance [J]. Ecological economics, 2020, 175: 106632.

[55]VAN BENTHEM A A,CROOKS E,GIGLIO S,et al. The effect of climate risks on the interactions between financial markets and energy companies [J]. Nature energy,2022,7: 690-697.

[56]VIEIRA M,PAULO H,PINTO-VARELA T. Assessment of financial risk in the design and scheduling of multipurpose plants under demand uncertainty [J]. International journal of production research,2021,59: 6125-6145.

[57]WEI X F. A Method of enterprise financial risk analysis and early warning based on decision tree model [J]. Security and communication networks,2021: 6950711.

[58]WHITAKER R B. The early stages of financial distress [J]. Journal of economics and finance,1999,23(2): 123-133.

[59]XU C,LIU X,WU C,et al. Optimal inventory control strategies for deteriorating items with a general time-varying demand under carbon emission regulations [J]. Energies,2020,13(4): 999.

[60]ZHANG S,ZHUANG Y,LIU L L,et al. Risk management optimization framework for the optimal deployment of carbon capture and storage system under uncertainty [J]. Renewable and sustainable energy reviews, 2019, 113: 109280.

[61]ZHOU D Q,AN Y F,ZHA D L,et al. Would an increasing block carbon tax be better? a comparative study within the Stackelberg game framework [J]. Journal of environmental management, 2019, 235: 328-341.

[62]ZHU L,LI M H,METAWA N. Financial risk evaluation Z-Score model for intelligent IoT-based enterprises [J]. Information processing & management,2021,58: 102692.

海南自贸港建设背景下海口市城投公司发展战略研究

朱凯文*

摘　要：自从习近平总书记在"4·13"讲话中宣布支持海南全岛建设自由贸易试验区以来，海南迎来了前所未有的发展大机遇、大挑战，这也给海口市城投公司带来了前所未有的发展大机遇、大挑战。如何按照深化国有企业改革总体要求发展，如何在纷繁的环境中勇立潮头、树立新标杆，实现在关键产业领域的掌控力，形成可持续发展的动力，已成为海口市城投公司一个非常严峻的课题。本文通过分析海南自由贸易港建设背景下蕴藏的新机遇、新挑战，研究海口市城投公司的发展现状，采用PEST分析法及波特五力分析法对海口市城投公司发展面临的外部环境影响因素进行分析，再采取SWOT分析法，探索公司在海南自由贸易港建设背景下的发展战略。为实现战略目标，本文提出海口市城投公司通过在资本上实施创新融资模式及改善经营方式的对策，在市场上实施组织优化及加强内部管理、细分市场、打造品牌的对策，在业务上实施突出主营业务、开拓业务模式及方向、搭建工程管理系统平台的对策，在人力资源上实施人才与企业文化建设的对策，确保实现公司发展战略，提质增效，实现在关键产业领域的掌控力，增强公司核心竞争力，并促进公司健康可持续发展。

一、研究背景与研究意义

(一)研究背景

党的十九大以来，国家改革开放进入新时代，海南经济发展也迎来新的机遇。习近平总书记于2018年4月13日在庆祝海南建省办经济特区30周年大

* 朱凯文：2018级工商管理专业硕士研究生。导师：王丽娅教授、符莉娴教授。

会上郑重宣布,党中央决定支持海南全岛建设自由贸易试验区,紧接着国务院又出台了《中国(海南)自由贸易试验区总体方案》,海南自由贸易港(简称“海南自贸港”)的建设从此进入快速发展的道路。海口江东新区于 2018 年 6 月设立,该区主要围绕“三区一中心”,即全面深化改革开放试验区、国家生态文明试验区、国家重大战略服务保障区、国际旅游消费中心进行开发建设,目标是成为中国(海南)自由贸易试验区的重点展示区。随着一系列支持海南自贸港建设的有利政策的不断宣布,海南瞬间引起了全国乃至全世界的关注。海南自贸港的建设对于新时期我国迫切通过推行高标准的开放政策举措,培育国内经济竞争力的新优势,解决多年来国内经济发展积累起来的各种矛盾和问题,如环境恶化、生产成本上升、区域发展不平衡、贫富差距扩大等,具有重大意义,同时给海南带来了中国新时代时期前所未有的发展大机遇、大挑战,也给海口市城市建设投资集团有限公司(简称“海口市城投公司”)带来了发展机遇与挑战。

海口市城投公司是海南省海口市一家国有企业,也可以称之为政府的投融资平台,在推动城市和产业基础设施建设方面具有光荣的使命,同时肩负着贯彻国家战略、落实行业政策、引领海南建筑业发展的重大责任。现如今,海南自贸港建设热潮不断高涨,随着国外优质企业、国内央企及实力强大的民营企业不断涌入,海口市城投公司作为本地龙头国有企业的优势日益下降。因此,推动公司内部改革,研究公司发展战略,提升竞争力,勇立潮头,树立新标杆,将成为海口市城投公司持续健康发展的必由之路。

(二)研究意义

1.理论意义

从理论上讲,国内外关于公司发展战略的研究已经很多,并且国内对于城投公司发展战略的研究也不少,但基于自由贸易港背景下公司发展战略的研究相对较少,特别是我国引进自由贸易港(区)概念的时间较晚,且在天津、上海、福建、广东等地区推行自由贸易区建设的时间也不长。由于海南省是国内唯一在全岛建设自由贸易港的省份,因此研究海南自贸港背景下公司发展战略的学者比较少。本文主要通过一定的理论知识,梳理海南自贸港建设背景下海口市城投公司在产业结构发展方面具备的政策支持,研究公司可以选择的发展战略,从理论上为今后研究自由贸易港建设背景下的同类型公司发展战略提供借鉴参考。

2.实践意义

从实践角度出发,自由贸易港(区)的设定,是该国或该地区在特定区域制定新的贸易规则的重要载体,在探索新一轮对外经济发展方式中扮演着重要的角色。本文通过分析海南自贸港建设背景下蕴藏的新机遇、新挑战,研究海口市城投公司目前所处的发展现状，采用 PEST 分析法、波特五力分析法对海口市城投公司发展面临的外部环境影响因素进行分析，再采取 SWOT 分析法，探索海口市城投公司在海南自贸港建设背景下的发展战略，并为海口市城投公司发展战略制定提供建设性的参考意见。

二、文献述评

(一)国内外研究现状

1.国外关于城市建设投资平台的研究现状

人类的生活具有群体性，城市的发展是必然趋势，城市的发展离不开城市基础设施建设。由于国外的经济体制与我国不同，国内的城市基础设施建设一般由地方性政府融资平台即城投公司或者城建公司进行投资与建设，但国外不存在这类公司，所以直接研究这方面的文献较少，不过还是存在一批学者在城市建设模式、城市建设投资平台的发展历程、融资模式与战略规划等方面开展了研究，这对本文具有一定的参考价值。

从城市建设模式来看，对于城市的建设主要解决的工作有两个，一是住房建设，二是相应的基础设施建设。对于城市开发建设，国外不同国家解决模式也不同，如英国就是由政府组织成立综合开发的公司，进行城市的统一规划、设计、施工和管理；日本通过设置半官半民性质的日本住宅公团，负责成片公寓住宅的综合开发工作；德国在城市建设和管理上采取的是统一城市规划管理，鼓励半政府性机构和企业参与住宅建设，同时政府建造经济实用房屋，解决低收入阶层的住房问题。

从参与城市基础设施建设主体的发展历程来看，可以归纳总结为三个阶段：国有化阶段、私有化阶段及市场化阶段。其中，国有化阶段主要体现在 20 世纪 70 年代末，如 Rosenstein-Rodan(1966)提出政府必须干预基础设施的投资建设，确保市场得到满足。随着时间的推移，20 世纪 80 年代初，许多国家发现政府建设投资运营的基础设施存在浪费、投资效率低下等问题，部分国家开始引入私人机构参与城市基础设施建设，如 Kirwan(1989)认为私人机构加入基础设施投融资领域有利于基础设施建设。从 20 世纪80 年代末到现在，国外城市建设投资平台处于市场化阶段。

从融资模式角度来看，国外城市建设投资平台的融资模式主要分成三类：一是政府提供资金来源的融资模式。Daniels 和 Vijayakumar(2007)认为发行政府债券可以减轻财政支出的压力，满足基础设施建设项目资金需求，是众多国家和地方都认可的融资渠道。Roever(1998)从政府融资的形式来看，认为资产证券化是降低政府融资成本费用的有效办法，既可以提高公共资产的流动性，又可以扩展市政项目的资金来源渠道，如美国特别擅长利用债券，其中市政债券是美国城市基础设施建设主要的融资手段。二是政府与民间资本相互合作的融资模式。Kumaraswamy 和 Zhang(2001)提出政府和社会资本合作(PPP)模式是社会公众认可的模式，这个模式可以促进政府与民间资本合作共赢，从而推动城市基础设施建设。Medda(2007)认为 PPP 模式可以预防城市基础设施建设的投资和融资风险，由政府和民间资本方共同分担风险。Grimsey 和 Lewis(2007)认为 PPP 模式特别适合在新兴市场国家进行推广，通过了解 PPP 模式的操作规程及相关风险，充分发挥 PPP 模式的作用，提高资金运用效率。三是多元化的融资模式。Prudhomme(2001)认为融资方式是否收费要看投资项目的性质。收费建设项目的主体一般是市场化主体，资金来源于社会资本投资及融资；不收费项目即公益性项目，融资主体一般为政府及其相关职能部分，资金大部分来源于财政资金。Harris(2003)指出在融资过程中，发展中国家政府应拓宽融资渠道，把单一的融资方式发展成多元化的融资方式，如建立城市发展银行和城市发展基金，慢慢向资本市场融资过渡，如日本主要采取多元化的融资方式。

从战略规划来看，城市建设投资平台成立初期大部分业务比较单一，主要投资对象为公共基础设施项目，利润比较少，很难持续经营。随着社会的发展，不少学者也逐步开展针对此类企业的发展战略研究。如 Barkema 和 Schijven(2008)认为实施多元化战略一方面可以运用现有的技术、人力、物力，另一方面可以挖掘新的资源，增加平台的收益率；也有些学者如 Sang 和 Cullen(2013)认为多元化战略会在一定程度上不利于企业创新，因为企业很难聚焦一个产品。

2.国内关于城市建设投资公司的研究现状

城市建设是城市发展的重要组成部分，国内城市建设与国外基本一样，也离不开城市基础设施方面的建设。这类项目存在投资大、周期长、风险高及收益相对低的问题。在国内城市基础设施类项目一般属于公益性项目，基本以政府引导和政府出资为主，或者政府通过代建、代管或直接委托的模式让具有工程建设技术及管理能力的城市建设投资平台作为责任主体参与建设，这类城市建设投资平台一般为国有企业，简称"城投公司"。但个别具有一定收益的城市基础设施类项目，也会采用 PPP 模式，以政府为主体，引进社会资本参与建设，以弥补政府财政不足。

研究城投公司的文献比较多，大多数学者从国内城投公司产生的原因、职能定位、融资模式、存在问题及发展战略等方面进行研究。

产生的原因方面，对于国内城投公司诞生的原因，各学者的研究结论基本差别不大。李侠(2010)在对地方政府投融资平台的风险成因与规范建设的学术研究中,就城投公司产生的成因表明了自身的观点:在中国现有的制度下,地方政府在征税这一块存在一定的限度,但是政府在城市建设等各方面的财政支出是很大的,造成了地方建设所需的资金满足不了城市发展的要求,但是根据相关规定,政府无法举债,因此地方政府就想通过一家企业来进行公共建设项目的举债,实现建设资金来源,城投公司由此就诞生了。

职能定位方面,从前文学者对城投公司产生的原因的研究结论中可以看出,政府赋予了城投公司在城市建设中相应的职能定位,即致力于不断提高城市基础设施的投资运营效率,促进城市建设的健康持续发展。但对于城投公司的职能定位,其他学者还有更多甚至不同的研究结论。如郭向红(2018)认为城投公司首先应把城市基础设施项目建设放在首位,其次是对承建的建设项目进行经营及运维管理,最后是以多元化的融资方式筹集建设及运营资金,以资本运作方式来实现国有资产的保值增值。顾文勇(2015)认为虽然城投公司作为一家国有企业,具有社会属性,但在做好政府下达的城市基础设施建设外,还需要做好自己的定位,增强自己的市场竞争力。

融资模式方面,王斌(2020)指出城投公司的项目一般分为经营性、非经营性和准经营性,因项目类型不同,项目融资方式也不同。经营性项目主要向社会投资者融资,如发行企业债、资产证券化等模式;政府融资大部分适用于非经营性项目,准经营性项目以社会投资者为主,非经营性项目一般政府投资和社会投资相结合,如 PPP 模式。

存在问题方面,从国内学者针对不同城投公司的分析来看,各有各的不足。如雷立家(2018)通过对城投公司进行 PEST 分析、波特五力分析等认为大部分的城投公司存在市场竞争意识不强、公司管理和运营系统不健全、融资渠道单一等问题。姜浩(2016)指出城投公司主要存在以下问题:一是公司资产规模不大,盈利能力不强;二是公司缺乏创新性,核心产业呈下行趋势;三是公司的业务结构比较单一。具体到一些城投公司的实际来看,柯竹兰(2019)指出咸宁城投公司存在经营模式落后、企业文化薄弱、专业人才匮乏等问题;吴祝南(2019)提出组织架构不合理、人力资源建设不健全、运营管理模式较为僵化等是中城投 LJ 公司内部危机;吴昆(2021)指出盈利能力不足、融资方式单一及专业人才缺乏是 L 区城投急需解决的问题;吴沁心(2018)指出城投公司目前存在多种内部问题,如负债率高、融资渠道不丰富、建设项目管理能力差、战略目标不明确等。

发展战略方面,李博楠(2008)认为城投公司要做到可持续健康发展,战略上必须考虑三点:一是建立完善的企业管理制度;二是建立丰富的投融资渠道;

三是坚持守好主业，积极拓宽经营思路。孟庆旺(2006)提出充分挖掘自身资源、整合外界资源、采用直接融资的方式是保证天津城投集团可持续发展的有效措施。单晓华(2008)认为城投公司作为国有企业，发展战略应以公益为主，主要从事城市基础设施领域建设，应退出盈利性较强的领域。陈蒙举(2010)在对广州建投公司的发展战略进行研究时，指出公司应综合考虑各个方面因素，如企业的使命、职能、信用、价值等，推广丰富的投融资模式，建立多种投融资制度，提高融资效率，降低经营成本。罗豪(2016)在对南京市城建集团的持续发展研究中，指出它应做到三个方面：一是坚持两个核心，即以城市公共基础设施投资建设和运营为核心；二是发展城市公交停车场、燃气新能源、水务一体化、基础设施建设与运营管理等主要业务；三是坚持完善公司的相关制度。娄飞鹏(2017)指出城投公司是地方政府的融资平台，在转型过程中要明确自己的定位，清晰界定与政府的关系，在一定程度上减少对政府的依赖，主动按照现代公司治理要求的规范制度治理公司，不断提高自身的经营能力，这样才能在市场中具备竞争力。

(二)文献述评

首先，对海南自贸港建设背景下海口市城投公司发展战略研究中涉及的相关概念，即海南自贸港、城市建设投资公司、发展战略等进行了界定。其次，阐述了国外关于城市建设投资平台的研究现状，由于国内外的情况不同，国外不存在城投公司，国外对于这方面的直接研究较少，主要围绕城市建设模式、参与城市基础设施建设平台的发展历程、融资模式与战略规划等方面展开相关研究。最后，从国内城投公司产生的原因、职能定位、融资模式、存在问题及发展战略方面进行研究。如从产生的原因来看，城投公司是为推进城市建设，由政府主导诞生的；从职能定位方面来看，城投公司主要是做好政府下达的城市基础设施建设任务；从融资模式来看，城投公司建设资金主要来源于政府支持；从存在问题来看，融资渠道单一、经营模式单一、缺乏系统的运营体系等是大部分城投公司存在的共性问题；从发展战略来看，大部分学者认为城投公司不能仅限于承接政府下达的基础建设项目，还需要拓展自己的业务范围，开展多元化经营，提高市场竞争力。

通过研究，在一定程度上明晰了相关概念，厘清了理论研究的现状，为本文的后续分析奠定了理论基础。同时，为研究海南自贸港建设背景下海口市城投公司的发展战略有很大的启发。

三、海口市城投公司存在问题分析

海口市城投公司从开始投身海口基础建设到建设海口美好家园，再到多元业务全面发展，一路都在稳步快速发展，目前在海口地区具有一定的影响力。但是随着海南自贸港时代的到来，国家及海南政府对地产行业监管越来越严，海口的住房市场回归理性发展，经对海口市城投公司的深度调研，结合公司的发展现状，归纳总结出目前公司存在七个方面的问题。

第一，发展动力不足。海口市城投公司目前的发展基本上是以房地产开发、政府投资的城市基础设施代建业务及老旧资产物业管理为公司主营业务。公司近几年的营业收入情况虽呈现逐年上升趋势，但是增速有所放缓，明显出现了内生动力不足问题。

第二，收入结构单一。海口市城投公司房地产开发的营业收入占公司营业收入的90%以上，代建业务与物业管理带来的营业收入甚微，由此可以看出公司的收入结构较单一，抗风险能力较差。

第三，盈利能力薄弱。海口市城投公司盈利能力薄弱主要体现在两个业务上。一是资产经营业务，主要包括物业管理和商业经营，该类子公司每年都难以维持自身的生存，其中物业管理小区达 13 个，管理面积达 336 万平方米；写字楼、商铺及商业综合体等资产的建筑面积约为 25.12 万平方米。二是城市基础设施代建业务，该类子公司每年勉强维持正常运营。

第四，经营缺乏自主性。海口市城投公司作为市属城市基础设施建设的投融资平台，其实是介于行政、企业之间的特殊产物，在政府投资决策中，海口市城投公司仅扮演出纳的角色。目前海口市城投公司的主要资金和精力基本上被投入工程项目建设管理上，而没有从资本运作方面考虑如何为城市建设持续融资，不能满足公司的可持续发展。

第五，业务拓展能力不足。海口市城投公司的经营业务一直是高度依赖地产开发和承接政府投资的基础设施代建业务，虽然公司在发展过程中进行了物业管理与写字楼、商铺及商业综合体等资产类经营业务的拓展，但这些业务给公司带来的效益甚微，充分体现了公司业务拓展能力的不足。

第六，组织管控支撑不足。海口市城投公司现有的组织架构对公司的管控存在支撑不足问题。具体表现为：一是公司各部门及各子公司的职能划分比较模糊，内部推诿及扯皮现象时有发生；二是母公司、子公司的角色定位不清晰，母公司有时很难管控子公司的一些重大事项；三是受国有企业体制的影响，公司自主决策权限过窄，组织结果管控权责不清晰，造成公司决策久而未决的情况经常出现;四是母公司和子公司的经营边界不清晰,如公司针对政府代建项目及房地产开发业务专门成立了二级子公司及三级子公司,但在业务主体上,还存在以公司名义进行的项目建设与开发,未能实现业务上的实质性分割,给公司带来的信用风险大。

第七,人才结构不均衡。从海口市城投公司的员工构成情况来看,人才主要集中在建筑行业,类型比较单一。随着海口房地产管控越来越严,公司的地产业务难以开展,人才起不到积极作用。另外,受体制的影响,公司的人才激励也不足,造成人才流失。

因此,在面临诸多问题的情况下,海口市城投公司如何抓住国家对海南自由贸易港建设大力支持的关键时期,如何使公司持续长期发展,不断增强自身竞争力,如何通过分析企业的外部环境以及梳理自身的内部条件制定出合适的企业发展战略,是目前公司发展最重要的问题。

四、海南自贸港建设对海口市城投公司发展的外部环境影响

(一)宏观环境分析

一个企业的发展离不开外部环境影响,企业的外部环境包括政治环境、经济环境、社会环境以及技术环境,这就是常用的战略分析工具——PEST 分析方法。以下将运用 PEST 分析方法对海口市城投公司的外部环境进行分析。

1.政治环境分析

(1)海南自贸港相关政策分析

国务院在《关于支持海南全面深化改革开放的指导意见》中明确提到,海南应加快发展现代服务业,同时加快服务贸易创新发展,着力建设现代化经济体系。

2020 年 6 月,《海南自贸港总体建设方案》提出海南在建设自贸港的过程中要坚持借鉴国际经验、符合中国特色、符合海南定位、突出改革创新等为出发点,重点发展高新技术、旅游业、现代服务业、热带特色高效农业等产业,加快建设“五网”基础设施,提高民生公共服务水平,不断增强实体经济基础,加快提高海南的竞争力。

2021 年 1 月,《海南省国民经济和社会发展第十四个五年规划和二〇三五年远景目标纲要》明确指出,“十四五”期间的经济社会发展要实现自由贸易港政策制度体系初步建立、经济实现高质量发展、创新驱动发展成效显著、社会文明程度明显提高、城乡区域发展更加协调、生态文明建设形成海南样板、人民生

活水平显著改善、社会治理效能不断提升共八大目标。同年6月,《中华人民共和国海南自由贸易港法》提出,海南可以分步骤、分阶段建立自由贸易港政策和制度体系,实现贸易、投资、跨境资金流动、人员进出、运输来往自由便利和数据安全有序流动。

(2)海南自贸港背景下的国企改革相关政策分析

2017年,中共海南省委、省政府在《关于深化全省国有企业改革的实施意见》中,要求国企改革主要做到:一是针对不同性质(商业类和公益类)的国有企业要实行分类管理,如分类监管、分类定责、分类考核等;二是国企改革根据实际情况完善相关制度,如现代企业管理制度、薪酬管理及分配机制和用人制度改革,积极探索国有企业股份制公司改革;三是顺应市场趋势,转变经营思路,发展混合所有制经济。

随着海南自贸港建设的推进,2020年7月,中央发布《国企改革三年行动方案(2020—2022年》,该方案对国企改革提出了进一步要求,具体可以总结为三个坚持、七大内容、五个发力点。"三个坚持"即坚持和加强党对国有企业的全面领导、坚持和完善基本经济制度及坚持社会主义市场经济改革方向;"七大内容"分别是完善中国特色现代企业制度、建立健全市场化经营机制、稳妥分层分类深化混合所有制改革、完善以管资本为主的国有资产监管体制、推进"双百行动"、推进区域性综合改革试验、推行科改示范行动;"五个发力点"即提高国有经济的控制力、竞争力、影响力、创新力和抗风险能力。

在中央和地方双层的要求下,结合海口市属国有企业"小、散、弱"的问题,在海口市政府牵头及海口市国有资产监督管理委员会的组织下,海口市属国有企业拟将形成"2家平台+4家产业集团"的国资格局,海口市城投公司系其中的一家平台。

(3)海南自贸港背景下的免税政策分析

2020年4月,政府批准了一项允许海南离岛免税商品店推出在线补购免税商品的服务,即离开海南岛并曾在海南免税商品线下消费的游客,可在离岛后180天内,使用剩余配额在官方在线购物平台上继续购买免税商品。此举措极大地刺激了消费者继续购买免税商品的欲望。

2020年7月,海南为了扩大发展免税业务,在免税政策上选择了进一步的放开,主要体现在四个方面:一是调增免税购物额度,对于离岛旅客免税购物额度进行调增,具体将每人每年的额度调增至10万元人民币;二是调增免税商品种类,将可销售的免税商品种类增加7种,包括手机等电子产品和酒类,特别是将酒类每次购买的免税量调为1.5升,经此次调增后的免税商品种类达到了45种,进一步增强了消费者的购买选择广度;三是取消单件商品的免税限额,过去单件商品存在8000元人民币的限额规定，现取消了该规定，增大了消费者对于奢侈品的购买力度；四是增加化妆品限额数量，通过政策上放开，化妆品购买数量由12件提高到30件，一定程度上有效地刺激了化妆品市场的消费力。这些政策大大降低了免税商品门槛，对吸引岛外人群前往海南旅游、购物都具有很大的促进作用。同年，在向多家新进入企业发放离岛免税牌照政策的再次刺激下，从2020年年底政策实施以来至2021年年初，仅仅在短短的几个月里，就新增了4家离岛免税零售店，促进了市场的有效竞争。

2021年2月，财政部、海关总署和国家税务总局又宣布了两条有利于海南免税业发展的政策：一是新增邮寄提货的方式，离岛旅客购买了免税商品后可选择不在机场等取货点排队提取，直接选择邮寄方式提货；二是优化本地居民提货方式，即本地居民在离开海南前购买的免税品，可选择返回海南再提取，这样很大程度地减轻了本地居民的出行负担。这两条措施的出台大大减轻了游客的负担，真正地发挥了现代化大数据、大物流给生活带来的便利作用。

2.经济环境分析

从国家总体经济来看，受新冠疫情的影响，全球经济发展处于错综复杂的阶段，国际需求有所下降，各国之间的经贸往来受到很大的阻碍，各国的经济都受到很大的挑战。但由于我国有完整的工业体系，且拥有全球最大规模的国内市场需求，在面对众多内外困难时，我国经济发展仍具有很大潜力，经济保持长期向好的发展方向。

从海南总体经济来看，在国家经济稳步上升的背景下，近年海口的经济发展也呈上升趋势，具体表现如下。

在经济规模方面，2013—2020年海南省及海口市的经济规模总量均处于稳步增长趋势(见图1)，但因海口市的经济总基数增大、突发新冠疫情以及海南省房地产政策等影响，2020年经济增速偏低，不过总体来说，海口市经济规模总量呈上升趋势，如海口市GDP占全省的比重由2013年的28.75%提高到2020年年末的32.38%，从2017年开始，海口市经济增长率明显高于海南省经济增长平均水平。

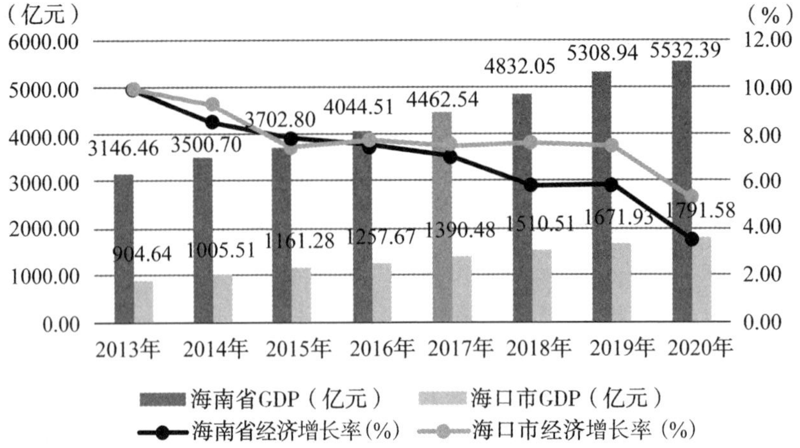

图 1　海南省与海口市 2013—2020 年 GDP 及增长率

在经济结构方面，海口市第三产业占比较大，增长速度比第一产业和第二产业略快。根据海口市统计局公布的数据，海口市在 2020 年全年实现生产总值 1791.6 亿元，比 2019 年增长 5.3%，其中第一产业增加值 79.88 亿元，增长 3.8%；第二产业增加值 269.56 亿元，增长 0.6%；第三产业增加值 1442.14 亿元，增长 6.4%。

在公共预算收入方面，海口市 2015—2020 年地方一般公共预算收入不断增长，但 2018—2020 年的增速在逐年下降，特别是 2020 年的增速降到了 0.4%（见图 2），财政收入总额不算高，但总体还是呈上升状态。在财政收入增长的情况下，海口市基础设施建设项目资金有所保障，海口市城投公司应积极抓住机遇，大力推动基础设施代建业务。

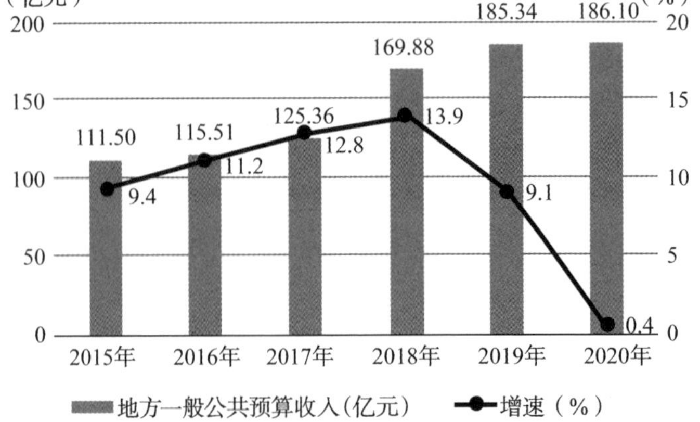

图 2　海口市 2015—2020 年地方一般公共预算收入及增速

在人均可支配收入方面，2015—2019 年海口市城镇居民人均可支配收入增长速度较为稳定，由于疫情，2020 年的增长幅度大幅下降，但人均可支配收入也超过了 4 万元，较 2015 年增长了 40.35%（见图 3）。得益于收入的增加，海口市社会消费水平得到很大提高，社会消费品零售总额从 2015 年的 613.51 亿元增长到 2020 年的 835.89 亿元，增长了 36.25%（见图 4）。如此看来，海口市城投公司可以保持自身的传统业务即基础设施项目开发建设及运营、房地产开发等发展，同时在零售行业、免税、贸易等行业找准切入口，积极探索传统业务和新兴业务发展模式。

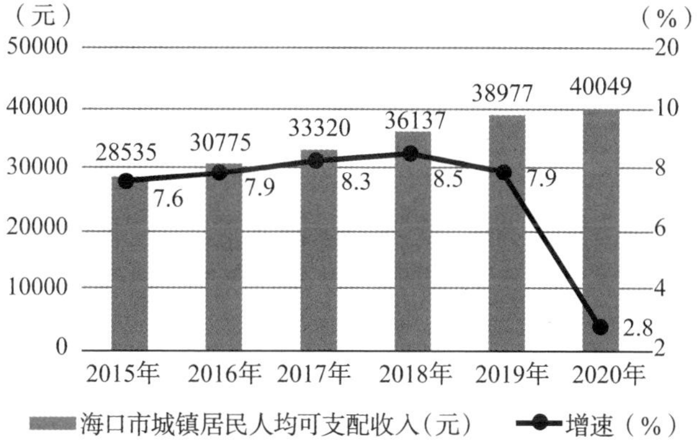

图 3　海口市 2015—2020 年城镇居民人均可支配收入及增速

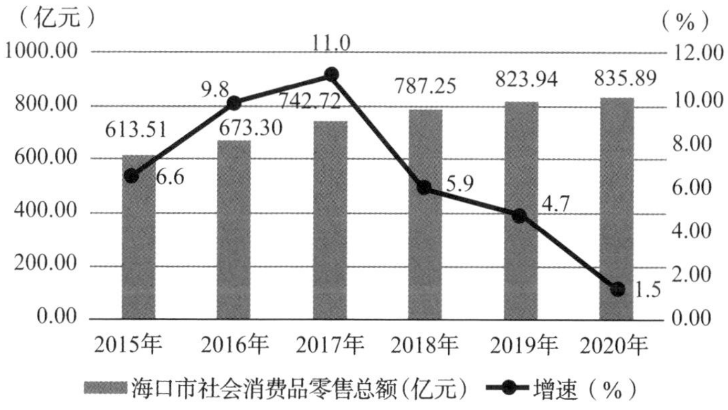

图 4　海口市 2015—2020 年社会消费品零售总额及增速

3.社会环境分析

（1）人口因素

通过 2020 年第七次全国人口普查数据与 2010 年第六次全国人口普查数

据对比来看，2020 年海南省常住人口达 10081232 人，突破了 1000 万大关，比 2010 年增加 1409747 人，增长率达 16.26%，比全国人口增长快 10.88%；2010—2020 年年均增长率为 1.52%，比 2000—2010 年的年均增长率高 0.14 个百分点。从数据上的增长情况可以看出，海南的人口增速高出国家人口增速超 10 个百分点，在一定程度上可以认定为海南自贸港建设给海南带来了人口红利。特别是对于海口市，这方面体现得更为明显。根据海口市统计局公布数据来看，2020 年海口市常住人口为 2873358 人，比 2010 年增加了 827188 人，增长率达 40.43%，年均增长率达 3.45%，均远高于海南省的平均水平。其中，城镇人口 234.92 万人，常住人口城镇化率为 81.8%，而 2015 年海口市常住人口 222.3 万人，城镇化率才 77.2%(见图 5)。

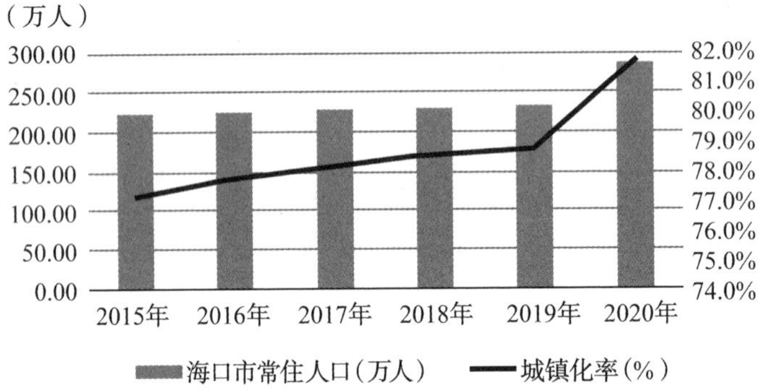

图 5　海口市 2015—2020 年常住人口及城镇化率

从以上数据来看，虽然海口市人口增长速度较慢，但是城镇化的速度较快，对基础设施等配套建设的需求越来越大。作为海口市政府指定的基础设施建设单位之一，海口市城投公司应顺势而上，大力做好基础设施配套相关工作。

(2)文化因素

海口城镇化率越来越高，海口人民对物质及精神生活的追求也随之提高，越来越多的人需要更多的休闲娱乐设施、娱乐项目以及旅游项目。海南自贸港建设以来，海口在文化建设方面有很大的突破，给当地居民带来了不少文化盛宴，也吸引了不少国内外游客。

一是本地公共节日的内容越来越丰富。近年来，海口的万春会、换花节、冼夫人文化节、海南国际旅游岛欢乐节等节日在海口市政府的大力支持下得以有效开展，给当地居民带来了不少文化作品上的视觉冲击感，如 2020 年海口市政府组织了 20 场次在海口市的惠民演出和 75 场送戏下乡琼剧惠民演出，这样的公共演艺惠及了人民群众。

二是大力开展公共设施与文化设施项目建设。如海口市将大力推动十大公共文化设施建设，目前有 1 个已建成，即海口人民剧场暨海口演艺新空间，正在建设或者即将建设的项目有 9 个，如海南省科技馆、海南省图书馆二期等。

三是多样的文体活动越来越受到市民及游客的喜爱。如 2019—2020 年连续在海口举办“跨年·久久不见海口见”跨年系列活动；2020 年期间推出多场精彩文艺演出，例如《雷雨》《白鹿原》《断金》等；组织数场大型体育活动，如海南自由贸易港青少年沙滩足球节、环海南岛国际大帆船赛、海南沙滩运动嘉年华等。

四是旅游资源逐渐丰富，旅游市场发展旺盛。截至 2020 年，海口市拥有国家 A 级景区 12 个，其中 6 个为 4A 级景区，如海南长影环球 100 奇幻乐园、假日海滩、海南热带野生动植物园等。丰富的旅游资源以及独特的南国风光吸引了许多国内外游客，带动了餐饮、房地产、大健康、会展等行业的发展，推动了海口经济发展。

2015—2017 年，海口市接待国内外游客数量的增长率分别为 8.4%、8.5%与 11.1%，逐年上涨，2018—2019 年增长率有所下降，但游客数量总体来说也是呈上涨趋势(见图 6)。海口市在 2019 年全年共接待 2820.39 万人次的国内外游客，比上年增长 5.6%，人均逗留 1.46 天。2020 年国民经济和社会发展数据显示，2020 年全年接待国内外游客数量达 1620.27 万人次，较 2019 年的 2820.39 万人大幅下降。究其原因在于受新冠疫情的影响，入境过夜人员大幅下降，仅有 3.8 万人次。

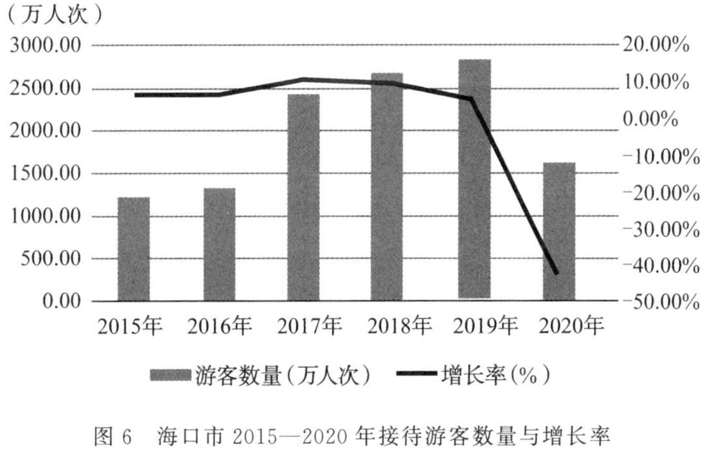

图 6　海口市 2015—2020 年接待游客数量与增长率

通过上述分析，海口市城投公司应该抓住机遇，积极参与海口市公共文化基础设施建设、旅游景点项目建设、会展业等文化产业链布局。

4.技术环境分析

随着科学技术的发展，人们的思维模式、生活习惯、行为方式等都不同程度受移动互联网、物联网、大数据、云计算等新技术的影响，并不断发生改变。越来越多的基础配套设施项目与房地产项目渐渐融入物联网的理念，通过运用大数据统计分析的便利性，协助业主单位或管理单位在日常经营管理过程中，建立起高效的管理体系。目前，随着人类对科技的不断探索与研究，信息化手段、移动技术及智能穿戴等在工程中的应用逐步提升，对智慧工地建设的需求日渐增加。在工程建设领域，智慧工地的建设对实现绿色建造和提升整个社会综合管理能力等都具有重要意义。

海口市城投公司的技术环境阻碍在于公司在物联网、大数据人才方面欠缺，公司大部分人员，尤其是中层及以上干部缺乏物联网、大数据思维，导致目前海口市城投公司在建立工程管理信息化系统、打造工程精细化管理道路上存在诸多困难，任重而道远。

(二)行业竞争的波特五力模型分析

为充分、有效地分析目前的市场情况，本文将采取波特五力模型方法，分别从竞争对手、供应商、购买者、潜在进入者和替代品五个方面对海口市城投公司进行具体分析。

1.竞争对手分析

在海口本地存在一批以政府为主导的城市开发建设投融资平台，如海口城建集团、海口旅游集团、海口医投公司等，还有一批具有较强实力的本地房地产企业，这些企业在争分夺秒地通过内部改革及公司战略的调整，寻找新的发展方向，获得新的营业增长点，不断增强自身竞争力。但是企业所拥有的资源和所具有的综合实力等各方面不同，所以在竞争市场上，各企业将充分利用自身资源与发挥自身优势，增强竞争力。在这些企业中，拥有超强实力和资源的大型国企与市场寡头，相对那些中小企业具有较强的竞争优势，一直处于更加有利的发展位置，该类企业数量较少。随着建筑业的不断发展，品牌影响力逐渐被各企业重视，甚至将品牌战略放在了公司发展战略的重要位置，因为市场客户只认准一个好的品牌才能带来有别于其他企业更好的服务，因此企业要想在竞争中脱颖而出，就需要打造有差异化的产品。建筑业行业有别于其他行业，它的产品投入大、生产周期长，一旦进入该行业并进行开发，退出成本相当大，所以海口市城投公司在建设开发项目时要尽量避免半途而废的情况发生，在项目前期做好可行性分析与规划，确保海口市城投公司的优质房地产开发企业的品牌不倒。

2.供应商分析

对于海口市城投公司来说，供应商主要是为实现项目建设所需的勘察、设计、造价咨询、监理与施工等相关单位，以及能够为公司项目建设提供资金服务的金融机构。由于海口市城投公司规模和购买力较大，同时作为国有企业具有较高的信誉，因此，它一直是市场上许多供应商所期待合作的单位，供应商的讨价还价能力相对较低，海口市城投公司在整体上具有较强的优势。

3.购买者分析

海南是我国唯一的热带海岛，拥有优越的自然环境和气候条件，海岸线长，植被资源丰富，是许多岛外购房者喜爱的居住地之一。随着海南自贸港建设的推进，海口市作为海南省的省会城市，医疗、交通、教育、公共服务等基础设施不断完善，加上海南自贸港的政策利好，越来越多的年轻人选择在海口市安家落户。

目前，海口市城投公司提供的产品主要是为公众提供服务的基础设施和房屋产品。对于基础设施这类产品，公众缺乏足够的选择，讨价还价能力较低。对于房屋产品，海口市城投公司存在两种类型的房地产开发：一是资源型房屋产品，如学区房，基本无存量；二是普通型房屋产品，房屋购买者很多，数额较大，但房屋购买者在购房时相对较挑剔。海口市城投公司受体制的制约，存在开发渠道不足、人力配置失当等问题，导致在房地产开发市场上的竞争力较弱。

4.潜在进入者分析

如今，海南自贸港建设热潮不断高涨，随着国外优质企业、国内央企及实力强大的民营企业，如保利、碧桂园、鲁能等大型房地产投资建设企业，不断涌入海南岛，这些企业在大型房地产方面的投资建设上，承接过不少大型项目，具有丰富的经验；在建设工程上下游产业链上，均拥有大量的资源，甚至有些企业直接投资工程领域的上下游产业链的经营；在建设项目的成本控制与投资回报上，远远优于海口本地企业；在资金的融资上，也具备多种渠道，再加上企业的信用等级相对较高，在融资上具有较好的优势；在客户人群中，由于在全国各地甚至海外开发过不少优质项目，在市场上拥有较好的声誉与口碑，特别是目前国家大力推进装配式的建造，大家对大型房地产企业的依赖程度有增无减。目前海口市的大量土地资源开发权将在市场上被这类优质及大型的企业夺去，给海口市城投公司在房地产方面的发展带来严重威胁。此外，海口市政府又新设立了海口江东新区开发建设有限责任公司等专为园区开发服务的建设投融资平台公司，作为园区开发统一规划与管理机构，致使海口市城投公司作为本地龙头国有企业的优势日益下降。

5.替代品分析

海口市城投公司被取代的可能原因有民营资本的注入、政府自身的提升、城市建设投资主体的多元化。在城市基础设施项目上，民营资本通过 PPP 模式以特许经营等方式参与城市基础设施的投资与运营，有助于缓解财政压力、化解地方政府性债务风险，有助于转变政府职能，更好地发挥政府作用。在融资上，政府不断提升自身的融资水平，使得海口市城投公司作为城市建设融资平台的优势逐渐降低。同时，融资模式多元化使得各种资本进入城市基础设施建设，导致海口市城投公司出现替代威胁。

通过对海口市城投公司进行 SWOT 分析可知，在海南自贸港建设背景下，海口市城投公司在机遇与挑战面前，可根据自身优劣势分别制定出 SO 战略、WO 战略、ST 战略、WT 战略(见表 1)。总体来说，海口市城投公司应采取的发展战略是积极扩张型战略，主要包括资本扩张、市场扩张、业务扩张和人力资源扩张。

表 1 SWOT 分析模型

	机遇(O) 海南自贸港建设的政策；国企改革政策；“海澄文定”综合经济商圈的推动发展；江东新区开发不断提速；装配式建筑产业的发展；建筑施工业务需求增大；海南旅游零售有独特优势；依托自身房地产的业务	挑战(T) 国际需求下降抑制经济发展，经济全球化面临严峻挑战；外部大型企业不断涌进，本地新增投融资平台公司；海南房地产的市场较好，离岛免税政策在国内限购、限价政策；地方财政收入规模有限。积极开拓安居房与住房租赁
优势(S) 社会公信力强；国企改革试点具备先行优势；较为丰富的项目管理经验及工程类专业人才积累；有较为成熟的投资—建设—运营的产业链集成服务能力	SO 战略：依靠内部优势，利用外部机遇。 开展国有资本投资运营业务，如旅游、医养、物流、金融服务及高新技术等产业的投资；充分发挥城市开发建设主体核心功能，如安居房与住房租赁业务等；进行多元化发展，以工程项目为基础，开展上下游业务	ST 战略：发挥内部优势，回避外部挑战 提高公司的核心竞争力；维持并提升信用评级，获取更多的融资渠道

续表

劣势(W) 业务发展遇到瓶颈,收益来源单一,项目投资缺乏自主性,仅依靠政府渠道获得投资机会,且收益不理想;内部管控未形成体系化,制度建设仍需完善;资金来源单一,融资渠道窄;人力资源管理不完善,人才储备不全面,缺少投资与运营等方面的专业化人才	WO战略:利用外部机遇,克服内部劣势 争取更多的自主性;引进和培养大量符合公司发展的专业人才	WT战略:减少内部劣势,回避外部挑战 建立内部管控体系,加快完善制度,打造标准化企业,提升竞争力

五、海南自贸港建设背景下海口市城投公司发展战略的实施对策

(一)资本方面

1.扩充融资渠道

公司在融资方式上,可积极探索,不断创新。一是通过在资本市场上发行公司债、票据、基金、股票等方式来拓展企业经营的融资渠道,降低融资成本,同时可积极谋划境外债的发行,成功“走出去”,培养全球化与国际化思维;二是针对收益较好且亟须拓展或具有潜力的子公司,可尝试采用出售部分所有权方式获得其他投资者的资金投入,达到拓宽融资渠道的目的。

在资本市场上,公司可以通过两个渠道建立资本融资体系。渠道一是借壳上市,这就要求海口市城投公司根据自身的资产、经营状况、发展计划及融资能力等进行筛选,整合出优质资源,并将具有优质资源的子公司打造成上市公司,然后母公司(集团公司)通过将主要资产注入到已上市的子公司中,来实现母公司的上市。渠道二是买壳上市,这就要求海口市城投公司采取吃“休克鱼”的方式,在市场上寻找不善于经营管理且业绩表现不佳的上市公司,取得其全部的控制权,然后整合海口市城投公司的优质资源,注入该上市公司中,来实现上市的目的。总之,这两个渠道均能实现资本融资,促进公司业务规模的快速发展。

另外,为了进一步增强海口市城投公司未来的融资能力与信用程度,公司在现有AA+企业主体信用评级的基础上,还应积极做好现有信用评级的维护

与谋划，提升公司信用评级。一是树意识，主要是加强公司领导对信用管理的重视，培养全体员工对公司的信用风险防范意识；二是严管理，可以设立公司信用管理主管部门和岗位职责，建立事前、事中和事后控制手段，并在公司内部构建有效的沟通机制；三是强防范，母公司及子公司应注意维护好自己的信用记录和形象，切实防范债务逾期等情况。

2.加强资产运营管理

海口市城投公司可根据现有存量资产、划转资产及未来开发导入资产等市场化运营情况，通过设立近期和中远期目标加强资产运营管理，做大做强资本运营平台。其中，近期主要采取自主经营模式，培育自身资产运营能力；中远期可分阶段、分步骤按需针对公司的运营资产，实施合作经营模式。

近期，对于海口市城投公司现有存量资产先采用委托经营管理的模式，委托给资产运营类子公司独立经营，给予一定管理费用；对于国企改革过程中划拨入的资产、其他子公司持有及开发导入的资产，则直接由资产运营类子公司持有并负责经营。通过这两种不同方式的自主经营模式，将集团公司所有经营性资产的经营管理权全部移交资产运营类子公司负责经营，以培育具有资产运营能力的专业化团队。

中远期，可布局长期性合作经营的模式，海口市城投公司作为政府综合开发项目的主要运营主体，应积极引入世界顶级和国内一流的合作伙伴建立合资公司，共同开展持有性运营事宜，从而充分汲取社会技术经验与品牌价值，实现投资及运营的共赢，不断增强自身的资产管理能力。同时，还可通过自有大型商业资产冠名权以及与合作伙伴共同冠名培育自有商管品牌价值，提高公司市场竞争力。

（二）市场方面

1.优化组织结构

合理的组织结构是公司做大做强的重要保障，为实现公司在市场扩张战略上的实施，优化公司内部组织结构、加强公司内部管理，是必不可少的步骤。

(1)建立清晰的母子公司管控模式

目前海口市城投公司设有12个部门，旗下拥有10家二级公司和1家三级公司，现有的管理模式已无法满足未来的战略发展，因此，海口市城投公司应根据自身拥有的资源与能力以及各子公司在业务上的发展情况，建立母公司管资本，不参与具体业务经营，由子公司进行具体经营的运营模式。在对子公司管理上，可结合子公司的业务及战略布局，分别采取财务管控模式、任务管控模式和战略管控模式。

财务管控模式适用于海口市城投公司旗下的参股公司。对这类公司不做实质性的控制，但应积极委派董事及监事参与管理，特别是每次公司产权代表在参与参股公司重大决策前，应先在公司内部进行决策，以确保能够充分地保障公司利益。

任务管控模式适用于任务型子公司。这类公司以完成实物工作量为主要目标。这类公司主要是目前公司旗下的建筑类工程管理公司，主要承接海口市的基础设施项目、科教文化项目及保障性住房项目等，承载着海口市城市建设的社会责任。对于这类子公司，可参照市委市政府或相关职能部门下达的任务要求设置工作任务管控目标，并结合子公司发展需求进行战略方向把关。

战略管控模式适用于经营型的子公司。这类公司需通过市场化的手段以获得生存与发展，主要的目标是追求经营业绩。从目前这类公司在市场上的竞争力来看，这类公司还存在较大的经营压力，特别是针对近期打造国有资本投资运营平台，该类公司主要的工作任务是实现战略布局。

(2)规范公司治理结构，完善公司内部组织结构

在规范公司治理方面，可从三个方面着手：一是从公司的实际情况出发，建立起高效合理的董事会议事程序与规则，进一步加强公司在重大事项上决策的合规性与合理性。二是进一步明确决策层与经营层的权限划分，真正走向集团化管控。三是充分发挥党委会在企业重大事项上的政治核心职能，树立党领导一切的政治意识。

在完善公司内部组织结构方面，可采取"一优四设"的调整方式，以完善公司内部的组织结构，进一步优化公司的内部治理体系。"一优"是指优化现有战略与投资委员会的职责，具体负责制定公司发展战略和重大投资决策、修订公司章程、运作重大资本、研究资产经营项目和合作开发等事项并提出建设性建议。"四设"分别为增设薪酬与考核委员会，负责公司董事及高级管理人员的薪酬与考核方案的研究制定；增设审计委员会，负责审核第三方审计公司的业务能力、制定公司内部审计制度、监督执行情况及公司内部与财务有关的活动、审查财务有关的报告；增设风险控制委员会，负责控制和管理公司在经营管理和投融资业务活动中的各种风险；增设工程监督委员会，负责跟踪监督公司城市综合开发项目的进度、质量与安全等方面的管理情况及定期与不定期的考核目标执行情况。

2.对市场进行细分

市场细分是根据不同消费者对消费品的差异化需求或为采取不同营销方式而将庞大的市场细分为各个不同的目标市场，并依照细分后不同的目标市场拥有的共同特征，研究出不同市场群体的营销策略，从而满足不同消费者的需求，提高公司的市场营销能力。

结合海口市城投公司目前的实际情况，对不同的产品与消费群体制定最佳的营销组合。不同产品的具体做法均可采取以下步骤实施：一是从地理、人口、心理、行为等因素，对产品的消费群体进行细分；二是针对同一产品的不同消费群体，研究营销组合，要综合考虑人力、物力的投入分配方式，以现有的资源条件，获取最优的营销效益。

3.提高公司产品质量

品牌能够反映公司的声望与价值，代表了公司的潜在竞争力，在一定程度上决定了公司能够存活的时长。往往在我们的日常生活中，品牌也代表着产品的质量与信誉，如提到手机，我们会想到华为、苹果等；提到运动服装，我们会想到阿迪达斯、耐克等；提到汽车，我们会想到宝马、奔驰、丰田、本田等。所以，目前越来越多的公司重视品牌效应带来的市场份额与价值，通过优质的产品扩大品牌知名度，从而提高公司的竞争力。

市场的选择让我们清晰地了解到，产品是品牌的基础，质量是产品的保障，一个企业要想获得品牌效应，首先要打造过硬的产品质量。海口市城投公司作为本地具有较强公信力的国有企业，应充分利用自身优势，努力提高产品质量，培育具有地方特色的公司品牌。一方面，在城市基础设施和房地产开发建设中，通过加强管理，遵守承诺，重质量、重服务，以出色的产品和优质的服务获得消费者的信赖，从而塑造质量品牌；另一方面，采用多渠道方式进行宣传，通过各种媒介手段，将公司雄厚的实力、已形成的好业绩和优质的产品与服务对外进行宣传，提升公司的知名度，让市场消费者更加熟悉品牌、了解品牌，同时挖掘潜在消费者，让更多的消费者成为公司的用户。

（三）业务方面

1.提升主营业务核心竞争力

在海南自贸港建设期间，海口市城投公司应以服务海南自贸港建设为依托，不断完善公司业务结构及业务模式，重点打造公司核心业务，提高公司业务能力水平，提升公司在主营业务方向上的市场竞争力。如在城市建设与开发领域，坚持"走出去，引进来"的发展道路，通过不断扩大业务规模和打通建筑工程领域的上下游产业链方式，将市场交易成本尽可能内部化，达到降低因中间商差价带来的项目开发成本的目的，这样公司就能在项目开发上实现"低成本、高质量"的精品工程，在行业中提升竞争力，在市场上建立起良好的企业品牌形象；在产业投资、金融服务等方面以公司历年来参与或投资过的项目经验为基础，不断梳理，定期总结分析，一点一滴地积累宝贵经验，逐步提高项目的投资回报率，提升公司在市场上的核心竞争力。

2.开拓新兴业务方向

在海南自贸港建设背景下，海口市城投公司应重点研究海南省及海口市重点发展产业，如现代服务业、热带特色高效农业、旅游业等，不断拓宽主业方向，发展新兴产业，切实发挥国有资本对新兴产业的扶持作用。

初期，海口市城投公司可全面探索海南省十二大重点产业投资机遇，对于国家和省市政策支持、有利于海口市发展、投资回报预期收益高且需要本土国企参与支持发展的产业，皆可考虑参与投资，如免税商品、会展服务、文化体育、健康医疗、绿色环保、特色休闲农业、低碳制造业、信息化产业等。

后期，海口市城投公司可根据初期的产业投资成效，以及产业间上下游联动效应，逐步筛选出一批产业作为公司未来的重点投资方向，同时加强相关产业人才的培育，以外聘专家方式建立现代智囊的“大脑中心”，打造专业性强、有重点的产业投资平台。

3.搭建工程管理智慧平台

目前，国内大部分建筑企业均积极探索“互联网＋”形势下管理、生产的新模式，探索大数据、云计算、智能化、物联网等信息技术集成应用，推动了建筑行业快速发展，为建筑行业的高速发展、高质发展、高效发展、科学发展描绘了宏伟蓝图。

海口市城投公司可主动思变、积极探索、真抓实干，引进并建立工程管理信息化系统，保障城市综合开发业务发展。一是建设覆盖面广、涉及项目全过程的综合管理应用系统，使其成为海口市城投公司工程项目信息化管理的核心，提升项目管理智慧化水平。二是在公司内部建设资源共享、信息互通、沟通互联的大数据平台，通过数据归集与分析，挖掘信息的经济价值，为决策提供依据支持。三是充分发挥信息化对公司的创新发展的作用，通过打造现代化创新型企业，进一步提升海口市城投公司在市场上的核心竞争力。

该项目管理信息化系统的建立有助于创建企业级、多项目、全生命周期的项目信息管理，将公司工程项目管理的标准化意图、规范化目的、信息化手段融为一体，通过对相关资源及数据流、信息流的集成整合，进行一体化动态管理，实现不同层级管理人员从不同管理维度对项目进行管控，实现信息的攫取和投资、进度、质量、安全、合同、变更的控制。打造海口市城投公司工程领域的精细化管理，开启公司工程建设项目管理的变革之路，通过技术的手段加强公司建筑工程的管理，进一步保障产品质量，促进城市综合开发业务发展。

(四)人力资源方面

1.完善人力资源体系

未来企业的竞争是人才的竞争。人力资源作为公司发展的第一资源，为了实现公司可持续健康发展、做优做大做强，必须增强公司人才竞争力，提高人员素质。为支撑公司未来发展战略的落地实施，公司在对现有人才的培养与新人引进方面均需下功夫，海口市城投公司应建立健全自身人力资源管理体系，甚至是人才保障体系，让公司实现更人性化的发展，留住有用之才为公司服务。从目前海口市城投公司的发展情况来看，建立完善人力资源体系、打造高质量人才队伍可以从以下几个方面着手。

一是梳理公司现有人才队伍，认清公司人才结构，适时调整人员岗位，实现人岗相配，同时了解公司的人才需求，加大引才力度。公司的主营业务一直处于相对单一状态，人才队伍也相对较单一，而工程建设人才较为丰富，具有一定的优势。随着公司业务板块的不断拓展，金融服务与资本运作、产业投资业务等将不断增长，公司将面临相关产业的专业人才短缺问题。人力资源不仅要加大内部人才的消化，还要加大人才资源合理配置，特别是在金融类、投资类、招商类、运营类等方面的人才引进与培养，不断优化人才结构。实现人力资源的年龄结构、文化结构、专业结构的均衡发展。

二是建立较全面的企业培训制度。建立公司统一部署、分级管理、分层实施的培训管理系统；制定符合公司发展且有利于全体员工提升的年度培训计划；积极与高校、专业培训机构合作，引进优质的教授或培训讲师，为公司员工创造学习机会；不断加强职称与学历提升的激励，鼓励员工参与职业技能鉴定。

三是拓宽引才渠道，加强人才储备。在引才渠道上，除了传统的校园招聘与市场化招聘的方式外，公司还可以尝试通过与猎头机构合作，拓宽高级和紧缺人才寻访渠道。在人才引进中，除了要看学历、资历外，更要看能力、经历，甚至个人的品德。在坚持一定学历标准的前提下，大幅提高重点院校毕业生的引进比例，提高公司人才聚集度。在人才储备上，要根据公司运营和发展需要，建立健全人才标准，厘清公司人才缺口，编制人才储备计划，加强人才引进，建立公司人才梯队资源库。建立公司后备干部、核心人才等人才库，并实行动态管理，每年严格准入标准，优化梯队结构，做好后备人才的调整，提升人才质量。充分利用人才库资源，制定后备人才培训锻炼计划。通过人才轮岗交流、指派任务等方式，加强后备人才的培养管理。

四是改善工作环境，提高员工的满意度与工作效率。一个企业的工作环境是员工选择公司的关键因素之一，一个良好的工作环境能让员工增强对公司的满意度，能够使其有更饱满的工作热情和持续的工作动力，能够使其更加全身心地投入工作中去，也有利于员工产生更多发散型思维。同时，良好的工作环境有利于改善公司的工作氛围，有助于增强人际关系，提高群体内的心理相融程度，从而产生巨大的心理效应，激发员工积极工作的动机，提高工作效率，进一步保证企业健康稳定发展。

2.加强企业文化建设

企业文化是以人为本的理念。海口市城投公司的员工平均年龄约36岁，属于较年轻的企业，拥有敢想敢做的创新意识，可以抓住公司这一特点，塑造丰富的企业文化，具体来说应做到以下三点。

第一，以企业使命和企业愿景为宗旨，统一企业员工思想，加强公司发展战略与企业文化管理的融合，重视公司组织管理与企业文化管理的融合，可适当根据公司发展战略需要，培育新的文化要素，在文化建设过程中要尊重不同员工的利益，用包容的心态推动文化建设，积极塑造共同的愿景，打造共同的企业文化，提高员工的归属感、认同感。

第二，加强党的领导，定期开展以党建为核心的团队建设活动，充分发挥党员先锋模范的带动作用，逐步提升公司全体员工的责任感与使命感。

第三，锻造独具特色的家文化、奋斗者文化，通过公司企业文化建设培育每位员工的归属感和攻坚克难、百折不挠的坚强品质，树立公司核心价值观，打造优秀人才的事业平台，为公司的蓬勃发展提供持续动力。

参考文献

[1]习近平.在庆祝海南建省办经济特区30周年大会上的讲话[M].北京：人民出版社，2018.

[2]于佳欣，涂超华，周慧敏，等.打造全面深化改革开放的新高地：聚焦海南自贸试验区总体方案发布[N].海口日报，2018-10-17(2).

[3]高翔，林韦玮.海南省委省政府决定设立海口江东新区：努力建设成为中国(海南)自由贸易试验区的集中展示区[N].海口日报，2018-06-04(1).

[4]张释文，程健.我国自由贸易港建设的思考[J].中国流通经济，2018(2)：91-97.

[5]张爱国."一带一路"背景下天津港(集团)有限公司发展战略研究[D].兰州：兰州交通大学，2018.

[6]樊伟.乌鲁木齐城投集团转型发展战略研究[D].乌鲁木齐：新疆大学，2020.

[7]刘金燕，龚传中，陈新政.国内外城市综合开发的经验[J].长江建设，2002(2)：27-28.

[8]郭向红.提升国有企业战略管理的思考[J].现代国企研究，2018(6)：60.

[9]顾文勇.基于调控背景下的城投融资平台发展战略转研究[J].现代经济，2015(1)：340-340.

[10]王斌.浅谈城投公司创新融资模式[J].中国商论，2020(11)：172-173.

[11]雷立家.新时期城乡投资集团发展路径研究[J].企业改革与管理，2018(17)：215-222.

[12]姜浩.TS城投集团运营模式转型研究[D].天津:河北工业大学,2016.

[13]柯竹兰.咸宁城投公司发展战略研究[D].武汉:湖北工业大学,2019.

[14]吴祝南.中城投LJ公司发展战略研究[D].兰州:兰州交通大学,2019.

[15]吴昆.地方政府融资平台转型发展研究:以L区城投公司为例[D].南昌:江西财经大学,2021.

[16]吴沁心.经济新常态下城投公司转型研究[J].现代国企研究,2018(22):53+55.

[17]李博楠.我国城市建设投资公司发展战略研究[J].沿海企业与科技,2008(6):23-25.

[18]孟庆旺.天津城投集团发展战略研究[D].天津:天津大学,2006.

[19]单晓华.济南城市建设投资公司发展战略的研究[D].济南:山东大学,2008.

[20]陈蒙举.广州市建设投资发展有限公司融资模式研究[D].兰州:兰州大学,2010.

[21]罗豪.南京市城建集团发展战略研究[D].南京:南京大学,2016.

[22]娄飞鹏.地方政府融资平台转型发展方向与路径:基于上海城投(集团)有限公司转型的案例研究[J].北京金融评论,2017(4):63-71.

[23]侯光.自由贸易港探索背景下HQ运输集团股份有限公司战略转型研究[D].海口:海南大学,2019.

[24]李侃.从中央支持海南全岛建设自由贸易试验区看经济特区的历史地位与未来发展[J].党史博采,2019(4):49-50.

[25]海南自由贸易港建设总体方案[M].北京:人民出版社,2020.

[26]海南省国民经济和社会发展第十四个五年规划和二〇三五年远景目标纲要(摘要)[N].海南日报,2021-01-29(1).

[27]王建学.海南自由贸易港法制定思路的学理阐释[J].天津大学学报(社会科学版),2021,23(4):319-326.

[28]仲驿.以深化改革激发高质量发展的活力[N].中国邮政报,2021-04-15(2).

[29]刘荣.离岛免税走私监管模式的检视与完善:基于《海南自由贸易港法》第15条的规定[J].海南大学学报(人文社会科学版),2021,39(4):75-84.

[30]马威.我国基础设施采用PPP模式的研究与分析[D].北京:财政部财政科学研究所,2014.

[31]彭悦悦.中国房地产市场泡沫测度及其影响[D].合肥:安徽建筑大学,2021.

[32]高盈盈,王新爱.房地产季节性空置问题及其破解思路:以三亚市为例[J].区域房地产,2021(2):37-41.

[33]刘美霞,王洁凝.装配式建筑分区推进逐步推广的路线图研究[J].中国勘察设计,2017 (9):44-49.

[34]孟楠.各省发展装配式建筑最新政策汇总[J].建筑,2016(20):20-21.

[35]周筱琪.基于风险管理的内部控制体系研究:来自启明信息技术股份有限公司的案例[D]. 长春:东北师范大学,2013.

[36]李大鹏.W 公司亲水胶体中国市场扩张战略研究[D].天津:天津财经大学,2020.

[37]杨素珍.A 天然气公司市场扩张战略研究[D].青岛:中国海洋大学,2010.

[38]李侠.地方政府投融资平台的风险成因与规范建设[J].经济问题探索,2010(2):162-167.

[39] KIRWAN R. Finace for urban public infrastructure [J]. Urban studies,1989,26(3):285-300.

[40] DANIELS K N, VIJAYAKUMAR J. Does underwriter reputation matter in the municipal bond market [J]. Journal of economics and business, 2007,59(6):500-519.

[41]MAS M,MAUDOS J,PÉREZ F,et al. Public capital,productive efficiency and convergence in Spanish regions [J]. Review of income and wealth,1998,44:383-396.

[42]KUMARASWAMY M M,ZHANG X Q. Governmental role in BOT-led infrastructural development [J]. Intentional journals of project management, 2001, 19(4):195-205.

[43]MEDDA F. A game theory approach for the allocation of risks in transport public private partnerships [J]. International journal of project management, 2007, 25 (3):213-218.

[44] GRIMSEY D, LEWIS M K. Public private partnerships: the worldwide revolution in infrastructure provision and project finance [M]. Cheltenham:Edward Elgar Publishing, 2007.

[45]BARKEMA H G,SCHIJVEN M. How do firms learn to make acquisitions: a review of past research and an agenda for the future [J]. Journal of management, 2008,34(3):594-634.

[46]KIM S K,ARTHURS J D,SAHAYM A,et al. Search behavior of the diversified firm: the impact of fit on innovation [J]. Strategic management journal, 2013,34(8):999-1009.

海南自贸港背景下T公司竞争战略研究

梁泰铭*

摘　要：企业战略是企业在一定时期内能否获得竞争优势的关键因素，也是指引企业长远发展，实现内外部平衡的有效手段。基于波特的相关理论研究，制定战略需要遵循市场客观规律，企业一般基于内外部条件和自身发展情况做出竞争战略选择、适时调整。现阶段，大部分企业已实践运用科学的企业战略思维，正逐渐形成一种战略实践理论。本文以T公司为研究对象，在阐述与分析企业战略理论、竞争战略理论以及企业战略分析工具等的基础上，分别用PEST分析模型、波特五力模型对宏观环境等情况展开细致性的分析。从公司内部环境入手，借助QSPM矩阵，提出T公司应进行扩张发展的战略方向选择建议，以及施行差异化的竞争战略选择建议。提出以用户需求为导向的服务差异化策略、以产品与服务集成为核心的产品差异化策略，以及以上下游资源整合为重点的产业链资源差异化策略，作为竞争战略的具体措施。本文亦提出竞争战略的实施保障措施，主要通过组织结构调整与业务流程优化、加强企业文化建设、丰富产品结构、有效拓展市场、开展高校产学研合作、构建人才体系、强化融资渠道管理能力以及提高风险应对能力来加强实施保障。

一、研究背景与研究意义

(一)研究背景

随着我国城镇化建设速度的逐步加快，汽车的普及程度也越来越高，从相关部门的统计结果能够得知，截至2020年12月，我国民用汽车保有量为近3亿辆，全国各个城市的汽车保有量正在快速提升。城镇化导致许多城市人口承载

* 梁泰铭：2019级工商管理硕士研究生。导师：李伟铭教授。

量远远超出了规划水平，交通资源背负着沉重的压力，交通管理工作的难度大幅提升。交通部门不只是需要通过增加停车场等方法来对交通承载能力进行提升，同时也期望能够利用智能交通建设等方式来对交通负载进行降低，让拥堵、事故等问题得到彻底的解决。

2015 年，《中国制造 2025》正式对外发布，作为我国制造业的指引性文件，为我国制造业的发展制定了清晰的目标。由于市场需求的快速变化、制造综合成本的普遍提高以及云计算、大数据等新一代信息技术的发展，传统制造业愈发困难，尤其是面临产能过剩的严重压力。同时，随着差异化客户需求的不断发展，以规模经济为理念的传统制造业正在面临制造模式更新换代的危机。

2020 年 6 月，《海南自由贸易港建设总体方案》发布。该方案对标了具有国际最高标准水平的经济特区贸易管理规则，通过总结和借鉴国际社会的经验，在遵循中国特色社会主义市场经济体制基础上，提出了符合海南经济发展和自由贸易港建设定位的一系列规划和制度设计。可以预见，市场在资源配置中将愈发起到决定性的作用，海南自由贸易港（简称“海南自贸港”）越来越多的行业将被打破垄断、降低进入壁垒、减少地方保护，竞争日益激烈。

T 公司是海南最早、规模最大的专注于服务交管部门的专业化企业，为全省各市县交警支队、大队生产制作各类机动车号牌、电动自行车号牌，提供机动车检测业务，以及订购和发放驾驶证、行驶证、机动车登记证并制作其配套包装品，印制交通违法处罚决定书等各类交通管理法律文书。由于 T 公司经营业务及所生产产品的特殊性，公司在组织管理方面一直沿用双线并管模式，即国资公司负责经营管理，地方交管部门负责监管业务。作为传统生产制造企业，T 公司所处领域本地市场风险小，模式固定，生产稳定。伴随着新技术的推广和产业模式的优化，一些固有问题逐渐暴露出来。从 T 公司内部来看，当前存在的主要问题包括战略不清晰、组织架构落后、生产管理模式简单等。

（二）研究意义

战略管理是完善现代企业治理体系过程中的一项重要工作，是企业发展的基本要义。企业能否获得发展，主要取决于自身的核心竞争力，只有获取显著的竞争优势，才能够在激烈的市场竞争中生存下去。本文对 T 公司竞争战略进行研究的重要意义在于：第一，促进 T 公司加快发展。在对 T 公司的有关情况深入分析的基础上，结合海南省交管领域的政策环境和市场环境以及企业的特点，为 T 公司竞争战略选择提出合理化建议，达到促进 T 公司发展的重要意义。第二，为海南自贸港国有企业深化改革发展提供一定借鉴和参考。

二、文献综述

波特(1980)通过研究提出,企业在成本领先和差异化战略之间只能做出二选一的选择,不然就会对低成本战略的效率产生负面影响。Helms(2003)提出组合式竞争战略的优势更为突出,更加适宜企业的发展。

在高质量发展方面,刘新智等(2022)认为产业集聚和技术创新均能显著推进城市群经济高质量发展,且产业集聚能通过技术创新产生中介效应。韩美琳(2021)提出在高质量发展背景下推动企业具有一流竞争力、质量的可靠性与品牌影响力及先进的管理理念与方法,促进企业发展,促进产业结构转型升级。谢广营(2019)提出企业资源等因素是企业战略发展需要重点研究的内容。

在差异化战略方面,朱睿(2022)认为从目前情况来看,消费者对产品的需求逐渐呈现差异化的特征。对此,企业应着重分析差异化战略在企业管理中的作用,并确保在实际经营发展过程中充分应用差异化战略,促进企业管理水平有效提升。王贞洁等(2021)以 2008—2017 年 A 股上市公司为样本,通过实证研究发现实施低成本、差异化战略能显著提高企业绩效。张爱辉(2017)提出差异化战略可以对技术创新的投入产生推动作用,企业绩效伴随着技术创新投入的提升而提升,二者之间存在正相关性联系。Banker 等(2017)通过研究得知,差异化战略属于企业最为常用的战略,结合实际情况采用差异化战略的企业可以获得更为丰厚的收益。汝百慧(2016)以差异化战略为切入点,针对自身竞争优势与差异化策略之间的关系开展研究,最终发现竞争优势具有动态变化的特性,所以企业如果想获得竞争优势,就需要采用多样化的方法和途径。相对而言,她提出差异化战略可以让企业在竞争环节掌握更多的主动权,为企业提供更加有力的支持。通过研究,她提出对于企业产品的个性化特点进行彰显,可以让消费者的关注力度获得提升,进而建立顾客与企业间的优质关系,这是差异化策略施行的初衷。石盛林(2011)针对采用低成本战略的企业开展了细致的研究,提出采用差异化战略的企业更加侧重于开展产品创新,采用混合战略的企业对于产品和工艺的创新都比较重视,并且实施强度与采用其他策略的企业相比,要远远大于后者。

国企改革方面,按照国务院国资委部署,从 2020 开始的“国企改革三年行动”将于 2022 年收官。该项行动重点推进在完善公司治理能力水平中加强党的领导,推动前置研究清单执行;设立高效化的董事会;针对管理层开展科学化的管理,比如全面实行经理层任期制和契约化管理;对关键核心实行具有市场竞争力的差别化薪酬;推动混合所有制;深化企业专业化整合。引导国企开展改革，并借此增强企业的活力、国企的核心竞争力和工作效率；推动各项国有企业改革工作的顺利开展，可以让国有资本功能得到合理运用。刘传坤(2021)认为国有企业市场竞争力不强的普遍性原因在于战略规划能力不强、战略调整深度不够、把握环境变化的敏锐性不高。陈占权(2021)通过分析应用竞争优势理论，分别提出新时期国有企业做优做强做大的评价指标体系，其中“做强”强调实力、对抗和竞争性；“做优”强调独特、可持续建设；“做大”强调规模，提高行业主业市场份额。

三、T 公司竞争环境分析

(一)T 公司概况

T 公司成立于 1992 年 10 月，坐落于海口市琼山区。公司主营业务一直专注于服务交管部门的车辆管理、驾驶员管理及交通违法处理三大业务，是海南省唯一一家为全省各市县交警支队、大队生产制作各类机动车、电动自行车号牌，提供机动车年检全套检测服务，订购和发放驾驶证、行驶证、机动车登记证并制作其配套包装品，印制交通违法处罚决定书等各类交通管理法律文书的企业。

T 公司原由地方交管部门出资设立。2007 年，根据国有企业改革政策，T 公司划转至省国资委管理。2008 年完成公司制改造，改制为国有有限责任公司，经营范围主要是生产制作各种机动车、非机动车号牌、交通标志，印刷，代办各种车管业务，机动车安全检测等。由于 T 公司经营业务及所生产产品的特殊性，公司在组织管理方面一直沿用双线并管模式，即地方国资公司管理资产，地方交管部门监管业务，主要包括对机动车相关牌、证及各类交通管理法律文书的生产和发放进行全面监管。

2017 年年初，T 公司配合地方交管部门完成机动车号牌管理信息系统的投资建设、部署实施及其与公安交通管理综合应用平台的对接，并于 4 月 20 日起顺利在全省投入应用，实现机动车号牌订购、生产、发放的全流程信息化监管，各地交管部门也陆续与 T 公司完善了采购程序，不再以行政方式实施机动车号牌的生产、采购。2018—2020 年，T 公司实现科技成果转化 20 项，拥有核心技术知识产权 18 项，科技成果已应用于生产制作中，作为核心技术实现了 100%技术支持和转化。同时，T 公司与中国邮政海南省分公司联合开发号牌邮寄分拣信息系统，解决了海南部分地区车管所号牌分拣难度大的问题，有效提高了号牌出库交接效率。

2018—2020 年 T 公司经营状况如表 1 所示。2021 年，T 公司被评为国家级高新技术企业，企业所得税得以降低，提质增效的效果比较显著。

表 1 公司经营状况

	销售收入(万元)	资产总额(万元)	员工人数(人)
2018 年	3033	10990	50
2019 年	3163	12397	52
2020 年	3341	12638	52

(二)宏观环境分析

宏观环境对于企业而言发挥着十分重要的作用,在企业发展过程中扮演着十分重要的角色,因此,必须针对宏观环境开展细致性的分析。针对宏观环境开展深入性的分析,能够为企业发展提供借鉴和参考,为企业决策的制定提供准确的依据。

1.政策环境

进入 21 世纪以来,我国经济快速发展,人民生活水平不断提升,社会各界高度关注道路交通安全畅通、便利。国家管理部门在机动车登记、检验、驾驶证申领和使用、交通事故和违法处理等方面,先后推出了一系列“放管服”改革便民措施,也陆续出台、修订了一系列与 T 公司业务有关的政策法规、标准。

从当前的政策法律环境来看,T 公司所处的行业尽管是生产制造业,但属于许可准入类,即需要取得相应的生产许可资质,可见该领域政策门槛较高。并且,该行业的产品执行标准国家均有明文规定,各企业生产该类型产品为无差异化产品。另外,国家正在大力推进“放管服”事项,包括实施汽车检验合格标识电子化等,这给该类印刷品业务带来的是市场萎缩的威胁和冲击。

2.经济环境

根据相关的政策指引,对海南省经济社会发展指标进行了如下预测(见表 2)。

表 2 “十四五”末期海南省经济社会发展主要指标预测

	2020 年	年均增长	2025 年预期	年均增长
全省地区生产总值(亿元)	5523.39	5.92%	9322	11%
人均 GDP(元)	54878	—	88780	9.5%
城镇常住居民人均可支配收入(元)	37097	5.32%	62511	11%
农村常住居民人均可支配收入(元)	16279	6.96%	29993	13%
接待游客总人数(万人次)	6455.09	4.68%	10877	11%

根据《海南现代综合交通运输体系规划》《海南省高速公路服务设施总体规划》《海南省“十四五”综合交通运输规划》《海南省“十四五”旅游文化广电体育

发展规划》，预计 2025 年海南省公路通车总里程达到 4.2 万公里，其中高速公路 1500 公里，国道、省道公路 3800 公里，环岛旅游公路主线约 1009 公里，县道、乡道公路约 1.6 万公里。

按照规划，海南的经济发展在“十四五”期间将会有大幅增长。经济的增长无疑将会推动包括汽车更新换代、汽车下乡等在内的消费促进。同时，旅游人口的增加和环岛旅游公路的修建，也会带动租赁用车、经营用车、商务用车方面需求的增加以及道路标识的增添和更新。

3.社会环境

“十三五”期间，全省机动车保有量稳步增长，年均增长率 6.55%，其中汽车保有量年均增长率 15.18%。2016 年受限摩政策影响，摩托车保有量增长缓慢，占全省机动车保有量的 37.10%。2020 年 12 月，全省机动车保有量为 244.26 万辆，同比增长 5.75%；汽车保有量为 150 万辆，同比增长 11.92%。同时，海南自贸港的蓬勃发展，交通工具“零关税”政策的落地，直接刺激了海南机动车的市场需求。未来，海南机动车数量将大幅度增长。

根据相关部门发布的调查报告可以得知，汽车保有量正在以每年 4%的比例进行提升。根据海南省“十四五”规划，按照省内机动车保有量年均 6.5%增长推算，2025 年全省机动车保有量将达到 335 万辆，比 2020 年增加近 100 万辆。

2020 年年底，海南省的新能源汽车数量达到了 6.4 万辆，占全省汽车总量的 4.2%。“十三五”期间，海南省新能源汽车保有量快速增长，年平均增长率 76%。截至 2020 年年底，海南省累计建成充电桩 2.64 万个，总体车桩比为 2.5∶1。

2019 年，海南省相继出台多项政策和规划，加大新能源汽车的推广力度，并且积极地对配套的新能源服务设施进行大力建设。

根据海南省“十四五”相关规划预测，海南常住人口城镇化率从 59.7%增长至 65%，新增高层次人才从 8857 人增长至 5 万人。随着城镇化的推进、常住人口的增长以及人才的引进，对车辆出行的需求势必也呈现上涨趋势，这有利于扩大 T 公司业务的市场容量。

4.技术环境

全球人口不断增长，但资源和环境的承载能力都是有限的。各国政府以及越来越多的企业重视环境的友好性，企业也不断地通过科技创新提高资源的利用率，开展专项环境保护工作，让生产成本得到有效控制。当前，智能制造等理念开始成为制造领域主要的发展方向。我国提出的建设创新型国家战略，对生产制造业而言不只是挑战，同样也是机会。

海南自贸港建设既对发展提出了高质量要求，也对保护环境提出了更严格的标准。T 公司如果能够充分利用高新技术，充分把握历史机遇，如在提高制造效率、提升工艺方面实现突破,在产品的开发方面实现创新,将进一步增强公司的核心竞争力。

(三)行业竞争环境的波特五力模型分析

目前,全国各省、地市均有类似T公司性质的公司。受限于市场容量和政策,海南当前只有T公司一家。我国其他部分地区,出于人口总量、成本控制、政府意愿等原因,采取号牌证件半成品外包生产模式。分析行业整体,除了四川、山东、广东、江苏等地区的同行业公司为大型综合性公司,业务涉及交通基础设施、号牌设备销售等,其他同行业公司基本上为中小制造型企业。

1.购买者的议价能力

购买者议价能力在下列几种情况中得到提升:一是买方比较集中。对于大客户在市场竞争中占据优势的市场环境来讲,买方在议价能力方面拥有比较突出的优势。二是转移成本低。如果买家能够便捷地对供应商进行更换,那么他们就会在谈判中掌握更多的主动权。通常情况下,差异化程度相对较小的商品,转移成本就会相对低廉,二者之间成正比关系。三是买方竞争威胁。假如买方可以自行提供原材料,那么买方就会拥有更为显著的议价能力。T公司下游客户的议价能力情况如表3所示。

表3　T公司下游客户的议价能力

指标	表现	结论
用户数量	T公司的客户主要是省内各市县交警支队、大队,客户的购买数量、同质化程度、规模相对较高,具有较强的集中性,议价能力也比较突出	议价能力强
购买数量	机动车保有量持续稳步增长,新增电动车上牌规定使得购买数量较大	议价能力强
同质化程度	机动车牌、证业务属于市场核准准入领域,生产需要公安部交通管理局颁发准产证。但受限于牌证的政府定价机制约束,采购价格空间受到了负面的影响,议价能力相对较差	议价能力弱

2.供应商的议价能力

在以下几种状况下,供应商的议价能力会增强:一是卖方比较集中。在供应商占据绝对优势的市场中,卖方就会拥有更为显著的议价能力。二是转换成本高。假如买方更换供应商的成本比较高,那么买方就会更加依赖卖方,买方的议价能力就相对较低。T公司上游供应商的议价能力情况如表4所示。

表4　T公司上游供应商的议价能力

指标	表现	结论
企业数量	T公司生产产品所需的原材料主要包括铝卷等，这些材料比较普遍，市场供应不会存在断货问题，并且具备供货能力的企业比较多	议价能力弱
产品独特性	不具备独特性	议价能力弱
前向一体化的能力	机动车号牌生产技术门槛不高，但需要核准进入，按照规定一个省份原则上核准一家机动车号牌制作中心。原材料供应商的进入门槛比较高，难以实施前向一体化	供应商前向一体化能力较弱

3.替代者分析

在对替代者竞争威胁开展分析时需要关注下列几个问题：一是性价比属于替代品威胁比较重要的组成环节。替代品的价格即便较为昂贵，只要可以对消费者产生足够的吸引力，依旧会产生较大的威胁。二是行业外部效应是替代品可以形成的基础。替代品大部分都出自其他行业，所以不能将其归类于行业内部威胁。替代品的出现将会让管理者对其他行业给予足够的重视，将决策眼光放得更为长远。替代品的威胁高，行业吸引力就会相对较小。

由于T公司主要产品为机动车以及非机动车号牌，且号牌分别有国家标准以及地方标准的要求，目前尚不存在替代品。交警执法文书(如违章停车罚单)印刷品存在替代品的威胁，目前已在海口地区运用电子化手持执法终端。尽管电子化手持执法终端价格更高昂，但可以更便捷地处理违章事宜。

4.潜在进入者分析

进入行业的门槛对于行业的竞争情况会产生决定性作用。吸引力比较高的行业在进入壁垒方面会比较严格，这样能够有效降低潜在竞争者的威胁。

某一行业的新进入者，势必需要面对和克服进入壁垒、报复等挑战与困难。一般情况下，进入壁垒主要涉及下列几项因素：首先是规模和经验。规模经济对于行业而言十分关键。既有从业者一旦具备了大规模生产能力，新进入者就要付出很高的代价才能跟上既有从业者的规模，边际成本将会大幅提升。如果投资规模比较大，这种规模效应就会更加突出。进入壁垒与经验曲线效应之间也存在密切的联系。其次是分销渠道。许多行业的生产商都拥有比较稳定的分销渠道，但是在分销渠道的建立和巩固方面所采用的方法有所不同。对于部分行业来讲，新进入者会利用网络渠道来开展电子商务的直销，通过这种方式来抵御进入壁垒所产生的干扰。再次是预期的报复。假如产生了新进入者，现有企业就会通过各种方式对其进行打压。最后是政府行为。法律对于新进入者同样会产生一定的负面干扰,如特许生产等。如果政府撤销了这些保护,企业会受到新进入者的打击。T 公司的潜在进入者分析如表 5 所示。

表 5　T 公司的潜在进入者分析

指标	表现	结论
吸引力	通过调查得知,现阶段行业的利润率为 25%,正在不断降低	有一定吸引力
进入壁垒	受海南人口基数及汽车保有量的限制,行业中小型企业可以满足市场需求。预计新进者的固定资产投资为 1500 万元	进入壁垒相对较低
企业反击报复	企业在价格、产量、质量等环节拥有比较高的灵活性,企业反击报复的方法具有多样化的特点	企业反击程度较高
合法性	根据国家对行业的监管要求,需要经行业主管部门批准、报公安部备案才具备生产资质	新进入者的时间成本和相关投入会比较高

5.现有竞争对手的竞争分析

除了上述提到四个影响因素以外,还存在较多额外的因素影响竞争程度,如以下三种因素:一是竞争者平衡。假如竞争者在规模方面基本相同,就会导致竞争的激烈程度大幅提升。二是行业增长率。在行业快速发展的前提下,企业同样可以获得有效的发展,但是如果行业发展陷入低迷,竞争对手为了获取更多的生存空间和利润就会展开比较激烈的竞争。三是高固定成本。对于固定成本比较突出的行业来讲,因为要在设备等环节投入大量的资金,因此竞争就会比较激烈。T 公司现有竞争对手的竞争分析情况如表 6 所示。

表 6　T 公司的现有竞争对手的竞争分析

指标	表现	结论
从业竞争者数量	按照政策规定，每个省分基本上只有一家制牌中心，但有若干家制牌厂。行业内缺乏龙头型企业，大部分都是中小型企业	竞争性不强
行业增长率	根据海南省“十四五”规划，按照省内机动车保有量年均 6.5％增长推算，2025 年全省机动车保有量将达到 335 万辆（2020 年为 244.26 万辆）	进入壁垒相对较低
退出壁垒	行业的固定成本相对较高，投资规模相对较大，各类设施的前期投入比较多，退出风险较为突出	退出壁垒高
竞争层次	行业内大多为中小型企业	竞争较为激烈

（四）基于 SWOT 矩阵的战略分析

T 公司 SWOT 矩阵分析如表 7 所示。

表 7　T 公司的 SWOT 矩阵分析

优势 1.国企背景，内部制度相对完善 2.相对扎实的政企合作基础，丰富的政企合作经验 3.具备一定的科研创新能力和成果转化能力 4.设备较为齐全、先进 5.主业经营收益稳定，可以支持企业围绕主业拓展新业务	**劣势** 1.收入来源结构单一，地方政府相关部门贡献收入占 90％以上 2.组织架构不合理 3.企业员工的整体综合素质偏低，缺乏与业务拓展相匹配的人才 4.生产原材料依赖岛外供应，生产成本比同行业竞争对手高 5.尚未建立市场化、有针对性的激励机制
机会 1.“放管服”政策大环境下，全国同行业市场逐步开放 2.现阶段国家鼓励科技创新，部分领先技术和系统集成优势存在向外输出的机会 3 市场需求日趋增多	**威胁** 1.“放管服”政策同时带来现有市场被潜在竞争者抢夺的威胁 2.行业外先进制造服务提供商降维进入市场的威胁

T 公司的 SWOT 战略分析如图 1 所示。

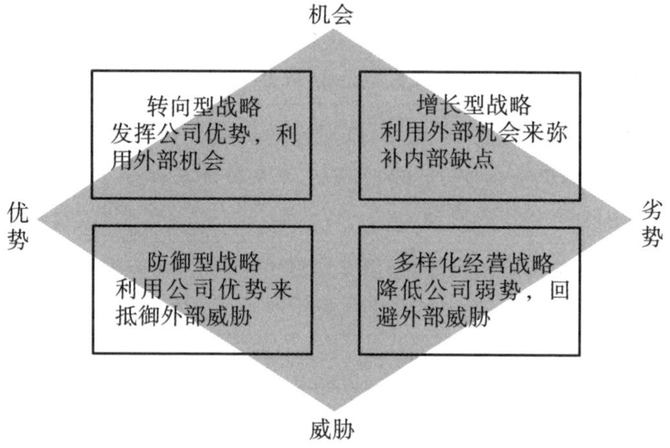

图 1　T 公司的 SWOT 战略分析

四、管理建议

公司内部各价值活动对竞争优势获取影响较大。T 公司的内部价值链活动可分为生产制造、创新研发、销售及服务等基本活动，以及财务、人力资源、采购等辅助活动。因此，针对性制定有效保障措施，确保 T 公司内部有关价值链活动高效开展，对充分发挥差异化战略起到积极作用。

(一)组织结构调整与业务流程优化

1.职能部门的归并整合

T 公司当前的组织结构与企业规模相匹配。可是，随着企业快速发展，加上市场环境的变化，导致 T 公司组织结构和企业规模出现了矛盾和冲突。所以，企业高层必须进行组织结构调整与业务流程优化。

在传统的企业组织结构中，通常情况下职能部门都会更加侧重自身的利益，在制定决策时没有对其他部门进行充分考虑，导致企业的总体利益受到不利的影响。因此，在战略实施期间，为了让战略得以顺利实施，就必须对相关部门合并，对工作流程精简，让工作效率获得提升。

为适应 T 公司战略发展要求，理顺业务关系，优化部门结构，进一步提升市场竞争力，夯实 T 公司做强做优做大的根基基础，T 公司建立了快速反应、职能清晰的组织机构；编制了 T 公司组织管理手册，明确了各职能主体的定位、责权范围、业务接口关系等内容，既明确了各主体的定位和职责，也明确了各主体之间的协同协作要求。具体举措有：第一，合并办公室。将T公司、T公司汽车检测站的两个办公室进行合并，对两家公司进行统一行政办公管理。第二，新设党群部、人力资源部、安全生产与风控部，作为完善内部控制和治理的职能部门；取消研发部，将研发职能归并整合至新设的交通事业部。第三，在事业部下设研发中心（将原研发部的职能归集）、号牌证件中心、交通标识部、市场售后部。其中，号牌证件中心设置机动车号牌落料组、机动车号牌丝印组、机动车号牌签注组、电动自行车号牌制作组、印刷品组、保障组、维修组、保管组8个班组。研发中心设置中试组、试制组、研发组、专利组、文控组5个班组。

2.职能分工明确责任清晰

企业要想让整体运营效率得到确保，必须开展分工协作，各职能部门必须切实担负起自身的责任，同时也要防止出现互相推诿等问题。组建交通事业部，不只是负责公司生产车间的运营等工作，还需要负责新技术研发等工作。对于企业的生产情况来讲，主要是开展模块化生产，针对产品质量建立相应的追溯机制，在发现问题后可以及时做出反应，对其进行处理和改进，防止出现类似的问题。

3.优化业务流程

对企业生产过程的合理性等情况实施评估，对于无用的流程予以剔除，对于需要精简和整合的流程进行优化。尽可能地简化流程环节，降低资金投入，提升企业效益，增强工作效率。利用外包等方式来处理非主要业务，降低企业总体成本，增强核心业务的市场竞争力。通过优化组织架构，设立统一的生产经营管理部门，细化业务分工与衔接机制，实现生产流程的全闭环。

（二）加强企业文化建设

研究表明，共同的价值观可以让企业员工主动为企业贡献自己的力量。在优质、积极的企业文化的推动下，企业员工将会主动开展各项工作，通过自身努力来回报企业。企业在建立这种文化底蕴之后，员工会产生主人翁的意识，主动参与各项工作，愿意与企业共患难。

T公司通过党支部扩大会议、公司职代会等形式，充分征求、吸纳员工的心声和意见建议；对季度、年度优秀员工上榜上墙，树立标杆；编制员工准则，以讲党性、讲原则、讲大局、促发展、增和谐、创效益为关键词，确立员工核心价值观。

（三）丰富产品结构，有效拓展市场

在海南自贸港建设的大背景下，海南将会迎接全世界更多的游客、企业、教育机构等，因此海南需要在双语交通标识牌、双语公共设施、双语交通信号等待

标识、驾照、行驶证等方面提升完善。T 公司应该立足当前核心业务，拓展大交通牌、证业务市场，充分利用现有的工艺优势、经验优势，迅速切入市场，打开市场。T 公司新设交通事业部中的交通标识部，就是在有针对性地为拓展市场做好准备工作。

(四)开展高校产学研合作

为弥补科研力量不足的短板，T 公司可以引入高校资源，通过校企合作模式，在科研人才培养、科研平台共建、科研项目攻坚等方面深入合作。结合海南自贸港人才优惠政策，如柔性引才、银发人才等政策，吸引国内外高校专家学者入住海南。通过校企联合共建智慧牌照研发技术创新中心、材料关键技术实验室等科研平台，为入住海南的专家学者提供较高水平的科研保障基础。同时，结合海南省委、省政府对大力发展科技创新的鼓励措施，以校企柔性引进人才为项目负责人，以创新中心、实验室为平台载体，共同组织申报海南省科技厅重大科技计划项目或重点研发项目，争取省级财政支持，促进关键技术联合攻坚研发。通过高校人才—科研平台—科研项目—成果转化—产业驱动的模式，形成 T 公司具有海南自贸港特色的产学研一体化创新发展模式。与此同时，通过建立稳定长期的产学研校企合作关系，确保产学研合作更具战略性、长期性、稳定性。一是借助高校的科研力量，保证新产品的持续研发和技术的及时更新；二是定期安排相关员工或高校技术人员互访互训；三是与高校共同开展人才培养、毕业生引进计划等，加速人才成长。

(五)构建人才体系

随着市场竞争激烈程度的逐步提升，企业对于人力资源体系的重视程度也在不断提高。在全球经济发展步伐放缓的大背景下，人才队伍不稳定、人才流失率较高直接制约着现代化企业的快速发展，尤其是对人才依赖程度较高的研发类、制造类企业。可以通过完善人才制度和激励机制、转变管理方式、加大员工培训力度、采用科学绩效考核方式等手段，进一步完善企业人力资源管理体系，确保人才队伍的稳定性、主动性、创新性。基于此，T 公司可以从以下四方面考虑和实施。

1.完善人才吸纳和晋升机制

作为传统制造企业，管理、研发、生产等三类人员始终占据着 T 公司的主流人员体系。其中，研发人员主要是高校毕业的人员和企业自己培养的人才，目前可以满足企业的科研需求。可是管理人员的缺口比较大，生产人员的年龄结构缺乏合理性，T 公司需要重点对这两类人员的问题进行解决。

首先，适当补充年轻生产人员。T 公司的产品对生产精度要求不算太高，但对生产强度要求较高。首先,T 公司可以考虑与省内相关大中专院校联合培养生产人员,作为公司人才长期发展战略的“蓄水池”;其次,提高管理人员培养力度,拟定培养计划,也可以从现有的生产人员中择优选拔管理人员,避免外来管理人员不适应的问题,同时也是对现有生产人员的激励。

2.重视员工培训

员工通过企业提供的培训可以迅速掌握知识本领,激发自身潜能。在企业所允许的范围内,应尽可能激发员工的积极性,让员工获得快速的成长,使员工的责任感获得提升。

目前 T 公司虽有一些针对员工的培训项目,但往往都是上级单位安排的,不成体系,盲目性太大,培训效果大打折扣。所以,为解决 T 公司当前的问题,一是结合公司主业发展方向,充分评估和摸清员工培训需求,统筹分析,按照季度、年度制定体系化培训计划;二是有针对性地完善和丰富培训项目,做到制度化和规律化,切忌培训“大锅饭”思维,尤其是要做好研发、管理、生产等差异化培训,做到所需即所学、所学即所用、所用即有效,真正达到学以致用的效果;三是注重科学的培训方法和手段,特别是针对新老员工,或采用传帮带“一对一”结徒式,或采用培训共享制等方式方法;四是与员工共同科学合理地对职业生涯开展梳理,让员工的成长空间得到保证,进而提升员工队伍的稳定性。

3.完善绩效考核体系

在一个企业中,各部门、各岗位的员工所考核的内容会存在一定的差异,需要结合实际情况编制出与之相匹配的考核细则,体现考核的差异化、公平性。一是针对公司管理层人员的考核,不仅可以结合经营指标来开展考核,同时还可以针对特定项目开展考核;二是针对一般管理人员的考核,考核目标必须清晰化,期限不能太长;三是针对研发人员的考核,可以倾向于新取得的发明、实用新型、外观设计专利以及软件著作权等科技成果的数量,尤其是成果转化的比例以及基于成果转化后给公司所带来的经济效益;四是针对生产人员的考核,生产的数量、准点完成率、产品的残次率等应该是考核的重要指标,此外,还要充分评估和正确引导员工精益求精的生产观念。

4.改进激励措施

目前,T 公司所采用的激励措施并未对不同层次员工的具体需求进行综合性的考虑,并且激励的方式也不完善。T 公司员工主要分为三种类别,第一类是高层管理人员,第二类属于中基层管理人员,第三类主要包含普通员工。高层管理人员指的是对公司的发展会产生决定性影响的人员,对于这一群体需要采用高激励的方式,比如通过国企改革政策,对这一类人员施行股权激励措施。中基层管理人员对于企业日常运转发挥着支撑性的作用,对于这一群体需要采用相应的薪资奖金激励方式，对于表现优异的管理人员提供职务晋升的空间。普通员工在企业中的规模最大，对于企业的生存和发展会产生比较大的影响，对于这一群体则需要采用专项的激励方式，比如业务提成等，通过这些方式激发他们的工作热情。此外，对于研发骨干人员，还可以实施科技成果转化作为分红的激励方式或者研发骨干人员团队工资预算单列的方式，以及对关键技术研发人员进行适当倾斜的分配政策和激励措施。总体而言，企业需要对员工采取有针对性的激励方式。

(六)强化融资渠道管理能力

按照资金的来源方式，公司的融资渠道主要分为两种：一是公司内部经营活动产生的资金，也就是内部融资；二是公司外部其他市场主体的资金，也就是外部融资。内部融资主要包括公司注册资本金、公司留存收益、折旧等，基本是公司内部循环融通的资金。外部融资指的是从公司外部来筹集企业所需的资金，比如银行贷款或者股东的增资扩股等股权融资。从现代公司发展的角度来看，随着市场经济的不断深化和公司的发展壮大，内部融资逐渐与公司发展速度不成正比，从公司外部取得更加充足的资金能够弥补公司发展的资金短板。因此，外部融资逐渐成为企业获取资金的主要方式。T 公司因为公司的性质等因素，在银行拥有比较高的信用评估等级，因此在融资信用方面有一定的优势。但是与大型企业相比，T 公司这种产品比较单一的生产型企业，资金实力还比较薄弱。尤其是 T 公司从事特许经营行业，面临着政府政策变化的不确定性和风险性。未来，公司新产品的研发等工作需要投入大规模的资金。在短期内想要获取规模如此巨大的资金，只是通过企业的内部融资无法满足资金需求，还必须对外部融资渠道进行拓展和运用。T 公司目前可以通过以下三种方式来进行融资。

一是政策性资金融资。现阶段，T 公司已获得了相关的资质证书。作为高新技术企业，T 公司生产的产品涉及交通出行、基础设施标识牌等，是本地生产生活的刚性需求，经济和社会效益都比较突出，可以通过政策性融资来解决资金问题。此外，T 公司还可以充分利用海南自由贸易港金融优惠政策，尤其是在公司扩大生产规模的项目中，可导入海南自由贸易港建设投资基金，推动 T 公司向“专精特新”发展。

二是银行等金融机构融资。T 公司资信良好，现金流稳定，公司负债率低，可以通过银行授信、抵押贷款等方式获得一定的银行等金融机构资金。

三是股权融资。按照现行的国有企业改革政策，发展良好的科技型企业可以灵活运用政策，通过推动技术成果作价入股的方式，进行公司混合所有制改造。

(七)提高风险应对能力

伴随着经济全球化速度的逐步提升,企业经营环境的复杂性也在逐步增大,经营风险也在持续提升,这就会导致企业经营目标达成具有较强的不确定性。当然,这些不确定性不只是产生了风险,同样也产生了机遇。企业经营者需要对这些不确定性进行明确,针对风险和机遇进行有效把控,进而让企业的抗风险能力获得提升。T公司为保障公司战略的有效实施,增设了安全生产与风控部,目的就是要提高风险应对和管理能力。可以从三个方面入手。

一是提升风险识别的能力。风险识别和评估工作有一定的特殊性。随着企业的发展,企业所要应对的风险也会出现变化,所以,企业必须及时对企业风险开展评价,对于企业所要面对的主要风险进行明确。风险评估必须从业务循环入手,对于重点环节制定针对性的防控措施,让控制措施与经营活动切实融合在一起,提升内部控制力。风险评估一般会将历史事件分析作为切入点,针对发展趋势进行系统性考虑,深入分析,获得相应的评估结果。风险评估的核心工作是对风险组合理论进行应用,应当从宏观角度入手来对风险进行分析。利用风险识别和评估来获取风险的详细情况,以风险评估结果为依据制定专项应对措施。而企业内部控制的主要作用是对风险进行防控,内部控制的重点是对风险应对措施进行推行和落实。总之,内部控制工作与重要风险点之间属于对应关系,后者会对前者产生决定性的影响,控制点与风险点之间存在密切的联系。通常情况下,主要的风险点必须配备多项风险控制措施。内部控制力度与风险评估结果存在密切的联系,风险与内部控制力度之间成正比。重要风险点就等同于内部控制的关键点,内部控制的评价标准指的是风险是不是得到了及时有效的控制。

二是制定风险控制措施,采用更科学化的程序及流程。在对风险点等情况进行明确之后,需要遵循成本效益等原则,针对风险点开展专项化的控制,采用切实合理的方法对内部控制的有效性进行提升。此外,因为企业发展具有动态变化的特性,所以风险存在比较突出的不确定性。风险应对措施需要及时根据风险的变化情况来做出调整,内部控制点同样要跟随风险点的改变做出调整,所以内部控制措施同样需要具有比较突出的动态性。因此,需要及时对风险进行科学化的评估,让内部控制可以有序开展,并借此来让企业内部控制发挥应有的作用,确保主要风险可以得到有效的控制。

三是在企业文化环节针对员工开展专项化的培训,建立和提升企业员工的风险防范意识。建立风险文化是最终目标,可以建立和完善企业员工的风险防范意识。

参考文献

[1]海南自由贸易港建设总体方案[M].北京:人民出版社,2020.

[2]海南省国民经济和社会发展第十四个五年规划和二〇三五年远景目标纲要[EB/OL].(2021-01-29)[2023-01-05].https://www.ndrc.gov.cn/fggz/fzzlgh/dffzgh/202104/P020210428646025031658.pdf.

[3]李克强.在全国深化“放管服”改革转变政府职能电视电话会议上的讲话[J].中国行政管理,2018(8):6-12.

[4]约翰逊,斯科尔斯.公司战略教程[M].金占明,贾秀梅,译.北京:华夏出版社,1998.

[5]波特.竞争战略[M].陈小悦,译.北京:华夏出版社,2005.

[6]哈克斯,迈勒夫.战略实践[M].庞博,王德忠,译.北京:机械工业出版社,2003.

[7]马浩.战略管理学 50 年:发展脉络与主导范式[J].外国经济与管理,2017(7):15-32.

[8]希林.技术创新的战略管理[M].谢伟,王毅,译.北京:清华大学出版社,2015.

[9]蒋维.公司治理与公司战略管理的关系研究[J].管理研究,2017(8):4.

[10]王贞洁,王惠,李真真.竞争战略、资本经营与企业绩效[J].经济经纬,2021(6):103-112.

[11]马宁,王雷.企业生命周期、竞争战略与风险承担[J].当代财经,2018(5):70-80.

[12]段云龙,张新启.基于管理协同的产业技术创新战略联盟稳定性研究[J].科技进步与对策,2019(1):1-2.

[13]高红军.略论如何提高中小企业的发展能力[J].中国-东盟博览,2013(9):49.

[14]张文忠,王丹.竞争战略下技术创新企业绩效与长期竞争优势分析[J].税务与经济, 2017(6):38-43.

[15]朱睿.基于差异化战略的企业管理策略[J].商业观察,2022(2):96-98.

[16]解培才,徐二明.西方企业战略[M].北京:中国人民大学出版社,1992.

[17]赵鸣蕾,翁育峰.信息化助推机动车号牌管理[J].道路交通管理,2018(4):17-18.

[18]田丽霞.浅议创业期中小高新企业竞争战略选择[J].中小企业管理与科技, 2019(3):131-133.

[19]柴才,黄世忠,叶钦华.竞争战略、高管薪酬激励与公司业绩:基于三种

薪酬激励视角下的经验研究[J].会计研究,2017(6):45-52.

[20]冯雷鸣.企业战略理论的发展和创新[J].经济与管理,2003(1):18-20.

[21]蓝海林.企业战略管理[M].北京:科学出版社,2011.

[22]刘传坤.注重发展战略引领,探索国有集团企业跨越式发展路径[J].财会学习,2021(25):15-17.

[23]陈占权.国有企业做强做优做大评价指标体系研究[J].国有资产管理,2021(5):58-64.

[24]陈德铭,周三多.中小企业竞争力研究[M].南京:南京大学出版社,2003.

[25]高露曦.S公司竞争战略研究[D].济南:山东大学,2019.

[26]唐崇英.竞争战略、研发投入与企业可持续发展[D].重庆:重庆工商大学,2019.

[27]杨永胜.从竞争力到核心竞争力[M].北京:中国发展出版社,2013.

[28]张宜霞.企业内部控制论[M].大连:东北财经大学出版社,2008.

[29]萧月."中国制造2025"下我国制造业中小企业战略研究[D].北京:北京外国语大学,2017.

[30]丁琪.浅谈M公司的竞争战略[J].发展战略,2011(12):13-14.

[31]靳亭亭.竞争战略、高管股权激励与企业研发投入[J].财会通讯,2018(3):23-26.

[32]黄浩.国银新材公司技术创新战略研究[D].长沙:湖南大学,2019.

[33]张爱辉.差异化战略、技术创新投入与企业绩效[J].财会通讯,2017(30):43-46.

[34]韩美琳.高质量发展背景下中国经济产业结构转型升级研究:基于马克思主义政治经济学视角[D].长春:吉林大学,2021.

[35]石盛林.技术创新对成本领先战略的影响机理研究[D].南京:南京航空航天大学,2015.

[36]黄速建,余菁.国有企业的性质、目标与社会责任[J].中国工业经济,2006(2):68-76.

[37]安索夫.战略管理[M].邵冲,译.北京:机械工业出版社,2013.

[38]徐翔.国有企业内部控制机制及运行研究[D].成都:西南财经大学,2014.

[39]李定,赵旭亮.国有企业全面深化改革的新思路[J].经济问题,2016(7):19-23.

[40]BAMEY J B. Firm resource and sustainable competitive advantage[J]. Journal of management,1991(2):99-120.

[41]HOMBURG C,KROHMER H,WORKMAN J P. A strategy implementation perspective of market orientation [J]. Journal of business research, 2004, 57 (12): 1331-1340.

[42]HUANG J. The study on the sustainable development strategy of resources enterprises [J]. Chinese business review,2004,17(8):79-81.

[43]ASDEMIR O,FEMANDO G D,TRIPATHY A. Market perception of firm strategy [J]. Managerial finance,2013,39(2):90-115.

[44]PEHRSSON A. The competitive edge of construction:how organizational characteristics can moderate performance in South African construction [J]. Strategic direction,2017(33):31-33.

[45]PORTER M E. The five competitive forces that shape strategy [J]. Harvard business review,2008,86(1):78-93.

[46]ANSOFF H I. The emerging paradigm of strategic behavior [J]. Strategic management,1987(8): 501-515.

[47]ADLER P S,SHENBAR A. Adapting your technological base:the organizational challenge [J]. Sloan management review,1990,32(1):25-37.

[48]RAMANADHAM V V. The economiscs of public enterprise [M]. London:Routledge,1991.

[49]SOUTO J E. Business model innovation and business concept innovation as the context of incremental innovation and radical innovation [J]. Tourism management,2015(51):142-155.

[50]DESROCHERS P,SAUTET F. Cluster-based economic strategy,facilitation policy and the market process [J]. The review of Austrian economics,2004,17(2): 233-245.

海南 RJ 公司品牌战略研究

黄晨茜*

摘　要：当前，海南农产品市场呈现出品牌数量多、运营能力弱、部分企业规模小、农产品深加工程度低、市场辨识度不高的特点，缺乏具有聚集效应的品牌。一方面，由于消费升级的加快，优质农产品的市场需求长期居于高位；另一方面，由于农产品供给端品牌效应较弱，销量及售卖价格不理想。目前，虽有学者已针对海南区域农产品品牌战略开展了研究，但大多数学者都是从区域层面出发进行分析和提出对策，对于政府来说有一定的借鉴意义，但对于企业来说实操性不强。海南 RJ 公司凭借“RJ 黑猪”品牌，在海南市场有一定的影响力和知名度。但近年来，其在市场上的竞争力开始弱化，其品牌影响力，对于产出来说是远远不够的。消费者对“RJ 黑猪”品牌的认可度甚至比不上一些本地无品牌的私人农户黑猪。如何加强消费者的认同感、提升其品牌影响力，从而拉动企业的高质量发展，并给中小农业企业提供品牌化发展的思路，是本文的价值所在。本文通过对国内外农业企业品牌战略的研究进行梳理，以海南 RJ 公司为主要研究对象，从重新定位、找准渠道、加强宣传、强调体验四个方面着手，进一步解决品牌“是什么”和“怎么做”的基本问题，提出海南 RJ 公司品牌战略优化措施，对于海南省内其他同类农业企业来说有着良好的借鉴意义。

一、研究背景与研究意义

（一）研究背景

在我国国民经济中，农业是经济大盘的基础，是经济发展的根基，占据重要的位置。从国内来看，农业经济代表了民生经济，解决农业经济的发展问题不

* 黄晨茜：2018 级工商管理专业硕士研究生。导师：付景涛教授、符应。

仅是解决14亿人口的吃饭问题，而且是解决发展第二产业、第三产业的根基问题；从国际来看，粮食安全问题是一个国家安全和发展的底线问题，更是应对国际复杂多变形势的战略性问题，因此，农业的重要性在未来仍不会减弱。近年来，国内经济高速发展，GDP中农业经济的占比逐年下降，但这并不意味着其重要性有所降低。我国的“十四五”规划指出，“十四五”期间我国经济发展将进入新的阶段，从高速度发展转变为高质量发展阶段；2021年的中央一号文件也明确将全面推进乡村振兴、加快推进农业农村现代化作为“十四五”发展的重点任务。由此可见，作为第一产业，农业在我国经济的中长期发展中仍然占据重要的位置。与其他行业相比，农业在我国的发展历史最为悠久，品牌化程度却最低。国内学者阎寿根(2000)提出，在我国，农业发展趋势特点是“企业多、牌子杂、名牌少、名气弱”，缺少产品差异化强、市场信心强的农业品牌，农业企业品牌战略升级的探索将有效提高农业的回报率。因此，研究农业企业的品牌化对于发展国内农业经济、推动现代乡村产业体系构建、实现乡村振兴战略具有重要意义。

与其他自由贸易区的发展情况不同，海南是全岛型的自由贸易经济体，区域内农村面积大、务农人口多，全省地区生产总值中农业经济的占比仍处于高位，农业毋庸置疑将成为海南自由贸易港(简称“海南自贸港”)建设中的重要角色。因此，探讨在海南自由贸易港建设的大背景之下更好实现农业经济高质量发展的问题，是有利于海南自贸港建设的研究方向。

海南RJ公司是海南农业发展历史悠久的企业之一。公司农业产业链发展完善，品牌“RJ黑猪”运营历史长、行业知名度高，却面临产值下降、品牌资产逐年缩水的现状。本文将以此公司的品牌战略研究为课题，深入研究和讨论海南RJ公司是如何通过实施品牌战略提高品牌核心竞争力、提升企业经营能力的，进而对行业升级起到推动作用，助力海南自贸港建设。

(二)研究意义

1.理论意义

学界目前对海南农业的品牌战略研究大多聚焦在区域层面，对于企业来说可借鉴性不强。为了推动海南农业的发展，为企业提供品牌战略发展的方向，本文选择了海南省内具有代表性的农业企业——RJ公司作为案例进行探讨。从品牌管理切入，对海南RJ公司进行深入分析，在结合国内外研究的基础上，根据海南RJ公司的内、外部环境因素，综合分析优势、劣势、机会和威胁，以品牌4S战略框架理论为指导，针对该企业如何实施品牌战略升级的问题提出具体化建议。此研究既可以为其他同类海南农业企业的品牌战略升级提供思路，提供良好的借鉴意义，从农业企业的品牌化角度推动海南农业产业化的发展，提高海南农业的核心竞争力，又可以有针对性地为海南热带特色农业深化发展提供参考依据，对海南自贸港的农业发展具有重要意义。

2.实践意义

海南 RJ 公司持有曾经在行业内市场占有率较高的品牌——“RJ 黑猪”，然而该公司目前面临资金链时常断裂、品牌发展停滞的现状，品牌生存困难。本文将从品牌管理的角度切入，希望通过对海南 RJ 公司品牌现状的梳理和深入分析，能够找出造成公司发展困难的原因。通过系统分析研究，探索解决“RJ 黑猪”品牌问题的方案，为“RJ 黑猪”品牌战略优化提出保障性措施。

二、文献综述

（一）品牌战略相关文献研究

1.品牌与品牌化概念

20 世纪 50 年代至 60 年代，美国率先提出品牌（brand）的定义。美国学派认为，品牌是一种象征物，具有自己的情感和个性，有理性价值和感性价值。在打造品牌的时候，除了注重品牌的差异性和其所具备的功能，还应该注重开发其个性价值。Keller（2003）称此为“小品牌”。广义的品牌概念是指顾客心智中的一种品牌意识和联想，更倾向于顾客心中对于品牌的评价和感受。品牌化（branding）与品牌不同，更多地指一个过程，即品牌的商业化过程。它的核心是要创造差异化，是赋予产品或服务一种品牌的能力，使之与众不同（杨春柏，2012）。

2.国内外品牌战略学派

国内对品牌战略的研究是从 20 世纪 90 年代开始的。1995—2000 年，国内学者提出国家和企业都要对企业品牌有保护意识和措施，同时提出品牌要做活、做大、做强，才能做好品牌运营，这是品牌战略规划的理论基石。2004—2008 年，国内学者开始提出“品牌竞争力”的观点，同时提出竞争性品牌战略理论，为国内品牌战略研究体系做出了重要贡献。余明阳、姜炜（2006）在《品牌管理学》一书中，对品牌管理展开了较为全面的论述，丰富和完善了我国的品牌战略理论系统。2008 年后，国内学者对于品牌定位在品牌战略中的作用更加明确，提出企业优化品牌战略要从强化品牌意识、明确品牌定位、进行品牌形象设计等各方面，运用多种竞争手段，围绕品牌核心价值开展企业的社会活动，根据企业自身条件制定有针对性的品牌战略，不断提升品牌溢价能力。王海忠（2014）在《高级品牌管理》中首次将“质量管理”纳入品牌管理教材，根据品牌建设与培育的过程，提出供企业借鉴的品牌 4S 战略框架。

国外对品牌战略的研究较早，在研究方面形成了不同的学派。国外品牌战略的研究学派主要分为整合派、核心价值派和企业发展派。品牌战略应当整合成一个战略体系是整合派的观点。Lepla 和 Parker (2003)认为，企业和产品品牌的产生都与企业的目标、价值、资源相关，因此确定品牌战略的第一步是明确企业和产品的定位。核心价值派 Chip 等(1997)认为，品牌战略最重要的是品牌核心价值，因此要提炼品牌核心价值，同时要适时淘汰老化品牌，优化品牌价值。企业发展派是主流学派，以波特(1980)的企业发展战略理论为依托，将降低成本战略、技术战略、差异化战略和专业化战略等理论框架应用到品牌战略的规划中。

(二)农业品牌化认知发展及建设文献研究

1.农业品牌化及品牌农业概念

我国提出农业品牌化的完整概念是 2011 年。刘英杰等(2011)认为，农业品牌化指的是农业企业、产品或经营户在达到现代农业过程中所做的一系列品牌管理流程化的步骤；而品牌农业则是上述主体在成功品牌化后所呈现出来的具有较高经济效益的新型农业形态。

与其他行业相比，农业在我国的发展历史最为悠久，品牌化程度却最低。张曼丽(2018)在研究中提出，只有推进农业品牌化、大力实施品牌战略，才能推动农民增收、农业转型升级。持有类似观点的还有徐加明(2010)，他认为，要推动现代农业与新农村建设进程，培育区域特色的农业强势品牌是重要论题。在推进品牌化实施的层面，李建军等(2015)提出，要突出产业集群化优势，加强农业产业链建设，发展地标农产品，推动农业品牌建设。同时，地方农业的发展也离不开政府的有效引导及龙头企业开发市场的能力(陈文胜，2016)。

2.国内外农业品牌化认知发展

日本最早提出品牌农业的完整概念并指出品牌农业的特征，为农业品牌化的认知发展奠定了基础。随后，国外各学派分别就品牌农业创建、农产品管理、农业品牌品质、政府对农产品品牌建设的作用等方面进行了研究(Micheal et al.，2009)。

20 世纪 90 年代，国内学者开始研究农业领域的品牌化战略。时至今日，形成了丰富的研究成果，并涌现出了许多专家和学者，如提出品牌农业概念的罗德鉴(1999)、张国庆(2005)和干经天(2003)，研究品牌农业战略的奚国泉和李岳云(2001)，研究品牌农业建设的李云海(2005)、林荣清(2008)、郑德祥(2008)和郭守亭(2005)等。我国学者首次提出农业企业应当采取品牌战略的观点是在 2001 年。2001 年中国加入 WTO 之后，受国际农产品对国内市场冲击的影响，国内学者发出了我国农业企业应"走出去"，主动迎接国际市场挑战的倡议。何均琳

(2002)提出我国农业企业加强品牌意识、实施品牌战略的必要性。2019年以后，在“一带一路”倡议背景下，“走出去”再次成为农业发展的关键词。李娜(2019)提出，我国的农业企业应该把握机遇，加快自主品牌建设，“走出去”建设社会主义农业强国。

3.海南农业品牌建设研究现状

李云海等(2006)提出海南农业品牌发展的思路。他们认为海南农业品牌的市场影响力与其所拥有的资源优势并不匹配，海南农业要升级发展。随后几年间，虽然各大媒体对于海南省农业品牌建设提出了一些思考与建议，但并没有学者针对此问题进行深入研究。直到2014年，王伟等(2014)再次指出海南省品牌农业发展中存在的问题，并提出质量型农业是海南的必选之路，要提升海南农产品的效益及竞争力，就要加强品牌建设。

2017—2019年，学术界对于海南农业品牌建设的关注度在逐渐升高。严先锋(2017)认为，发展品牌农业可以深化农业供给侧结构性改革，实现农民增收、农业增效，助力产业扶贫和精准脱贫。钟艺晴(2018)提出，可以从区域产业集群的视角去探索海南休闲农业的品牌建设，台湾和海南两省同处热带气候区，气候相似、农产品种植品种相似，同时，台湾地区发展休闲农业较早，已经形成一定规模，因此可以尝试借鉴台湾地区的休闲农业发展经验(杨景鹏，2019)。李晓慧等(2019)提出，海南必须以品牌为导向，发展热带特色高效农业。贾磊等(2018)则认为，海南现代农业受政策和行政的引导干预作用较大。政府要引导当地农业企业、合作社以及有经营能力的企业家主体联合协作，并将其纳入政策实施的主体中。有的学者则是从创意传播的视角，研究海南农业在品牌化过程中所存在的问题，提出海南农业品牌化发展的方向性策略(初云玲，2019)。

(三)研究评述

从国内外的研究来看，学术界对于品牌化对农业的推动作用是持肯定的态度，同时也认为，实施品牌战略对推动农业品牌化至关重要。企业推动品牌建设、加强品牌运营能力、提升品牌竞争力，是推动企业自身发展、进行行业供给侧结构性改革的关键。我国农业企业化经营相对国外起步晚、发展慢，企业品牌化程度较低、核心竞争力较弱，导致农业领域“大产地”虽多，“大品牌”却少。无论是美国“企业＋企业＋企业”的农业发展模式，还是日本的全国“农业特区”模式，都与我国目前的“企业＋农户”模式不同。但是各国在农业经营战略上的选择都较为一致，即实行一体化经营战略。作为产业的根本，企业在其中发挥着重要的作用。对于我国农业来说，要取得结构化的、跨越式的发展，必须进行产业化升级，鼓励发展农业企业主体，改变中小散户的经营模式，同时大力引导企业实施品牌战略。

海南作为农产品“大产地”之一，在海南农业品牌建设上具有较好的研究价值。目前，在海南农业品牌建设的研究当中，大多数学者都是从区域层面出发解析和提出对策，对于政府来说有一定的借鉴意义，但对于企业来说，实操性不强。因此，本文将选取海南省具有代表意义的企业——海南 RJ 公司进行个案分析，在结合国内外研究的基础上，以品牌 4S 战略框架理论为指导，针对企业品牌战略制定提出具体建议。此研究对于海南省内其他农业企业来说有着良好的借鉴意义，既可以从农业企业的品牌化角度推动海南农业产业化的发展，提高海南农业的核心竞争力，又可以为海南省建设有特色的自由贸易区呈现思路。

三、研究设计

(一)RJ 黑猪品牌市场调研

本次调查采取随机抽样和定向发放问卷相结合的方式，于 2021 年 3 月 15 日至 3 月 25 日对海南地区 18—65 岁家庭中负责采购的人群进行调查。一是通过网络渠道随机抽样，针对超市客户群、社区团购群、小区业主群等精准发放问卷；二是通过商超、菜市场等渠道定向发放问卷，共发放 400 份问卷，回收 381 份问卷，回收率为 95.25%。

(二)问卷设计

问卷针对“RJ 黑猪”品牌进行市场调研，围绕品牌第一提及率、曾经购买率、认知度、忠诚度、满意度等方面进行设计，共设计了 19 道问题。问卷的第一部分了解的是被调查者的基本信息，包括性别、年龄、职业、受教育程度、是不是家中主要采购者等，目的是了解家庭日常采购消费者群体的基本情况。第二部分主要通过几个问题了解消费者群体对黑猪产品的熟悉度及偏好度。第三部分从“RJ 黑猪”品牌的传播渠道、品牌认知、购买偏好、售后满意度等方面对“RJ 黑猪”品牌进行市场满意度调查。问卷中设计了 NPS(净推荐值)题“您向朋友或同事推荐‘RJ 黑猪’品牌的可能性有多大?”以衡量顾客忠诚度，让答题者根据推荐度打分。如果得分在 9—10 分，则说明答题者对产品狂热忠诚，会继续购买产品，并引荐给他人，判定为“推荐型”；得分在 7—8 分，则说明答题者对产品总体满意，但不狂热，会考虑其他竞品，判定为“被动型”；得分在 0—6 分，则说明答题者使用产品并不满意，或对公司没有忠诚度，判定为“批评型”。作为顾客满意度衡量指标，NPS 直接反映企业在顾客内心的认可程度和购买意愿。其计算公式为：NPS(净推荐值)=(推荐者数/总样本数)×100%-(贬损者数/

总样本数)×100%。

(三)RJ黑猪品牌市场调研结果

第一,品牌整体满意度较高。对于“RJ黑猪”的购买者来说,“RJ黑猪”的整体表现还是相当不错的。首先,有26%的受访者表示对已经购买的“RJ黑猪”产品非常满意,表示比较满意的占55%,仅有18%的受访者对已经购买的“RJ黑猪”产品表示一般,而不满意的几乎没有。而在“您购买‘RJ黑猪’品牌产品是因为什么?”一题中,表示“肉质细腻口感好”“产品新鲜”的受访者分别占比35%、33%,这表现出“RJ黑猪”的产品质量过硬,受到消费者认可。

第二,品牌宣传手段较为传统,第一提及率低。在对黑猪品牌第一提及的调查中,对于“提到黑猪,您会想到哪些品牌?”题项,顾客对于“定安黑猪”“屯昌黑猪”品牌的提及率较高,分别为90%(341人)、38%(144人);“RJ黑猪”的提及率偏低,仅有84位受访者选择,占22%。显而易见,相比于“定安黑猪”“屯昌黑猪”等地理标志性品牌,“RJ黑猪”品牌在消费者心中的地位略逊一筹。在“您是通过什么渠道知道‘RJ黑猪’品牌的?”问题中,35.26%的对象表示“没听过这个牌子”,22.37%的对象表示是从“超市或门店里的产品展示及海报、串旗、传单等促销品”获知该品牌的,从新媒体渠道上获知该品牌的仅占4%。由此可知,海南RJ公司现有的宣传手段较为传统,对于线上营销、自媒体传播渠道布局不足,导致新一代的消费者对于海南RJ公司的产品品牌认知不足,第一提及率较低。

第三,销售渠道布局不足,购买率低。在本次调查中,在“您是否购买过‘RJ黑猪’品牌的产品?”这个题项中,达58.3%的受访者表示没购买过“RJ黑猪”,表明该品牌的购买率较低;从“您不购买‘RJ黑猪’品牌产品是因为什么?”一题中,我们可以看到,消费者没能购买很大程度是由于“很难买到”,这部分原因占比高达49.8%,由此也暴露出海南RJ公司在销售渠道布局上的不足。

第四,品牌缺乏核心价值,认知度、忠诚度低。在本次调查中,只有5.28%的受访者在“您是否了解‘RJ黑猪’品牌?”一题中选择了“非常了解”,57.73%的受访者选择了“一般了解”或“听说过”的选项,不了解“RJ黑猪”品牌的受访者达36.99%。在市场走访中,有不少消费者在谈到“RJ黑猪”时,表示只听过“定安黑猪”,从未听说过“RJ黑猪”品牌,更不知道该品牌卖的是海南本地黑猪。而从“RJ黑猪”以往的宣传策略中可以发现,海南RJ公司没有紧紧把握核心品牌诉求,来讲好自己的品牌故事。品牌诉求主题更迭频繁、没有使用品牌核心价值指引企业的营销活动等运营现状,是该品牌认知度较低的主要原因。品牌资产的积累不足导致多数消费者对“RJ黑猪”品牌的认知度不高,有效的品牌情感链接未建立,品牌忠诚追随者较少。

四、“RJ黑猪”品牌管理现状及SWOT分析

（一）“RJ黑猪”品牌管理现状

“RJ黑猪”品牌是海南RJ公司重点培育的公司核心品牌，也是本文讨论的核心重点。该品牌自2012年运营以来，专注于岛内黑猪肉的生产、包装、销售，主要面向批发客户和零售客户。品牌旗下有白条黑猪肉（现场分割零售）、气调产品、黑猪腊肠、黑猪包子等产品。零售渠道主要为自营门店和超市，核心消费人群为中低端消费人群。岛内主要竞争对手是罗牛山黑猪、定安黑猪、屯昌黑猪及个体农户。

在RJ公司调研期间，发现该公司在品牌管理方面存在一些问题。该公司运营的品牌有着较高的价值，但其品牌管理决策随意性较强、品牌战略制定没有长期性，品牌市场认知度和美誉度有下降的趋势，主要表现为以下两个方面：

第一，公司长年没有制定品牌年度计划。该公司主要领导人将精力主要放在厂房等固定资产的投资及生产基地、自营门店的扩张上，对于“RJ黑猪”品牌战略核心没有过多关注。公司长年没有制定品牌年度计划，没有专业运营团队。

第二，公司对外宣传重点是公司而不是品牌本身。经百度等搜索引擎检索关键词发现，搜索“海南RJ公司”会出现相关的信息，但搜索“RJ黑猪”相关信息较少，几乎全是无关信息，甚至是竞争对手的关联信息。公司在媒体宣传及官网宣传上，将重点放在了“海南RJ公司”上，主要宣传公司战略而不是品牌战略。线下核心宣传语也是“RJ旨在精心打造绿色全产业链，全力发展黑猪特色美食”，这里的“RJ”是公司而不是品牌本身。海南RJ公司旗下分公司较多，这样的宣传策略劣势在于，消费者很难将“RJ黑猪”品牌与海南RJ公司的宣传进行有效的联想，那么就会造成海南RJ公司虽然曾经将大部分的精力放在报纸、电视等媒体宣传上，但消费者对品牌的认知度却较低。同时，“RJ黑猪”品牌的新媒体运营也是不足的。该品牌在微博、抖音没有建立运营账号，唯一的微信公众号运营频率低，品牌软文输出、消费者互动较少，没有形成系统化的宣传策略，品牌基本失去了对于私域流量的运营能力。

（二）“RJ黑猪”品牌现状SWOT分析

1.品牌发展优势

（1）品牌知名度相对较高

虽然海南RJ公司旗下的“RJ黑猪”品牌在市场调研中的表现远不及“定安黑猪”和“屯昌黑猪”两大地域品牌，但相较于调研中的其他企业自有品牌，它仍属于知名度最高的。“RJ黑猪”品牌在成立早期曾主打澄迈“世界长寿之乡”的

产地优势，通过电视、报纸、电梯广告栏等渠道连续多年投放广告。同时，通过家乐福、大润发、华润万家等多家大型商超及农贸市场精细化铺设、运营销售渠道，为品牌知名度的沉淀积累了一定的基础。

(2)产业链较为成熟

2008年，海南RJ公司向国家发展改革委和海南省政府提交了关于建设“海南黑猪绿色全产业链”项目的可行性研究报告，被列为省“十二五”规划的重点项目。该项目计划总投资16亿元，在澄迈县建立RJ畜产品加工园，打造涵盖饲料生产、品种培育、养殖、屠宰、加工、物流、销售等各环节的黑猪肉制品全产业链。海南RJ公司投资6000多万元建立黑猪繁育基地，利用海南本土优质黑猪种源与国外引进的优良公猪进行杂交，改良并培育出具有体魄强健、活跃好动和免疫力强等特点的黑猪新品种。

海南RJ公司不仅培育了黑猪新品种，还建立了生态化的养殖基地，采用生态放养和标准化饲养相结合的养殖模式。在该饲养模式下，“RJ黑猪”的生长周期均在300天以上，比三元杂交猪的饲养周期高出一倍。通过喂食更加生态、环保、营养的生物饲料，严禁添加瘦肉精和抗生素等违法添加剂，不仅保证了黑猪的肉品安全，还保证了其肉质口感。

同时，在“海南黑猪绿色全产业链”项目的带动下，海南RJ公司特别注重销售终端的建设，通过纵向打通黑猪产业链条上下游的环节，使农产品生产与销售实现无缝对接，在终端采取自营和联营两种连锁零售模式，最大限度地整合渠道资源，更加有效和直接地接触消费者，迅速打开了市场。海南RJ公司借助销售终端的渠道优势，横向扩展至其他海南优势农产品，逐渐打造出一个集市场销售、基地建设、立体冷链、现代仓储等为一体的全封闭式农业产业链(见图1)。

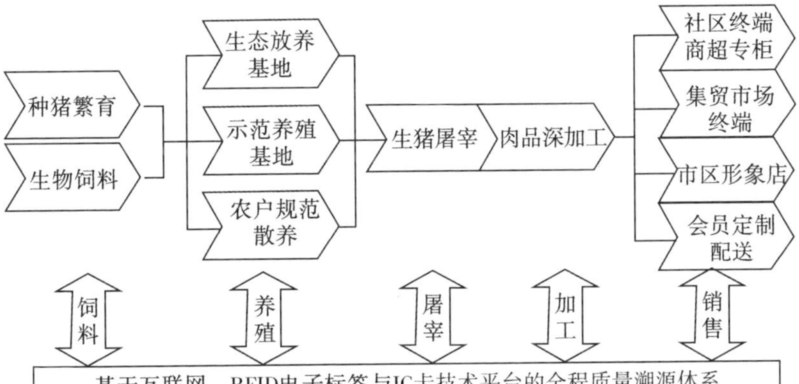

图1　“RJ黑猪”绿色产业链

2.品牌发展劣势

(1)品牌战略发展滞后,资源不足

海南RJ公司高层品牌战略管理意识不强,未将品牌战略放在企业发展的重要地位,没有建立品牌决策体系,品牌管理较为粗放、管理水平较低。品牌战略在实施决策时常常伴随较强的主观性和随意性,容易导致品牌出现不当决策,进而影响公司效益。企业品牌大而不强、子公司多而不精的问题逐渐凸显。

公司对品牌战略的投资不足。一方面,品牌管理专业人才缺乏。公司架构中缺少核心的品牌管理部门。一家有着23年历史、拥有14家子公司的集团化公司,只有3个部门与品牌管理或营销管理有关,分别为熟食营销中心、策划部和企划部(见图2、图3、图4)。而实际上,"RJ黑猪"品牌日常仅由1名企划主管和1名新媒体编辑运营,熟食营销中心的"市场开发副经理"一职并没有承担实际的品牌管理或营销管理业务。从组织架构和人员配备来看,海南RJ公司的品牌运营能力明显不足。同时,公司人力资源部对于品牌战略管理人才的挖掘和储备能力不高,是导致品牌发展后劲不足的主要原因。分管品牌的副总裁是行政出身,中专学历,长期负责对接农业部门的公关工作,在品牌管理和营销管理方面专业知识较少,实战经验不足,对品牌战略的制定重视不够。同时,其领导的1名企划主管和1名新媒体编辑的行业经验和资历较浅,也不足以承担战略制定的责任。公司人事未能及时储备品牌管理人才,导致"RJ黑猪"品牌在长期运营中没有一支专业的品牌营销队伍进行品牌战略的实施和运作。以上因素使品牌长期处于"游击式"的运作,影响了企业品牌文化氛围的构建。公司重销售、公关,却不重视品牌,这极大地制约了"RJ黑猪"品牌的发展。另一方面,品牌年度预算不足。因为品牌战略规划的缺席,公司没有为"RJ黑猪"品牌制定专项年度品牌预算,也没有持之以恒地制定和实施年度品牌宣传营销计划,导致不仅大规模的品牌推广活动无法开展,而且品牌后期运作、管理以及延伸的难度也比较大。

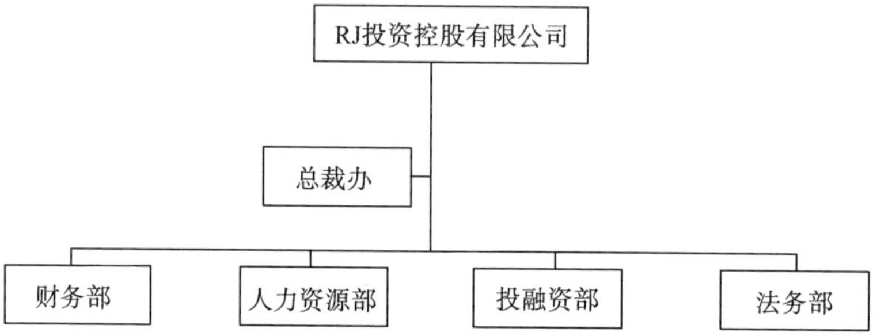

图2 海南RJ投资控股有限公司部门架构

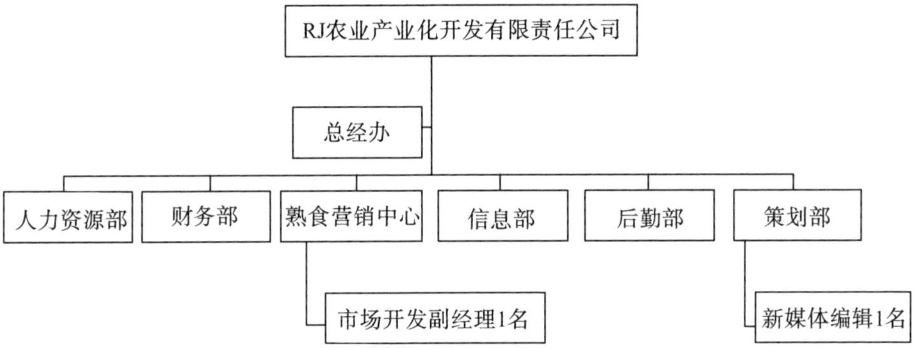

图 3　RJ 农业产业化开发有限责任公司部门架构(行政部分)

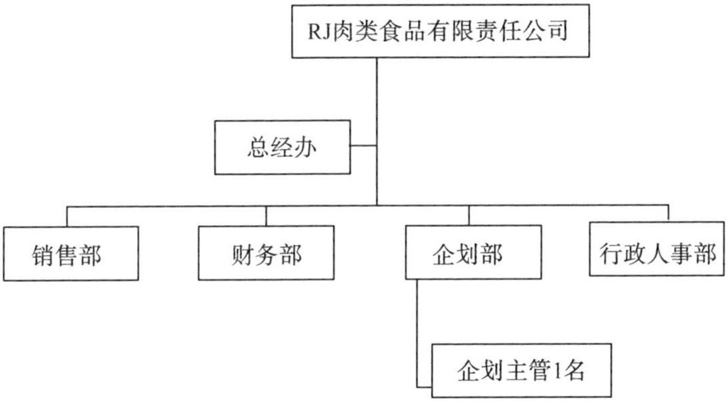

图 4　RJ 肉类食品有限责任公司部门架构(行政部分)

(2)品牌定位不清晰

品牌定位是品牌战略的核心,决定了品牌在市场竞争中的差异性和未来发展动力。从另一个角度来说,它彰显了企业的核心竞争力。一直以来,“RJ 黑猪”没有准确地为自己的产品定位,在一系列的同类产品中凸显作用不明显,导致消费者在面对这个品牌时难以感受到清晰的心理定位和品牌联想。无论是产品线、价格、销售模式还是渠道,“RJ 黑猪”一直没有将自己与市场上的“定安黑猪”“屯昌黑猪”等传统黑猪品牌区别开来。“RJ 黑猪”不是选择找到自己的竞争领域、从细分领域上发力,而是选择从正面直接对标这些地域性品牌。而由于“定安黑猪”“屯昌黑猪”这样的地域性品牌在知名度方面有着先天性的优势,容易与消费者(特别是本地消费者)产生较强的品牌链接,“RJ 黑猪”即使付出比本地品牌多几倍的努力也很难达到同等级别的品牌知名度。这样模糊的品牌定位给品牌带来的结果是,消费者难以区分“RJ 黑猪”和它的竞争对手的产品，使得“RJ黑猪”这个品牌给产品所带来的溢价是有限的，难以获得消费者持续的购买力，更难以让消费者成为品牌忠诚用户。

同时，品牌定位的不清晰造成了海南RJ公司在销售模式和渠道方面的表现较为传统，在市场上选择与传统品牌狭路相逢，较难打开市场局面。与传统品牌运营模式相似的同时，又无法像传统品牌一样能够将渠道下沉。海南RJ公司在大型城市的大型商超、专营店方面下了许多功夫，导致运营成本较高；而在地域品牌必争的乡镇市场、农贸市场等渠道方面却耕耘较少，从而导致消费者（家庭消费中的主要采购者）较难购买到它的产品，品牌认知度不高。

3.品牌发展机会

(1)多项政策孕育先机

岛内动物产品流通有特殊要求，因此养殖业来自岛外的竞争少。2016年，省农业厅、省食药监局联合发文明确要求海南停止输入省外肉用活体动物，鼓励依法输入省外冰鲜或冷冻动物产品。针对养猪业，不允许育肥猪活体进岛，只允许种猪和猪苗进岛，且必须来自省农业厅认证的大型养殖场，还要经过25个工作日的审批。海南岛对动物及其产品流通的特殊要求，使养殖业较大程度地避开了来自岛外的竞争。

生猪产业转型升级，海南省优先发展黑猪产业。2019年发布的《关于促进生猪产业转型升级保障市场供应的若干意见》中，关于打造“海南黑猪产业带”的相关意见将澄迈作为三大发展重点市县之一提上日程，传统畜牧大县将得到政策引导，优先发展黑猪产业，目标是在2022年黑猪出栏量有质的飞跃。

食品安全高压政策实施力度加大，推动黑猪企业正规化发展。省农业厅、省食药监局联合协作，加强动物源性食品安全监管工作，对非法白猪宰后涂色、套取黑猪检疫票偷梁换柱、潲水猪等假冒伪劣黑猪的市场乱象重点整治，不仅从源头上有效解决了猪肉质量安全问题，而且从侧面推动了黑猪企业的正规化发展。

受环保禁养限养的政策影响，生猪产能下降。2016年印发的《海南省畜牧业发展规划(2016—2020年)》中指出，到2020年年底要完成养殖业合理化布局，推进发展集约化、科技化生猪养殖，实现养殖污染“资源化、减量化、无害化”利用的目标。政策的走向趋势倒逼大部分中小规模养猪场、散养户进一步提高自身的养殖技术及规模，能力不足的中小养殖户逐步遭到淘汰。在短时间内将造成省内的生猪产能短期下滑、市场供应量暂时减少。

(2)得天独厚的区位优势

海南具备天然的地理优势。海南地处热带、亚热带区域，岛内种植业较为发达，青饲料资源丰富；四面环海，地理位置相对独立，工业企业相对较少，易感动物不能自然进出海岛。海南的生态保护力度大，“无规定动物疫病区示范区”

建设在 2009 年通过国家评估验收，拥有一流养殖环境。与种植业相比，海南养殖业具有较明显的优势，对土地和季节的依赖性较小，能全年生产，较容易扩大规模和产值。

海南具备黑猪资源优势。海南黑猪是区域优良品种，已有 500 多年的养殖历史，对海南环境具有较强适应性。本地拥有丰富的种质资源，种猪具有肉质鲜美、肌间脂肪丰富，耐粗青饲料、抗病性强等优点。本地临高黑猪、屯昌黑猪、定安黑猪等是海南本土优质的黑猪种源。

(3)行业不成熟带来的机遇

海南黑猪市场品种不纯，本土黑猪保种不够。受到周期短、瘦肉率高的外来猪种的"入侵"，同大陆市场一样，海南市场也充斥着大量的外来和杂交品种黑猪，制约了本土黑猪的发展。海南本土黑猪与岛内养殖的非本土猪发生混淆，都被统称为"海南猪"，养殖行业较为混乱。因此，大型企业的介入对于海南本土黑猪的育种、保种及发展来说都有重要的意义，有利于当前行业现状的转变。

黑猪产业深加工能力不足。当前，海南本土黑猪产业精深加工规模有限，基础薄弱。大多数企业仍然处在销售、贸易猪苗，生猪屠宰，整猪或分割品的粗加工阶段，产业附加值较低、规模小、发展态势缓慢。

本土黑猪品质下降，无法满足市场要求。传统本土黑猪以生态放养为主，呈现皮薄肉嫩、肉质结实的特点。为追求经济效益，当前本土黑猪猪种以大规模圈养为主，导致品种特性过肥、腰身短小、猪肉肥多瘦少，不能满足本地市场对于五花、骨头的高品质需求。

本地黑猪产业链较短，产业规模化程度低。海南本土黑猪产业经营者以中小养殖场为主，运营能力不高，大部分只能养殖屠宰，无法承载冷链物流加工业务。从全岛产业链来看，规模化程度低，产业化一体化不足。

(4)市场前景可观

海南黑猪消费量大。黑猪主要面向家庭，白猪主要流向食堂、酒楼等。当前海南人口 900 万人，年均消费猪肉 500 万头，其中黑猪占大约 200 万头。生猪产值上升，产量相对不足。2019 年以来，生猪市场受疫情影响较大，全省生猪、能繁母猪存栏量在 2019 年分别同比下降 57％和 60％，生猪出栏量同比下降 34％。与此同时，猪价却在大幅上涨。根据 2019 年 12 月底的统计数据，活猪、猪肉、仔猪价格较 2018 年同期分别上涨 138.6％、115.7％、233.2％。海南省全省产值约 98 亿元，同比大幅增长，上涨约 41％。黑猪盈利水平较高。生猪类产品价格持续高位运行，2019 年每头 100 公斤左右的生猪利润可达 1200—1500 元。由于没有岛外的竞争，岛内黑猪更是长期处于较高的价位，基本上与岛内白猪保持每公斤 3 元的差距，养殖户利润空间较大。即使白猪处于亏损的状态，黑猪依然可以保持盈利，有效避免了“猪周期”。

4.品牌发展威胁

(1)竞争者的崛起

2018年公布的《农业产业化国家重点龙头企业名单》中，海南省上榜14家企业(见表1)。其中，业务聚焦在消费端市场并拥有品牌化产品的企业仅有4家，分别为罗牛山股份有限公司、海南春光食品有限公司、海南南国食品实业有限公司和海南RJ农业产业化开发有限责任公司。其他企业大多专注在原材料供应链或做供应商，没有消费端的产品或品牌。

表1　海南省农业产业化国家重点龙头企业名单

序号	公司名称	成立时间	自有品牌
1	海南神农基因科技股份有限公司	2000年	
2	罗牛山股份有限公司	1987年	罗牛山
3	海南永青绿色农业食品加工有限公司	2002年	
4	海南裕泰科技饲料有限公司	2001年	
5	海南春光食品有限公司	1994年	春光食品
6	海南天然橡胶产业集团股份有限公司	2005年	
7	海南翔泰渔业股份有限公司	2004年	
8	三亚海源实业有限公司	1999年	
9	海南景棠绿色农业有限公司	2004年	
10	海南永基畜牧股份有限公司	2007年	
11	海南南国食品实业有限公司	1999年	南国食品
12	海南勤富食品有限公司	2007年	
13	海南RJ农业产业化开发有限责任公司	2004年	RJ黑猪
14	海南琼辉果菜冷冻保鲜有限公司	2012年	

然而，近年来，随着海南自由贸易试验区的建设，海南RJ公司的竞争压力就不仅仅来源于罗牛山、海南农垦等本地企业，还来自牧原股份、温氏集团、正大集团等国内养猪集团在海南的投资，甚至来自国外企业的冲击。随着海南自贸港的发展，海南本地畜牧业会受到一定程度的外来冲击。一是政策开放后，投资的便利性会促使大量国内外畜牧业大型企业进入本岛，对岛内企业构成直接威胁；二是货品流通的便利性会导致进口品牌的肉类产品迅速增加，海南本地肉类产品将受到进口量增加后所形成的市场冲击，导致价格的优势下降及市场份额的流失。另外，随着“猪周期”的影响，近年来国内外受疫情等因素影响，

猪肉价格极其不稳定且一直处在上升中。长此以往,猪肉的市场份额有可能会被牛肉、羊肉、鸡肉、鸭肉或水产品等替代品侵蚀,导致企业的利润水平下降,从某种意义上来说,这些替代品也是潜在的"竞争者"。

(2)企业融资困难

海南 RJ 公司想要打造产业化、一体化的黑猪加工体系,重资产的运营能力至关重要。由于投入资金长期不稳定,核心竞争力不足,持续发展困难,导致海南 RJ 公司长期基础薄弱,大而不实。企业融资难的问题间接影响了企业正常的品牌宣传需求。近年来,海南 RJ 公司削减了品牌的预算,甚至没有专项品牌年度预算,导致品牌的宣传计划、活动计划及营销计划无法正常实施。简单、间歇性的品牌宣传对于提升企业或品牌的知名度作用甚微,而知名度的下降也会相应地影响到企业的融资。

(三)"RJ 黑猪"品牌组合矩阵分析

通过 SWOT 分析,可以发现海南 RJ 公司在政策、区位、行业市场方面有着较大的机遇,同时公司形成了较为成熟的产业链,在市场上沉淀了一定的品牌知名度,具有较强的竞争优势。不过,海南 RJ 公司在具备内部优势和外部机会的同时,也面临着品牌定位模糊、资源不足的内部困境,以及来自多方面的竞争压力、营商环境较弱等外部挑战。结合调研结果,可以得出海南 RJ 公司的 SWOT 组合战略矩阵(见表 2)。因此,根据海南 RJ 公司的内、外部环境因素,综合分析优势、劣势、机会和威胁,建议海南 RJ 公司应充分发挥自身优势,克服内部劣势,把握发展机会,规避不利威胁,运用不同的组合选择合适的战略,实现品牌优化升级。

表 2　SWOT 组合战略矩阵

	优势(Strength) 1.品牌知名度相对较高 2.产业链较为成熟	劣势(Weakness) 1.品牌战略发展滞后,资源不足 2.品牌定位不清晰
机会(Opportunity) 1.多项政策孕育先机 2.得天独厚的区位优势 3.行业不成熟带来的机遇 4.市场前景可观	SO 战略 把握产业链优势,进入新市场,获得品牌溢价权	WO 战略 树立有竞争力的定位,更新品牌元素,加强市场品牌识别
威胁(Threat) 1.竞争者的崛起 2.企业融资困难	ST 战略 提升品牌运营能力,增加产品使用量,提高市场竞争力	WT 战略 更新组织架构及制度,加强品牌传播整合,提高品牌运营水平

(1)SO(进攻型)战略:品牌更新战略

把握产业链优势,进入新市场,获得品牌溢价权。利用政策、区位等优势所带来的机遇,优化产业链上下游资源,进行产品线创新,打造细分市场的拳头产品,通过向上拓展高端产品线,进入高端市场,获得更高的品牌溢价权。

(2)WO(扭转型)战略:品牌要素战略

确定有竞争力的定位,更新品牌元素,加强市场品牌识别。设立品牌战略部门或咨询品牌战略服务第三方机构,为创新产品找到目标细分市场,以顾客需求为本重塑定位,定义和传达品牌的主张,加强市场识别。

(3)ST(经营型)战略:品牌渠道战略

提升品牌运营能力,增加产品使用量,提高市场竞争力。利用本地化资源优势,通过提升生产、销售、冷链一体化运营能力和效率,获得成本优势,提升品牌的市场竞争力,加大溢价空间。

(4)WT(防御型)战略:品牌传播战略

更新组织架构及制度,加强品牌传播整合,提高品牌运营水平。在组织架构上不仅要设立品牌战略部分,还要制定一套开发高素质管理人才的人力资源规划,从管理团队开始,优化内部员工架构,设立有效的人力资源制度,提高公司内部的运营水平,在内部形成有效的品牌文化氛围,为品牌高效运转提供有力的组织保障。

五、"RJ 黑猪" 品牌战略实施策略

在品牌 4S 战略框架中,王海忠(2014)提出,根据品牌面临的现状,品牌更新策略主要有几个方向:一是增加产品使用量,二是进入新市场,三是识别新用途,四是更新品牌元素,五是确定品牌更新的频率,六是选择品牌退役。根据"RJ 黑猪"在市场调研中所暴露的问题以及在 SWOT 分析中所探讨出的劣势和威胁,在"RJ 黑猪"的品牌更新策略中,将重点放在第二个方向,即进入新市场。这其中包含两个"新",一是重新调整和瞄准新的目标市场,即寻找新顾客群体;二是进入新的地理市场,即制定新的市场开发战略。下面将通过四个步骤逐项分析"RJ 黑猪"品牌在这两个"新"的战略当中应当采取的具体措施。

(一)重新定位,识别细分新市场

海南 RJ 公司品牌更新战略第一步是重新进行品牌定位,目的是找到品牌更新后新的细分市场。这意味着海南 RJ 公司在解决"品牌是谁"的问题后,需要找到它的新顾客。

第一是要解决"RJ 黑猪"的产品手册中卖点过多的问题,确定"品牌是谁"。

在品牌 4S 战略框架中，王海忠(2014)提出“顾客心智的品牌权益创建的金字塔模型”(见图 5)。他提出，品牌按理性与感性的划分标准，大体可分为以理性诉求为主的功能型品牌和以感性体验为主的享乐型品牌。图 5 的金字塔模型展示的是品牌与顾客关系亲密程度，从金字塔底端初始的品牌显著度(解决品牌识别的问题，即“品牌是谁”)一直到顶端的品牌共鸣(解决品牌关系问题，即“顾客与品牌关系怎么样”)。猪肉产品是家庭消费中最常见、最频繁的日常消费品之一，属于快速消费品的范畴。同时它的消费人群往往是最精明、最会“算计”的家庭主妇/“煮夫”，因此，从它的产品特性和市场定位来说，“RJ 黑猪”应当是以理性诉求为主，塑造功能型的品牌。结合金字塔模型来看，海南 RJ 公司所打造的品牌应当更为强调金字塔左侧的内容。从功能意义来说，购买猪肉产品的消费者更在乎的是它的安全、新鲜度、味道，同时其购买决策又容易受其他消费者(如亲戚、朋友、邻居等)的影响。因此，安全、新鲜是“RJ 黑猪”品牌要关注的两个重要卖点。

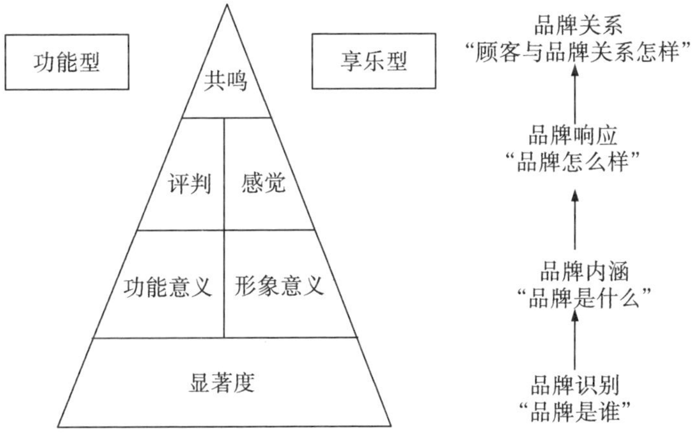

图 5　顾客心智的品牌权益创建的金字塔模型

第二是解决“顾客在哪”的问题。这一步将通过品牌定位分析，找到“RJ 黑猪”新的细分市场。

(1)消费者洞察

中国的饮食习惯中猪肉不可或缺。但是，作为全球第一大猪肉生产国和消费国，我国的猪肉市场供给一直处于紧平衡的状态。为了保证猪肉供应，政府曾多次投放中央储备肉(冻肉)。直至今日，国内调节供需的重要途径仍然是贸易进口。数据显示，2020 年 1—11 月，我国“活猪”等猪肉进口总额高达 130.29 亿美元。其中，鲜、冷、冻猪肉和其他冻猪杂碎进口额占比较大，分别占比 81.4%、18.2%。同时，热鲜肉在市场上一直供不应求。国人在猪肉消费习惯和喜好上更倾向于热鲜肉。大部分国人习惯早起前往农贸市场或者有鲜肉专柜的超市购置当日新鲜屠宰的热鲜分割肉，冷、冻肉属于次等的选择。同时，在挑选猪肉品种时，国人更加倾向于选择黑猪，主要原因是黑猪肉比白猪肉肉质更紧实、味道更鲜美，更加符合国人的烹饪需求，受到国人的普遍欢迎。

(2)公司与竞争者分析

从供不应求的市场现状及国人的猪肉消费习惯来看，供给侧升级势在必行，高端猪肉市场呼之欲出。从市场调研的情况来看，许多企业已经在着手布局或者已经试水高端猪肉品牌，高端市场已在孕育当中。结合市场调研情况，“RJ 黑猪”具备从现有的竞争格局中跳出，布局高端品牌市场的先天产品优势。一是品种经过改良繁育优化。“RJ 黑猪”是引进国外优良公猪，与海南岛本地独有的优质黑猪品种进行杂交、改良培育而成的优良品种，体魄强健、活跃好动、具备野性、免疫力强。二是生态化的饲养环境。海南是土地无污染、空气质量优良的生态岛，也是全国为数不多的动物“无规定疫病区”。“RJ 黑猪”养殖基地位于海南澄迈，此地山清水秀，常年平均气温在 20—30℃，湿度在 65%—75%，自然气候非常适宜生猪的生长繁殖，是著名的“世界长寿之乡”。三是生态健康的养殖模式。将标准化饲养与生态放养相结合，保证每一头生猪运动量充足；延长饲养周期，“RJ 黑猪”生长期均在 300 天以上，超过三元杂交猪饲养周期的一倍；喂食高科技精加工，粗、青、细相结合营养均衡的生物饲料，严禁使用瘦肉精、抗生素等违法添加剂，确保肉品不残留有毒、有害物质。

(3)品类决策

改革开放以来，我国城乡居民人均可支配收入快速增长，居民消费能力得到有效提高。2019 年的数据显示，全国居民人均可支配收入 30733 元，年均增长 6.1%。恩格尔系数从 2013 年到 2018 年降了 2.4 个百分点，一、二、三线城市之间收入差距在逐步缩小，中高收入人群分布持续扩大，出现“消费升级”现象。2015—2019 年，奢侈品国内消费市场迅速发展，每年达近 20%的增速，中产阶级迅速成为主体消费力量，更愿意为产品品质支付溢价。他们追求品质、品味，愿意为产品品质支付溢价。同时他们更注重身份地位，对小众品牌更加青睐，引领了我国的消费趋势。

从品牌定位分析中，可以得出：①挑选猪肉品种时，国人更加倾向于选择黑猪肉；②“RJ 黑猪”具备从现有的竞争格局中跳出，布局高端品牌市场的先天产品优势；③中产阶级已成为当前的主要消费力量。他们消费能力较高，对新鲜事物的接受度高，愿意为品质和品位支付溢价；他们注重身份地位，在品牌消费方面倾向于走小众路线。这些都将引领我国的消费趋势。

(二)找准渠道,重新包装产品

海南 RJ 公司品牌更新战略第二步是找准渠道,认准目标人群的消费市场,并依据渠道特点,重新包装新产品。

一是要找准渠道,聚焦通货和大客户渠道。为了更好地定位和挖掘目标人群,实施新品牌战略,实现品牌意图,地点决策也就是渠道选择相当重要。“RJ 黑猪”品牌的目标人群是中产阶级及以上的消费群体。与大众消费渠道不同,中产阶级人群消费能力较高,有能力享受高消费、高品质、强服务,同时其日常采购、消费的渠道相对精准,因此高端猪肉品牌应选择精选式终端战略,通过高端会所、精品超市、新零售渠道的铺设挖掘目标人群,满足目标人群的购买需求。为集中资源,为新品牌的推广开发集中力量,初期应重点聚焦两大渠道:通货渠道和大客户渠道。通货渠道以发展小包装规格产品为核心,快速提高产品市场占有率的同时,加快产品推广和渠道布局,不断提升品牌影响力,提升自身盈利能力。在大型连锁超市、精品超市和新零售渠道全面布局,持续开拓市场,为小包装猪肉打开市场。大客户渠道以发展礼品装规格产品为重点,目的是建立品牌知名度。通过重点客户的挖掘和培育,传递“VIP 专享”的品牌概念,在中产阶级消费人群圈子内提高品牌知名度,奠定品牌基调。

二是要重新包装产品,发展品牌小包装。这里我们不谈产品设计,只讨论能够适应目标渠道的产品包装规格及定价。为此,根据目标市场消费人群,本文找到了对标城市,并对该区域市场的高端黑猪产品进行产品规格及价格的调研。对标城市的选择主要有三点:①根据全国城市 GDP 排名数据,挑选华东、华中、华北、华南几大市场区域中 GDP 排名位列前茅的代表省市(如北京、上海、广东广州、四川成都)的高端猪肉产品包装情况作为首要参考数据;②收集海南 RJ 公司所在地海南省的高端猪肉产品包装情况作为次要参考数据;③根据目标人群偏爱线上购物的特点,增加网购渠道的调查数据作为补充,尽可能详细地调研竞品包装情况,合理制定产品规格及定价。从调研数据来看,高端黑猪产品的价格最高为 336 元/公斤,最低为 102 元/公斤,平均价格约 204 元/公斤,远远高出白猪同类部位的市场均价。根据猪排骨的市场价格行情,白猪排骨的市场均价在 30—44 元/公斤。同时,大多数厂家选择 350 克/包的包装规格投放市场,其中包括单价位列前茅的“网易味央”和“太湖黑”品牌(均产自浙江)、全国区域市场占有率较高的“湘村黑猪”品牌以及来自海南的“罗牛山”品牌都选择了 350 克/包作为主要包装规格。同时,我们可以发现几个有趣的事实:一是该品类的产品地域性销售特点较强,主要表现在除了“湘村黑猪”走出了产地区域市场,走向了全国,其他品牌的销售市场大多固守在产地周边;二是该品类的产品产地依赖性不强,换句话说,产地所带来的的优势及品牌附加值不高,主要表现在这些品牌的产地无论是在知名度、认可度上都没有较强的产地品牌背书,但这并不影响它们的产品定价。同时，从“湘村黑猪”的定价策略可以看出，这个在全国大部分区域市场都有一席之地的品牌采取的是统一定价，因此价格处于中上游水平，在保证企业利润的同时不会给不同地区的消费者带来选购压力。

根据图 6 所示，我国人均猪肉消费量在 2013—2019 年呈现平稳走势，但在海南地区呈现较为明显的下降趋势。同时，从图 7 来看，猪肉消费量与人均收入成反比，收入越高的人群猪肉消费量越低，高收入户是五等份分组中猪肉消费量最低的一组。这一趋势符合中产人群的消费习惯。这类人群较为注重身材、形象的维护，对于猪肉产品的日均需求量不会太高；同时由于这类人群对于膳食营养均衡的追求，加上消费能力允许，他们每顿餐食中的同类食材占比不会过高，因此“RJ 黑猪”高端品牌的产品规格在 200—350 克/包，以发展品牌小包装渠道为核心的渠道战略是合理的。

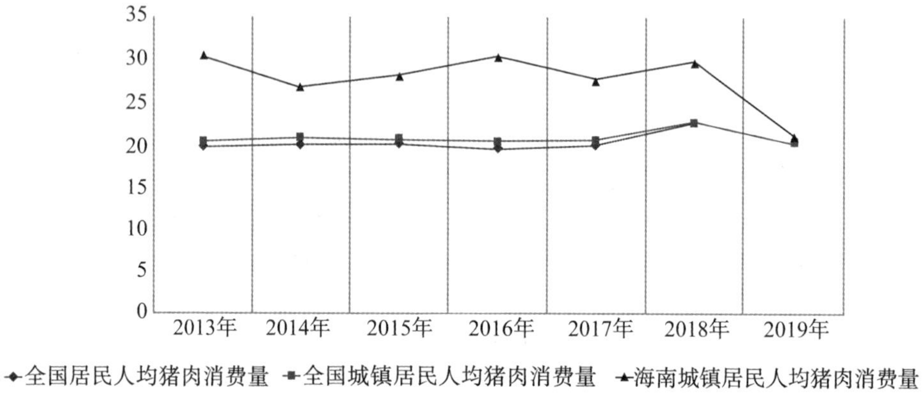

图 6　2013—2019 年国内人均猪肉消费量走势

资料来源：根据国家统计局、海南统计局公开数据整理。

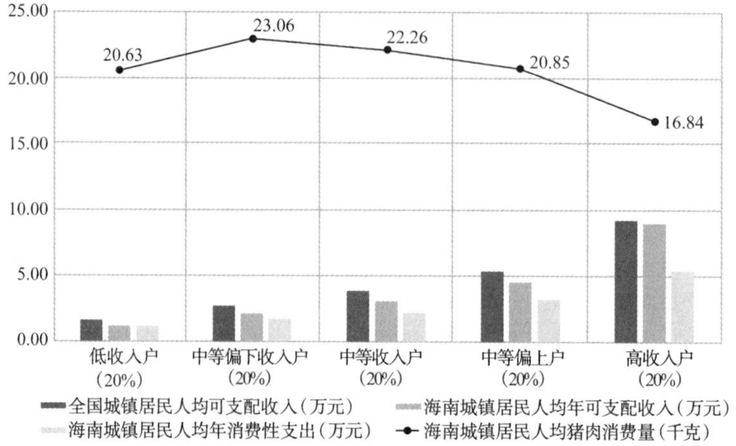

图 7　五等份分组城镇居民人均可支配收入、消费支出、猪肉消费量情况

从北京、上海、广东、四川、海南五地的人均可支配收入和消费支出情况来看，人均可支配收入最高的北京，猪肉消费量最低；人均可支配收入相对较低的四川，猪肉消费量最高。可以看出，在北京、上海等地，猪肉的定价还有较大上升空间，而在四川、海南等地，猪肉的定价应趋于稳定合理，与竞品之间要保持合理的差距。这个数据也符合品牌黑猪肉的市场价格调研结果。从调研数据可以看到，在线下市场，170—190 元/公斤的价格区间有空档。"RJ 黑猪"新高端品牌的定价空间可以弥补这个空档，根据战略目标确定主攻市场数量，考虑市场间特点的差异性，最终确定价格。

(三)加强宣传，重组品牌沟通策略

品牌更新战略的重要一步是做好宣传，通过重组品牌沟通策略(见图 8)，架起与新的目标消费者之间沟通的桥梁。向用户传达、输出品牌故事对品牌宣传来说是相当重要的。通过挖掘海南 RJ 公司全产业链的优势，赋予全新品牌核心价值，塑造品牌故事，能够有效建立产品积极的联想。

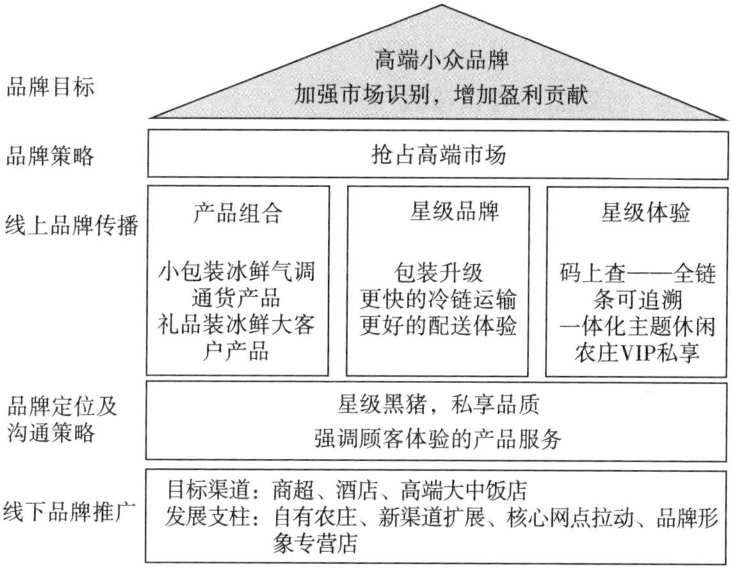

图 8　品牌沟通策略

近年来，国人对于食品安全的需求空前高涨。国内各类重大食品安全事故时有发生，即使是国内的一些大企业、大品牌也无法避免卷入其中。从高端猪肉市场部分品牌的调研中我们发现，"无激素、无抗生素、无沙门氏菌""从合作农场到生产基地全程透明(可溯源)"等已经成为各高端猪肉品牌的主打卖点。"RJ

黑猪”应该将自身成熟的绿色产业链打造成“RJ 黑猪”品牌的新卖点——“安全”。通过塑造“RJ 黑猪”高端新产品的“安全”故事，有效加强消费者对产品安全的感知和体验。“RJ 黑猪”品牌沟通策略重点在“安全”，突出其多年深耕的产业链及上下游供应链、销售链的优势，给予消费者最基本也是最重要的品质承诺，将产品线与普通猪肉产品拉开差距，赋予“RJ 黑猪”更多的品牌附加值。

目标人群消费能力高，愿意尝试新事物，因此提升目标人群的产品“体验感”是品牌沟通策略的第二个重点。从高端猪肉市场部分品牌的调研来看，现有高端猪肉品牌不约而同地将宣传着力点放在了养殖方式上，着重突出其猪苗优越的养殖环境或养殖条件。然而，对于消费者来说，商家的这些广告宣传始终只是单薄的语言文字，他们看不见也摸不着，没有真实的“体验感”。他们青睐小众品牌，意味着他们更注重产品体验而不是盲目追求大牌，这对于一开始没有较多资源投入大范围宣传的品牌来说是有利的。“RJ 黑猪”产地的地理位置以及现有的厂区资源，都是其新高端产品线可以利用的强大资源。“RJ 黑猪”品牌可以通过创新营销形式，给予客户与“RJ 黑猪”新品牌更多的直接互动机会，传递较强的“体验感”，同时通过强烈的“体验感”强化人们对于品牌“安全”的感知，进而提高人们对于产品和品牌的信赖感。

（四）强调体验，创新品牌营销模式

品牌更新战略的关键一步是创新营销模式。好的营销模式能够有效地提高品牌消费量，轰动性促销能够有效强化消费者对品牌的鲜活印象和记忆。因此，除了在传统渠道上进行产品规格创新、沟通策略创新外，营销模式的创新也尤为重要。“RJ 黑猪”可以通过差异化的、创新化的、独特的营销模式，打造星级“服务＋体验”。

开发投放小规格包装产品，在打造精品、品质品牌形象的同时，保证产品新鲜度，提升消费满意度，提高产品周转率。

利用物联网技术打造可溯源的安全猪肉。与第三方权威机构合作，结合射频识别（RFID）技术，为每一份出售的猪肉产品“赋码”认证，让消费者通过 App 或小程序就能够扫码查询到猪肉的品种、产地、认证信息及各项免疫信息。通过互联网科技技术保证消费者的有效介入，让消费者能够实实在在“看见”所购买的高端猪肉产品品控环节与质量，提高“参与感”“体验感”。

为客户提供“新鲜达”服务。通过升级冷链设施和服务，在提高大宗客户配送服务体验的同时，为个人和家庭客户提供配送服务，打造岛内“1 小时新鲜送达”及岛外“24 小时新鲜送达”服务体系，向目标消费人群提供方便快捷的日常肉品采购形式。

注重售后反馈机制的建设，开发的码上查询溯源系统能够同时为消费者提供良好的对话窗口、及时收集客户的反馈和需求，始终致力于与消费者的沟通对话机制的建设和提升，引导消费者与品牌进行良性互动，有效把握舆论导向。

利用自身较强的旅游资源优势和政策优势，建设“RJ 黑猪”品牌一体化主题休闲农庄。顺应海南自贸港建设趋势，利用产地优势，发展休闲农业，引导游客“体验”农业、消费农业，将旅游与农业相结合，打造“旅游＋农业”新消费业态，将“体验感”作为差异化营销策略，打造消费者能够“摸得着”的高端猪肉品牌，提高品牌附加值，提升消费者的品牌认知度，逐步沉淀品牌忠诚度。以亲子活动、科教、生态餐厅、文创、商品购买等“一条龙”体验为营销核心，推出“农家乐”2.0 版旅游路线。游客可以在主题农庄里参加丰富多彩的亲子活动，一家人一起动手制作腊肠、香肠、肉丸等猪肉产品，在了解猪肉文化和价值的同时能够亲自参与猪肉生产加工过程；可以通过庄园内精心设计的步道参观小猪的生活环境，了解小猪的生活方式，同时了解企业在健康饲育、动物福祉、食品安全文化方面的理念；可以在生态餐厅中享用园区自产自销的特色猪肉美食，利用透明可视化窗口让游客看到工作人员分割、加工猪肉的过程；可以在文创馆中购买用品牌形象定制的风格独特、活泼可爱的文创系列礼品；可以在生鲜区直接购买高品质的猪肉产品；等等。体验式的营销活动，不仅让消费者在产品产地亲身体验生产过程，深入了解企业文化，提升品牌好感度、信任度，而且消费者会被品牌潜移默化地影响，成为品牌潜在的“代言人”，有效提升品牌忠诚度。

参考文献

[1]白文周.小农经济条件下的农业企业化经营[J].经济问题探索，2007(9)：59-63.

[2]曹俊杰，高峰.国外农业企业化经营的基本经验及其启示[J].青海社会科学，2008(4)：46-49.

[3]曹俊杰，王学真，高峰.我国农业企业化经营的现状及对策[J].经济纵横，2008(6)：69-71.

[4]陈俊华，王子齐.现代农业企业品牌建设研究：以超大现代农业集团为例[J].福建农业学报，2009，24(6)：596-601.

[5]陈廉，余福林.农业企业化理论研究综述[J].北京农业职业学院学报，2013，27(3)：33-37.

[6]陈廉.我国农业企业化发展问题研究[D].北京：中共中央党校，2013.

[7]陈锡文.如何推进农民土地使用权合理流转[J].农业经济研究，2002(10)：108-111.

[8]程克群，陆彦.农业企业化经营中的交易成本和规模经济[J].天津大学

学报(社会科学版),2011,13(2):125-128.

[9]崔建,冯智强.农业企业化:我国农业现代化的主要途径[J].经济问题探索,2007(2):75-78+90.

[10]戴宴清.美国农业企业化的基本经验[J].世界农业,2016(12):169-172.

[11]段进朋,李冬.论我国农业企业化经营的实现途径[J].经济与管理研究,2007(8):48-52.

[12]冯炜,罗创国,平亚琴,等.陕西省农业品牌建设现状与提升路径分析[J].现代农业科技,2017(6):274-279.

[13]郭振宗,杨学成.农业企业化:必然性、模式选择及对策[J].农业经济问题,2005(6):29-33+79.

[14]郭振宗.我国农业企业化理论与实践模式分析与评价[J].理论学刊,2006(1):39-42.

[15]郭振宗.中国农业企业化问题研究[D].泰安:山东农业大学,2005.

[16]何品荣.竞争性品牌战略理论框架研究[J].集团经济研究,2005(3):134.

[17]胡鞍钢,吴群刚.农业企业化:中国农村现代化的重要途径[J].农业经济问题,2001(1):9-21.

[18]黄立新.对实施农产品品牌战略的思考[J].山东农业大学学报(社会科学版),2003(4):34-36+47.

[19]李大兵,景再方,司伟.现代农业企业管理[M].太原:山西经济出版社,2006.

[20]李德立,柏雪银.论资本市场、农业产业化经营、品牌战略三者的关系[J].商业经济,2006(11):3-4+12.

[21]梁贤,林涛,李达球.农业企业化经营路径研究:农业企业化创新研究之三[J].广西农业科学,2007(4):470-474.

[22]梁贤,林涛,李达球.农业企业化是农业产业化的替代战略:农业企业化创新研究之二[J].广西农业科学,2007(3):334-338.

[23]刘洁,刘永平.农户农业企业化经营的影响因素分析:以河北省558个农户为例[J].中国农村经济,2007(4):18-24+31.

[24]刘萍.国际旅游岛视角下海南生态农业旅游品牌开发对策[J].中国农业资源与区划,2017,38(2):220-225.

[25]陆彦,熊健,阮文彪,等.基于制度经济学背景下的农业企业化经营[J].管理现代化,2008(6):9-11.

[26]吕邈马贝.农业企业家对农业现代化的推动作用及其培育[J].中国农

业会计,2018(1):32-35.

[27]任强.我国农产品品牌建设的现实问题与对策[J].改革与战略,2010,26(5):117-119.

[28]任巧巧.基于 SWOT 分析的农业企业发展战略选择[J].农业经济问题,2005(4):68-72+80.

[29]孙艳丽,王德勇.农业企业化经营研究回顾与评述[J].东北农业大学学报(社会科学版),2007(5):36-37.

[30]陶应虎.当前我国农业企业品牌建设的思考[J].生态经济(学术版),2013(1):228-230.

[31]王红伟.我国六省区农业企业的区域性差异分析及对策[J].新疆农垦经济,2006(6):40-45.

[32]王绍青.实施品牌农业战略推进现代农业发展[J].福建农业科技,2010(3):89-91.

[33]巫云仙,张春华.企业史视野下美国农业企业化及其经营特点和启示[J].世界农业,2020(3):99-106.

[34]徐大佑,郭亚慧.农产品品牌打造与脱贫攻坚效果:对贵州省 9 个地州市的调研分析[J].西部论坛,2018,28(3):100-106.

[35]徐洪军.寒地黑土区域生态农业品牌打造与知识产权保护[J].中国农业资源与区划,2014,35(2):117-121.

[36]姚春玲,王红姝,李秀梅.基于农业产业集群的农产品区域品牌竞争力提升研究[J].改革与战略,2014,30(1):68-71.

[37]姚佳,漆雁斌.基于品牌资产构成体系的农业企业品牌经营[J].全国商情(经济理论研究),2008(4):111-113.

[38]余明阳,姜炜.品牌管理学[M].上海:复旦大学出版社,2006.

[39]詹晶.从交易成本的角度论我国农业企业化经营的必要性[J].农村经济,2004(8):34-36.

[40]张明林,喻林,刘克春.实施生态品牌战略促进生态农业产业化发展[J].求是,2012(1):52-54.

[41]郑风田,穆建红.农业“软实力”提升的战略政策:我国台湾打造国际知名农业品牌的经验及启示[J].农业现代化研究,2007,28(2):185-189.

[42]曾艳.广州都市型现代农业发展现状和可持续发展研究[J].农业现代化研究,2012,33(3):304-308.

[43]刘英杰,吴良.新阶段农业品牌化战略研究与探讨:新疆的实践与借鉴[J].农业经济与管理,2011(6):68-75.

[44]徐加明.以农业品牌化推进山东新农村建设研究[J].理论学刊,2010(8):50-52.

[45]李建军.基于农业产业链的农产品品牌建设模式研究[J].上海经贸大学学报,2015(5):14-23.

[46]张曼丽.农业品牌发展存在的问题及建议[J].农业·农村·农民,2018(24):56-58.

[47]罗德鉴.积极发展品牌农业[J].群众,1999(11):55-56.

[48]张国庆.建设河北省的品牌农业[J].经济论坛,2005(12):15-16.

[49]干经天,李莉莎.论区域品牌农业[J].农业现代化研究,2003(5):356-359.

[50]奚国泉,李岳云.中国农产品品牌战略研究[J].中国农村经济,2001(9):65-68.

[51]AAKER D A. Managing brand equity:capitalizing on the value of a brand name [M]. New York:The Free Press,1991.

[52]DAVIS J H. Policy implications of vertical integration in United States agriculture [J]. Journal of farm economics.1957,39(2):300-312.

[53]KELLER K L. Strategic brand management: building, measuring and managing brand equity [M]. London:Pearson,2012.

[54]MERZ M A, HE Y, VARGO S L. The evolving brand logic:a service-dominant logic perspective [J]. Vargo journal of the academy of marketing science, 2009(3):86-87.

第三部分

发展模式创新

从承销商信誉视角看信用评级对企业债券融资成本的影响

吴荣胤*

摘　要：因受制于西方发达国家在经济上长期存在的影响力以及外资评级机构在信用评级行业的先发优势，目前中国信用评级机构的业务主要还是局限在国内市场。为了打破三大信用评级机构在国际市场的垄断，推动“国产”信用评级机构“走出去”，向世界证明中国信用评级市场的有效性，本文结合中国信用评级机构、承销商和公司债市场的发展状况，将 2010—2021 年在上海和深圳两家证券交易所发行的公司债作为样本，研究中国信用评级市场的发展及其对企业债券融资成本的影响。研究结果表明：第一，信用评级对企业债券融资成本有显著影响，评级等级越高，发行利差越低，即企业承担的融资成本越低；第二，承销商信誉也对债券融资成本产生显著影响，选择优质承销商能降低融资成本；第三，承销商信誉在信用评级对债券融资成本的影响中具有正向调节效应，优质承销商主导发行的公司债中，评级对融资成本的影响减弱；第四，发债主体是否上市以及公司债发行规模也会对信用评级产生异质性影响，上市公司和较大规模的发行更容易受到评级的负向影响。

一、研究背景与研究意义

（一）研究背景

“信用评级”的概念起源于 20 世纪初的美国，最初的信用评级机构就是政府为了维护资本市场秩序而支持设立的。伴随着经济全球化的发展趋势，标准普尔、穆迪和惠誉三大信用评级机构凭借技术、资金、影响力等优势垄断了全球

---

* 吴荣胤：2020 级国际商务专业硕士研究生。导师：管清友教授、周嘉讲师。

90%的市场份额。

2021年3月，十三届全国人大四次会议表决通过关于"十四五"规划和2035年远景目标纲要的决议，涉及资本市场的部分对债券市场建设给予了充分关注：完善市场化债券发行机制，稳步扩大债券市场规模，丰富债券品种，发行长期国债和基础设施长期债券。截至2021年年底，我国债券市场存续的债券共计39682只，各类债券存量规模达到了近43万亿元。

债作为国内企业的主要融资工具之一，公司占有重要的市场地位，2021年年底存续的公司债规模占到了整个债券市场规模的近1/4。得益于政策的支持和市场需求的增加，我国公司债的规模开始急剧扩增。与此同时，未能如期履行偿付义务的债券违约事件也开始出现。债券后期偿付出现违约的一个重要原因，就是债券初期发行时存在信息不对称的现象。因此，为了保障债券市场健康发展，解决信息披露方面的问题，第三方信用评级机构和以承销商为代表的中介服务机构在债券发行过程中扮演的角色显得尤为重要。

(二)研究意义

1.理论意义

本文在现有理论成果的基础上，从承销商信誉视角观察信用评级和债券融资成本的关系，并对信用评级和承销商信誉这两个关键要素的衡量方式进行了完善。同时，还补充了对承销商信誉这一要素的分类形式，考虑在承销商资质的影响下信用评级对债券融资成本的影响，揭示信用评级和承销商信誉在对债券发行利差产生影响时相互之间存在的掩盖效应，能够为信用评级机构、承销商和投资者在债券的协商定价过程中更好维护各自利益提供理论支撑。

2.现实意义

对信用评级机构而言，信用评级意见的准确性将有利于提高其市场地位。本文将对信用评级机构在公司债定价过程中做出的贡献进行客观评价，并为我国信用评级行业未来的发展提供一些切实可行的建议。

对承销商而言，肯定优质承销商的作用有助于引导债券承销行业更规范运行。本文将对优质的承销商是否在市场上形成示范效应以及是否在债券发行业务上具有优势进行验证，并对承销商的日常监管提出一些优化的思路。

对债券的投资者而言，信用评级意见和承销商资质会影响其对债券安全性的评估，债券的合理定价会影响其后期的投资收益。基于以上分析本文关注到债券发行定价过程中涉及的信用评级和承销商信誉这两个因素，建立模型进行实证回归以探究二者发挥的效用，帮助投资者识别出必要的风险信息，在日后的投资决策过程中做出更加准确的选择。

对债券发行方而言，债券的合理定价影响企业的融资成本。本文能够帮助企业进一步认识这两类外部机构的作用，明确二者在公司债发行过程中的责任，进而帮助企业降低债券融资的成本。

对整个债券市场而言，落实评级机构和承销商的职责有利于债券定价市场化。本文将验证信用评级机构和承销商对降低债券市场中信息不对称的作用，让更多人意识到二者在债券定价过程中的重要性，提升它们在债券市场上的地位，从而推动债券定价市场化的改革进程。

二、文献综述

（一）文献综述

1.国际信用评级市场的发展及现状

信用评级业务的出现可以追溯到20世纪初期，以美国为代表的西方资本主义国家为了加强对资本市场的监管，开始大力支持信用评级机构的发展，目前形成了标准普尔、穆迪和惠誉三家机构在国际市场上“三家独大”的局面。郭濂（2015）发现三大信用评级机构在近百年的发展史中不断完善自身评级机制、提升业务效率，市场占有率不断上升，在国际上拥有绝对的权威性和话语权。三大评级机构虽然具有更强的专业性，但是也引发了诸多争议。彭文兵（2011）对三大评级机构作为信息中介的独立性和客观性发出了质疑，认为它们在评级标准上过于“双标”，难以发挥其对系统性金融风险的预警功能。

三大信用评级机构不仅在国际市场中显现出一定弊端，在中国市场也面临诸多问题。近年来，我国评级机构对国际三大信用评级机构的态度也逐渐从模仿追随转变为寻求自立自强。郭濂（2015）调查发现，在国内政府和监管部门的不断推动下，我国已经培育出大公国际、联合资信、中证鹏元、中诚信国际、远东资信、上海新世纪等多家获得市场认可的“国产”信用评级机构。

2.信用评级与债券融资成本关系研究

（1）信用评级与债券融资成本的关系

有研究认为信用评级直接对债券融资成本产生影响。何平和金梦（2010）使用“真实利息成本”作为实证模型，将信用评级作为主要的解释变量对债券的利息成本进行回归分析，发现债项评级和发债主体评级都对债券的融资成本具有解释力，且前者的影响力要大于后者。

（2）信用评级机构与发债企业的关系

有研究认为信用评级机构对于发债企业具有监督效应。从对股利政策影响的角度来看，赵立军和张瑾（2019）发现信用评级机构出具的信用评级结论能够影响发债企业分红政策的制定。从过度投资抑制的角度来看，赵立军和雪莲

(2021)认为信用评级能够反映管理层的过度投资情况。

(3)信用评级机构与投资者的关系

有研究认为信用评级机构应强化保护投资者的作用。董维(2018)认为信用评级机构应当履行自身责任,透过良好的信息传导机制将投资者、发行人、监管者等市场主体有机地串联起来,从而促进资本市场的健康发展。

3.承销商信誉与债券融资成本关系研究

有研究认为承销商信誉会影响债券融资成本。祝明(2018)、王烁辰(2018)、陈益云和林晚发(2018)一致认为承销商声誉与公司债券融资成本显著负相关,也就是说承销商的声誉在帮助企业降低债券融资成本方面发挥的作用非常重要。

也有研究认为承销商信誉对债券融资成本没有影响。Logue 和 Rogalski(1979)对承销商信誉在债券市场上发挥的影响效应进行了研究,认为承销商信誉在降低债券融资成本方面没有体现出明显的优势。

作为区别于债券融资的另一种重要融资渠道,Erhemjamts 和 Raman(2012)认为信誉良好的承销商能够帮助企业降低股权融资的成本。但也有研究对此持否定态度,刘江会和宋瑞波(2003)发现由于我国目前的市场化承销服务费率机制尚未形成,IPO(首次公开募股)承销过程中产生的服务费用和承销商信誉之间并没有显著的相关关系。

4.债券融资成本其他影响因素研究

(1)产权性质

高国栋(2020)从产权性质角度分析了信用评级与债券融资成本之间的关系,将企业划分为国有企业和民营企业两类,发现前者需要承担的公司债券融资成本低于后者,同时产权性质会正向调节债券信用评级对债券融资成本的影响效应。

(2)担保机制

杨慧凤(2017)在验证信用评级与债券融资成本之间负相关关系的基础上,发现有担保的债券融资成本比没有担保的债券融资成本更低,证明了引入担保机制将在原有的信用基础之上增加一层信用支撑关系,能够帮助改善发债企业的信用状况,进而减少企业所要承担的债券融资费用。

(3)公司治理

李新(2016)通过构建由股权制衡、高管持股比例、上市情况等组成的公司治理指标体系,发现良好的公司治理能够显著地增强信用评级产生的降低债券融资成本的作用,即在治理状况较好的公司中债券信用评级与债券融资成本的负相关关系得到增强;相较于国有企业,该强化效应在民营企业中更为明显。

(4)环境不确定性

徐舒怡(2019)发现环境不确定性与公司债的发行利率具有显著的正相关关系，信用评级机构的作用体现在缓解环境不确定性对债券的发行产生的风险影响，从而确保债券的定价合理准确，不会偏离市场预期。

(5)经济周期与内部控制

牛雅雯(2017)除了肯定外部信用评级对公司债定价的重要作用外，还发现经济周期也是影响债券融资成本的重要外部因素，处在经济扩张周期时公司债的融资成本会显著提升。

(6)会计信息

吴楠(2019)认为企业如果想在债券市场中以较低的融资成本获取资金，就应当积极采取措施提高自身会计信息的披露质量，进而让信用评级机构对其赋予更为真实和准确的信用等级，让投资者认可企业的投资价值，降低对投资要求的回报率。

(二)文献述评

首先，现有文献对于信用评级机构出具的信用评级意见能否发挥风险甄别作用、能否影响企业的债券融资成本展开了探讨，而衡量债券融资成本的主要方式是债券的发行利率，具体的结论主要有两类：一类是信用评级和债券的发行利率呈显著的负相关关系；另一类是信用评级并不能影响债券的发行利率。信用评级能否影响企业的债券融资成本？二者之间是何种关系？这些问题尚待探讨与验证。

其次，有关文献研究了承销商信誉和企业的债券融资成本之间的关系。目前关于承销商信誉的研究结论主要有两类：一类是承销商信誉和债券的发行利率显著负相关；另一类是承销商信誉和债券的发行利率没有关系。优质的承销商是否对市场上的其他承销商具有示范效应？承销商的信誉水平能否影响债券的发行利率？承销商的资质对于信用评级与债券发行利率的关系有怎样的影响？这些问题还需进一步解决。

最后，还有部分文献讨论了承销商、信用评级机构、发债企业和投资者这四个债券发行流程主要参与方之间的关系，以及担保机制、会计信息、环境不确定性、产权性质等其他因素在信用评级与债券融资成本之间的调节作用。这两类文献为研究信用评级、承销商信誉和债券融资成本三方之间的关系提供了重要思路。

三、研究设计

(一)数据获取及处理

在Wind数据库中选取2010—2021年在上海和深圳证券交易所发行的公司债,共计得到原始债券信息4035条。经过筛选和整理后,得到由1135条债券信息组成的截面数据。样本容量较大,得到的研究结论具有参考意义。在CSMAR国泰安金融研究数据库中下载“中债国债收益率情况表”,方便在实验过程中查阅不同时点发行的不同国债的收益率。

1.被解释变量

本文借鉴目前主流学派的做法,将信用利差(*COST*)作为研究中的被解释变量来衡量企业的债券融资成本:

$$COST = R - r$$

其中R代表的是债券的票面利率,r则代表同日期同期限的基准国债利率。在数据的具体处理过程中,本文先收集每只交易所公司债的票面利率,然后从CSMAR国泰安金融研究数据库中下载2010—2021年的“中债国债收益率情况表”,根据公司债的起息日从中匹配出同日期同期限的基准国债利率,用前者减去后者得到信用利差。

2.核心解释变量

本文最终确定的核心解释变量是债券信用评级(*BCR*),选择使用序数法对债券的信用评级结果进行赋值。在对全体1135条公司债券数据进行整理和观察后发现,一共存在四个不同的信用等级,分别为AAA、AA+、AA和AA-,因此本文相应地由高到低将其分别赋值4、3、2、1,具体为:AAA赋值为4,AA+赋值为3,AA赋值为2,AA-赋值为1。

另外,本文还收集了信用评级机构对各发债主体出具的信用评级结论,并按照与债券信用评级相似的程序进行了处理,使用序数法赋值从而得到核心解释变量的替代变量即发债主体信用评级(*ICR*),用于后续开展稳健性检验。

3.调节变量

本文以信用评级与债券融资成本相关关系的研究为基础,把承销商信誉(*CLASS*)作为一项调节变量引入模型,进一步研究不同承销商资质下二者关系的变化情况。虽然《证券公司分类监管规定》中规定的证券公司最高级别为AAA,但是自该规定开始实施以来尚未有承销商被评为该级别,因此本文在对承销商信誉采用虚拟变量赋值的过程中,将当前证券市场中存在的最高级别的AA类承销商赋值为1,将其余级别的承销商均赋值为0。相应来看,1对应的是本文中定义的“优质承销商”，0 对应的是“一般承销商”。

本文还引入由债券信用评级（*BCR*）与承销商信誉（*CLASS*）相乘组成的交互项（*BCR_CLASS*），用于后期的调节效应研究。

4.控制变量

具体采用的控制变量有以下七个。

（1）债券的发行规模（*SIZEB*），单位为“百亿元”。该指标代表了发债主体每只公司债的融资规模，一般公司债的规模越小，其流动性就会越弱，相应的债券融资成本越高（林雅婷，2019）。

（2）债券存续期限（*MAT*），单位为“年”。该指标反映了发债主体还本付息的总周期，债券的存续期限越长，意味着投资者将面临更多的不确定性因素，发债主体违约的风险越大，投资者会要求更高的风险补偿，债券的发行利率也就越高（杨慧凤，2017）。

（3）发债主体产权性质（*STATE*）：国企取值为 1，非国企取值为 0。国有企业的背景有可能会为债券起到“隐性担保”的作用，从而在债券定价的过程中产生不确定性影响（高国栋，2020）。

（4）债券是否采取担保机制（*GUA*）：有担保取值为 1，无担保取值为 0。采取担保机制表示有其他增信机构对债务进行兜底，当原债务人无力偿还到期债务时将会由担保人继续承担偿还义务。企业采取担保机制很可能表示发债主体本身的违约风险较高，只能通过引入增信机构来提升投资者对其公司债的认可度，因此往往需要向投资者支付更高的风险补偿（马书云，2016）。

（5）发债主体资本结构（*LEV*）：用前一年的年报中记录的资产负债率来衡量该指标。资产负债率反映了企业原有的债务规模，如果其原本的债务负担已经非常繁重，就不可避免会对未来的债券融资行为产生消极影响。

（6）发债主体盈利能力（*ROE*）：用前一年的年报中记录的净资产收益率来衡量该指标。债券投资者对债券的信用风险较为关注，若企业的盈利能力较强，则预示着企业能够在未来持续产生经营性现金流，从而缓解投资者对信用风险的担忧，提升债券的安全性。

（7）发债主体规模（*SIZEE*），单位为“百亿元”。用前一年的年报中记录的总资产来衡量该指标。企业本身的资产规模是其经济实力和偿债能力的象征，资产规模越大的企业越能够凭借其整体优势从银行等金融机构获得外部融资，这也体现出对债务偿还的保障（方红星等，2013）。

（二）模型构建

本文选择采用多元线性回归模型，主要构建的模型有以下四个。

模型一：

$$COST_i = \beta_0 + \beta_1 \cdot BCR_i + \beta_2 \cdot SIZEB_i + \beta_3 \cdot MAT_i + \beta_4 \cdot STATE_i + \beta_5 \cdot GUA_i + \beta_6 \cdot LEV_i + \beta_7 \cdot ROE_i + \beta_8 \cdot SIZEE_i + \varepsilon_i$$

模型二：

$$COST_i = \beta_0 + \beta_1 \cdot CLASS_i + \beta_2 \cdot SIZEB_i + \beta_3 \cdot MAT_i + \beta_4 \cdot STATE_i + \beta_5 \cdot GUA_i + \beta_6 \cdot LEV_i + \beta_7 \cdot ROE_i + \beta_8 \cdot SIZEE_i + \varepsilon_i$$

模型三：

$$COST_i = \beta_0 + \beta_1 \cdot BCR_i + \beta_2 \cdot CLASS_i + \beta_3 \cdot SIZEB_i + \beta_4 \cdot MAT_i + \beta_5 \cdot STATE_i + \beta_6 \cdot GUA_i + \beta_7 \cdot LEV_i + \beta_8 \cdot ROE_i + \beta_9 \cdot SIZEE_i + \varepsilon_i$$

模型四：

$$COST_i = \beta_0 + \beta_1 \cdot BCR_i + \beta_2 \cdot CLASS_i + \beta_3 \cdot BCR_i\_CLASS_i + \beta_4 \cdot SIZEB_i + \beta_5 \cdot MAT_i + \beta_6 \cdot STATE_i + \beta_7 \cdot GUA_i + \beta_8 \cdot LEV_i + \beta_9 \cdot ROE_i + \beta_{10} \cdot SIZEE_i + \varepsilon_i$$

其中，下标“i”表示对应的公司债，β_0 代表常数项，ε_i 代表随机误差项。

四、实证结果分析

（一）变量描述性统计

在开展基准回归前，首先需要对样本中涵盖的变量进行描述性统计，具体的结果如表 1 所示。

表 1　变量描述性统计

变量名称	样本数量	均值	标准差	最小值	最大值
COST	1135	1.330	0.761	0.348	5.470
BCR	1135	3.921	0.298	2	4
ICR	1135	4.855	0.463	0	5
CLASS	1135	0.799	0.401	0	1
SIZEB	1135	0.145	0.094	0.009	0.700
MAT	1135	4.243	2.676	1	20
STATE	1135	0.937	0.244	0	1
GUA	1135	0.084	0.277	0	1

续表

变量名称	样本数量	均值	标准差	最小值	最大值
LEV	1135	66.520	11.250	21.650	93.660
ROE	1135	6.094	6.442	−48.750	29.700
SIZEE	1135	67.190	144.100	0.297	1.182

信用利差(*COST*)指标的均值为 1.33%，这表明交易所公司债的平均融资成本比以国债收益率为代表的无风险收益率高 1.33%，其中利差的最大值为 5.47%，最小值为 0.35%，两者之间的差值为 5.12%，由此可见 1135 只公司债中信用利差的差距较大；同时，还可以看到信用利差的标准差为 0.76，这表示数据整体具有较好的稳定性。

在信用评级的衡量指标方面，债券信用评级(*BCR*)的最小值为 2，最大值为 4，均值为 3.92，由此可见我国交易所公司债的债券信用评级整体偏高；发债主体信用评级(*ICR*)的最小值为 0，最大值为 5，均值为 4.86，同样处于中等偏上的水平。

承销商信誉(*CLASS*)指标的均值约为 0.80，这说明样本中八成的交易所公司债都是由优质承销商进行承销的，也从侧面反映出优质承销商在债券市场中占有较高的市场份额，具有市场主导地位。

在债券特征方面，总体来看单只公司债的规模不是很大；债券存续期限(*MAT*)平均约为 4.24 年，表明交易所公司债以中短期债券为主；担保机制(*GUA*)方面，大约只有 8.4%的债券引入了担保人，数量较少。

在发债主体特征方面，产权性质(*STATE*)指标的均值为 0.94，表明样本中绝大部分公司债的发债主体为国企；发债主体资本结构(*LEV*)指标即资产负债率的均值为 66.52%，标准差为 11.25，发债主体的负债水平具有较大的波动性；发债主体盈利能力(*ROE*)指标即资产净收益率的均值为 6.09%，初步看来处于较低水平，但应当结合具体的行业特征做进一步分析；企业规模(*SIZEE*)平均维持在 6700 亿元左右，可见各发债主体的总资产规模较大，经济实力雄厚。

(二)变量相关性分析及多重共线性检验

本文使用 Pearson 相关系数检验法对各个变量进行相关性检验，相关系数分析结果如表 2 所示。

表 2 Pearson 相关系数矩阵

	COST	BCR	ICR	CLASS	SIZEB	MAT	STATE	GUA	LEV	ROE	SIZEE
COST	1										
BCR	−0.598***	1									
ICR	−0.505***	0.670***	1								
CLASS	−0.253***	0.132***	0.147***	1							
SIZEB	−0.223***	0.202***	0.163***	0.048	1						
MAT	−0.032	0.107***	0.092***	−0.046	0.077***	1					
STATE	−0.437***	0.282***	0.262***	0.167***	0.159***	0.082***	1				
GUA	0.148***	−0.005	−0.373***	−0.079***	0.012	0.158***	0.013	1			
LEV	0.113***	0.060**	0.020	−0.028	0.024	0.073**	0.130***	0.041	1		
ROE	−0.052*	0.049*	0.145***	0.033	−0.092***	−0.086***	−0.042	−0.064**	−0.073**	1	
SIZEE	−0.129***	0.113***	0.133***	0.081***	0.142***	0.259***	0.099***	−0.092***	0.387***	−0.007	1

注：* 代表 $p<0.1$，** 代表 $p<0.05$，*** 代表 $p<0.01$。

核心解释变量债券信用评级（*BCR*）和被解释变量信用利差（*COST*）显著负相关，相关系数为－0.598，系数绝对值是所有变量系数当中最大的，初步表明债券信用评级（*BCR*）是信用利差（*COST*）的重要影响因素之一，对二者的相关关系开展进一步研究具有实际意义。另外，调节变量承销商信誉（*CLASS*）和被解释变量信用利差（*COST*）也显著负相关。

核心解释变量债券信用评级（*BCR*）和它的替代变量发债主体信用评级（*ICR*）在1%的水平下显著正相关，这为后期使用发债主体信用评级（*ICR*）替代债券信用评级（*BCR*）进行稳健性检验提供了合理的支撑依据。

几乎所有的控制变量都与被解释变量信用利差（*COST*）显著相关，唯有作为控制变量之一的债券存续期限（*MAT*）在检验当中并没有表现出与信用利差（*COST*）显著相关，但本文还是决定先在回归模型中保留该变量。

最后，本文还通过计算方差膨胀因子（VIF）来分析模型的多重共线性，VIF检验的结果如表3所示。

表3 多重共线性检验结果

	VIF	1/VIF
SIZEE	1.33	0.753
LEV	1.22	0.822
BCR	1.14	0.874
STATE	1.14	0.875
MAT	1.14	0.879
SIZEB	1.08	0.923
GUA	1.06	0.943
CLASS	1.06	0.943
ROE	1.03	0.969
均值	1.14	

根据VIF检验的结果，各解释变量方差膨胀因子的最大值为1.33，均值为1.14，与多重共线性的阈值10之间都存在较大差距，这表明本文所选取的变量之间并不存在严重的多重共线性问题，各变量对被解释变量信用利差（*COST*）的解释能力具有一定的代表性，模型设定较为合理。

（三）基准回归结果分析

具体的基准回归结果如表4所示。

表 4　基准回归结果

	(1) COST	(2) COST	(3) COST	(4) COST
BCR	−1.242*** (−23.23)		−1.212*** (−23.01)	−1.345*** (−17.59)
CLASS		−0.328*** (−7.11)	−0.252*** (−6.61)	−1.173*** (−3.03)
BCR_CLASS				0.237** (2.39)
SIZEB	−0.481*** (−2.77)	−1.003*** (−4.89)	−0.433** (−2.54)	−0.449*** (−2.64)
MAT	0.011 (1.54)	0.001 (0.08)	0.012* (1.77)	0.012 (1.68)
STATE	−1.014*** (−15.03)	−1.243*** (−15.57)	−0.950*** (−14.19)	−0.936*** (−13.96)
GUA	0.318*** (5.18)	0.273*** (3.73)	0.305*** (5.08)	0.306*** (5.09)
LEV	0.016*** (10.51)	0.014*** (7.76)	0.015*** (10.11)	0.015*** (9.97)
ROE	0.001 (0.22)	−0.003 (−1.12)	0.001 (0.23)	0.001 (0.33)
SIZEE	−0.001*** (−5.63)	−0.001*** (−4.73)	−0.001*** (−5.27)	−0.001*** (−5.30)
时间固定	是	是	是	是
行业固定	是	是	是	是
Constant	5.368*** (9.65)	1.100* (1.75)	5.195*** (9.51)	5.740*** (9.71)
N	1135	1135	1135	1135
R^2	0.589	0.416	0.605	0.607
$adj.R^2$	0.579	0.401	0.595	0.596

注：括号中的数值为 t 统计量，* 代表 $p<0.1$，** 代表 $p<0.05$，*** 代表 $p<0.01$。

1.信用评级与债券融资成本关系分析

在模型(1)、(3)和(4)的回归结果中,债券信用评级(*BCR*)均在1%的水平上与信用利差(*COST*)显著负相关。该结果表明,在承销商资质等其他条件相同的情况下,债券信用评级越高则企业承担的债券融资成本越低。

2.承销商信誉与债券融资成本关系分析

在模型(2)、(3)和(4)的回归结果中,承销商信誉(*CLASS*)均在1%的水平上与信用利差(*COST*)显著负相关。该结果表明,在信用评级等其他条件相同的情况下,选择委托优质承销商的企业将承担更低的债券融资成本。

3.其他因素与债券融资成本关系分析

对比四个模型的结果可以发现,在系数显著的前提下:一方面,债券的发行规模(*SIZEB*)、发债主体产权性质(*STATE*)和发债主体规模(*SIZEE*)这三个控制变量的估计系数为负数。该结果表明,在其他条件一定的情况下,债券的发行规模越大、发债主体为国企、企业规模越大,则债券融资成本越低。另一方面,债券存续期限(*MAT*)、债券是否采取担保机制(*GUA*)和发债主体资本结构(*LEV*)的估计系数为正数。该结果表明,在其他条件一定的情况下,债券的存续期越长、采取担保机制、企业的资本负债率越大,则债券融资成本越高。

(四)承销商信誉对信用评级与债券融资成本的调节效应分析

从模型(4)可以看到,债券信用评级(*BCR*)在1%的水平上显著且系数为负,承销商信誉(*CLASS*)在1%的水平上显著且系数为负,二者的交互项(*BCR_CLASS*)在5%的水平上显著且系数为正,承销商信誉对信用评级与债券融资成本之间的关系产生了正向调节效应。该结论说明,优质的承销商削弱了债券评级与债务融资成本之间的负相关关系。

调节作用可以通过三个模型的推进来呈现,模型(1)中包括核心解释变量债券信用评级(*BCR*)以及7个控制变量;模型(3)以模型(1)为基础引入调节变量承销商信誉(*CLASS*);模型(4)则紧接着在模型(3)的基础上继续引入信用评级和承销商信誉的交互项(*BCR_CLASS*)。

交互项(*BCR_CLASS*)在5%的水平上显著,这表明债券信用评级(*BCR*)对信用利差(*COST*)的影响幅度,在调节变量承销商信誉(*CLASS*)处于不同资质水平的情况下,会呈现显著差异,具体表现为承销商信誉的资质等级对信用评级与债券融资成本之间的关系产生了正向的调节效应。模型(4)中,债券信用评级(*BCR*)系数为-1.345,相较模型(1)中的-1.242,其系数的绝对值虽然变大了,但还要注意的是模型(4)中交互项(*BCR_CLASS*)的系数为0.237,也就是当承销商信誉的资质等级为“优质承销商”时,债券信用评级与债券融资成本之间的偏效应为$-1.345+0.237=-1.108$,此时再与不考虑承销商信誉的

—1.242 相比，债券信用评级对债券融资成本的影响效应减弱了。而当我们讨论承销商信誉的资质等级为“一般承销商”的情况时，由于研究中对承销商信誉（*CLASS*）的赋值为 0，所以债券信用评级对债券融资成本影响的偏效应就是原本的—1.345，较之前不考虑承销商信誉的—1.242，绝对值变大了，即债券信用评级对债券融资成本产生的负向影响效应增强了。

综上所述，在优质承销商主导发行的公司债当中，信用评级对于降低公司债融资成本的作用有所减弱。

(五)稳健性检验

1.替换核心解释变量为发债企业主体信用评级

本文认为债券的信用评级和债券的定价联系更为紧密，故使用发债主体信用评级作为替代的解释变量进行稳健性检验，检验结果如表 5 所示。

表 5　替换核心解释变量为发债主体信用评级的回归结果

	(1) *COST*	(2) *COST*	(3) *COST*	(4) *COST*
ICR	−0.666*** (−15.13)		−0.647*** (−14.83)	−0.724*** (−11.50)
CLASS		−0.285*** (−5.91)	−0.232*** (−5.23)	−0.862** (−2.31)
ICR_CLASS				0.131* (1.70)
SIZEB	−0.763*** (−3.97)	−1.167*** (−5.68)	−0.759*** (−4.00)	−0.745*** (−3.92)
MAT	0.018** (2.54)	−0.000 (−0.05)	0.015** (2.13)	0.015** (2.19)
STATE	−1.047*** (−13.78)	−1.270*** (−15.82)	−0.990*** (−13.04)	−0.975*** (−12.78)
GUA	−0.077 (−1.09)	0.329*** (4.70)	−0.083 (−1.19)	−0.080 (−1.14)
LEV	0.014*** (8.46)	0.014*** (7.45)	0.014*** (8.13)	0.014*** (8.12)
ROE	0.000 (0.11)	−0.007** (−2.21)	0.000 (0.18)	0.001 (0.36)

续表

	(1) *COST*	(2) *COST*	(3) *COST*	(4) *COST*
SIZEE	−0.001*** (−4.94)	−0.001*** (−4.35)	−0.001*** (−4.48)	−0.001*** (−4.56)
时间固定	是	是	是	是
行业固定	是	是	是	是
Constant	4.667*** (20.43)	2.059*** (14.00)	4.760*** (21.01)	5.109*** (16.74)
N	1135	1135	1135	1135
R^2	0.407	0.308	0.421	0.423
$adj.R^2$	0.403	0.303	0.416	0.417

注:括号中的数值为 t 统计量,* 代表 $p<0.1$,** 代表 $p<0.05$,*** 代表 $p<0.01$。

将原有的核心解释变量债券信用评级(*BCR*)替换为发债主体信用评级(*ICR*),发债主体信用评级的赋值方式与债券信用评级是相似的,具体来看,将AAA 赋值为 5,AA+赋值为 4,AA 赋值为 3,AA−赋值为 2,A+赋值为 1,剩余的 BBB−和 C 赋值为 0,即发债主体信用评级越高,其赋值数就越大。

再次回归进行稳健性检验,得到的结论和之前的结论基本相符,四个模型均保持显著且解释变量的符号与原基准回归的结论相符。由此可知,无论采用何种信用评级指标,信用评级与债券融资成本之间存在显著的负相关关系,同时承销商信誉对此有正向的调节效应。通过替换核心解释变量后的回归结果可以发现,前文整体样本的研究结论在此时依旧成立,因此整体样本的回归结果具有稳健性。

2.公司债管理办法修订后的子样本回归

本文选取 2015 年第一次修订后发行的公司债作为子样本用作稳健性检验。

根据债券发行时间的不同,以 2015 年 1 月 15 日作为时间节点,从全体1135 只公司债样本中筛选出新发行的 1113 只公司债作为子样本,再次使用四个模型对子样本进行回归分析,稳健性检验的结果如表 6 所示。

表 6 公司债管理办法修订后的子样本回归结果

	(1) *COST*	(2) *COST*	(3) *COST*	(4) *COST*
BCR	−1.244*** (−23.10)		−1.214*** (−22.89)	−1.343*** (−17.46)
CLASS		−0.331*** (−7.04)	−0.254*** (−6.55)	−1.155*** (−2.97)
BCR_CLASS				0.232** (2.33)
SIZEB	−0.469*** (−2.62)	−1.022*** (−4.83)	−0.419** (−2.38)	−0.436** (−2.48)
MAT	0.011 (1.57)	0.001 (0.12)	0.013* (1.83)	0.012* (1.74)
STATE	−1.018*** (−14.99)	−1.245*** (−15.47)	−0.954*** (−14.16)	−0.940*** (−13.93)
GUA	0.334*** (5.35)	0.277*** (3.72)	0.317*** (5.16)	0.317*** (5.19)
LEV	0.016*** (10.55)	0.014*** (7.82)	0.016*** (10.23)	0.015*** (10.08)
ROE	0.000 (0.09)	−0.003 (−1.15)	0.000 (0.18)	0.001 (0.27)
SIZEE	−0.001*** (−5.62)	−0.001*** (−4.77)	−0.001*** (−5.32)	−0.001*** (−5.34)
时间固定	是	是	是	是
行业固定	是	是	是	是
Constant	5.516*** (14.27)	0.896** (2.28)	5.464*** (14.40)	6.000*** (13.54)
N	1113	1113	1113	1113
R^2	0.590	0.416	0.606	0.608
$adj.R^2$	0.582	0.404	0.597	0.599

注:括号中的数值为 t 统计量,* 代表 $p<0.1$,** 代表 $p<0.05$,*** 代表 $p<0.01$。

从回归结果可以看到,一方面,核心解释变量债券信用评级(*BCR*)继续保持在1%的水平上显著且系数为负，这说明在公司债管理办法修订后子样本中债券发行的信用利差（*COST*）与债券信用评级（*BCR*）之间依旧保持负向的互动性关系，进一步表明债券信用评级与企业的债券融资成本之间的负相关关系是较为稳定的，不受公司债管理办法修订的影响。另一方面，公司债管理办法修订后承销商信誉（*CLASS*）在1%的水平上显著且系数为负，交互项（*BCR_CLASS*）在5%的水平上显著且系数为正，这表明在管理办法修订后承销商信誉对债券发行的信用利差产生了显著的负向影响，同时承销商信誉的资质等级对信用评级与债券融资成本之间的关系产生了正向的调节效应。以上结果与本文在基准回归部分得到的结果基本保持一致。

（六）信用评级与债券融资成本关系的拓展性研究

根据前文基准回归和稳健性检验的结果，本文发现第三方评级机构出具的债券信用评级结果确实与企业的债券融资成本之间有显著的负相关关系，但是应当注意到这一作用是基于全体样本的平均意义层面而存在的，这掩盖不了不同特征的发债主体和不同融资规模的债券在使用信用评级结果时可能会有异质性效应。因此，本文进一步根据发债主体是否在证券交易所上市以及公司债的融资规模大小将全样本划分为不同类型的子样本，比较第三方评级机构出具的债券信用评级结果对企业承担的债券融资成本产生的影响是否会因样本不同而存在差异。

1.不同特征发债主体的异质性分析

为了识别出信用评级对两类不同性质公司债券融资成本的影响，本文将全部样本划分为非上市公司和上市公司，分析结果如表7所示。

表7　按发债主体是否为上市公司的分样本回归结果

	（非上市公司） *COST*	（上市公司） *COST*
BCR	−1.052*** （−17.13）	−1.464*** （−14.54）
SIZEB	−0.656*** （−3.21）	−0.185 （−0.61）
MAT	0.006 （0.75）	0.015 （0.90）
STATE	−1.514*** （−16.29）	−0.561*** （−5.89）

续表

	(非上市公司) *COST*	(上市公司) *COST*
GUA	0.334*** (4.98)	0.335** (2.50)
LEV	0.013*** (7.44)	0.019*** (6.50)
ROE	−0.004 (−1.42)	0.012** (2.48)
SIZEE	−0.001*** (−4.57)	−0.002** (−2.53)
时间固定	是	是
行业固定	是	是
Constant	5.188*** (12.72)	5.652*** (8.52)
N	787	348
R^2	0.649	0.579
$adj.R^2$	0.639	0.546

注：括号中的数值为 t 统计量，*代表 $p<0.1$，**代表 $p<0.05$，***代表 $p<0.01$。

回归结果显示，核心解释变量债券信用评级（*BCR*）无论是在非上市公司样本还是在上市公司样本中均保持在 1%的水平上显著，且前者的估计系数为−1.052，后者的估计系数为−1.464，即前者的系数绝对值要小于后者。这一结果表明，在两种不同性质的公司所发行的债券中，债券发行的信用利差（*COST*）与债券信用评级（*BCR*）之间均保持显著的负相关关系，同时在上市公司中债券信用评级对债券发行时信用利差的负向影响相对更强。

2.不同融资规模公司债的异质性分析

本文经过整理后发现，2010—2021 年发行的公司债规模参差不齐，现按照融资规模大小进行梯度划分，将全样本进一步细分为小于等于5亿元、大于5亿元且小于等于10亿元和大于10亿元三个子样本，分三组进行回归分析以验证公司债规模异质性对公司债券融资成本的影响，回归结果如表8所示。

表8　按公司债规模的分样本回归结果

	（$m \leq 5$ 亿元） COST	（5亿元 $< m \leq 10$ 亿元） COST	（$m > 10$ 亿元） COST
BCR	−1.320*** (−11.77)	−1.192*** (−11.53)	−1.017*** (−10.31)
SIZEB	1.621 (0.30)	−1.574 (−0.78)	−0.526*** (−2.71)
MAT	−0.007 (−0.26)	0.026* (1.87)	0.008 (1.16)
STATE	−1.047*** (−6.56)	−0.978*** (−8.60)	−0.939*** (−7.61)
GUA	0.624*** (3.51)	0.291** (2.50)	0.151* (1.95)
LEV	0.021*** (5.02)	0.018*** (6.42)	0.011*** (5.86)
ROE	0.002 (0.29)	−0.007 (−1.46)	0.004 (1.63)
SIZEE	−0.000 (−1.03)	−0.001*** (−3.05)	−0.001*** (−5.62)
时间固定	是	是	是
行业固定	是	是	是
Constant	6.127*** (10.05)	6.313*** (8.56)	4.956*** (9.02)
N	178	395	562
R^2	0.699	0.558	0.493
$adj.R^2$	0.660	0.532	0.468

注：括号中的数值为 t 统计量，* 代表 $p<0.1$，** 代表 $p<0.05$，*** 代表 $p<0.01$，m 为公司债规模。

回归结果显示，核心解释变量债券信用评级（BCR）在不同规模的公司债子样本中均保持在1%的水平上显著，且三组的估计系数分别为−1.320、−1.192

和－1.017,系数绝对值呈递减趋势。这一结果表明,在三种不同融资规模的公司债样本中,债券发行的信用利差(*COST*)与债券信用评级(*BCR*)之间均保持显著的负相关关系,但是债券信用评级对公司债发行利差的负向影响会随着公司债规模的增加而逐渐减弱。

五、政策建议

(一)信用评级机构

首先,评级机构应继续促进自身的发展,完善信用评级体系,提升评级结论的准确性。我国的信用评级机构应结合多年来在债券发审程序中积攒的经验进一步调整评级方法,引导国内现行的评级体系逐步与国际接轨,进而向市场提供更为客观、可靠、准确的评级结论。

其次,监管者应制定更为详细的行业标准和规范,落实监管责任,维护行业秩序。作为债券发行程序中的第三方,信用评级机构应独立地执行评级程序,评级结论不应受其他环境因素的影响,监管机构应当对此加强监管,确保信用评级业务有序开展。

最后,债券市场应引导信用评级从“发行方付费”向“投资者付费”的模式转变。目前,我国大部分的信用评级业务都是由发行方承担费用,为了让信用评级机构更能代表投资者立场,市场应该认同并推行“投资者付费模式”,这虽然会额外增加一部分成本,但也能提升评级结论的可靠性,保护投资者利益。

(二)承销商

第一,承销商在债券发行中应当勤勉尽责,严格执行对发债企业的风险排查程序。优质承销商之所以能赢得投资者的信任,很大程度上是因为它们相对更高的工作效率和历史承接项目更低的违约率。因此,各承销商在未来应当继续负责地履行尽职调查义务,准确披露发债企业的内部风险,为投资者牢牢把控债券质量。

第二,证监会要加强对承销商的监督和管理,划清违规界限,细化惩戒规则。承销商受企业委托负责债券的发行事宜,监管机构应当提防承销商和发债企业沆瀣一气联合起来侵害投资者利益。

(三)发债企业

第一,在债券发行过程中应积极配合信用评级机构和承销商的工作。研究结论显示,信用评级和承销商信誉确实对企业的债券融资成本存在影响,发债企业对信用评级机构提出的工作请求要积极响应,配合其对内部风险进行准确评估;同时,要主动向承销商提供必要的材料,如会计凭证、银行账户信息等,协助其解决在尽职调查中遇到的困难。

第二,按照信用评级的考核思路制定日常经营标准,规范企业管理。发债企业在开展经营活动的过程中,可以在合理范围内适当地调整自己的资产结构、业务模式等,以此向信用评级机构释放积极的信号,改善企业的市场融资环境,进而降低自身承担的债券融资成本。

(四)投资者

综合考虑多方信息,合理评估发债企业质量,对债券进行准确定价。研究结论表明,承销商信誉在信用评级对企业的债券融资成本的影响关系中有显著的正向调节效应,因此,除了信用评级外,投资者还应当找到其他补充的信息来源渠道,如依赖审计报告、法律意见书、企业主动披露的重大事项等实质性证据,以此作为判断发债企业质量的依据,综合考虑不同渠道的信息,从而做出更为理性和客观的投资决策,让债券定价更为准确。

参考文献

[1]常莹莹,曾泉.环境信息透明度与企业信用评级:基于债券评级市场的经验证据[J].金融研究,2019(5):132-151.

[2]陈关亭,连立帅,朱松.多重信用评级与债券融资成本:来自中国债券市场的经验证据[J].金融研究,2021(2):94-113.

[3]陈益云,林晚发.市场中介声誉与债券契约设计[J].财会月刊,2018(20):161-168.

[4]董维.我国信用评级的制度完善与理念革新:从监管工具到投资者保护[J].私法,2018,29(1):24-36.

[5]高国栋.信用评级、产权性质与债券融资成本[D].上海:上海外国语大学,2020.

[6]龚仰树,辛明磊.信息披露质量是否影响公司债券融资成本:来自我国上市公司的经验证据[J].现代管理科学,2014(9):93-95.

[7]顾小龙,施燕平,辛宇.风险承担与公司债券融资成本:基于信用评级的策略调整视角[J].财经研究,2017(10):134-145.

[8]郭濂.国际三大信用评级机构的比较研究[J].中南财经政法大学学报,2015(1):36-39.

[9]何平,金梦.信用评级在中国债券市场的影响力[J].金融研究,2010(4):15-28.

[10]洪艳蓉.《证券法》债券规则的批判与重构[J].中国政法大学学报,2015(3):60-74.

[11]蒋来用.三大信用评级机构的发展之路[J].银行家,2012(5):63-64.

[12]鞠雪楠,赵宣凯,孙宝文.跨境电商平台克服了哪些贸易成本:来自“敦煌网”数据的经验证据[J].经济研究,2020(2):181-196.

[13]寇宗来,盘宇章,刘学悦.中国的信用评级真的影响发债成本吗[J].金融研究,2015(10):81-98.

[14]李丹,伦杭,聂逆,等.国际三大评级机构信用评级定义及方法研究[J].征信,2013,31(8):47-50.

[15]李卫兵,张凯霞.空气污染对企业生产率的影响:来自中国工业企业的证据[J].管理世界,2019(10):95-119.

[16]李新.公司治理、债券信用评级与债券融资成本[D].广州:暨南大学,2016.

[17]林晚发,刘颖斐,赵仲匡.承销商评级与债券信用利差:来自《证券公司分类监管规定》的经验证据[J].中国工业经济,2019(1):174-192.

[18]刘江会,宋瑞波.我国证券承销市场中券商违规失信的表现与原因分析[J].管理世界,2003(12):16-24.

[19]刘玲宏.信用评级及产权性质对我国公司债券融资成本的影响[D].济南:山东大学,2021.

[20]刘鹏飞,晏艳阳.投资者会关注债券信用评级吗:基于公司债券信用评级变化的公告效应研究[J].金融理论与实践,2016(7):51-56.

[21]马榕,石晓军.中国债券信用评级结果具有甄别能力吗:基于盈余管理敏感性的视角[J].经济学(季刊),2015(4):197-216.

[22]沈红波,廖冠民.信用评级机构可以提供增量信息吗:基于短期融资券的实证检验[J].财贸经济,2014(8):62-70.

[23]孙寅.承销商声誉、承销商地域合作因素与公司债券融资成本[D].天津:天津大学,2016.

[24]王烁辰.主承销商声誉与公司债券融资成本的实证研究[D].北京:北京外国语大学,2018.

[25]王雄元,张春强.声誉机制、信用评级与中期票据融资成本[J].金融研究,2013(8):150-164.

[26]邢梅.债券监管框架下的公司债发行审核制度反思[J].证券法苑,2016(1):98-118.

[27]徐舒怡.环境不确定性、信用评级与公司债发行定价[D].大连:东北财

经大学,2019.

[28]许澄澈,尹鸿飞,张兵.承销商声誉能降低公司债券融资成本吗[J].武汉金融,2021(3):58-65.

[29]许澄澈.承销商声誉对公司债券融资成本的影响研究[D].南京:南京农业大学,2020.

[30]杨慧凤.信用评级与担保机制对企业债券融资成本的影响研究[D].长沙:湖南大学,2017.

[31]岳子彦.承销商认证与一般公司债融资成本[D].苏州:苏州大学,2020.

[32]赵立军,雪莲.信用评级机构对发债企业的监督效应研究:基于过度投资抑制的视角[J].中国软科学,2021(4):183-192.

[33]赵立军,张瑾.信用评级机构能对发债企业进行有效监督吗:基于主体信用评级对股利政策影响的视角[J].华东经济管理,2019(12):145-153.

[34]赵玮.我国上市公司并购议价能力的量化研究[J].证券市场导报,2015(12):21-26.

[35]赵玮玮.从我国金融市场发展看上市公司股权融资偏好及其对企业利润的影响[D].长沙:湖南大学,2017.

[36]祝明.承销商声誉对公司债券融资成本的影响[D].南京:南京大学,2018.

[37]AGARWAL S,HAUSWALD R. Distance and private information in lending [J]. The review of financial studies,2010,23(7): 2757-2788.

[38]ALLEN F,QIAN J,QIAN M J. Law finance and economic growth in China [J]. Journal of financial economics,2003,77(1):57-116.

[39]SKAIFE H A,COLLINS D W,LAFOND R. The effects of corporate governance on firms' credit ratings [J]. Corporate finance: capital structure & payout policies ejournal,2004,42(1): 203-243.

[40]FACCIO M,MASULIS R,MCCONNE J J. Political connections and corporate bailouts [J]. The journal of finance,2006,61(6):2597-2635.

[41]PARK J C,WU Q. Financial restatements, cost of debt and information spillover: evidence from the secondary loan market [J]. Journal of business financial & accounting,2009,36(9-10):1117-1147.

[42]LOGUE D E,ROGALSKI R J. Does it pay to shop around for a bond underwriter [J]. Harvard business review,1979,57(4):111-117.

[43]STEINER M,HEINKE V G. Event study concerning international bond price effects of credit rating actions [J]. International journal of finance &

economics,2001,6(2):139-157.

[44]ERHEMJAMTS O,RAMAN K. The role of investment bank reputation and relationships in equity private placements [J]. The journal of financial research, 2012,35(2): 183-210.

自贸港建设背景下MY航空公司的商业模式研究

朱佳*

摘　要:2018年,国家宣布建设海南自由贸易港,全面的开放政策使海南通用航空迎来了空前的发展机遇,特区建设对通用航空的需求也向通用航空企业提出了新的要求和挑战。本文以MY航空的商业模式为研究对象,采用"魏朱六要素"商业模式模型为研究理论基础,找出MY航空商业模式存在的问题并思考如何改进优化。同时,通过梳理国内外航空公司的四种主要商业模式,在充分发挥水上飞机航空器特色以及MY航空核心优势的基础上对MY航空的商业模式进行改良设计。最后,对MY航空商业模式设计前后进行了对比,明确企业运营状态充分符合和顺应海南自贸港建设的背景需求。本文的研究结论主要为以下两点:第一,MY航空现阶段的商业模式中,从顶层企业定位开始就比较模糊和宽泛,这使得业务系统单薄且不清晰,盈利模式也因此较单一,企业抗市场变化能力较弱。第二,海南自由贸易港建设对水上飞机有着强劲的发展需求,结合海南地理环境特色和政策机遇对MY航空的商业模式进行设计后,该公司的商业模式趋向于四种航空公司商业模式的复合型。

一、研究背景与研究意义

(一)研究背景

1.我国通用航空产业发展迅速

2016年,国务院办公厅印发了《关于促进通用航空业发展的指导意见》,要求加大改革创新力度,加快构建基础设施网络,促进通用航空产业转型升级,建成应用广泛、安全规范、布局合理的通用航空体系。根据中国民航局发布的统

* 朱佳:2017级工商管理专业硕士研究生。导师:张宇慧副教授、赵宽总经理。

计数据，截至2019年12月31日，中国通用飞机的保有量从2012年的909架增加至2019年的2368架，年平均复合增长率15%；通用航空飞行时间从2012年的51.7万小时增长到2019年的109万小时，年平均复合增长率12%。通用航空市场的高增长率表明了中国通用航空产业开始进入蓬勃发展的上升期，潜力巨大。

2.发展通用航空是海南建设自由贸易港的战略需求

2018年4月13日，习近平总书记宣布支持海南全岛建设自由贸易试验区和中国特色自由贸易港，进行改革开放试验区、国家生态文明试验区、国家重大战略服务保障区、国际旅游消费中心“三区一中心”的建设，海南将成为下一个商贸、物流、资金流的集散地。为保障“三区一中心”国家战略的落地，打造覆盖多个领域的网络型服务业体系，加快通用航空发展建设、完善空域立体交通网络成为海南自由贸易港建设进程中的重大战略需求。

3.通用航空企业运营能力弱，盈利状况差

2019年共有80家通航企业暂停或终止运行，通航企业的市场竞争日益激烈，企业面临巨大经营压力和市场困境的情况越来越突出(见图1)。据通航业内人士透露，我国仅有10%左右的通航企业为盈利状态，这些企业通常具有国企背景，20%—25%能勉强维持经营持平的通航企业则绝大多数为进行民航飞行员培训的航校；余下的60%以上通航企业均处在亏本状态。MY旅游航空有限公司(简称“MY航空”)作为国内首家运营水上飞机的通用航空公司，自2011年在海南三亚成立以来也面临着同样严峻的经营困局。

图1 我国通用航空2018、2019年数据对比

数据来源：中国民用航空局。

综上所述，海南在全面建设自由贸易港政策的利好下，亟须多方位立体打造具有海南特色的覆盖多领域的服务业体系，通用航空作为完善海南水上立体交通网络的重要板块，将成为未来一段时间推动海南产业经济发展、促进海洋经济开发的研究和发展热点。

(二)研究意义

海南通用航空产业起步晚,发展状况相对于国内其他省市较滞后,虽然有外部环境、政策的利好因素推动,但是作为通用航空产业主体的通用航空企业自身的运营能力才是整个海南通用航空产业健康快速发展的关键。因此,从商业模式的分析设计入手,帮助海南通用航空企业提高盈利能力、摆脱经营困境,对于企业和海南地区通用航空产业的健康、长远发展具有重要意义。

本文基于海南自由贸易港建设的时代背景,利用“魏朱六要素”商业模式的理论模型(魏炜、朱武祥,2008),以MY航空为研究对象,对MY航空的商业模式进行全面的分析和探索,找出解决企业目前运营面临的盈利能力弱、企业价值低等问题的方法,全面提高MY航空企业运营能力和核心竞争力。这不仅有助于MY航空探索出一条具有鲜明特色及竞争优势的可持续发展之路,而且对在自由贸易港建设的战略背景下海南省通用航空产业的发展也有一定的启示意义。

二、文献述评

(一)文献综述——国内外研究现状与发展趋势

1.商业模式

Bellman和Clark(1957)第一次提出商业模式(Business Model)的概念,Jones(1960)第一次将商业模式作为文章主题。当前,学术界主要从盈利模式、内部运营架构、外部网络架构和系统整合四种视角对商业模式进行研究。

一是盈利模式视角。Ghaziani和Ventresca(2005)认为商业模式是企业创造价值的逻辑。Chesbrough和Rosenbloom(2002)认为商业模式解释了在价值链中企业是怎样通过自我定位来获取利润的。

二是内部运营架构视角。Magretta(2002)认为对人类需求和动机加以观察是一个好的商业模式的基础,商业模式则是从商品制造和商品销售两个方面来说明企业的运营流程。

三是外部网络架构视角。Hamel等(2000)认为商业模式是解释企业采用何种方式完成运营目标的,其内容包括资源、战略、价值网、客户等。王选飞等(2016)基于博弈论,对移动支付过程中相关的金融机构、通信运营商和第三方支付平台这三方合作的互动模式进行了研究。

四是系统整合视角。刁玉柱和白景坤(2012)认为商业模式的创新应该考虑企业战略分析、收入模式设计及创新要素利用三大模块,以不同案例的研究分别对四种企业商业模式进行分析。魏炜和朱武祥(2008)提出了“魏朱六要素”模型,将商业模式归纳为定位、业务系统、盈利模式、关键资源能力、现金流结构和企业价值六个要素。

2.通用航空商业模式

目前,国外研究学者普遍认为航空公司的商业模式可主要归纳为四种类型:网络型航空公司模式、支线型航空公司模式、低成本航空公司模式与包机航空公司模式。Bieger 等(2005)和 Jaggi 等(2000)认为网络型航空公司商业模式成功的关键是采用多枢纽、中枢辐射式航线网络结构,用完整的供应链提供全球航空运输网络管理、全方位的客户服务以及联盟管理,其优势是发挥规模经济效用。美国航空、达美航空、美国联合航空等三大航空公司是网络型航空公司模式的典型代表。现阶段,国外对于通用航空的研究主要集中在产业的现状和未来发展趋势等方面,对商业模式的研究比较少。

国内在对民航公共运输板块的航空企业进行研究的同时,也开始涉及通用航空企业商业模式的研究。张建森等(2009)对航空公司各类不同的商业模式进行了分类,并运用微观经济模型分析的方法,分别对其均衡条件进行分析。陈宇瞳(2017)分析了国内外多家低成本航空公司商业模式的成功经验,运用价值链理论分析法,提出网络型航空公司应逐步建立混合型商业模式。

(二)文献述评

目前学术界对“商业模式”的研究相对较成熟,在多年的发展中取得了较好的研究成果。但在航空产业领域,现阶段不论是国际还是国内对于航空企业商业模式的研究多数是民用航空运输企业商业模式的研究,通用航空领域的商业模式研究仍处于初步探索阶段,尚未有效展开。尤其是结合区域环境特色与优势,对通用航空细分领域(水上飞机)商业模式尚未进行有效、系统和深入的研究,仍有极大的研究空间。

三、研究设计

一是文献分析法。搜集大量优质的有关商业模式分析以及通用航空商业模式分析设计的文献,并应用在本文的研究内容中,为研究提供理论支撑。

二是案例分析法。对成功的航空企业商业模式进行分析,剖析成功案例的成功路径,从中得到相关启示以对 MY 航空商业模式的研究设计提供借鉴。

三是实地调研法。在研究中深入实际,对本文所研究的 MY 航空进行深入调研,获取企业运营的资料,客观分析研究 MY 航空的商业模式状况和存在的问题。

四、结合自贸港背景下海南通用航空的发展探索MY航空的商业模式

(一)自贸港背景下海南通用航空现状及发展需求分析

1.中国通用航空产业介绍及发展现状

(1)通用航空产业介绍

通用航空是指使用民用航空器从事公共航空运输以外的民用航空活动,所有涉及通用航空行为的商业活动与经济行为统称为通用航空产业。

从图2可以看出,通用航空产业链的核心是通用航空器的制造、运营和保障。由于资本密集度高,这三个产业核心具有强大的带动效应,能带动上游和下游相关产业产生较高的产业附加值。

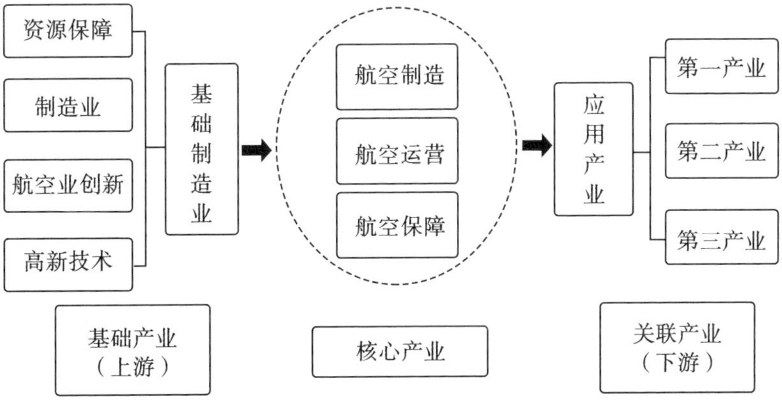

图2　通用航空产业链分解

(2)中国通用航空发展现状

中国通用航空发展规模情况如表1所示。中国民航统计数据显示,2018年我国经营性通航生产作业飞行共59.5万小时,飞行培训和传统的生产类通用航空经营飞行作业规模仍占主导地位,但娱乐和新兴飞行作业的规模也开始显现(见表2、图3)。

表1　2018—2019年中国通用航空产业发展规模数据

	2018年	2019年	同比增长
飞行小时数(万小时)	94.1	109	15.8%
机队规模(架)	2095	2368	13.0%

续表

	2018 年	2019 年	同比增长
通用航空企业数量(个)	422	506	19.9%
飞行员数量(人)	3476	3599	3.5%

数据来源:中国民用航空局。

表 2　2018 年我国经营性通航生产作业小时数　　单位:小时

作业名称	小时数	作业名称	小时数	作业名称	小时数
航空摄影	17350	气象探测	1921	航空器代管	21688
航空探矿	4648	城市消防	0	空中游览	16434
空中巡查	28429	直升机引航	2984	包机飞行	22053
石油服务	37926	海洋监测	525	医疗救护	2156
电力作业	3140	渔业飞行	236	跳伞飞行	3316
直升机外载荷	517	科学实验	2307	个人娱乐飞行	2709
人工降水	9732	空中拍照	949	执照培训	295476
航空护林	17923	空中广告	2634	其他	58319
航空喷洒	41570	航空表演	68	合计	595010

数据来源:中国民用航空局。

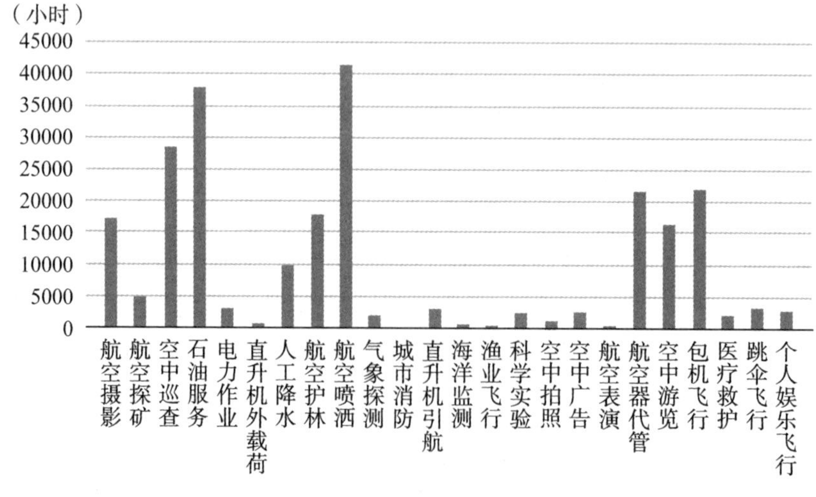

图 3　2018 年我国经营性通航生产作业小时数

与国际上通用航空发达的国家相比，我国通用航空运营规模总量仅为巴西的30%，机队规模为南非的16%、墨西哥的33%。以世界上通用航空最发达的美国为例，我国与美国通航产业规模更是相差巨大(见表3)。由此可见，总体上现阶段中国通用航空产业的发展尚处初期，已有的航空服务市场水平还没有满足中国社会经济体制和社会需求。

表3　2016年中美通用航空数据对比

	飞行小时数(万小时)	机队规模(架)	通用航空机场数(个)	飞行员数(人)
美国	2480	211793	2941	609306
中国	76.47	2096	102	2524

数据来源：中国民用航空局和中国通航网。

中国通用航空产业的发展在最近几年得到了重视，政府对产业激励政策的频频提出，民航局对传统产业监管体系的优化，都确保了中国通用航空的健康发展。

(3)海南自由贸易港建设对通用航空的需求分析

第一，交通网络的补充完善。根据国家交通运输部的指示，海南要做好综合交通顶层设计，确保海南省基础交通资源建设的长远规划，在此基础上，海南正大力开展“五网”基础设施建设，形成贯穿全岛、连接岛内外的立体交通网。通用航空可以对海南打造岛际水上立体交通网络、补齐交通短板起到积极的促进作用。

第二，海南机场运输运力的提升。随着自由贸易港建设进程的加速，海南岛的市场开放程度越来越高，进出岛旅客呈现持续增长的态势，海南机场的基础设施改造建设和机场承运力却跟不上市场需求的增速。在此情况下，通用航空的发展能对海南的旅客航空运输运力进行有效的补充。

第三，海岛特色产业的发展。一是低空旅游。随着海南滨海旅游业的快速发展，海南旅游服务可充分利用海岛优势，发展低空飞行观光旅游、低空飞行表演、空中婚礼、高空跳伞及滑翔等低空旅游。二是生态渔业。随着海南自由贸易港建设的推进，渔业产业的开放程度也会越来越高，通用航空飞行可在渔汛监视、渔业侦查、渔政管理、渔业运输等方面发挥重大作用。三是特色能源产业。南海海域拥有丰富的油气资源，在油气资源开发前期，通航飞行器可以在资源勘探方面发挥重要的作用。此外，在开采过程中，通航飞机也可以应用在钻井平台工作人员运输以及突发事件应急救援等方面，大大提升油气开发的工作效率。

2.海南通用航空发展现状

(1)海南通用航空发展现状分析

据不完全统计,在海南进行通航飞行作业的有7家通航企业。航空器种类除MY航空的水上飞机外均以各型号的直升机为主,分别开展海上石油平台飞行、低空游览观光飞行、城际/岛际交通飞行、飞行培训、飞行表演、护林防火等通航飞行作业项目。低空游览飞行也成为近年来海南通用航空发展较快的项目,如低空观光游览、低空飞行表演、空中婚礼、空中广告以及滑翔极限运动等。

(2)海南通用航空发展面临的问题

第一,低空空域管理受制约。海南省的整个飞行管制工作由南航部队飞行管制部门全权负责、统一组织。落后的空中管制指挥模式不仅拉低了管理与运作效率,而且还降低了空间利用的效率。第二,基础设施有待完善。通用航空飞行器如公务机、特色飞行器等的运行对枢纽机场承运力的补充可有效缓解机场负荷,但相应的通航配套设施却不够完善,难以满足有效的通用航空飞行网络需求。第三,相关政策扶持力度不够。通用航空的发展需要从多个方面展开,首先政府要制定有效的规划与指导策略,适时予以政策方面的支持,如低空飞行权。

(二)MY航空商业模式现状分析

1.MY航空概况

(1)公司简介

MY航空由荣盛房地产发展股份有限公司(简称“荣盛发展”)控股,总部设在海南省三亚市。作为国内首家专业的水上飞机运营公司,MY航空在机场设计探索、飞行员人才培养、水上飞机运行维保等方面均处于行业绝对领先地位,此外,MY航空也积极推动了行业内关于水上飞机板块相应政策规章的修订。

(2)公司发展现状

公司当前的主体业务主要有四类:一是以三亚为基地,提供三亚及周边近海地区的水上飞机低空游览服务;二是开展三亚至西沙水上飞机岛际交通/包机旅游体验;三是开展飞行员水上飞机增驾培训业务;四是政府公务飞行,海事/海洋巡查、应急救援等。MY航空2017—2019年飞行作业量见表4。

表4　2017—2019年MY航空飞行作业量统计　　单位:小时

	2017年	2018年	2019年
低空游览	144	136	170
西沙包机	102	166	351
飞行培训	240	90	50

续表

	2017 年	2018 年	2019 年
海事巡查/应急救援	12	10	15
总作业时间	498	402	586

数据来源：MY 航空。

2.MY 航空商业模式分析

(1)MY 航空的定位

MY 航空从成立以来，不仅一直没有对商业模式进行清晰的界定，而且当前的产品及服务特征也不够明晰，只能模糊地概括为通过通用航空飞行作业满足客户低空飞行消费需求。因此，当前 MY 航空商业模式上的首要问题是企业运营和发展的定位模糊，核心竞争力发挥不足。

(2)MY 航空的业务系统

由于商业模式定位的不清晰，MY 航空并未对企业自身的内部及外部利益相关者进行合理有效的划分，各利益相关者的相互合作关系未能形成清晰高效的价值网络，业务系统粗糙模糊。本文根据通用航空运营企业的基本业务结构框架进行了 MY 航空业务系统概略图的制作(见图 4)。

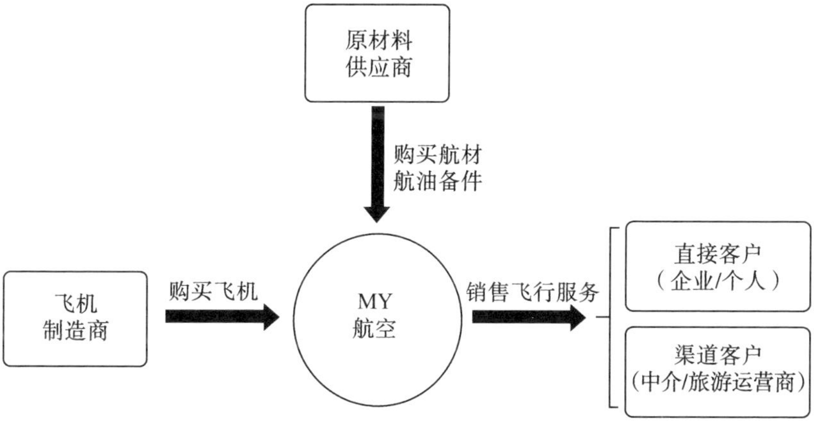

图 4　MY 航空的业务系统

(3)MY 航空的盈利模式

MY 航空自成立以来，主要的收入来源是通用航空作业服务，包括通航飞行服务和飞行员培训，主要的支出部分是用于确保企业顺利发展和经营的物力支出及人力资源支出等，即 MY 航空的盈利模式是传统的自己出成本、收入来自直接客户的一对一模式。MY 航空的盈利模式过于单一，效益很低，且现阶段无法完成自负盈亏，未来也无法保证持续稳定的收入状况。

(4)MY 航空的关键资源能力

由于 MY 航空是国内首家运营水上飞机的通用航空公司，在水上飞机方面有着突出的优势。此外，得益于荣盛发展的控股，有着强大的资金实力和地产行业背景。但目前，MY 航空欠缺公务机运营基地和机库机场的投资建设，机队规模的扩大需要购买其他型号的水上飞机，同时配备相应的飞机维修备件以及专业维修维保、机场保障人才队伍等，这些限制了 MY 航空业务体系的扩展。

(5)MY 航空的现金流结构

MY 航空成立以来一直未实现现金流的正向优良运转，现金流一直呈现负增长，无法完成自负盈亏保证正常运营，需要股东持续不断地投入现金以实现现有机队、资源和业务的正常运转。

(6)MY 航空的企业价值

MY 航空当前的主要业务属于通用航空产业的运营板块，在产业价值链中处于附加值较低区域。而在维修、租赁、航空高端服务等能够创造较高产业价值的业务内容上，MY 航空尚未有所建树。因此，现阶段 MY 航空在企业经营方面未能形成有效的价值体系，企业价值较低。

(三)海南自由贸易港建设背景下 MY 航空商业模式探索

1.航空公司商业模式成功经验借鉴

通过梳理和对比国内外航空公司的运营特点，可以总结出航空公司最常见的四种模式，即网络型、低成本型、区域/支线型和包机型(见表 5)。

表 5　航空公司四种常见商业模式

商业模式	运营特点	价格	代表企业
网络型	网络化航线 无缝隙客户关怀 规模大、覆盖面广	高	美国航空 中国南方航空
低成本型	价格低廉 服务简单	低	美国西南航空 中国春秋航空
区域/支线型	地域性强 中转为主	中等	马尔代夫航空 中国奥凯航空
包机型	特色高端服务 旅游目的地航线	特高	德国康多尔航空

(1)网络型商业模式

网络型商业模式最明显的特点就是用完整的供应链来提供全球航空运输网络,利用众多不同的航线、机型以及机型组合来覆盖较广泛市场的多层用户群体,为顾客提供从地面到空中的全方位无缝隙关怀及服务。美国航空、达美航空、美国联合航空等三大航空是网络型航空公司模式的典型代表。这种模式在执行过程中主要的成功要素是对航空枢纽的复杂的网络化运营、对联盟的管理以及对顾客全方位的关怀服务等。

(2)低成本型商业模式

低成本型商业模式最大的特点就是完全放弃网络型航空公司的运营模式,选择与中心城市枢纽机场临近的辅助机场运营,采用单一机型,以及适当的航班率来实现点对点运行,在飞行成本最低的基础上为顾客提供最基本的航空运输服务。美国西南航空公司是这一模式的开创者,国内的春秋航空也因运用低成本商业模式而在国内航空市场迅速崛起,成为国内低成本航空运营的典型代表。

(3)区域/支线型商业模式

区域/支线型商业模式比较明显的特点就是有针对性、地域性的服务,通常会使用100座及以下机型较小的飞机来进行区域内小客流量、多频次的航空运输。该模式之所以成功,离不开运营模式的简单与高度灵活性,只有企业内部确保这两点的高效运转,时刻监控运营成本,才能让小机场拥有及时应对恶劣自然条件及机场条件的能力与技术。其中具有代表性和地方特色的区域/支线型航空公司是马尔代夫航空以及马尔代夫空中的士航空。

(4)包机型商业模式

包机型商业模式是指航空运输企业通过协议的方式来将整个运输服务以及运力等整体出售给第三方,这种模式比较灵活,不同的包机公司根据自己的市场定位只在周末运营某些特色旅游目的地,没有规则的运输流,也没有固定的运输线路和航班。该模式之所以被成功运用,主要是因为它的成本低、效率高、服务全,以及与旅游运营商等企业整合等。目前全球第一大包机公司——德国康多尔航空公司,于1998年正式加入了托马斯·库克旅游集团,并将集团旅游项目的航空运输业务全部承揽。

2.MY航空商业模式的探索

(1)MY航空的定位设计

第一,加大飞行培训市场的培育,拓展航空维修和水上机场建设技术输出市场。第二,减少同质化竞争激烈、利润率低的近海低空观光游览市场。第三,立足固定运营基地(Fixed Base Operator,FBO),积极创新开拓特色服务,保障细分市场。需要特别注意的是，将近海低空观光游览市场减少甚至剔除是一个逐步进行的过程，如果过于快速地减少作业量，将会对企业短期内的健康运转和发展产生严重干扰。其他细分市场同样如此，企业在把握市场定位的过程中要时刻保持对市场变化和政策的敏感度，为企业的灵活高效发展提供一个较为清晰的方向和环境。

(2)MY 航空的业务系统设计

第一，区域/支线航空运输服务。MY 航空可充分发挥水上飞机航程长、水陆两栖、运载能力强的特征，一方面，以三亚为基地，借鉴马尔代夫航空公司的支线航空运输模式，辐射西沙及南沙各岛礁，承担三沙市区域内的旅游客运交通、渔业及其他农副产品运输等客货运输飞行任务；另一方面，站在提高全岛客货运输效率角度以及满足中高端旅客的出行需求角度，可使用中小型水上飞机分别以两大枢纽机场为核心建立 FBO，承担海南岛内的区域支线客货运输业务。

第二，旅游包机及公务机运营。目前 MY 航空是唯一拥有西沙飞行航线资质的通用航空公司，积累了丰富的西沙飞行经验，并勘察、建立了西沙水上飞机起降点。同时，MY 航空已与长乐公主号、南海之梦号西沙游轮开展了应急救援合作，并尝试探索“水上飞机＋游轮”的新型运营模式。下一步，MY 航空需要借鉴学习德国康多尔航空公司与托马斯·库克旅游集团的包机运营模式，与大型旅游运营公司如携程开展战略合作，为第三方旅游公司的客人提供三沙区域专项旅游包机服务。

第三，飞行培训和维修。随着人民生活水平的不断提高，越来越多的人开始涉足飞行体验，对私用飞行执照的学习培训需求也越来越大。MY 航空可以继续提升水上增驾培训市场的资源价值，一方面可以与其他区域的水上飞机运营公司和培训学校通过联盟合作的形式，进一步完善培训行业标准，建立商用水上飞行执照培训知识产权；另一方面可以与小型运动型水上飞机生产运营公司形成战略合作联盟，以飞行俱乐部的形式分享资源，构筑培训市场竞争壁垒。

第四，应急救援、海洋监测等公务飞行。目前 MY 航空已与海南海事局、三亚应急办、三亚海事局等合作，未来还将与渔业产业联盟、油气开采平台等组织或企业进行合作，进一步发挥水上飞机在三沙海域的水陆两栖优势，提供常态化巡航服务，同时可以与南海救助局形成联盟，成为南海应急救援力量的补充。

跳脱出传统通用航空产业链结构，重新设计的业务系统使 MY 航空从当前的市场竞争者和孤立的服务提供商角色转变为合作者以及利益分享者，这样的改变不仅能够提升资源的使用效率、降低市场开发难度，而且能够使得整个业务体系趋向有机、健康的运转状态(见图 5)。

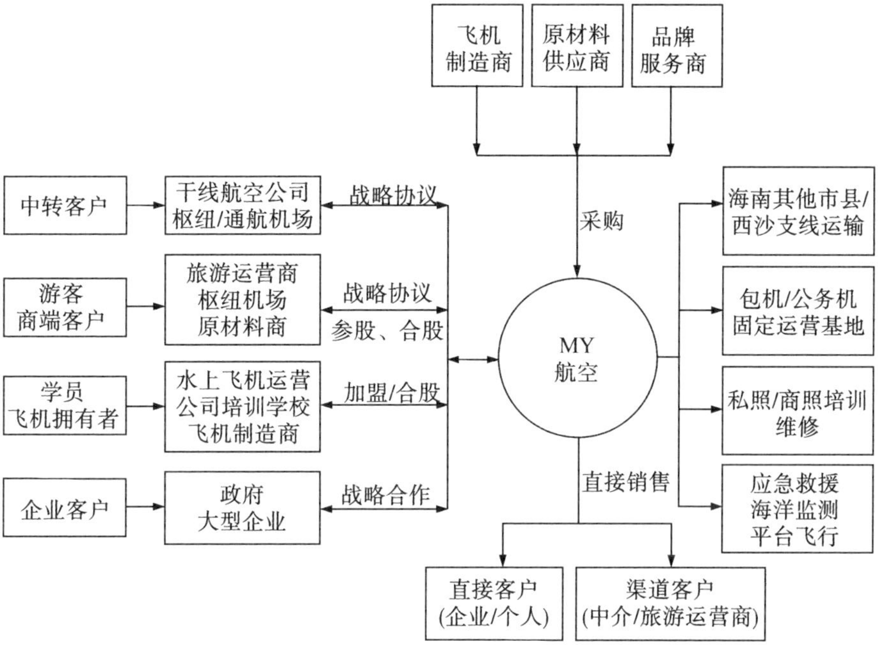

图5 设计后的MY航空业务系统

(3)MY航空的盈利模式设计

MY航空可以根据核心竞争力、资源优势以及业务系统的设计整合情况，将“固定”“剩余”“分成”三种盈利模式进行组合和复合设计，并将其运用于不同的业务系统板块中，有效提升企业盈利能力和收益水平。

第一，区域/支线航空运输服务。根据不同业务类型及不同利益相关者可以设计组合变化的复合盈利模式，如以海南两大国际机场为枢纽机场承担岛内客货运输服务业务，MY航空可将运营成本以上的机票定价权交给主线航空公司，由主线航空公司根据客流量和飞行需求进行定价，这样MY航空在保证成本可控的固定收益的同时，也能与主线航空公司进行利润分成，共享收益；以三亚为基地辐射三沙区域的支线运营则在一定程度上有着行业垄断优势，可与当地旅游开发企业、渔牧业企业等以合股、共同投资的方式进行合作，实现成本共担和利润共享。

第二，旅游包机和公务机运营。旅游包机的直接利益相关者是大型旅游运营公司如携程，MY航空可以与其共同设定一个承运量及市场售价，当超过该承运量时所获取的收益由MY航空与旅游运营公司按比例分成，互相激励对方在各自领域拓客。公务飞行则可以与机场或者公务飞行运营基地合作，以飞行俱乐部的形式吸纳会员，会费以固定会员费和充值会员费的形式共同存在，由MY航空和运营基地共同对客户飞行体验负责，按飞行成本比例进行收益分成。

第三，飞行培训和维修。MY 航空可以进一步完善水上飞机执照培训体系和行业标准，将培训服务知识产权化，同时与全国各定点区域的水上飞机运营公司形成结盟或加盟培训体系，形成飞行培训分校机制，一来飞行培训知识产权形成竞争壁垒，二来实操飞行服务权分配给结盟企业，形成有力的培训市场竞争态势。

第四，应急救援、海洋监测等公务飞行。由于这类飞行作业更多涉及政府、公共保障组织等，服务多为保证公共秩序而进行，因此这类业务多为固定盈利模式，即 MY 航空按时间或航线收取固定服务佣金。

盈利模式的设计并不是一成不变的，随着企业业务系统的不断调整、完善以及企业资源能力的增强，盈利模式也在动态调整过程中互相匹配，且会随着利益相关者的变化呈现多种组合变化，但其核心离不开“固定”“剩余”“分成”这三种基本设定。

（4）MY 航空的关键资源能力设计

通过对 MY 航空业务系统的合理设计，将其突出的资源优势与业务发展精准匹配，可以将企业的核心竞争力进一步强化，对企业其他资源的价值有着积极的促进作用。比如在水上飞机飞行培训的关键资源能力匹配上，MY 航空的核心资源优势是知识产权和经验，要理性认识到航空器数量不足、承训力有限以及培训成本较高的问题，有针对性地做好资源的规划和挖掘，并将企业内部结构予以调整和优化，以此来实现飞行培训市场的最终目的。

（5）MY 航空的现金流结构设计

在区域/支线飞行服务业务结构方面，MY 航空可以利用自身的资源与干线航空公司寻求更广泛、更深入的合作机会，在保证公司水上飞行优势的基础上控制运营投入，增加运营收益和交易价值；另外，飞行培训业务则可以与飞机制造商和其他水上飞机运营公司进行战略化合作，以知识产权的资源优势收取一定比例的结盟/加盟费，获取一定的固定现金流；公务飞行以及维修业务基本都是通过企业资源来吸引资本的投入和参与，构建一套新型利益链条，企业在自身投入不高的情况下能快速开拓并占领市场。同时，MY 航空股东的注资和企业投资者、债权人的融资也是保证企业发展扩张过程中现金流结构合理的途径。

（6）MY 航空的企业价值设计

通过对 MY 航空商业模式构成要素的一系列设计，MY 航空在价值创造方面的选择性较高，较为丰富，不再单独依赖传统的通用航空飞行作业，而是借力海南自由贸易港建设的环境趋势，沿着产业链上下延伸到以通用航空运营作业为中心的一系列价值创造环节。企业的价值创造重心会向产业链高附加值区域过渡，以此来提升企业的投资价值，为投资者创造更好的投资环境和信心。

3.MY 航空商业模式设计前后对比

运用“魏朱六要素”模型对 MY 航空的商业模式进行设计后，MY 航空商业模式较之前有较大变化。下面就此模型的六大要素对 MY 航空商业模式设计前后进行对比（见表 6）。

表 6　MY 航空商业模式设计前后对比

	MY 航空商业模式设计前	MY 航空商业模式设计后
定位	向有通用航空飞行服务需要的企业、个人或政府，提供相应的低空观光飞行游览、包机运输、应急救援飞行服务	(1)为枢纽机场运力补充，提供支线航空运输服务，以三沙为重点区域，辐射万宁、博鳌、儋州等市县；(2)发挥飞行培训优势，加强商业/私用水上飞行器执照培训以及维修等高附加值领域市场的拓展；(3)开拓高端公务机市场和探索固定运营基地，与大型旅游商合作提供旅游目的地专属运输包机服务
业务系统	企业独立运行，直接向上游企业购买飞机、航油、航材等物资；直接向客户提供飞行服务，主要业务是低空观光游览和西沙包机旅游/运输飞行	企业基于定位，整合海口美兰、三亚凤凰两大国际机场以及主线航空公司、大型旅游运营公司、其他水上飞机运营公司、运动水上飞机及零部件生产商/供应商等内外部资源，将企业自身放在利益相关者的一个环节中，形成完整、有机的交易结构系统
盈利模式	通用航空飞行服务和飞行培训固定收益，收益来源单一，企业交易角色固定	通过与其他水上飞机运营公司结盟/加盟，与枢纽机场、大型旅游运营公司、飞机及零部件制造商或农牧油气业企业合股/参股的形式，实现利益相关者多元化的利益共享，调动各利益相关者的能动性，实现“固定”“剩余”“分成”收益的复合化和盈利来源多样化，盈利状态更稳定

续表

	MY 航空商业模式设计前	MY 航空商业模式设计后
关键资源能力	水上飞行教员资源及飞行培训、水上机场设计建设经验；唯一的西沙航线资质及丰富的西沙飞行经验；水上飞机运营细分领域的行业领头人地位；实力雄厚的股东	企业现有的关键资源能力能够得到充分发挥，并能够精准匹配业务系统，提升业务系统的运转效率，进一步强化企业的核心竞争力；同时，能够促进业务系统的完善，在业务发展过程中促进其他资源能力的补齐和提升
现金流结构	初始投入较高，股东需要持续注资以维持运营，业务收入不稳定且收益极低	通过结盟、加盟、参股、合股等多种合作模式来增加参与机会，通过外部金融投资的方式减少投入成本，为企业稳定的现金流提供保障和支持
企业价值	较低，企业处于产业价值链条的运营低附加值区域	高，沿产业链延伸至高附加值产业价值区域，成为利益相关交易结构中的重要一环

五、结　论

目前对通用航空企业商业模式的研究较少，对水上飞机细分领域的研究更少，本文运用“魏朱六要素”模型对 MY 航空商业模式进行分析和设计，为企业改善经营状况，明确发展目标指明方向。主要得出以下结论：

第一，作为通用航空产业中的主体以及重要组成单元，通用航空企业要在激烈的产业竞争中谋求长远的发展和良好的经营状况，加强商业模式的研究并进行改良是必经路径。

第二，网络型、区域/支线型、低成本型和包机型这四种常见的航空公司商业模式各有特色，也在航空公司运营实践中有大量成功案例，目前这四种商业模式正在呈现复合型发展趋势，在对 MY 航空及其他通用航空公司的商业模式分析和设计中具有重要的借鉴和指导意义。

第三，海南自由贸易港建设的背景给通用航空带来了全新的发展机遇，特别是对水上飞机有着强劲的需求。MY 航空作为立足海南本土的国内第一家水上飞机公司，在行业细分领域有着突出的资源优势和核心竞争力，找准公司定位和商业模式将为公司在海南乃至泛亚地区开拓出全新的市场发展领域。

第四，本文运用“魏朱六要素”模型对MY航空商业模式进行了分析，并充分结合海南自由贸易港建设背景就通用航空的需求和企业的核心竞争力对MY航空商业模式分项进行了设计，初步证明“魏朱六要素”模型在通用航空企业的商业模式设计中具有实操性。

第五，基于海南自由贸易港建设背景，为MY航空重新梳理了内部和外部的利益相关者，构建了企业新的交易结构并形成了新的盈利模式体系，证明了通用航空企业发展需要充分结合当地环境、政策等特色，对现阶段其他通用航空公司，尤其是运营细分领域或特色航空器的通航公司进行商业模式的设计有一定参考价值。

参考文献

[1]顾敬慧，陈迅，杨益，等.通用航空产业发展调查及商业模式创新探究[J].中外企业家，2018(16)：94-95.

[2]刁玉柱，白景坤.商业模式创新的机理分析：一个系统思考框架[J].管理学报，2012，9(1)：71-81.

[3]何恺.商业模式研究热点与发展趋势[D].济南：山东师范大学，2018.

[4]郭蕊，吴贵生.商业模式理论辨析[J].技术经济，2014(1)：14-23+91.

[5]王昶.战略管理理论与方法[M].北京：清华大学出版社，2010.

[6]王选飞，吴应良，肖炯恩.基于合作博弈的移动支付商业模式优化研究[J].系统工程理论与实践，2016，36(9)：2268-2275.

[7]魏炜，朱武祥.发现商业模式[M].北京：机械工业出版社，2008.

[8]朱武祥.设计商业模式的三大关键点[J].商界(评论)，2011(1)：99-101.

[9]张建森，谢敏，余凌曲.航空公司不同商业模式的均衡分析[J].生产力研究，2009(3)：73-76+3+189.

[10]吴殿达.航空公司典型商业模式的分析与启示[J].空运商务，2012(2)：43-44.

[11]陈宇瞳.基于价值链理论的全业务航空公司商业模式转型研究[J].经济与管理，2017，31(4)：63-67.

[12]刘晓晓.航空公司商业模式优化思路探讨[J].空运商务，2015(8)：21-23.

[13]李云溪.互联网思想与航空公司商业模式转型：免费增值和流量变现[J].空运商务，2015(2)：36-37.

[14]方浩东，徐建星，梁志宏，等.新时代我国全服务航企商业运营模式变革初探[J].民航管理，2018(2)：24-29.

[15]温新寿.通用航空如何构建合理有效的商业模式[J].空运商务,2017(5):15-17.

[16]胡媛彦,柳娟,朱君.三沙市经济发展对通用航空产品的需求研究[J].综合运输,2014(3):30-36.

[17]魏炜,朱武祥,林桂平.基于利益相关者交易结构的商业模式理论[J].管理世界,2012(12):125-131.

[18]朱武祥.盈利模式的三种设定[J].商界(评论),2014(8):54-57.

[19]林桂平,魏炜,朱武祥.基于交易结构的商业模式构成要素分析[J].商业时代,2014(28):89-93.

[20]林东.海南自由贸易港的交通探索[J].中国公路,2019(19):50-52.

[21]鲁洋静.谈自贸区建立对海南航空业发展的影响[J].旅游纵览,2019(10):168-169.

[22]闫娟.海南航空旅游发展现状与对策分析[J].中国市场,2017(33):239-240.

[23]许可,陈仲丹,闵婷婷.马尔代夫海岛旅游模式对三沙旅游建设的启示[J].海南金融,2013(12):81-84.

[24]李艳伟,于剑.世界航空公司商业模式的发展及启示[J].综合运输,2007(6):63-66.

[25]张翠翠.国内外对比谈 FBO 发展及融资途径[J].中国民用航空,2013(3):24-26.

[26]韩奋畴.海南地区通用航空发展前景及策略分析[J].空运商务,2019(12):43-45.

[27]孙磊,韩飞.浅谈水上飞机在通航发展初期的优势[J].民航管理,2016(8):27-28.

[28]JONES G M. Educator,electrons,and business model:a problem insynthesis [J]. Accounting review, 1960,35(4):619-626.

[29]BOHN S R, PINKSE J, KOLK A. Business models for sustainable technologies:exploring business model evolution in the case of electric vehicles [J]. Research policy,2014,43(2):284-300.

[30]ZOTT C, AMIT R. Business model design:an activity system perspective [J]. Long range planning,2010,43(2-3):216-226.

[31]GHAZIANI A, VENTRESCA M J. Keywords and cultural change: frame analysis of business model public talk: 1975—2000 [J]. Sociological forum,2005,20(4): 523-559.

[32]CHESBROUGH H, ROSENBLOOM R S. The role of the business model in capturing value frominnovation: evidence from Xerox corporation's technology spin-off companies [J]. Industrial and corporate change, 2002, 11 (3): 529-555.

[33]MAGRETTA J. Why business models matter [J]. Harvard business review, 2002, 80(5): 86-92+133.

[34]HAMEL G, RUBEN P. Leading the revolution [M]. MA: Harvard Business School Press, 2000.

[35]OSTERWALDER A, PIGNEUR Y, BERNARDA G, et al. Value proposition design: how to createproducts and services customers want [M]. New York: John Wiley & Sons, 2014.

[36]TEECE D J. Business models, business strategy and innovation [J]. Long range planning, 2010, 43(2-3): 172-194.

自贸港背景下海南A银行的内部控制研究

林岸冰*

摘　要:2025年海南自贸港封关在即,金融开放所引致的各类风险在复杂的国际环境下势必呈现多样性,良好的银行内控管理已成为促进海南银行机构稳健发展、防范自贸港金融风险的重要抓手。海南银行机构作为海南金融业的关键力量,深入研究其内控管理具有十分重要的意义。本文基于银行内控的金融不稳定假说、无边界管理理论、权变理论和金融监管理论,根据COSO内部控制整合框架,通过问卷调查和实地调研的形式,分析总结了海南自贸港建设背景下海南A银行经营的基本情况,从控制环境、风险评估、控制活动、信息与沟通和监控活动五要素入手,剖析了海南A银行内控管理现状,查找海南A银行内控存在的主要问题,并充分借鉴中国工商银行内控经验、我国自贸区银行强化内控管理相关举措和美国商业银行内控经验,提出了加强控制环境建设和完善风险评估体系、控制活动、信息沟通等对策建议。本文研究不仅能够有效提高海南A银行的内部控制能力,而且能够为海南其他商业银行完善内部控制管理提供借鉴和启示。

一、研究背景与研究意义

(一)研究背景

当前商业银行的竞争日趋激烈,客户对银行机构的多样化金融服务提出了很高的要求,这也进一步推动银行机构规范经营和创新产品。此外,经济转型带来的不确定性和我国金融市场环境的变化也进一步加大了对银行机构内部控制的要求。由近年来的中国农业银行特大票据案、广发银行票据风险案件等风险事例得知,商业银行内控不严是造成上述风险事例的主要因素之一。但由

* 林岸冰:2019级工商管理专业硕士研究生。指导教师:王勇教授。

于我国银行体系仍需完善，目前对这方面尤其是银行内部控制方面的研究还有待加强。

海南金融业“十四五”发展规划提出要建设与海南自由贸易港（简称“海南自贸港”）发展相适应的现代金融服务体系。当前海南金融业发展状况与该目标还存在不小差距，尤其是随着海南自贸港建设步伐不断加快，2025 年封关在即，海南在扩大金融开放的同时，建设行之有效的银行内控体系、防范化解海南自贸港改革中的各类风险，做到早发现、早监测、早预警、早处置，已成为海南各银行机构十分必要的选择，也是当前影响海南自贸港建设的重要因素之一。因此，无论是从外部监管还是内部稳健经营角度，研究 A 银行内部控制不仅具有典型代表意义，还是在当前海南自贸港背景下 A 银行进行稳健运营进而更好地服务海南自贸港建设的重要课题。

（二）研究意义

1.理论意义

对于银行的内控管理，目前学术界很多只是单独针对银行内部经营层面进行研究，较少有同时涉及银行外部监管层面的研究，而本文通过运用商业银行内部控制的相关理论，从内部经营和外部监管两个层面同时进行全方位研究，有助于丰富和完善商业银行内部控制管理理论体系。

本文针对 A 银行内部控制实践，运用金融不稳定假说、无边界管理理论、权变理论和金融监管理论，基于内部控制五要素分析总结 A 银行内部控制存在的主要问题，打造海南自贸港建设背景下较为完善的银行机构内控管理体系，进一步丰富银行机构内控管理相关理论的内涵及拓展其边界。

2.现实意义

本文运用商业银行内部控制的相关理论，同时兼顾银行内外部开展相关研究，形成一套运行有效的内部控制管理办法，对促进 A 银行稳健经营具有重大意义。

本文研究成果不仅能够为 A 银行的内部控制管理提出针对性建议，促进其健全风险管理体系和提高内部控制管理水平，还能为海南其他商业银行内部控制管理提供借鉴与启示。

二、文献述评

（一）文献综述

1.关于内部控制评价体系的探讨

一些学者在探讨内控评价体系时基本上形成了控制环境等五要素构成的体系。Paso（2002）提出了基于内控五要素的内控评测系统，系统包含的相关评测项目共有93个。王留根和刘兆晟(2015)认为应基于内控五要素,将五要素进一步细分成各种小要素,构建一个全方位的内控评价体系。

此外,一些学者还认为我国的内部控制评价体系还有多方面需要完善。冯文红(2009)认为我国应当建立评价指标更加丰富、多元化的内部控制评价体系。王建财(2012)认为我国的内控和相关评价体系最需要改善的地方是科学性和强制性。

2.内部控制对风险防控的作用

一些学者认为良好的内部控制有利于商业银行识别与分析金融风险,Santomero(1997)认为充分、有效的内控有利于防范各类银行风险。除了识别和分析风险,一些学者认为高效的内部控制还可促使商业银行更好进行风险管理和防范金融危机,Lemmon 和 Lins(2003)发现相对于宏观经济政策,完善的内控能防范各类危机。Gene(2014)认为内控的不完善会导致商业银行出现信贷方面的危机,好的内控可以有效改善银行的经营状况。

3.内部控制对银行经营的影响

一些学者认为完善的内部控制对促进商业银行正常、稳健运行意义重大。刘绪光(2013)指出,商业银行内控评价制度能充分弥补商业银行相关制度的不足。McKay(2005)认为,不完善的银行内控将无法充分反映银行经营的实际情况。Doyle(2017)认为商业银行内控机制的不断健全可促进商业银行稳健经营和财务健康。此外,一些学者认为完整的内控机制可促使商业银行不断提高自身竞争力。刘昕(2020)认为,商业银行加强内控建设是提升自身竞争力的需要,也是其稳定与发展的核心要素,应不断完善自身的内控管理。

4.关于实现内部控制目标的路径

一些学者认为应以改善内部控制各要素为路径,有效实现内部控制目标。刘晓勇(2006)指出要充分运用商业银行风险管理、内部控制和合规管理等相关变量来提高商业银行的风控水平。张凤环(2011)认为需要从内控文化氛围、内控执行和内部审计监督三方面去健全国内银行机构的内控机制。葛雯雯(2011)指出我国银行机构要从完善内控管理框架、强化经济资本管理和采取相关风控手段等方面不断健全自身内控机制。

5.关于提高内部控制效果的对策建议

就银行自身角度而言,田钊平(2005)认为商业银行应充分完善自身的公司治理。Shi 等(2014)提出应想方设法采取各种措施,促进商业银行经营的稳健性。黄淑珍(2019)指出商业银行应通过树立合规意识、完善内部控制机制、设立监管部门严格监督等充分提高内控效果。Cristina(2010)认为银行要结合自身实际,并与巴塞尔委员会内控要求充分结合,研究提出统一、规范的内控标准。魏克哲(2014)认为银行机构需针对各类风险完善相关内控流程,构建科学、合理的内控管理机制。Higgins(2012)提出内控机制应强化对不良贷款的监督,并逐渐改善监督体制。徐智勇(2008)认为银行应进一步强化监督与问责机制。

(二)文献述评

第一,目前学术界较少有针对海南自贸港建设背景下的商业银行内控管理开展研究的,没有针对海南自贸港的各类金融风险建立起全面、系统和成熟的自贸港商业银行内控框架体系。

第二,对于银行内控管理,目前学术界很多只是单独针对银行内部经营层面进行研究,而较少有同时涉及银行外部监管层面的研究,从内外部角度同时对银行内控管理提出的有针对性的对策建议较少,不利于银行全方位提高自身的内控管理水平。

综上所述,在当前海南自贸港金融市场环境的急速变化下,本文充分结合海南自贸港建设中的海航系和恒大系贷款风险、跨境资本异常流动风险及相关汇率、利率风险等各类逐渐增加的金融风险实际,同时兼顾内外部对A银行内控进行全方位研究,更加全面地总结出A银行内控管理的差距和不足,并从内外部角度同时提出有针对性的对策建议。既从内部经营层面推动A银行强化内控相关措施,将内控充分渗透到各项业务和各操作环节,又从外部监管层面确保相关法律法规和监管制度在A银行的贯彻执行,促进A银行建立现代企业制度,全方位提高A银行的内控管理水平,进一步打造海南自贸港建设背景下较为完善的商业银行内控框架体系。

三、研究方法

(一)文献归纳法

通过多渠道查找、阅读并整理银行内控相关研究成果,全面了解银行内控相关概念、原则和目标等,并从内控评价体系的探讨、内控对风险防控的作用、内控对银行经营的影响、内控目标的实现路径和提高内控效果的对策建议等方面介绍和归纳不同文献中关于商业银行内部控制的研究现状,进而以此为依托对前人研究成果进行全面分析整理,研究总结出本文的理论基础和具体内容。

(二)案例分析法

本文选取A银行作为典型案例,通过问卷调查和实地调研全面了解A银行内控现状,分析A银行内控存在的主要问题,并提出有针对性的建议。由于

A 银行目前的存贷款市场份额均位居所在市银行机构第一，且 A 银行也是海南省受海航系贷款风险影响较大的代表性银行，本文所选案例的典型性很强，对建设海南自贸港的其他银行机构有很强的借鉴意义。

(三)问卷调查法

结合调查对象实际，提前做好调查问卷设计工作，按商业银行内控评价的目标和原则等制定科学的调查问卷，向 A 银行职工发放调查问卷并且让其准确填写相关内容，最后通过深入分析填好的调查问卷内容，进行充分的归纳总结，从而得出相关结论。

四、海南 A 银行内部控制存在的问题及商业银行内部控制经验借鉴

(一)海南 A 银行内部控制现状和存在的主要问题

1.海南省金融业发展综述

(1)行业基本概况

2021 年，海南省金融业运行主要有以下特点：一是金融业增加值持续增长，金融业全年增加值 423 亿元，比上年同期增长 3.6%；二是存款增长迅速，年末各项存款余额 11339 亿元，比上年同期增长 10%；三是贷款投放增加明显，年末各项贷款余额 10607 亿元，比上年同期增长 6.3%；四是涉外收支规模迅速扩大，全年涉外收支规模累计 381 亿美元，比上年同期增长 102.8%。

(2)海南省金融业发展的外部环境

第一，打造金融业对外开放新高地和深化金融业改革开放试验区。国家制定《关于金融支持海南全面深化改革开放的意见》，建立健全海南自贸港建设金融框架体系。第二，对标世界最高水平开放形态成为海南银行业发展的战略机遇。海南将会吸引更多跨国公司、总部经济和外资企业等进驻，未来海南金融业态将会更加多样化，以充分满足建设海南高水平开放市场的需要。第三，通过防范化解金融风险为海南自贸港保驾护航。《关于金融支持“加快建设海南自由贸易港”二十条措施》方案也提出要深化监管协作，增强金融风险防范合力。

2.海南 A 银行内部控制现状

(1)基本情况

A 银行属于海南省地方法人银行业金融机构，拥有独立决策和自主经营权，可以自主经营、发放贷款。A 银行成立不到 30 年，已发展为海南省拥有充

裕资本、具有竞争性综合能力的法人银行机构之一。目前，A 银行已建立“三会一层”现代化企业治理结构，拥有在岗职工 723 人，设置 12 个经营管理部门，形成职责分工清晰、运行高效的经营管理架构。

目前，海航系贷款占 A 银行全部贷款总额的 4.88%，A 银行 2021 年年末的不良贷款率为 5.42%，同比上升 1.3 个百分点，已高于 5%的监管红线。显而易见，不良贷款率迅速上升的风险状况是与 A 银行内部控制管理不到位、没有充分把控好放贷风险密切相关的。海航系贷款风险是当前大力推进海南自贸港建设需要重点防范的金融风险，由于 A 银行存贷款市场规模较大，A 银行作为受海航系贷款风险影响较大的代表性银行，充分完善其内控管理可为海南其他银行机构提供经验借鉴，具有典型意义。

(2)内部控制现状

第一，组织结构。A 银行遵守各项银行业法律法规和政策规定，构建了“三会一层”的商业银行公司治理结构。第二，风险管理情况。A 银行为强化风险管理，设立相关风险管理委员会和风险管理部，履行风险管理各项职责。根据不同风险，划分责任部门及相关协助部门，建立科学的风险管理职责分工。第三，内部控制流程。以银行贷款业务为例，A 银行在贷款业务上有着较大自主权和较为严格的贷款审批手续。

3.海南 A 银行内控的问卷调查和实地调研

调查问卷的设计是通过广泛查阅银行内控相关文献资料，结合 A 银行实际情况确定调查问卷内容。向 A 银行职工共发放问卷 370 份，收回 356 份，问卷回收率为 96%，其中，有效问卷 343 份，有效回收率也达到了 96%。问卷内容的第一部分是了解职工性别、年龄、工作岗位等基本情况，第二部分是了解职工对银行内部控制的认知情况，第三部分是了解职工对 A 银行内部控制建设的评价。

实地调研的设计采取了现场访谈和翻阅资料两种形式，充分了解 A 银行内部控制情况。现场访谈和翻阅资料的内容主要包括 A 银行内部控制的组织结构、风险管理情况、内部控制流程、规章制度、员工信息、培训材料、风险案件及处罚情况、外部监督管理情况等。

4.海南 A 银行内部控制存在的主要问题

(1)风险评估存在的问题

第一，风险预警有待增强。在 A 银行接受问卷调查的职工中约有 62%的职工认为 A 银行的风险预警系统有待完善，未能及时进行风险预警和识别。经进一步问卷调查和实地调研，发现 A 银行的风险预警存在以下问题：一是风险预警系统还不能有效预警各类金融风险；二是 A 银行对风险的评估做得不到位，缺少充分、科学和全面的风险预案；三是A银行对已发现的一些风险点并没有第一时间进行反馈和整改，有可能导致更大的风险隐患。

第二，缺乏科学的风险指标和量化标准体系。经问卷调查和实地调研，75%的职工认为A银行风险指标与量化标准体系及相关信贷风险管控制度还有待完善，其信贷审批流程风险点较多，贷后风险检查也做得不到位，未能充分把控信贷相关风险，导致A银行近几年不良贷款相关指标呈不断增长趋势。

第三，风险管理责任落实不到位。一方面，A银行在建设风险评估体系方面积极性不足，风险评估体系尚未健全；另一方面，A银行虽然严格执行贷审分离制度，也制定了《风险管理考核方案》，但未研究制定科学、全面的风险管理措施，影响了A银行各项业务健康稳健发展。

(2)控制活动与信息沟通存在的问题

第一，制度建设还有待进一步健全。经实地调研，在A银行发生的所有内部控制风险事件中，30%以上的事件都是由制度建设相关问题导致的。

第二，信息系统建设较为滞后。经问卷调查和实地调研得知，当前A银行的信息系统达不到海南自贸港金融市场业务分析要求，缺乏覆盖面广泛、针对性强的信息数据管理。A银行各部门还未能充分利用彼此的信息资源，A银行还应加强各部门之间的信息沟通。

第三，信息交互能力较弱。A银行信息交互能力较弱，经营管理层不能及时、充分了解到乡镇网点的动态，影响了各类风险的防控效率。

(3)控制环境存在的问题

第一，法人治理结构不够完善。在A银行接受问卷调查的职工中约有47%的职工认为A银行法人治理结构对内控影响较大。存在的问题主要包括：一是组织架构不够完善，内部运转效率不高；二是责任分工不明确，风险防控不到位；三是未建立完善的制约平衡机制，影响决策的科学性。

第二，内部控制文化建设有待加强。在A银行接受问卷调查的职工中约有40%的职工认为银行文化建设和银行内控关系不是非常密切，没有必要花太多精力进行内部控制文化建设，这反映了A银行对内控文化建设重视程度不够，主要表现为通过内控形成价值的理念并未深入人心，未形成被所有银行职工认可的良好内控文化氛围。

第三，人才保障机制不够健全。通过对A银行发放调查问卷可知，目前A银行有723名职工，研究生及以上学历职工28人，仅占职工总人数的3.87%，这反映了A银行在人才引进、培养和激励等人才保障机制建设方面还有待完善，具体表现为：一是职工整体素质不高，人才短缺；二是职工评价手段和指标仍停留在吸收存款和发放贷款等死板、硬性指标上，而考核又往往流于形式且不够灵活；三是内部控制培训较少，缺乏有针对性、系统性的内控培训。

(4)内外部监督管理存在的问题

第一，内部监督体系不够健全。从问卷调查、实地调研和对A银行年度报告、年度内控质量报告等分析来看，一方面，A银行有关部门没有定期对各项经营业务开展内控检查；另一方面，在A银行所有物理营业网点中，仍有部分职工未按照业务操作流程进行日常业务办理，存在用人情替代制度进行违规操作情况，明显影响其内控制度充分、有效和准确执行。

第二，专业审计人员缺乏，内控处罚力度不足。经问卷调查和实地调研得知，一方面，A银行内部审计人员数量较少；另一方面，当前A银行全体职工中有很多年纪较大职工，40岁及以上职工占职工总人数的38.59%，在对职工违规操作行为及相关风险事件进行处罚问责方面，缺乏较为严格的处罚问责规定。

第三，监管体系不完善，监管力度需加强。一方面，A银行虽然强化了内部控制制度，但仍存在很多内部控制制度不健全的情况；另一方面，出于监管体制机制等方面原因，监管力度与银行机构业务迅猛发展不匹配，银行监管体系还需进一步完善。

(二)商业银行内部控制的经验借鉴

1.中国工商银行内部控制经验借鉴

第一，构建规范的公司治理架构和组织机制。工商银行构建规范的公司治理架构和组织机制，各治理主体高效运行、互相监督，均保持较好的独立性，共同推动工商银行稳健经营。在总部及各级分行设立内控管理委员会，统筹协调机构内控管理，科学制定内控目标与计划，强化内控评价结果运用，及时整改内控相关风险事项。

第二，完善风险管理体系和激励约束机制。一方面，优化资本计量、分配和管理，健全信用风险评估机制；另一方面，加大内控成果应用，将内控风险情况与职工工资和职位晋升挂钩，对内控实施情况给予相应奖励或处罚，打造浓厚的内控文化氛围，加大内控制度执行力度。

第三，推动内控合规文化建设工程。工商银行结合自身实际，不断推动内控合规文化建设工程。构建全面风险管理体系，完善内控检查评价体系，利用各种宣传媒体，加大内控文化宣传与内控先进事迹报道。

第四，统筹管理与维护全行制度。中国工商银行制度管理改革的主要方式包括：通过深入调研掌握实际情况，成立领导小组和加强统筹管理，制定制度规范和统筹制度管理，定期对制度进行深入梳理，开发专门系统便于查找各类制度，完善评估整改和统筹管理等。

第五,重视信息沟通与交流的管理。在强化信息共享方面,中国工商银行的主要措施包括:开发投产网讯系统,加强信息数据的质量管控,修订数据质量管理工作办法,加强检查和考核,建立覆盖当事人、产品等十大主题的基础信息标准,有效防范泄密风险等。

2.我国自贸区银行强化内控管理的相关举措

(1)中国工商银行郑州自贸试验区分行

中国工商银行郑州自贸试验区分行采取了一系列举措来强化自身内部控制管理,具体包括:一方面,为了充分履行防范打击非法集资、非法放贷和金融诈骗的社会责任,中国工商银行郑州自贸试验区分行进一步完善自身内控合规制度,建立健全"防火墙",加大对非法金融活动的警示教育;另一方面,中国工商银行郑州自贸试验区分行在全行开展内部控制工作大梳理活动,组织经营管理层对分管的内部控制工作进行成效得失分析、经验教训总结、工作思路制定和管理措施完善。

(2)中国农业银行上海自贸试验区分行

为增强全行合规意识,夯实内控合规管理根基,中国农业银行上海自贸试验区分行采取以下举措:一是党建融合,加强理论学习。以百年党史学习为契机,坚持将内控合规管理建设融入党建工作,使各项法律法规和规章制度更加深入人心。二是序时推进,夯实内控合规建设基础。抓好边查边纠、边查边补、边查边改、边查边处"四个同步",助推全行发展上新高度、管理上新台阶、合规文化上新平台。三是融会贯通,深刻领会行内合规制度。各部门按照自身业务明确分工,进一步明晰各条线、岗位的案防责任,深入开展风险治理,压实重点风险管控责任。四是深学细悟,通过系列活动提升合规意识。开展"银行业务合规风险防范"警示教育讲座,以典型案例、详细法条进行员工警示教育。

(3)中国民生银行上海自贸试验区分行

中国民生银行上海自贸试验区分行强化员工行为管理,注重长效机制建设,具体举措为:一是正风肃纪,全面提升重要工作尤其是上级党委重大决策部署贯彻落实的力度。二是构建体系,健全紧密协作机制。强化分行内控委员会对员工行为管理工作的牵头协调作用,不定期实施跨部门联合排查,打通员工行为管理工作信息交换渠道。三是合规为先,树牢法治合规意识。以"行领导讲合规"、典型案例和底线教育培训等多种形式,增强全体员工的法治合规意识。四是创新管理,狠抓行为内部监督。探索建立网格化管理模式,结合分行跨境金融服务平台定位和业务发展实际,完善中国民生银行上海自贸试验区分行员工行为管理规范性要求。五是严肃问责,完善合规考评机制。对分行现行问责制度、问责流程和问责执行等体制机制进行全面梳理,强化以法规、纪检为主导的检查问责管理执行体系。

3.美国商业银行内控经验借鉴

第一，监管数据库系统完善且功能性强。美国主要是通过各类检查报告、商业银行及银行控股公司业务执行情况报告等来分析评价银行机构的各方面经营情况。美国还创造了 UBPR 和 BHCPR 这样的服务于银行监管的分析工具，该分析工具的相关数据来自各类数据库，每季度进行自动更新。美国的监管部门可通过该分析工具充分了解银行机构的具体情况，并对银行机构各项经营指标开展同行业和趋势分析，确保对银行机构相关评价的真实性和科学性。

第二，日常监管与现场检查职能适当分离。在美国，日常监管与现场检查职能会适当分离，美联储会指定一名中心联系人充分履行好相关职责。中心联系人会与相关银行机构建立完善的沟通交流机制，不断获取银行机构的最新情况，对银行机构开展有效监管及相关后续监管，也会经常联系其他监管机构，共同形成监管合力。

第三，全面评价银行内部风险管理。为了全面评价银行机构的内部风险管理，美联储于 20 世纪 70 年代开始使用风险矩阵来评价银行机构的各类风险。风险矩阵方法是针对银行机构的每项重要经营活动评估相关风险情况及风控水平，再加上相应风险权重进行计算，对银行机构综合风险情况做出科学评价。银行机构的风险矩阵由中心联系人进行具体描述和分析，中心联系人会按季度撰写关于银行机构内部风险管理的分析报告。

第四，现场检查准备较为充分。在现场检查开始前，美联储银行监管部门会对被检查银行机构制定详细的现场检查计划。对银行机构具体检查的实施阶段主要分为计划、准备、实施和报告阶段。主查人是现场检查的主要负责人，被检查银行机构的不同业务由各自责任人具体负责，现场检查的职责分工较为明确。

第五，重视继续教育及有效分配资源。在检查官培养方面，美联储会想方设法采取各种方式提高检查官的综合素质，美联储的培训部门会根据个人实际情况有计划地进行相关培训。在对银行机构开展现场检查时，美联储会统筹安排全部检查官，随机选派检查官对银行机构开展检查，充分保证对银行机构检查的客观性。

五、海南A银行内部控制的对策建议

(一)深入推进全面风险评估与应对体系建设

1.建立全方位的风险预警机制

A银行应提升风险识别和预判能力,特别是强化对海南自贸港跨境资金流动风险的监测预警。首先,要充分考虑风险要素各方面影响,完善内控风险指标。其次,应充分结合国际标准及规则等对主要风险指标设置预警区间,关注在后续评估中落入风险预警区间指标数值的对应业务。相关风险预警区间主要内容如表1所示。

表1　主要风险预警指标和预警区间

影响因素	预警指标	预警区间			
		安全	较安全	有风险	很大风险
外部环境	通货膨胀率	1.5%—3.5%	3.5%—5.5%	5.5%—9% 或0.5%—1.5%	<0.5% 或>9%
	货币量	4%—11%	11%—21%	0—4% 或21%—25%	<0或>25%
商业银行	资本充足率	≥10.5%	8%—10.5%	5%—8%	<5%
	不良贷款率	≤3%	3%—5%	5%—9%	>9%
	次级贷款率	≤6%	6%—8%	8%—10%	>10%
	可疑贷款率	≤4%	4%—6%	6%—8%	>8%
	损失贷款率	≤1%	1%—4%	4%—5%	>5%
	资本利润率	≥10%	7%—10%	4%—7%	<4%
客户	资产负债率	≤45%	45%—65%	65%—90%	>90%
	资产报酬率	≥8%	6%—8%	4%—6%	<4%
	流动比率	1.5—2	1—1.5 或2—2.5	0.5—1 或2.5—3	<0.5或>3
	速动比率	0.8—1.2	0.6—0.8 或1.2—1.5	0.4—0.6 或1.5—2	<0.4或>2

资料来源:中国人民银行、中国银保监会网。

A银行应当建立科学的风险预警级别机制,对于不同风险应设置针对性预案。可借鉴国际惯例,将A银行的风险预警分为红、黄、蓝三个级别,对应设置不同的风险处置预案，相关风险预警级别机制如表 2 所示。

表 2　业务风险预警级别

级别	风险情况	相关预案
红色预警	指标大多处于较大风险范围	立即进行资产保全
黄色预警	存在指标处于有风险范围	采取一定措施进行防控
蓝色预警	存在指标超出预警范围	立即关注相关风险

资料来源：中国银保监会网。

2.充分提升风险识别与评估能力

金融不稳定假说揭示了金融体系存在内在不稳定性，随着海南自贸港建设过程中金融业不断开放，把握好金融开放与金融稳定的关系已成为推动海南自贸港金融发展的重要课题。A 银行应具体做到：一是营造风险管理文化，建立风险管理理念，通过强化各部门之间协调管理，充分提升风险识别与评估能力；二是完善风险管理机制，充分利用科技促进各业务的风险管理，建立风险指标信息上报制度，设立独立的风控部门，科学分析和识别各类风险。

3.制定自贸港全面风险管理办法

金融不稳定假说认为现代金融制度的基本特征是金融不稳定性，海南自贸港金融开放过程中存在大量风险，会伴随金融不稳定的可能性。A 银行在致力于金融改革创新的同时更应牢牢守住风险底线，做到健全风险管理机制，采取差异化风险监控方法对自贸港各类金融风险进行充分防范，强化风险防范的具体职责分工，树立先进的风险防控理念；完善全面金融风险管理操作流程，创新手段主动防范风险；加强信用风险管理，强化市场风险管理，逐步优化资金配置。

(二)构筑高效的内控管理和信息沟通机制

1.制定全面的内部控制制度

为适应各业务发展新需求，A 银行应制定全面的内部控制制度，覆盖业务所有风险点，充分提高内控机制有效性。一是全面梳理内控制度，二是建立科学的内控评价体系。一方面，A 银行应不断完善包含设计、责任、实施和监督主体的内控评价体系（在 A 银行中各内控评价主体的具体相关定位如图 1 所示）；另一方面，A 银行应适当扩大内控评价范围（其关键人物评价维度如表 3 所示）。

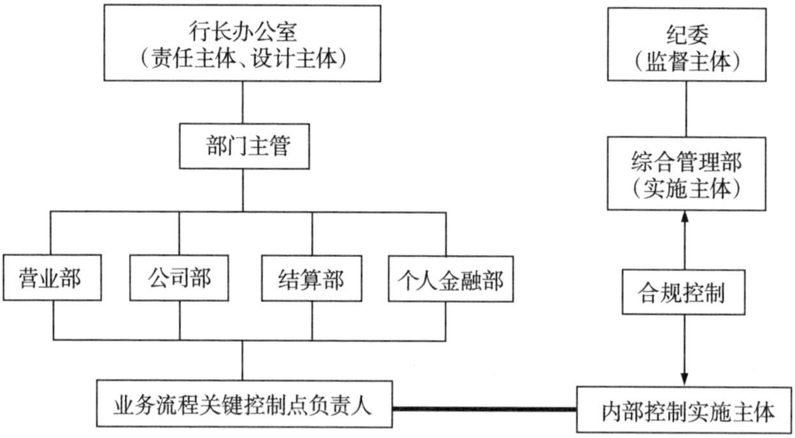

图 1　内控评价主体的具体定位

表 3　关键人物评价维度

评价角度	评价依据
行领导的可塑性	接受新事物、新理念的态度及能力
行领导的行为特征	与专家、同行沟通的时间及频率
行领导的身体情况	身体情况能否充分满足工作要求
行领导的风险偏好	风险保守型、中立型或偏好型

2.充分防范金融创新业务风险

A 银行应加大金融创新风险管理，成立金融创新业务管理委员会，专门行使金融创新业务风险防控职能，其相关职责如表 4 所示。

表 4　金融创新业务管理委员会职责

	主要内容
职责一	制定及修订金融创新业务风险评估办法
职责二	规范创新产品风险管理标准
职责三	评估创新产品相关风险
职责四	与金融创新业务相关部门开展充分沟通与协调
职责五	对于问题较大的创新产品，及时向高级管理层报告

3.着力提升关联交易信息管理能力

对商业银行而言，关联交易往往会伴随各类金融风险隐患，会阻碍自贸港发展战略具体实施，A 银行应着重提升关联交易信息管理能力。一方面，A 银行应推动内部关联交易委员会依法依规开展相关工作，若发现有违规或违法情况，从严从重处罚；另一方面，A 银行应加大对各类交易的检查频率和风险控制力度，持续优化关联交易流程，切实提高风险防控效率。

4.架设畅通的信息系统

A 银行应架设畅通、快捷的信息系统，强化对最新信息系统的完善和运用，充分实现内控管理信息共享，使管理技术、理念和信息等沟通更为顺畅，充分实现各部门之间信息自由流通和透明公开，实现电子化档案适当共享。此外，A 银行还应将大数据和 5G 等先进技术应用于内控管理信息系统，增强内控管理的科学性和规范性。

（三）大力创造良好的内部控制环境

1.构建全面风险管理内控框架，引入战略投资者

当前海南自贸港金融业整体水平与发达地区的差距还较为明显，建议 A 银行紧密围绕海南自贸港需求，打造与国际接轨的风险管理架构，对其组织结构进行优化改造。优化组织结构如图 2 所示。

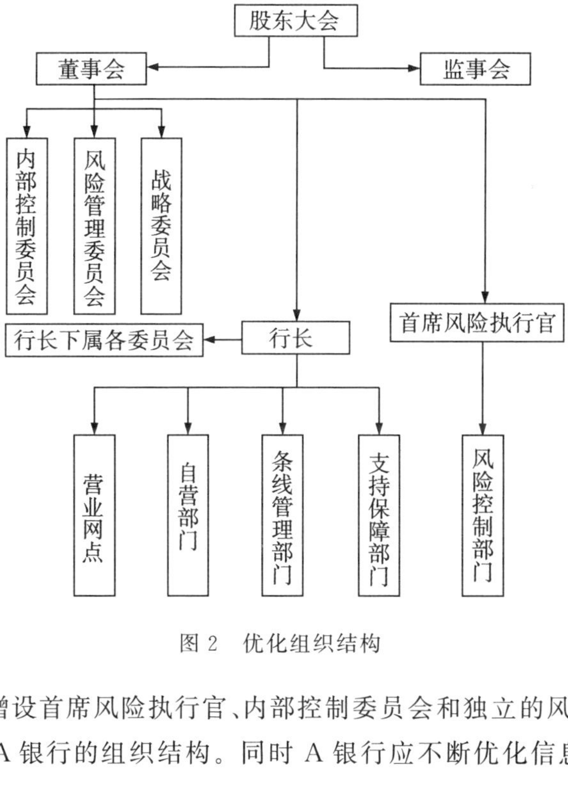

图 2　优化组织结构

具体通过增设首席风险执行官、内部控制委员会和独立的风险控制部门等方式优化改造 A 银行的组织结构。同时 A 银行应不断优化信息传递系统，实

现内控系统运行和风险信息收集、传递，保证高质量地获取信息。相关内部控制框架工作原理如图 3 所示。

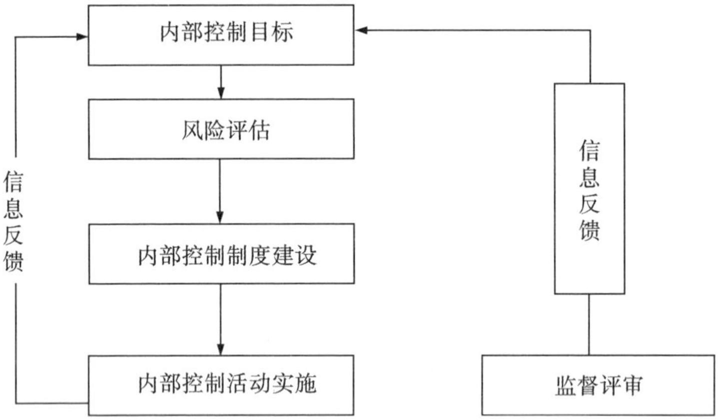

图 3　内部控制框架工作原理

2.培育自贸港特色的内控文化

A 银行应根据无边界理论建立全员参与的内控管理模式，培育内控文化，建立科学的、人人参与的内控长效机制，充分提高自身内控效能，强化无边界管理理论的运用，实施无边界内控管理；针对自贸港复杂多样的金融风险，对全体职工进行自贸港内控安全风险教育，使全体职工熟知内控规范。

3.壮大内控管理人才队伍

海南自贸港建设急需大量金融专业人才。A 银行应不断健全海南自贸港人才保障机制，逐步壮大内控管理人才队伍，充分提高金融创新、服务海南自贸港建设能力。一是建立多样化考核方式；二是加强职工内控培训；三是全方位培养高质量人才，优化职工年龄结构，鼓励职工积极提升自身学历，推进青年职工成长成才。

(四)构建全面丰富的内外部监督体系

1.建立高效的内部监督体系

高效的内部监督体系可有效提升 A 银行内控管理效率。具体而言，A 银行应做好以下几方面：一是注重发挥监事会作用，充分突出监事会职能；二是单独设立内部监督部门，让内部监督工作人员独立自主开展相关工作，有效提升监督效果；三是加强重要业务关键环节监控，定期对各项经营业务开展内控检查。

2.引进审计人才，加大处罚力度

当前随着海南自贸港经济形势的快速变化，A 银行应高度重视审计人才的培养和违规事件的处罚问责。一是加大审计人才的引进力度，通过常态化学习交流充分提升其专业审计能力，打造复合型高素质内审队伍。二是建立有效的自贸港业务内控问责机制，打好海南自贸港金融风险防控组合拳。

3.打造与自贸港银行体系相适应的监督管理体系

银行业的政府监管部门应充分强化金融监管理论运用，逐步健全与自贸港银行体系相适应的监督管理体系。一是建立满足海南自贸港要求的金融监管协调制度。二是抓实金融风险监测和评估，健全海南金融风险防范系统，完善跨境资金监测系统、地方金融协调机制等。三是探索推行金融监管沙盒机制。不断推动A银行强化自身内控管理，想方设法防范自贸港各类金融风险。四是做好风险应对预案。针对A银行在自贸港建设中金融风险不断扩大的问题，提前做好充分、全面和科学的风险应对预案。五是贯彻落实房地产信贷调控政策，切实防止A银行过度冒险等经营行为。

4.提升内控监管效能，抓实银行风险管理

随着海南自贸港金融市场环境的急速变化和金融风险的逐步扩大，金融监管的压力明显加大。一方面，金融监管部门可向A银行直接派驻管理人员，不定时组织A银行内审人员开展业务交叉检查，将监管责任落实到位；另一方面，A银行应加强内部风险管理，对发现的各类风险隐患及时采取针对性措施，完善相关内控制度。最重要的是，A银行应高度重视海航系贷款风险对本机构经营发展的影响，提前谋划、制定预案，强化流动性管理，切实防止海航系贷款风险对自身经营发展的强烈冲击。

参考文献

[1]巴塔，路璐.浅谈商业银行内部控制的强化措施[J].东方企业文化，2013(2)：196.

[2]陈宁军.试论商业银行内部控制评价标准体系框架的建立[J].农金纵横，2003(2)：17-19.

[3]曹明杨，刘呈，顾凡.我国商业银行内部控制问题及对策分析[J].中国管理信息化，2020(11)：159-161.

[4]程居祎，王红.中小商业银行内部控制研究[J].中小企业管理与科技，2020(8)：103-104.

[5]邓敏.我国银行内部控制存在的问题及对策建议[J].银行家，2019(9)：66-69.

[6]冯文红.浅析企业经济环境变化与成本管理模式的路径依赖[J].商场现代化，2009(6)：79-79.

[7]葛雯雯.我国国有商业银行全面风险管理体系研究[D].上海：上海外国

语大学,2011.

[8]龚婷,王伟.不同控制人条件下的资本监管与商业银行风险承担行为[J].上海金融,2014(4):64-71.

[9]耿正星.商业银行内部控制问题与对策浅析[J].商业管理,2019(2):121-123.

[10]葛梦婷,刘煜坤.我国商业银行内部控制问题研究[J].现代商业,2020(28):93-95.

[11]黄非.公司治理与内部控制研究[D].长沙:湖南大学,2004.

[12]明斯基.稳定不稳定的经济[M].石宝峰,张慧卉,译.北京:清华大学出版社,2010.

[13]洪磊,涂金国.国有大型商业银行内部控制体系建设问题的思考[J].特区经济,2012(5):78-80.

[14]惠平,童频.商业银行内部控制[M].北京:中国金融出版社,2017.

[15]黄淑珍.商业银行内部控制失效研究:以浦发银行为例[J].现代商贸工业,2019(19):120-121.

[16]刘桂艳,鲁永雌.企业内部控制失效的表现、成因与对策[J].会计研究,2000(12):26-27.

[17]刘晓勇.商业银行风险控制机制研究[J].金融研究,2006(7):78-85.

[18]李建英,钟纾纾.上市公司治理结构对内部控制有效性的影响[J].国际经贸索,2010(2):80-84.

[19]林兢,黄志霞.我国商业银行内部控制执行力影响因素实证研究[J].金融监管研究,2012,5(8):86-110.

[20]刘绪光.商业银行合规管理的标准化体系构建[J].北京金融评论,2013(2):178-185.

[21]李晋斌,祝斌.对我国上市商业银行内部控制问题的研究[J].商,2014(5):152.

[22]陆岷峰,杨亮.博弈视角下的商业银行风险事件管理研究[J].黑龙江社会科学,2019(4):69-73.

[23]刘昕.浅谈商业银行内部控制现状及改进措施[J].商讯,2020(23):68-69.

[24]潘翠娥.商业银行内部控制问题思考及完善研究[J].中国乡镇企业会计,2019(5):234-235.

[25]田钊平.试论我国公司治理与内部控制的创新[J].兰州学刊,2005(6):106-109.

[26]王世法.如何构建上市商业银行内部控制系统[J].商业时代·学术评论,2006(1):48-49.

[27]王留根.商业银行内部控制评价指标体系构建[J].财会通讯(综合),2009(20):105-107.

[28]王留根,刘兆晟.管理会计边界与管理会计报告的理论定位[J].财会月刊,2015(1):8-11.

[29]徐智勇.防范金融风险的有效途径:银行公司治理和内部控制的结合点[J].现代商业,2008(27):15-16.

[30]徐婷.我国上市商业银行内部控制问题及对策研究[J].企业导报,2012(11):88.

[31]张强,戴新华.我国上市银行内部控制信息披露的国际借鉴与路径选择[J].金融论坛,2006(8):53-58.

[32]张晋,许达.商业银行内部控制与风险管理能力:基于我国上市商业银行的实证分析[J].武汉金融,2019(6):66-70.

[33]CRISTINA P. Tests of extreme value theory in dynamic versus stable environments [J]. Journal of operational risk,2010(7):28-32.

[34]DEDU V,CHITAN G. The influence of internal corporate governance on bank performance-an empirical analysis for Romania [J]. Procedia-social and behavioral sciences, 2013,99(6):1114-1123.

[35]DOYLE J. Determinants of weaknesses in internal control over financial reporting [J]. Journal of accounting & economics,2017,44(1):193-223.

[36]GE W,VAY S. The disclosure of material weaknesses in internal control after of sarbanes-oxley act [J]. Accounting horizons,2005,19(3):137-158.

[37]GABRIEL L. According to the bank space model of uneven distribution of wealth [J]. Applied economics,2012(4):13-14.

[38]GAO X H. The role of internal control in the equity issue market: evidence from seasoned equity offerings [J]. Journal of accounting,auditing & finance,2017,32(3):303-328.

[39]HOISTASH U,HOISTASH R,BEDARD J C. Corporate governance and internal control over financial reporting: a comparision of regulatory regimes [J]. The accounting review, 2009(3):83-86.

[40]BERGER A N, UDELL G F. Relationship lending and lines of credit in small finance [J]. The journal of business,1995,68(3):351-381.

[41]JOKIPII A. Determinants and consequences of internal control in

firm：a contingency theory based analysis [J]. Journal of management & governance，2010(25)：337-339.

[42]LEMMON M L，LINS K V. Ownership structure，corporate governance，and firm value：evidence from the East Asian financial crisis [J]. The journal of finance，2003(58)：1445-1468.

海口市医药产业知识产权证券化产品发行研究

李亚男*

摘　要:海口市医药产业正处于产业转型的关键阶段,知识产权证券化是医药企业获取融资的新趋势,它不仅可以帮助医药企业凭借无形资产进行融资,还可以盘活存量资产。本文主要通过多案例对比研究法,对国内外多个知识产权证券化产品进行横向与纵向研究,总结出产品发行的普适性机制。本文认为海口市医药产业应该以如下方式进行产品设计:(1)以知识产权专利许可费债权模式发行证券化产品,保证原知识产权持有人一次性获取融资资金的同时保有对专利的使用权。(2)以专利组合形式搭建底层资产池,提高证券化产品的抗风险能力。(3)以具有国资背景的融资租赁企业为原始权益人设立专项计划,为产品发行增添政府担保。(4)以多层增信措施保障基础资产池的稳定性,吸引投资者,降低产品风险。(5)以收益法对海口市H公司的专利产品进行估值。最后为推进知识产权证券化产品在海口顺利发行,本文从医药企业、金融机构以及政府三个层面提出了相应的政策建议,并认为政府在推进产品发行的过程中起主要责任,医药企业与金融机构起辅助责任。

一、研究背景与研究意义

(一)研究背景

海南自由贸易港(简称“海南自贸港”)作为我国目前唯一的自由贸易港,其建设应紧紧围绕国家赋予的战略定位,抢抓新一轮科技革命与产业变革的机遇,实施全面深化改革和试验最高水平开放的政策,增强产业竞争力,提升经济发展质量。海南省医药产业是海南省重点发展的十二大产业之一,其发展以海口市为核心,经多年培育已经成为海南省高新技术产业的支柱产业。海口市医

---

* 李亚男:2020级金融专业硕士研究生。导师:黄崇利、王丽娅教授。

药企业正立足已有基础，着力提升规模质量，加快重大创新药的研发转化工作，但新药品的研发具有研发周期长、技术创新活跃、投资风险高等特点，传统的融资方式已经难以满足医药企业的资金需求。

知识产权证券化作为一种创新型金融产品，与传统的融资模式相比，具有规模大、成本低、期限长的优点，既符合“保护知识产权就是保护创新”的新发展理念，又能帮助医药企业盘活存量资产、拓宽融资渠道，被世界知识产权组织(WIPO)认为是企业未来融资的新方式。与此同时，我国正加快推进知识产权强国建设，全面提升知识产权创造、运用、保护、管理与服务水平。

政府在多项文件中都提到支持海南省进行金融产品创新，对海南省探索知识产权证券化融资持鼓励态度。海口市作为知识产权证券化的第一批试点地区，现已具备探索知识产权证券化的产业基础与政策基础，这是历史赋予的重任，也是时代发展的机遇。

(二)研究意义

1.理论意义

虽然医药专利是医药制造企业的核心资产，但是对专利资产证券化融资方式的研究较为缺乏，尤其是对特定区域知识产权证券化的应用研究较少。本文通过多案例对比研究法，总结各地产品发行经验，研究海口市医药产业知识产权证券化产品的发行策略，有助于拓展知识产权证券化的研究领域，进一步丰富对产品发行机制的理论研究。

2.实践意义

一些医药制造业企业虽然拥有价值较高的专利资产，但无形资产的转化风险较高，且这些企业缺少合格的抵押或者质押物，难以通过传统的融资方式获得企业生产发展所需资金。当资金需求者通过知识产权证券化进行融资时，资金供给者更关注的是基础资产未来预期现金流的可靠性和稳定性。由于多种增信方式的存在，资金供给者将把对资金需求者的整体资信能力的考察放在次要位置，从而突破了传统融资方式的限制，拓宽了医药企业的融资来源。本文通过对产品发行机制进行研究，帮助医药企业盘活无形资产，加强创新发展，形成良性发展循环。

二、文献述评

(一)文献综述

1.国外文献综述

(1)知识产权证券化的发行经验研究

1997 年，摇滚歌手大卫・鲍伊(David Bowie)在美国资本市场以其拥有的音乐作品版权为基础，发行了 10 年期的鲍伊债券(Bowie Bonds)。这是知识产权证券化史上第一个交易案例，打开了知识产权证券化融资的大门。专利证券化产品被认为是高新技术企业一种可行的融资选择(Chu，1998；Sylva，1999)。许多国家开始重视对知识产权的保护与运用，加快对知识产权证券化产品的探索，但各国因经济基础的差异，处于不同的发展阶段。发达国家已经基本形成了完善的发行制度、各具特点的发行结构(Han and Lee，2016；Talisa and Badriyash，2023)，发展中国家更多的还是处于知识产权政策的制定、立法框架的完善、创新技术评估体系的建设阶段(Kittikongwat，2019；Priya，2020；Muchtar et al.，2023)。

(2)知识产权证券化的价值评估研究

知识产权的价值易受消费偏好、技术更新、法律环境变化的影响，这种潜在的波动性增加了知识产权领域证券化交易的复杂性和风险，并使交易定价变得困难(Solomon and Bitton，2015)。

(3)知识产权证券化的风险因素研究

Menell(2007)认为知识产权作为大多数工业企业最重要的资产，一直对法律保护存在强烈的依赖性。Solomon 和 Bitton(2015)认为证券化过程中存在一定的信息差，第三方评估机构并不能完全评估出产品的违约风险。Khanna(2018)认为这些困难在很大程度上是知识产权的不可预测性和波动性造成的。

2.国内文献综述

(1)知识产权证券化的发行经验研究

2018 年以前，我国并没有发行过知识产权证券化产品，国内学者对知识产权证券化的研究集中于对发达国家的发行经验进行总结。2018 年以后，我国成功发行了知识产权证券化产品，国内多数学者普遍认为我国知识产权证券化可以分为四种模式：融资租赁债权模式、二次许可收益权模式、应收账款债权模式、小额贷款债权模式(曾维新，2021；鲍新中等，2021；陈柏彤等，2021)。

(2)知识产权证券化的价值评估研究

多数学者都认同传统的知识产权评估方法，包括成本法、收益法以及市场法三种方法(王悦，2017；刘璘琳，2018)。靳晓东(2011)认为传统评估方法在对无形资产进行评估时存在一定局限性，开始探究使用实物期权法中连续时间模式对单一专利价值进行评估。

(3)知识产权证券化的风险因素研究

刘少波和张霖(2006)认为设计多层信用增级措施可以最大限度降低金融创新产品中的信用风险，有益于提高市场对金融创新产品的接受程度。刘澄等(2018)构建了贷款风险动态预警模型对企业的还贷风险进行实时监控，以确保资产池内现金流的稳定性。

(二)文献述评

通过整理国内外关于知识产权证券化的发展经验,发现国外学者将知识产权融资机制的成功总结为四点:完善的制度法规体系、多层次的资本市场、政府的财政支持与配套的机制体制。国内学者将目前发行的知识产权证券化产品分为了融资租赁债权模式、二次许可收益权模式、应收账款债权模式、小额贷款债权模式四种。本文在此基础上对采用以上四种模式发行的具体案例进行深入分析,对国内知识产权证券化产品的发行机制进行研究。

三、研究方法

本文主要采取了三种方法对海口市医药产业知识产权证券化产品发行策略进行研究。

一是文献研究法。通过中国知网国内文献资料库和谷歌(Google)学术文献等途径查阅国内外知识产权证券化的相关文献,梳理国内外知识产权证券化的发展脉络与研究现状,并在此基础上完成本文的理论研究,搭建本文的研究框架。

二是多案例对比研究法。遵循复制逻辑,通过对案例之间的相似性与异质性进行分析,总结出普适性的结论。多案例对比研究法与本文的研究目的相契合,因此本文通过对国内外多个知识产权证券化产品发行案例进行纵向的个性化分析与横向的相似性分析,探究与海口市医药产业发展相匹配的知识产权证券化模式。

三是归纳演绎法。单纯理论研究存在一定的片面性,本文将理论联系实际,将国内外知识产权证券化产品与发行地结合分析,开展针对性研究,剖析各地产品发行的基础、动因与效果,总结各地证券化产品成功发行的经验,为海口市医药产业知识产权证券化产品成功发行提供思路和参考。

四、结合国内外知识产权证券化案例研究海口市医药产业知识产权证券化产品发行

(一)海口市医药产业知识产权证券化的现状分析

1.海口市医药产业的发展现状

第一,医药产业规模平稳增长。从总体规模来看,2011—2021年,海口市医药产业规模实现了平稳增长(见图1)。

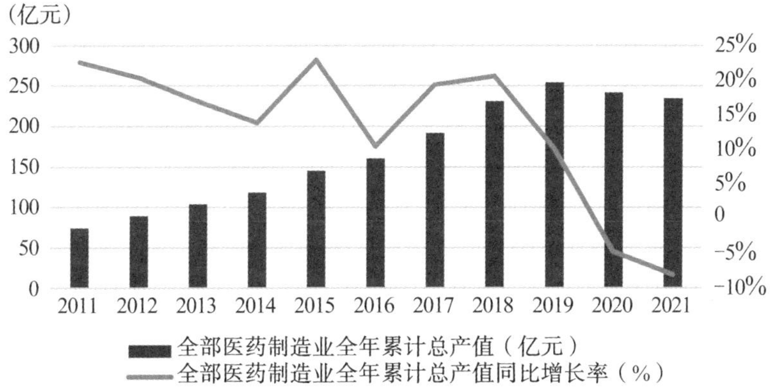

图 1　海口市 2011—2021 年医药制造业总产值及其增长率

数据来源:《海口统计年鉴》(2012—2022 年)。

第二,空间集聚效应初步显现。海口市现在已经拥有多家国内知名药企,规模以上医药制造业企业的数量、资产总额、利润总额与利税总额都在稳步提升(见图 2)。

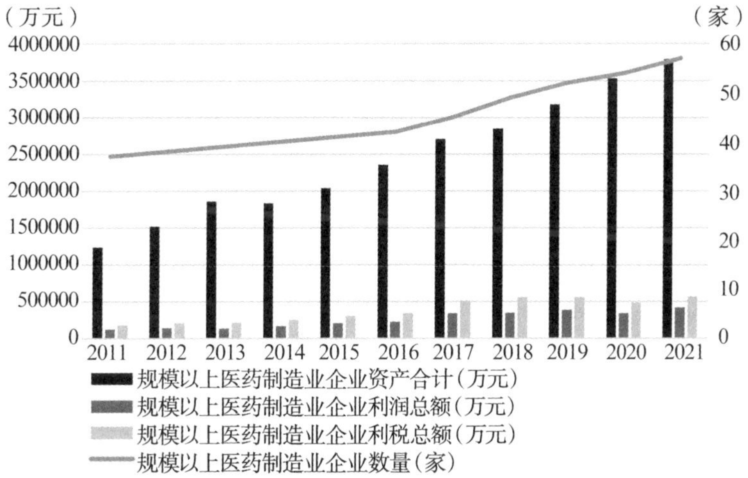

图 2　海口市 2011—2021 年规模以上医药制造业企业数量及资产、利润、利税状况

数据来源:《海口统计年鉴》(2012—2022 年)。

第三,政策扶持力度持续加大。省、市两级的科学技术厅、工业厅、药监局等多部门联合出台了多项产业发展配套措施,以破除医药企业在药品研发过程中存在的阻碍。

2.海口市医药产业知识产权的现状

第一,发明专利数量稳步增长。纵观海南省医药产业 2011—2021 年的专利状况,可以发现海南省医药制造业有效发明专利数量实现了稳步增长(见图3)。

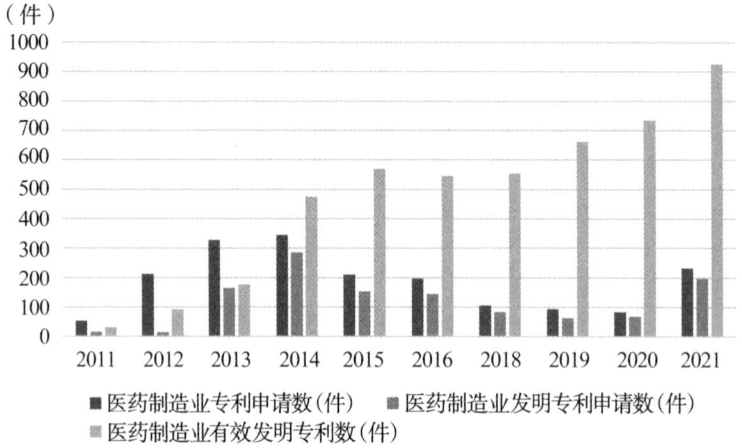

图3 海南省2011—2021年医药制造业专利状况

数据来源:《中国高新技术产业年鉴》(2012—2017年、2019—2022年)。

注:《中国高新技术产业年鉴2018》因改版未曾出版,故图中缺少2017年数据。

第二,产品开发数量不断提升。医药行业作为当今技术含量最高的行业之一,各家企业只有不断提升创新能力和研发水平,才能提高企业的竞争力。为此海南省各家药企都在积极投身于新产品的开发与转化(见图4)。

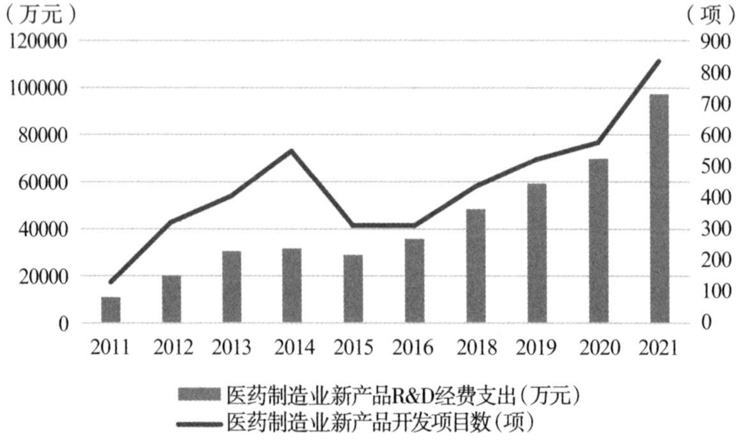

图4 海南省2011—2021年医药制造业新产品开发项目数及R&D经费支出状况

数据来源:《中国高新技术产业年鉴》(2012—2017年、2019—2022年)。

注:《中国高新技术产业年鉴2018》因改版未曾出版,图中缺少2017年数据。

第三，药品批文数量有所增加。截至 2021 年年底，海口市医药制造业取得药品批准文号总量达 2729 个。目前，海口市多家药企已经完成药品一致性评价工作，获得批准的药品文号数量也在不断增加。

3.海口市医药产业知识产权证券化的必要性

第一，医药企业融资需求持续上升。从总量规模来看，2011—2021 年海南省规模以上医药制造业 R&D 经费支出整体呈现上升趋势(见图 5)。结合当前的经济形势与政策优势，处于扩张期的医药企业急需大量发展性资金支持。

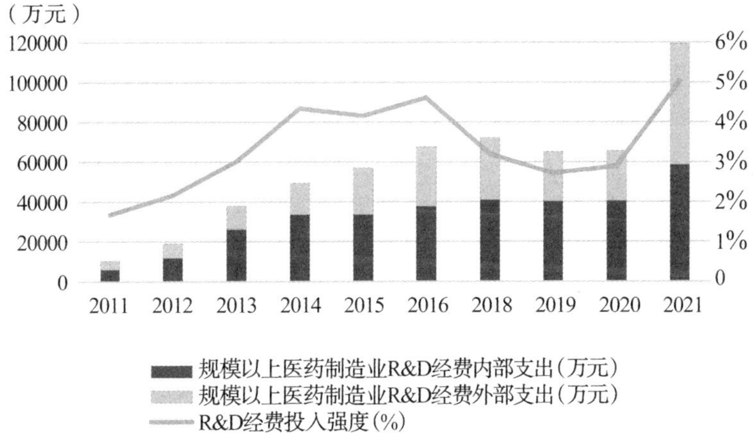

图 5 海南省 2011—2021 年医药制造业 R&D 经费支出及投入强度

数据来源：《中国高新技术产业年鉴》(2012—2017 年、2019—2022 年)。

注：《中国高新技术产业年鉴 2018》因改版未曾出版，图中缺少 2017 年数据。

第二，医药企业融资供给有待提高。从资本市场融资来看，股票市场往往对上市企业的股本总额与盈利能力有严格的限制。从银行贷款的角度分析，近些年，海口市间接金融市场虽然对医药产业投放力度有限，但商业银行仍然是当前海口市医药制造业企业外源性融资的主体。从财政支持的角度分析，医药产业作为海口市的优势产业，一直是财政产业扶持资金重点投入的领域，但政府财政对单个项目的支撑不足。

第三，医药企业亟待拓展融资模式。医药市场前景广阔，消费情况乐观，但是现有的融资渠道已经难以满足医药企业对于资金的需求。

(二)国内外知识产权证券化案例研究

1.国外知识产权证券化案例研究

(1)美国药物专利证券化产品

美国特许药业公司(Royalty Pharma)于2000年和2003年参与发行的关于药物专利证券化的案例对本文的研究具有启示意义。该公司并不直接对制药公司进行投资,而是一直从学术机构、非营利性组织、中小型生物技术公司、大型跨国药企处选取具有潜力的药物,以资助临床开发或者直接购买的方式取得未来药品特许权,并将这些药物专利的许可费收益权作为担保,发行证券化产品。然而,此证券化产品因BioPharma Royalty Trust连续三个会计报告季度违约,直接提前进入了偿还阶段。此次证券化交易失败的原因主要有三点。第一,单一的专利结构导致产品抗风险能力差,资产池的现金流完全依赖于被许可人的财力与运营情况。第二,错误的商业决策,司坦夫定折价出售导致了其现金流与销售额在未来几个季度内急剧下降。第三,缺乏专业的评估,导致预测结果远高于实际情况。Royalty Pharma药物专利证券交易结构如图6所示。

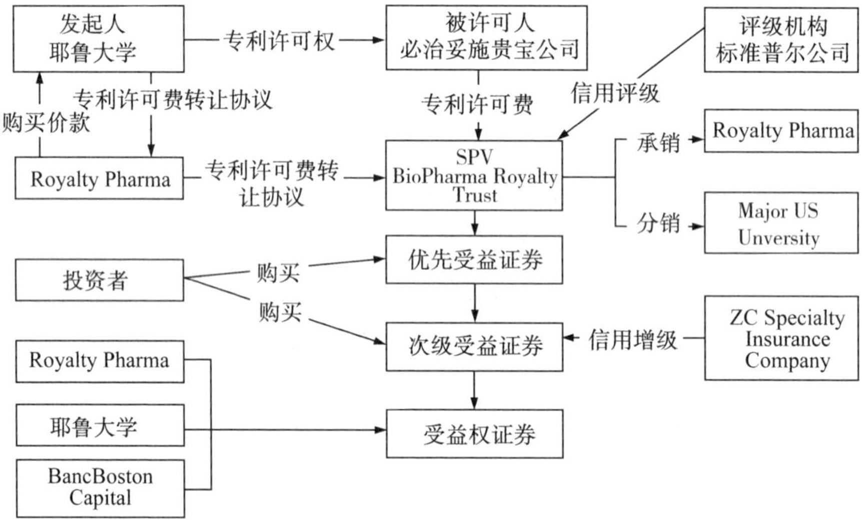

图6　Royalty Pharma药物专利证券化交易结构

(2)日本光学技术专利证券化产品

日本政府于2003年开始,采取政府主导型模式探索发行知识产权证券化产品。斯卡拉(Scalar)证券化产品成为日本首个专利证券化实例。Scalar是日本一家研发光学镜片的公司,2003年该公司将其4项光学专利授权给松下电器集团旗下的有限责任公司(Pin Change. Co. Ltd)使用,然后Scalar公司再将该专利许可费债权转移给由信托公司设立的特殊目的载体(SPV),SPV 将该 4 项专利产生的未来应收许可费作为担保进行了两次融资,发行了存在一定差异的有价证券。本次交易具体结构见图 7。

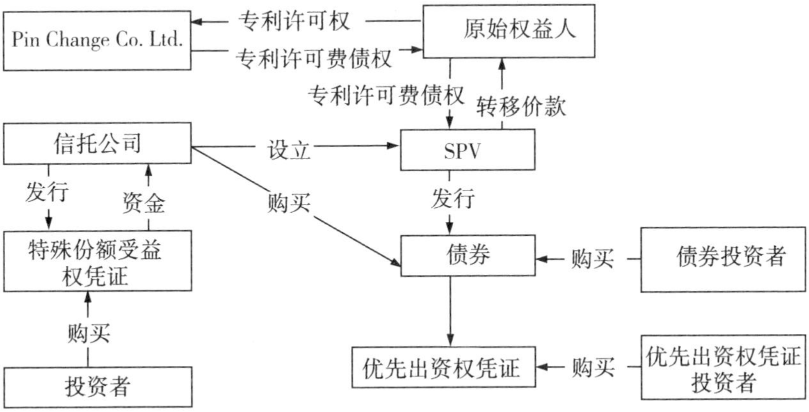

图 7　Scalar 光学技术专利权证券化交易结构

日本首次专利证券化产品虽然发行失败,但其中两点值得学习。第一,完善的立法制度。1993—2005 年,日本接连出台了《信托业特别规制法》《资产证券化法》《信托业法》《破产法》,以立法先行的政策方针为知识产权证券化的发展提供了法律保障。第二,政策补贴制度。只有出台有关补贴政策,降低产品发行中产生的各种中介费用,才能调动企业参与的积极性。

2.国内知识产权证券化案例研究

(1)深圳市知识产权质押贷款债权产品

深圳市经过三年的实践探索,形成了“小额贷款债权＋知识产权质押”的知识产权证券化模式(见图 8),并在全国得到大规模复制推广。

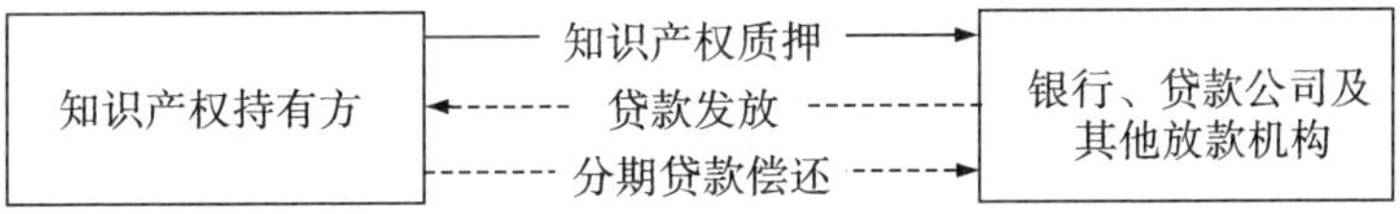

图 8　深圳市知识产权证券化模式融资流程

全国首单知识产权质押贷款产品——平安证券-高新投知识产权 1 号资产支持专项计划(简称“高新投 2019-1”)采用储架式发行模式,整体规模 10 亿元。“高新投 2019-1”交易结构如图 9 所示。

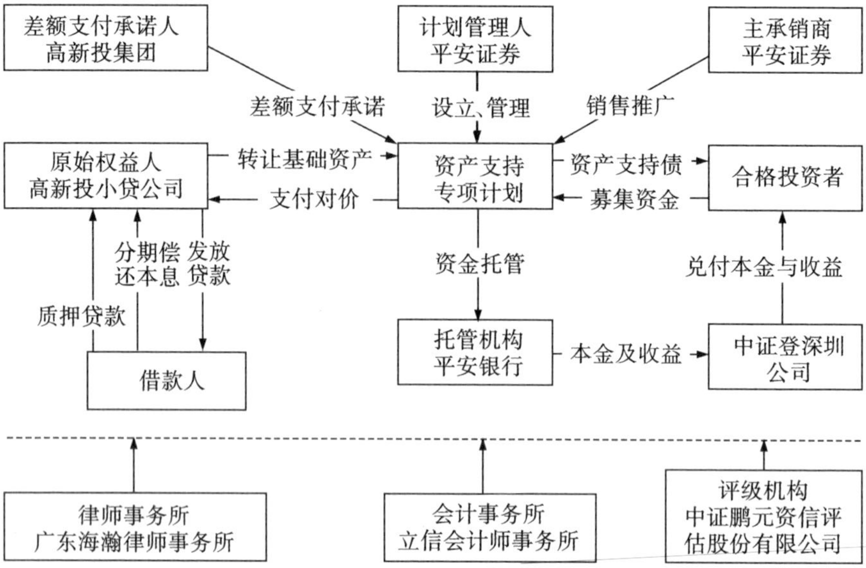

图 9 “高新投 2019-1”交易结构

在此模式的基础上,深圳市后续又发行了多项知识产权证券化产品,并不断精细产品分类,其发行的成功经验可总结为四点。第一,降低证券化产品的发行成本,提高企业参与的积极性。第二,通过储架式发行方式,一次性向证券监管部门提交证券发行的全套备案文件后,灵活地选择发证窗口,降低企业融资成本。第三,持续探索知识产权质押融资应用的新渠道,将知识产权的选取范围从战略性新兴产业拓展至文创产业。第四,更好地服务于中小企业。

(2)苏州市知识产权专利许可费债权产品

苏州市探索形成的知识产权专利许可费债权模式是当前医药产业专利证券化融资所采取的唯一模式。该模式通过两次签订专利许可合同,让知识产权持有人获得融资的同时继续拥有专利使用权,让融资租赁公司或者其他金融机构以分期支付的专利使用费为基础资产,发行资产支持证券(ABS),获取收益。苏州市知识产权专利许可费债权模式融资具体流程如图 10 所示。

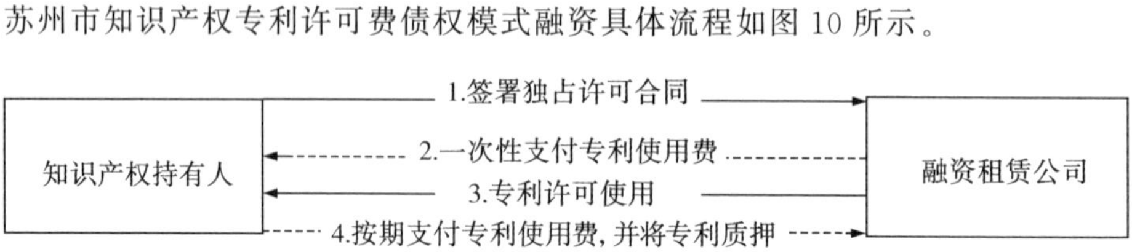

图 10 苏州市知识产权专利许可费债权模式融资流程

苏州工业园区第1期知识产权资产支持专项计划(简称"工业园 2020-1")于2020年12月25日在上海证券交易所上市发行,是我国最早上市发行的生物医药知识产权证券化产品。"工业园 2020-1"交易结构如图11所示。

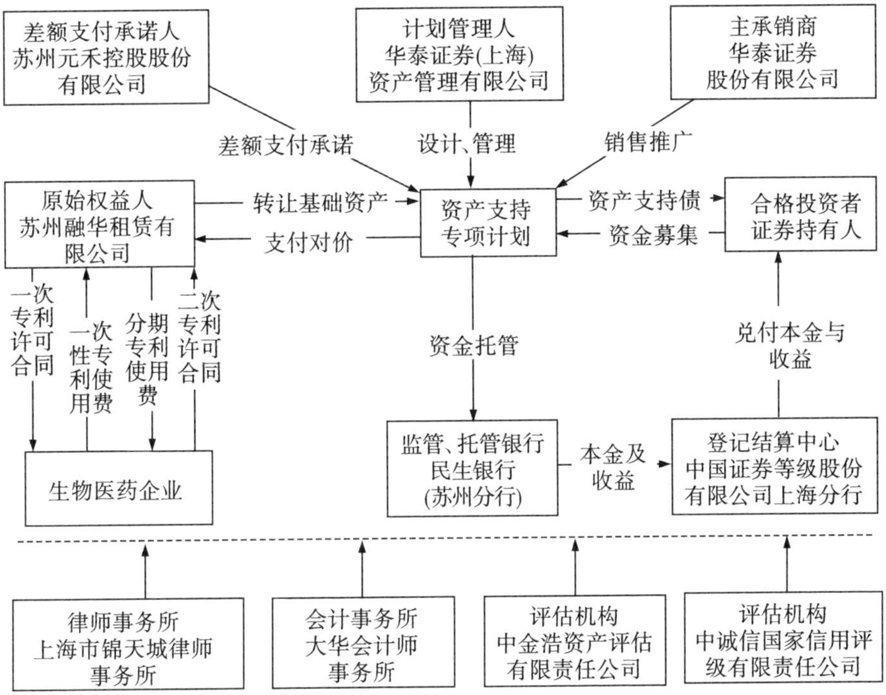

图11　"工业园 2020-1"交易结构

"工业园 2020-1"的成功发行得益于五个方面。第一,禾裕科技作为具有3A评级的国有企业,可以通过外部增信的方式帮助中小企业突破评级限制,降低债券的发行成本。第二,政府的积极推动与引导。第三,采用双重评估模式,控制产品风险。第四,创造风险共担机制,分摊原始权益人与增信方风险承担的比重。第五,苏州工业园区自身实力强硬。

(3)北京市知识产权融资租赁债权与应收账款债权产品

北京市知识产权证券化产品的发行可以分为两个阶段:前期实践探索阶段与后期实际应用阶段。前期发行的知识产权产品分为知识产权融资租赁债权与知识产权应收账款债权产品两种。后期,北京市从知识产权转化运用的整体生态入手,开始发掘自身具有的差异化竞争优势,相继发行了中技所-中关村担保-长江-1期知识产权资产支持专项计划、中信建投-中关村科技租赁2022年第1期知识产权资产支持专项计划(专精特新)与中技所-中关村担保-长江-2期知识产权资产支持专项计划三项知识产权专利许可费债权产品。

总结北京市产品发行的成功经验有以下三点。第一,北京市以中关村科学城、怀柔科学城、未来科学城、创新型产业集群示范区"三城一区"为基础,保证了创新主体的来源与科技创新的质量。第二,以国家知识产权局为核心,以北京知识产权保护中心、中关村知识产权保护中心、北京知识产权法院等机构为知识产权确权和维权的重要支点,保证了知识产权的法律权益。第三,加强知识产权出版社有限责任公司、中国技术交易所(北京知识产权交易中心)、北京中金浩资产评估有限责任公司等服务机构在数据资源建设、价值评估实务、知识产权转化运用等方面的能力,提高了无形资产估值的准确性。

(4)南京市特定信托架构知识产权证券化产品

前文所述案例全采用了单 SPV 的方式构建证券化产品,而中国(江苏)自由贸易试验区南京片区(简称"南京片区")采用了双 SPV 的方式构建知识产权证券化产品,并于 2022 年 4 月发行了江北科投-绿色担保灵雀知识产权 1 期资产支持专项计划(简称"灵雀 2022-1"),其交易结构见图 12。

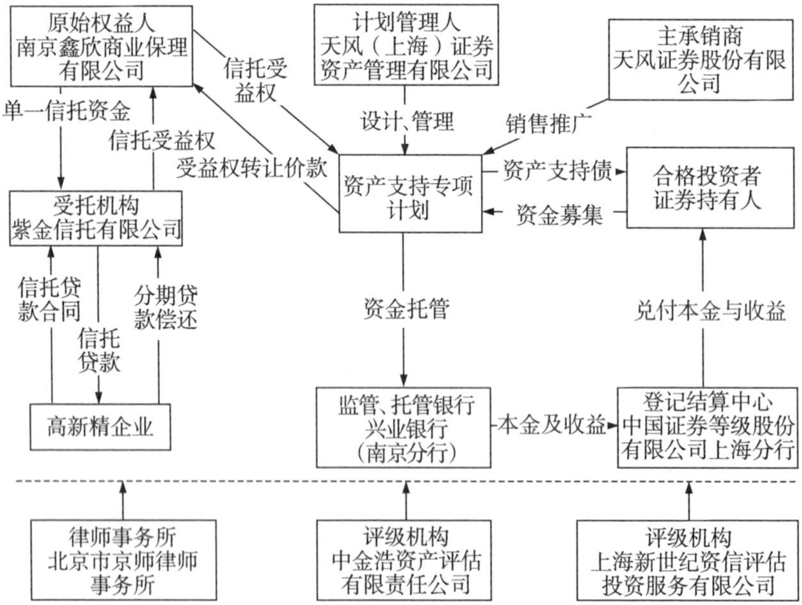

图 12 "灵雀 2022-1"交易结构

南京市"灵雀 2022-1"的成功发行创新了知识产权证券化产品,其成功经验可总结为三条。第一,科技助力风险监测。通过公开数据构建风险预警模型对参与本次证券化融资的企业进行实时监测,高效完成对风险的控制。第二,"信托＋资产支持计划”的双 SPV 模式。由信托公司充当资产服务机构，加强在 ABS 发行中的主导作用。第三，加强与证券交易所的友好合作。借助深圳证券交易所资本集聚的优势，推动南京市科技型企业的成果转化与创新发展。

3.国内外知识产权证券化发行机制总结

(1)资产配置机制

想要知识产权证券化产品成功发行，首先，要选取同行业或跨行业的多家具有良好发展前景的企业。其次，在选择基础资产、设计资产池时，要考虑知识产权的剩余保护年限，使之具备更高的流动性。最后，由专业资产服务机构进行产品设计，让证券化产品能够以较低的成本获得企业生产、经营、发展过程中所需的资金。

(2)成本控制机制

我国知识产权证券化产品的发行涉及多种中介机构，其间产生多种手续费，综合融资成本仍然处于较高的水平。为显著降低企业知识产权证券化的综合融资成本，以“政企合作”为特点的知识产权证券化项目已先后在我国各地落地生根，成为知识产权证券化降低发行成本的有效途径。

(3)价值评估机制

资产评估机构应结合实际情况构建知识产权价值分析体系，从技术分析模块、法律分析模块、市场分析模块，延伸至时效分析模块、风险分析模块，并在模块分析结果基础上，结合收益法对知识产权或知识产权组合进行价值评估。

(4)风险缓释机制

知识产权证券化产品存在违约风险、提前还款风险及经营风险，为吸引投资者，可以进行必要的显性或隐性的信用增级设计，保证知识产权证券化产品能够达到投资者要求的信用级别。

(三)海口市医药产业知识产权证券化产品发行设计

1.产品定位设计

海口市医药产业知识产权证券化产品的服务对象定位于海口医药企业，其产品的设计目的是帮助科技型医药企业充分利用知识产权的优势以较低的成本获取融资资金，拓宽医药企业的融资渠道。

2.产品模式设计

(1)知识产权质押贷款债权模式

海口市政府为引导金融机构加强对科技型中小企业创新的支持设立了 3000 万元的知识产权质押融资风险补偿资金，与有关金融机构共同推出了知识产权质押融资产品“海知贷”，该产品的顺利获批在一定程度上推进了海口市海口医药产业知识产权证券化产品的发行。但是，对于借款公司而言，一旦出现未能及时还款的情况，担保公司作为债权人有权将知识产权出售，借款公司将彻底丧失对该知识产权的所有权。

(2)知识产权专利许可费债权模式

相比于知识产权质押贷款债权模式，知识产权专利许可费债权模式下的所有人(企业)可以仅仅转让专利的使用权，仍然保有专利的所有权，企业不用担心会因未能及时偿债而丧失对专利的所有权。但在此过程中，承担担保责任的金融中介机构可能会承担较大的风险。

3.产品结构设计

特殊目的载体(SPV)作为证券化交易的核心，由原始权益人进行设立，帮助产品实现风险最小化与利益最大化，完善交易结构，让基础资产的现金流与投资者的需求相匹配，让原始权益人可以通过出售基础资产的方式，实现破产隔离。

4.产品关键要素设计

(1)原始权益人的选择

原始权益人的选取有两种方式，一种方式是直接选择海口市融资担保有限公司作为原始权益人，另一种方式是学习广州方式，由海口国家高新区发展控股有限公司成立新的融资租赁子公司，专门帮助高新区内的医药企业融资，降低科技型中小企业的融资门槛。根据企查查对海口市融资担保有限公司的股权结构进行分析，具体见图 13。

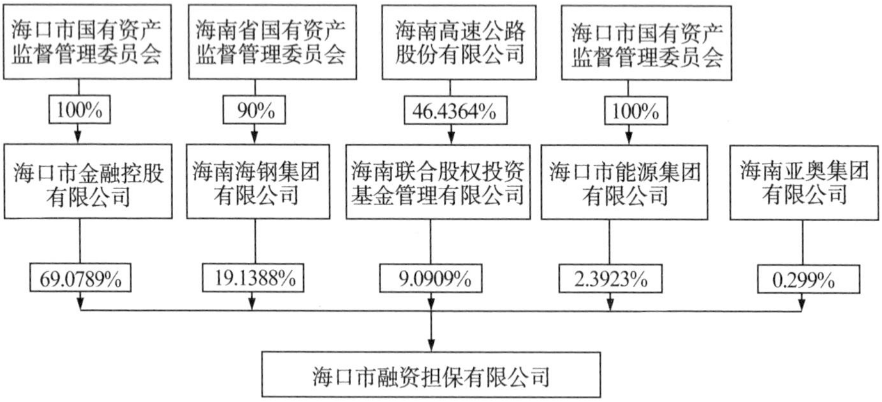

图 13 海口市融资担保有限公司股权结构

(2)底层资产的选择

在构建基础资产池时，首先要核实用于构建基础资产池的知识产权是否具有法律效益。其次，就基础资产下的每一项特定专利，都要在中国专利公布公告网站中查询其在“专利实施许可合同备案的生效、变更及注销”事务查询栏下有无登记数据，同时要保证在签署专利转让合同前，特定专利均不存在任何抵押、质押、许可权负担或权利限制。经过对海口市20家规模以上医药制药企业拥有的专利情况进行查询，发现海口医药产业已经具备充足数量的专利产品，可以供证券化产品进行底层资产的筛选，构建具备稳定现金流的基础资产池。

(3)增信措施的选择

结合海口市医药产业知识产权的实际情况，本文建议采用如下信用增级措施，以保证证券化产品的顺利发行。第一，海口市政府应成立专门的知识产权证券化筹建团队，筛选底层资产。第二，选择知识产权专利许可费债权模式，在签订第二次专利许可合同时，以专利质押的方式为基础资产池现金流做担保，同时由海口市融资担保有限公司的实际控制人海口市金融控股有限公司负责将资产池中的不合格资产全额赎回。第三，对证券化产品进行优先级与次级划分，由原始权益人负责购买次级债券，加强原始权益人作为资产服务商的责任。第四，由融资企业向原始权益人按融资总额的一定比例支付风险金。第五，为保证融资企业每期偿还的现金流能够满足投资者对证券化产品投资收益的要求，在筹备初期就应实现专项计划超额现金覆盖。第六，由原始权益人的母公司充当差额支付承诺人，凭借母公司的信誉与资产状况为证券化资产做担保，母公司承诺保障支持原始权益人的正常经营及良好存续。

5.产品定价方式设计

受数据可得性的限制，本文以海口市H公司为例，结合价值评估机制，采取收益法下的销售收入分成法，对H公司的小儿肺热咳喘颗粒中所包含的专利(发明专利、实用新型专利、外观设计专利)进行评估，为今后产品发行做参考。

(1)定价模型的选择

收益法下的销售收入分成法是通过估测被评估专利资产未来预期收益的现值来判断专利资产价值的各种评估方法的总称，计算公式为：

$$P=\text{未来收益期内各期收益的现值之和}=\sum_{i=1}^{n}\frac{F_i\alpha}{(1+r)^i}$$

其中，P为知识产权的价值，F_i为技术产品未来各年收益额，α为技术成分率，r为折现率，n为技术经济年限，i为序列年值。

(2)相关参数的确定

一是收益的预测分析。为方便收益预测的计算，做出三个假设：第一，假设H公司未来5年内的公司战略不发生重大变化；第二，假设该产品在未来5年的销售收入将稳定在前三年的水平；第三，假设该产品在药品集中招标采购中的中标价格为产品销售价格。则H公司2022年总销售收入＝销售量×销售均价＝62858.40(万元),对无形资产预期净收益的计算将采用无形资产产品销售收入与销售收入净成分率相乘的结果(见表1)。

表1　药品市场销售情况

	2019年	2020年	2021年	2022年(预测)
销售量(万袋)	21165.86	15406.63	27787.65	21453.38
销售均价(元/袋)	2.93	2.93	2.93	2.93
销售收入(万元)	62015.97	45141.43	81417.81	62858.40

数据来源:2019—2021年H公司年报。

二是销售收入净成分率的选取。为确定产品专利对销售收入的贡献程度,本文假设专利在无形资产中所占比例为30%,将专利对现金流的贡献占公司营业收入的比例作为专利的销售收入净成分率。经相关测算,本次评估以3.95%为小儿肺热咳喘颗粒产品所含专利的销售收入净成分率,该计算结果与联合国贸易和发展组织所统计的制药行业2.5%—4%的数值相符。

三是无形资产经济年限的确定。综合考虑市场的销售情况、法律保护情况以及专利技术的垄断状况,本次评估将小儿肺热咳喘颗粒产品发明专利的剩余经济年限定为5年。

四是折现率的选取。折现率是收益法确定评估价值的重要参数,将H公司的全部资产分为无形资产、营运资金和有形非流动资产,其中无形资产回报率R_i可以采用如下公式计算:

$$R_i=\frac{全部资产}{无形资产}\times\left(WACC-R_e\times\frac{营运资金}{全部资产}-R_f\times\frac{有形非流动资产}{全部资产}\right)$$

其中,R_e为营运资金回报率,R_f为有形非流动资产回报率。

$$WACC=K_e\times W_e+K_d\times(1-t)\times W_d$$

其中,$WACC$为加权平均资本成本;K_e为公司权益资本成本,W_e为权益资本在资本结构中的百分比;K_d为公司债务资本成本,W_d为债务资本在资本结构中的百分比;t为公司所得税税率。

$$K_e=R_f+ERP\times\beta+R_c=R_f+(R_m-R_f)\times\beta+R_c$$

其中,R_f为无风险报酬率,ERP为市场风险溢价,β为权益预期市场风险系数,R_m为市场报酬率,R_c为企业个别风险调整系数。

对上述三个公式进行反推,根据H公司2019—2021年的年度财务报告,即可计算得出H公司的无形资产回报率为$R_i=26.90\%$。

(3)评估结果

具体计算结果见表2,本文经计算认为2022年H公司的小儿肺热咳喘颗粒产品中所包含专利的价值为6425.36万元。

表2　无形资产价值计算表

项目	2022年	2023年	2024年	2025年	2026年
销售收入(万元)	62858.40	62858.40	62858.40	62858.40	62858.40
净成分率(%)	3.95	3.95	3.95	3.95	3.95
折现期(年)	1	2	3	4	5
折现率(%)	26.90	26.90	26.90	26.90	26.90
现值(万元)	1956.59	1541.83	1215.00	957.45	754.49
产品价值(万元)	6425.36				

五、政策建议

(一)加快医药企业专利药品研发

从企业自身发展角度分析,专利技术是医药企业生存发展的核心竞争力,医药企业只有持续关注市场发展的最新动向,提升对原研药的研发能力,吸引高端人才,在核心领域攻坚克难,创造出科技水平高、可替代性低、治疗效果好的医药专利,才能在激烈的市场竞争中站稳脚跟。

从知识产权证券化融资角度分析,作为无形资产融资方式,证券化产品对于入池的资产有着更高的要求。这是因为入池资产的未来现金流是证券化产品能够还本付息的基础,只有更多优质资产入池才能使得基础资产池实现最优配置,从而使未来能够产生的现金流实现最大化。

知识产权证券化项目是国家在创新驱动发展战略背景下推行的帮助中小企业以无形资产获得融资的创新型金融产品。各医药企业只有深入分析医药产业的政策,积极遵循政府政策导向,才能更快实现企业做大做强的目标。

(二)推进金融机构知识产权金融产品创新

商业银行与保险机构作为金融业的两大支柱,应该积极践行金融服务实体经济的理念,积极推进知识产权相关的金融产品创新,加强与资产评估机构的合作,与科技型企业保持良好互动交流,做好业务对接服务,深入调查重点企业知识产权融资需求。

商业银行应以知识产权示范企业为主要客户，推动知识产权质押融资业务发展，促进知识产权与金融服务融合。知识产权质押贷款作为知识产权质押贷款债权产品构建基础资产的主要方式，商业银行知识产权质押贷款业务的快速发展可以为知识产权证券化产品的顺利发行奠定基础。海南自贸港内的保险机构应深入了解市场需求，提供多元化、定制化的保险产品，及时把握市场发展方向，借助政策红利，创新金融产品，打造海南自贸港特色保险服务产品。

（三）组建专业化知识产权服务团队

知识产权证券化产品作为创新型金融工具，从基础资产的筛选到产品最终上市发行，这一过程涉及多方主体。当前海口市知识产权证券化的成功发行急需一批熟知知识产权证券化项目的运营人才，作为政府主导型的发展模式，应由海口市政府出面，以市场化选人用人制度，吸纳一批有真才实学、得到市场充分认可的专业人才，组建专门的知识产权证券化服务团队。

（四）设立专项资金，降低发行成本

知识产权证券化产品发行的目的在于帮助科技型中小企业获得低门槛、低利率的资金，进行产品技术研发升级，推动知识产权转化为生产力。但其发行过程需要多家金融机构与非金融机构的共同参与，其间产生的大量中介手续费导致融资成本仍然处于较高的水平。所以在发行未产生规模效应、没有与企业达成长期合作前，政府以设立专项资金的形式给予参与证券化发行的企业资金补贴，能够降低企业的实际融资成本，此外，还要对证券化产品予以担保的金融中介机构进行补贴，降低金融中介机构的风险。由政府、金融机构、企业共同营造有利于知识产权创造、科技企业发展的良好氛围，推动知识产权证券化产品顺利发行。

（五）完善法律法规，加强知识产权保护

从各国知识产权证券化产品的发展历程来看，立法先行已经成为多数国家的共识。为加大对知识产权的保护力度，降低知识产权证券化产品存在的法律风险，海南应该以《海南自由贸易港法》为基础，以地方性法规和商事纠纷解决机制为重要组成，完善知识产权法律保护体系，构筑包括司法保护、行政保护、仲裁调解、维权服务在内的综合知识产权保护管理体制。特别是在风险缓释方面，海南地方立法可以在中央立法的基本框架内明确以信托方式完成基础资产的转移，将证券化财产的所有权和收益权有效分离，实现真正意义上的破产隔离；在价值评估方面，建立知识产权价值评估中心，丰富评估产品线，与证券化紧密结合，尽可能明确选取收益法进行知识产权价值评估的具体步骤，同时优选那些已经形成既定债权债务关系的知识产权展开评估，在探索中构建知识产

权价值评估制度。此外，应成立专门的知识产权法庭对知识产权纠纷进行调解，利用网络科技的力量加大对知识产权的保护工作。

参考文献

[1]鲍新中，陈柏彤.中国情境下知识产权证券化模式及关键要素设计：基于多案例的比较分析[J].经济体制改革，2021(5)：136-143.

[2]鲍新中，陈柏彤，徐鲲.中国情境下的知识产权证券化：政策背景、国际比较及模式探究[J].中国科技论坛，2021(11)：176-188.

[3]陈柏彤，马叶琳，鲍新中.我国专利资产证券化典型模式比较[J].科技管理研究，2021，41(24)：151-158.

[4]陈静.知识产权资本化的条件与价值评估[J].学术界，2015(8)：90-99+325.

[5]陈俊凯，林秀芹.知识产权售后回租模式的法律风险及其应对[J].上海金融，2022(12)：30-40.

[6]陈耀明，钟登华.无形资产的动态评估方法研究[J].数量经济技术经济研究，2004(5)：35-39.

[7]陈益智.海南"十四五"规划对医药产业定位的几点思考[J].科技经济市场，2022(2)：19-21.

[8]曹宏铎，李昊，张晓云.面向文化资产证券化定价的 G-Bass 随机扩散预测模型研究[J].管理工程学报，2017，31(1)：192-200.

[9]董晓峰，李小英.对我国知识产权评估方法的调查分析[J].经济问题探索，2005(5)：119-125.

[10]高蓓，张明，邹晓梅.美、欧、日资产证券化比较：历程、产品、模式及监管[J].国际经济评论，2016(4)：140-155+8.

[11]靳晓东.基于实物期权的专利资产证券化中的单一专利价值评估[J].统计与决策，2011(4)：50-53.

[12]靳晓东.基于多层次模糊综合评价法的专利资产证券化中的专利选择[J].科技进步与对策，2012，29(1)：138-141.

[13]柯建军.专利证券化之基础资产探析：以苏州首单专利证券化为例[J].投资与创业，2021，32(10)：9-13+19.

[14]刘澄，张羽，鲍新中.专利质押贷款风险动态监控预警研究[J].科技进步与对策，2018，35(15)：132-137.

[15]刘澄，谢文静，刘畅，等.中国情境下知识产权证券化风险分散机制研究：一个多案例比较分析[J].科技进步与对策，2023，40(11)：51-59.

[16]刘澄，雷秋原，张楠，等.基于 BP 神经网络的专利价值评估方法及其应

用研究[J].情报杂志,2021,40(12):195-202.

[17]刘璘琳.企业知识产权评估方法与实践[M].北京:中国经济出版社,2018.

[18]刘少波,张霖.金融创新中的信用增级及其定价问题:以资产证券化为例[J].金融研究,2006(3):131-137.

[19]刘玉平,王奇超.期权定价模型评估知识产权资产的研究[J].中国资产评估,2013(2):32-36.

[20]钱荣国,夏太寿,王有志.美国中小企业知识产权融资政策与机制及其启示[J].科技管理研究,2013,33(12):167-171.

[21]宋寒亮.知识产权证券化的立法实现[J].社会科学战线,2021(4):271-275.

[22]中央国债登记结算有限责任公司.资产证券化的理论与实践[M].北京:中国金融出版社,2020.

[23]汤珊芬,程良友.美国专利证券化的实践与前景[J].电子知识产权,2006(4):32-36.

[24]王蕾,鲍新中.基于模糊层次分析和实物期权法的专利组合价值评估研究[J].中国发明与专利,2022,19(8):5-14.

[25]肖冰,许可,刘海波.自由贸易港知识产权金融创新发展:基于新加坡的经验与启示[J].海南大学学报(人文社会科学版),2020,38(6):42-49.

[26]肖冰,刘海波,许可.政府主导型知识产权金融服务的实践与启示:基于韩国“KOTEC”的案例研究[J].科学学研究,2021,39(1):53-62+92.

[27]肖海,朱静.借鉴欧洲经验开展中国知识产权证券化的对策[J].知识产权,2009,19(5):86-93.

[28]谢伟,王月茹,马毓昭.医药知识产权保护与运营[M].北京:知识产权出版社,2021.

[29]袁晓东.日本专利资产证券化研究[J].电子知识产权,2006(7):42-46.

[30]赵璐,邹明,张蓉.专利证券化中基础资产认定及风险防范研究[J].经济研究导刊,2021(23):109-113.

[31]张婷,周珂宇.基于双重许可模式的专利许可费收益权证券化风险防控路径研究[J].中国发明与专利,2022,19(5):14-21.

[32]朱尉贤.当前我国企业知识产权证券化路径选择:兼评武汉知识产权交易所模式[J].科技与法律,2019(2):43-51.

[33]BAECKER P N. Real options and intellectual property: capital budgeting under imperfect patent protection [M]. Berlin: Springer Science & Business

Media，2007.

[34]CHU N. Bowie bonds：a key to unlocking，the wealth of intellectual property [J]. Hastings Comm. & Ent. LJ，1998，21(2)：469-499.

[35]DINNETZ M K，MIRELES M S. The promise of patent-backed finance for SMEs and universities，and shifting patent eligible subject matter [J]. Lewis & Clark L. Rev.，2022，26(1)：57-110.

[36]HAN J，LEE H J. A study on patent trust system in Korea [J]. Journal of intellectual property rights，2016，2：27-37.

[37]KHANNA N. The securitization of IP assets：issues and opportunities [J]. Journal of intellectual property rights，2018，23：94-100.

[38]KITTIKONGWAT C. Securitization of intellectual property assets in Thailand [J]. Thammasat business law journal，2019，9：63-72.

[39]MENELL P S. Bankruptcy treatment of intellectual property assets：an economic analysis [J]. Berkeley Tech. LJ，2007(22)：733-812.

[40]MUCHTAR N H，PALAR M R A，AMIRULLOH M. Development of a valuation system of technology for the enhancement of innovation in Indonesia [J]. Heliyon，2023，9(2)：e13124.

[41]SOLOMON D，BITTON M. Intellectual property securitization [J]. Cardozo Arts & Ent. LJ，2015，33：125-178.

白沙黎族自治县生态价值实现的金融支持路径研究

刘润东*

摘　要：随着白沙乡村振兴和“两山”建设工作的深入推进，现阶段白沙生态资产收储方面存在的生态收储资金短缺、生态金融合作不够深入、生态产业融资需求未激活等问题变得愈加突出。为深入推进国家“两山”实践创新基地建设，本文依托有关课题项目，在为白沙设计规划“两山平台”运营模式与实现路径的基础上，针对其在金融支持方面存在的一系列问题进行了文献资料研究和实地走访调研，并撰写研究报告。本文运用文献分析法、实地调研法和经验归纳法，综合理论研究和实践经验，梳理出金融支持生态价值实现的内在机理，根据“两山平台”的职能定位和作用领域，创新性地设计出以“两山平台”为核心，联结政府部门、金融机构、生态企业和农户集体，作用于生态资产运作、资金融通和生态利民反哺的三大领域的白沙“五方三域”金融支持路径。最后，本文综合现有金融支持路径设计评价的相关文献，给出金融支持路径建设方面的具体建议。

一、研究背景与研究意义

(一)研究背景

2005 年 8 月，习近平同志在浙江省安吉县余村考察时首次提出了“绿水青山就是金山银山”(即“两山论”)的发展思想。推动生态产品价值实现是践行“两山论”的重要体现，也是国家生态文明试验区的重点任务之一(陈清，2020)。2020 年 6 月，中共中央、国务院发布的《海南自由贸易港建设总体方案》明确指出，国家赋予海南建设国家生态文明试验区的战略定位。为此海南省制定了建

---

* 刘润东：2020 级金融专业硕士研究生。指导教师：王勇教授。

设“三区一中心”的发展战略，意在实现生态文明建设、生态产业化和乡村振兴协同推进，努力将绿水青山所意涵的生态产品转化为“金山银山”（钟业昌，2019）。

2020年8月6日，海南省沈晓明书记曾指出白沙是海南自贸港不可分割的重要组成部分，生态环境是白沙的先天优势。白沙黎族自治县（简称“白沙县”）在“十四五”规划中提出了深入践行“两山论”理念，综合、统筹打造好海南自贸港“两山”理念践行示范区的战略目标。

白沙县借鉴国内运营经验成立“两山平台”，实现生态资产交易和生态价值，这对白沙县实现示范区的目标意义重大。尤其是乡村振兴离不开金融的深度参与，农业现代化、农民增收致富、农村基础设施建设和人居环境改善等乡村发展的各个方面都离不开金融的有力支持，而一直以来，白沙县在招商引资方面缺少专业化运作，社会资金投资匮乏。深入探讨研究白沙县“两山平台”的金融支持路径，对于增强平台的自我造血功能和发展能力，将生态优势转化为经济优势，实现白沙绿色发展，具有现实意义。

（二）研究意义

1.理论意义

第一，根植于海南自贸港的政策沃土，本文立足白沙县生态领域发展和金融支持现状的调研，为“两山”论提供了来自海南生态文明试验区的白沙经验与证据；以金融支持路径设计，拓展了生态文明建设当中的金融支持路径思路；以对白沙县生态产业现状和“两山平台”发展的分析研究，延伸了“两山”论的时代内涵。

第二，本文基于对环境经济学理论的理解和对生态、经济与社会效益的发展规律的遵循，归纳总结了金融支持对生态价值实现的内在作用机理，拓展了环境经济学理论的研究视角，有助于深化融合环境经济理论与金融支持路径的有效联结，有助于为环境经济理论扩充更加丰富的金融支持着力点。

2.现实意义

第一，基于白沙县域发展角度，本文为白沙设计的生态价值实现的金融支持路径，有助于促进白沙生态资产价值在金融支持下的高质量转化，有助于推进白沙生态效益向经济效益、社会效益的转化，为白沙生态经济良性发展注入新的活力，帮助破解当前白沙县域生态发展方面存在的金融支持问题。

第二，本文提出的“五方三域”金融支持路径一定程度上能够为推动实现白沙县域经济社会高质量发展提供现实参考，为破解如白沙一般的生态要素密集且发展不充分地区的问题提供借鉴。

二、文献述评

（一）文献综述

1.国外生态金融研究现状

(1)生态效益、经济效益与社会效益的关联性研究

David(2017)讨论了生态、经济和社会效益之间的辩证关系，认为振兴生态产业的最终目的是实现生态环境的经济效益和社会效益，生态效益是在其过程中被着重研究和保护的一方面，而加强生态产业基础设施建设、创新生态产业金融支持机制、完善制度供给是实现生态产业高效发展的必由之路。

(2)生态产业运作与发展的相关研究

Jones(2016)建议生态产业的发展要依托资源消耗节约化、产业链生态化、产品消费绿色化的目标进行升级，同时要加强生态产业技术和管理方式的使用与推广，加强社会面宣传引导，构建多元化的生态产业投融资体系。

(3)生态产业金融支持的相关研究

Chin(2020)认为现代生态产业的发展存在金融资源配置不合理情况，具体原因在于生态产业的规模化加大了前期投入的资金规模，单凭传统信贷渠道难以满足这一现象导致的信贷支持需求扩张。

(4)金融支持对生态效益、经济效益、社会效益的作用机制研究

Loayza(2022)指出生态产业领域的金融支持需要严格科学把握资金投向，引导和促进传统产业向现代生态产业转变，从而提升生态产业的经济、社会和生态效益。

2.国内生态金融研究现状

(1)生态金融支持的必要性研究

丰富的生态资产是经济发展的引擎。在我国环境保护制度的大力推行和生态产业的现代化、集约化、规模化发展过程中，传统的粗放式发展带来的环境问题逐渐被缓解(陈雨露，2015)。兰勇等(2015)认为我国现有金融体系不能适应生态农业经营主体的发展需要，并运用 Tobit 模型探讨了生态农业信贷融资的影响因素，从信贷、保险和期货等方面构建了多元化的金融支持体系。在全国生态产品价值实现的研究领域中，陈健鹏和高世楫(2020)、陈宇(2020)、陈明衡(2021)分析了我国历年来政策演进状况，以金融视角突出了金融支持作用于生态产品价值实现的传导关系。

(2)金融支持对生态价值实现推进作用的案例研究

姚益兰(2020)在对河南省生态产业存在问题的研究基础上结合生态产业

发展现状进行了金融支持体系构建，在鼓励民间资本参与、加强金融产品创新的同时建立多元化的风险补偿机制和中小企业信用担保体系。李璞和欧阳志云(2021)以浙江省丽水市探索金融助推生态产品价值实现机制的经验为现实依据，发现了现实中存在资金支持量不足、配套政策不完善等问题，以金融在资金支持、资源配置、生态征信、评估定价等方面的作用为线索，分析了金融支持生态产品价值实现的作用方式。

(二)文献述评

通过梳理国内外的理论基础和各地的案例研究文献可以看出，生态金融的主要功能表现为实现土地的经济效益、促进土地流转和产业增效、引导产业活动以及改善乡镇地区信用发展状况。综观国内外文献，主要存在以下不足。

第一，由于社会构成要素的区别，国外研究主要将政府、企业及市场作为研究对象，少有将农户和集体作为金融支持生态产业发展的主体进行研究的。在我国生态产业建设及发展中，不仅要让“绿水青山”变为“金山银山”，还要带动身处“绿水青山”中的农户和村集体共享生态发展的经济效益和社会效益，走向共同富裕。因此在本文的金融体系构建中，不仅要充分借鉴国外生态效益转化实现的制度设计，更要注重向农户和集体的角度深入拓展，从而构建更适合我国乡村振兴战略和共同富裕目标的金融支持路径。

第二，综观相关文献资料，国内对金融支持路径策略和整体架构进行归纳梳理的学术性研究相当有限，目前还未见有立足海南生态文明试验区战略定位对县域生态产业化金融支持路径进行研究的文献成果。

第三，国内对于“两山银行”相关的金融支持模式的研究学术属性不足，多数文献缺乏完整论证结构。此外，由于时代背景和区域发展策略及政策目标的出发点各不相同，国内在生态产业金融支持方面的研究中所构建的指标体系依据也存在差异。

三、研究设计

一是文献分析法。本文综合现有国内外文献研究成果，以生态金融理论为起点，以生态金融相关理论为支点，结合课题调研所得各地“两山银行”实践运作的金融支持路径的特点，通过对比国内外生态金融领域实践经验成果，为提出适宜白沙的生态金融支持路径打下坚实基础。

二是经验归纳法。本文运用经验归纳法，从哥斯达黎加国家林业生态补偿基金、德国复兴信贷银行以及浙江丽水市、江西抚州市等与生态资产运作相关的金融支持的机制建设实践经验中归纳出金融支持生态产业发展的内在机理，为设计白沙生态价值实现金融支持机制奠定丰富可靠的案例经验基础。

三是实地调研法。本文运用实地调研法,有翔实可靠的资料数据支撑。就调研广度而言,本文研究基于笔者研究生期间参与的海南省社科联的调研课题和海南国家公园研究院的实习经历,以及在各地实地调研中获得的丰富调研经验和宝贵数据资料。就调研深度而言,本文从课题主要研究对象——海南省白沙县的政府部门、"两山平台"、当地生态企业、农户的调研访谈中获取了白沙生态产业发展状况的一手调研材料,对白沙生态产业和金融环境方面有着全面的了解。

四、核心内容

(一)白沙生态发展背景与金融支持现状分析

1.白沙生态资源基本状况

(1)白沙自然资源概况

白沙县坐落于海南岛中部偏西,位于黎母山脉中段西北麓、南渡江上游,地处东经 109°02′10″—109°42′00″,北纬 18°56′10″—19°29′20″。白沙县县境南北长约 63 千米,东西最大宽度约 68 千米,县域总面积为 2116.74 平方千米。其中,农用地面积 2060.93 平方千米,占县域总面积的 97.4%;建设用地面积为 32.53 平方千米,占县域总面积的 1.5%;未利用地以河流水面为主,面积为 18.38 平方千米。

(2)白沙社会经济环境概况

白沙县城镇化发展以牙叉镇为中心,沿着西北方向向打安镇、七坊镇、邦溪镇延伸,形成比较明显的城镇化聚集带。2021 年全县地区生产总值 62.57 亿元,近年来白沙产业结构持续优化,经济发展质量不断提高。一、二、三产业比重由 2015 年的 47.1∶11.2∶41.6 优化为 2022 年的 40.4∶10.4∶49.2。根据第七次全国人口普查结果,全县 11 个乡镇总人口数为 164699 人。全县人口中,居住城镇人口为 32680 人,占总人口的 19.84%;乡村人口为 132019 人,占总人口的 80.16%。

(3)白沙产业经济发展概况

由于地处海南中部生态核心区,白沙县基础设施薄弱、发展条件受限,2017 年曾被列为海南省唯一的深度贫困县。经过"十三五"时期的脱贫攻坚,白沙坚定不移地践行"绿水青山就是金山银山"理念,深入实施"三区一地一园"发展战略,积极探索"两山"转化的有效途径,"稳胶扩茶扩药创特色"农业绿色发展战略成效显著,"文化+""体育+""美丽乡村+"生态旅游业扎实推进,农村电商产业发展提速，绿色崛起亮点不断闪烁。2022 年 1—7 月白沙县工业总产值变动情况如图 1 所示。

图 1　2022 年 1—7 月白沙县工业总产值变动情况

数据来源：政府网站公开统计数据。

2.白沙“两山”实践创新基地建设现状

(1)政策供给现状

2022 年以来，白沙加快推进“两山”基地的各项建设工作，对白沙生态产品价值实现的主要目标、工作路线、组织机制、重点任务、责任部门及时间安排进行了统一部署。

(2)实践落实现状

第一，学习先进经验，落实“两山”机制。2022 年 12 月 29 日，海南(白沙)生态资源资产数字化运行平台正式上线启动，有效推进了生态产业化和产业生态化发展。第二，营造发展环境，助力“两山”转化。白沙目前已按照登记单元预划原则及制作的工作底图，明确国有自然资源确权登记范围。

(3)项目建设现状

第一，大力发展林下经济，推进“三品一标”认证。白沙向山林要土地，向林下空间要效益，实现“资源”变“财源”。第二，以生态、茶、体育为亮点主题，稳步推进全域旅游。

3.白沙金融环境现状分析

(1)白沙金融环境基本情况

根据 2023 年 2 月从中国人民银行白沙黎族自治县支行获得的调研数据，白沙县目前有 7 家商业银行机构，共 37 个营业网点；4 家保险公司，共 6 个网点。截至 2022 年年末，全县各金融机构贷款余额 555890 万元，比 2019 年增长 116.89％。

各项存款余额871506万元，比2019年增长7.63%。

(2)白沙政府金融保障实施情况

第一，天然橡胶“保险＋期货”。通过购买保险对冲胶价下跌风险给予赔偿金。第二，天然橡胶“价格收入保险”。当赔付周期内亩产实际收入金额低于约定亩产保险目标金额时，视为保险事故发生，在保险约定的上限内，按当年实际统计产胶量，计算保险赔偿金。

(3)白沙金融风险保障举措

第一，加强监督管理。中国人民银行、银保监会加强对银行的资产、流动资金、信贷投放、高级管理人员等的日常监督管理。第二，实施存款保险与存款准备金制度。

4.白沙金融支持生态价值实现存在的问题

第一，基础建设相对薄弱，生态产业发展资金缺口大。白沙县目前拥有的旅游资源面临较为突出的问题：一是全县旅游接待能力不足，二是旅游项目建设滞后，三是旅游项目整体品位和服务质量有待提升。白沙生态产业发展对稳健有力的金融支持具有迫切的需求。

第二，生态产业链缺乏延伸，融资需求有待拉动。当前白沙农产品业态可能难以突破当下在规模扩张上的发展瓶颈，难以长久维持目前初具特色的生态农业发展状态。若能以金融支持方式鼓励企业扩大生态生产规模，支持生态企业在原产地发展出规模适宜的深加工产业链，则有利于刺激本地企业进行规模扩张。

第三，收储资金需求规模较大，生态金融合作有待深化。在面向“两山平台”的实地调研中了解到，生态资产收储方面的资金还存在一定缺口，存在金融资源供需错配等问题。由此看来，若能扩大白沙“两山平台”与当地金融机构的合作面，建立县域生态信用制度，则能够在生态和金融领域共同构建起以“两山平台”为中心的长效正向循环。

第四，项目审批流程仍需简化，平台金融业务有待丰富。在“两山平台”的运作上，平台业务种类需要丰富、业务规模有待扩张、生态资产运营阶段的审批流程不够流畅等各种问题还需要缓解。

(二)国内外生态价值实现的金融支持经验总结

1.国外金融支持经验

(1)发展中国家经验——哥斯达黎加国家林业生态补偿基金

在具体做法上，哥斯达黎加政府依照当地《森林法》《公共服务监督法》《生物多样性法》等法律，以对当地林业进行补偿为目的设立国家林业生态补偿基金，以环境服务许可方式购买水源涵养、生态固碳等方面的生态产品，建立起生态保护补偿的市场化机制。在国家林业生态补偿基金的供给侧，以多元化的资金供给来源保证了国家林业生态补偿基金的可持续性。

哥斯达黎加国家林业生态补偿基金为金融支持机制的设计提供了重要的借鉴。首先，要充分发动广大农户参与生态保护和产业建设，让拥有和保护生态环境的农户获得实际的经济效益。其次，生态产业导向基金来源要足够多元化，构建可持续的生态反哺机制。最后，在机制逐渐成熟的基础上，结合已有的碳金融实践参与碳市场交易，以获得更广泛的资金来源，实现更大规模的生态效益转化。

(2)发达国家经验——德国复兴信贷银行(KFW)

首先，德国复兴信贷银行运用绿色债券、绿色信贷和绿色股权融资等金融产品提供了多样化、有针对性且强有力的金融支持。其次，德国复兴信贷银行联合各地的商业银行建立了生态信用决策体系，提高了金融支持的安全性。最后，在更大范围的影响下，更多种类的金融机构加入生态金融支持体系中，丰富和完善了当地生态金融支持体系。

可见，德国复兴信贷银行的经营和发展不断推动着生态金融制度演进，打造了以供需两端综合发力、市场环境公平透明、参与主体积极性强为显著特点的生态金融支持体系。

2.国内金融支持创新实践经验

(1)浙江省丽水市——“四贷一卡一站”金融支持路径经验

浙江省丽水市是全国首个生态产品价值实现机制国家试点地区，推出的“四贷一卡一站”金融支持模式，发展至今已成为金融支持生态产品价值实现路径探索中的创新实践典型案例。

第一，生态价值融资体系。例如，依托景宁县政府每年向以转化生态价值为主业的市场主体购买年度新增生态产品的制度，景宁县大均乡两山发展公司能够以从该制度中获得的收益权作为质押物，从县农商行获得生态质押贷款。

第二，生态信用融资体系。首先，丽水市创造性地建立了以企业、村集体和个人为适用对象的生态信用制度，实行“绿谷分”(信用积分)动态量化评分管理。其次，丽水市将生态信用信息运用于贷款准入、贷款额度划拨、贷款利率制定等环节。最后，丽水市各大金融机构基于生态信用制度和信用互联机制打造了在贷款授信审查中运用生态信用的“两山信用贷”产品。

第三，生态项目融资体系。丽水市项目融资体系的构建由国家开发银行作为融资授信来源和监管机构，为统筹县域范围内生态项目建设资金的筹集和管理，丽水市遂昌县成立了两山投资发展集团有限责任公司(即当地“两山公司”)。

第四，区块链融资体系。在全国最大的绿茶产地市场——松阳县浙南茶叶市场中,市场为茶商发放的茶叶溯源卡能够运用区块链技术记录茶商交易信息,作为茶商们自主在线办理“茶商 E 贷”的信用评估依据,使得这类专门面向生态产业的信贷产品更加高效便捷。

第五,生态惠农卡。在农户通过生态惠农卡购进有机肥料、高效低毒环保药剂等各种符合生态环保要求的农用物资时,生态惠农卡能够将相关的交易信息上传至平台,并以此为依据进行计算和划转相应补贴。

第六,“两山”金融服务站。丽水市在原有的 460 余个金融网点与服务站中赋加了生态金融职能,构建了以实体金融机构为依托的市内生态信用与金融信用联结体系。“两山”金融服务站承担着生态信贷产品宣传、生态惠农卡等产品支持、贷前审查与贷后管理的职能。

与白沙县相比,丽水市同样也是开办“两山银行”进行市域生态资产运作的地区,在其金融支持路径的探索当中,可以看出当地政府部门、“两山银行”、金融机构、生态企业与农户之间以交易数据采集、生态信用评定等方式建立了广泛密切的联系,在盘活生态资产、促进生态产业发展的同时,也在社会范围内形成了有利于生态可持续发展的正确导向。

(2)江西省抚州市——“四中心一平台”金融支持路径经验

江西抚州是继浙江丽水之后全国第二个生态产品价值实现机制改革试点城市。抚州市搭建的“四中心一平台”生态资产实体运作体系在近年来的发展中收获了良好的成效。

第一,金融规划引领。在当地人民银行和政府部门的指导下,抚州市的生态产品价值实现工作建立了专项金融统计制度,建立了生态产品产业目录,统一了信贷数据统计口径和标准,明确了行业、企业和项目的信贷准入标准和企业名录。

第二,金融创新发力。在相关政策文件的规划引领下,银行业金融机构针对各类行业推出了“油茶贷”“森林赎买贷款”“畜禽智能洁养贷”等多种生态产业类信贷产品。保险业金融机构也同样在创新层面进行发力,以“一县一品”的要求创新推出“双孢菇收益保险”“白莲险”等十余个新险种,推动了当地生态农业保险产品创新。

第三,金融服务优化。在机构设置上,抚州市在全市范围内成立了 7 家生态金融事业部、5 家生态支行和 1 家科技支行,组建了抚州绿色保险产品创新实验室等新型专营机构,从而丰富了金融服务的生态属性,推动了以金融为渠道开展生态工作的进程。

第四,金融风险防控。首先,建立政府与银行共担的生态风险补偿金制度和科技型企业贷款风险补偿金制度。其次,出台《抚州市农业商业性补充保险扶持方案》，推行农业商业性补充保险制度，健全当地农业保险市场，构建当地生态产业"政策＋商业"保险支持路径。

（三）白沙"两山平台"的"五方三域"金融支持路径设计

1.白沙"两山平台"的作用与定位

通过对生态产业化各方主体的深入了解，可归纳出金融支持中"两山平台"对各主体发挥的作用。白沙"两山平台"主体定位如图2所示。

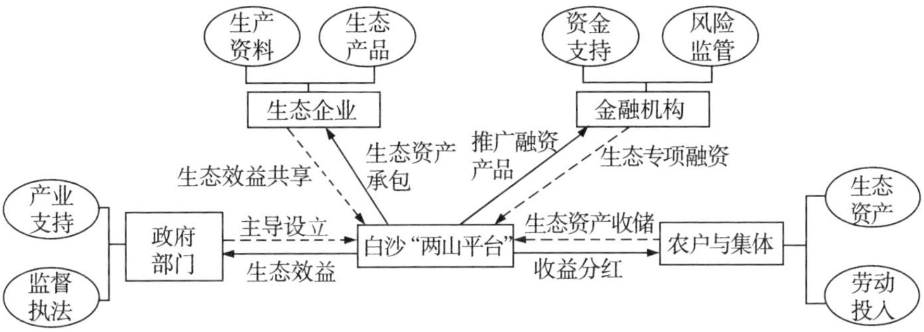

图2　白沙"两山平台"的主体定位

"两山平台"是农户和村集体生态资产价值实现的载体。在"两山银行"的运作下，劳动力投入、融资需求和生态资产供给方面也在生态产业化中发挥着重要作用，应当将其纳入多元化的金融支持路径构建中，从而更全面地体现生态产业化中各方利益的协同关系。

"两山平台"是生态产业金融支持的中心机构。白沙"两山平台"虽然并非银行业金融机构，而是作为服务于生态产业化进程始终的平台方，但不仅应当作为维系政府、银行、企业、农户的纽带而存在，更应该是一个构建起县域生态产业化金融支持的中心机构。

"两山平台"是县域生态合作的联结机构。政府、银行和企业的融资合作关系在金融支持路径的研究中相对更为成熟。基于以上分析可知，"两山平台"能够使政府、银行和企业三方的关系更趋和谐，并能够以生态发展为核心促成各方利益联结，在县域范围内打造有助于生态价值实现的多方合作平台。

2."五方三域"支持路径的内涵和设计原则

（1）"五方三域"金融支持路径的内涵

第一，明晰平台定位，联络"五方"关系。白沙"两山平台"作为生态价值实现载体、生态产业金融支持中心机构以及生态合作联结机构，理应促成与政府部门、生态企业、金融机构、农户四方主体的有机结合。第二，承担多重职能，明确"三域"目标。白沙"两山平台"配套金融支持路径应当以生态资产运作、资金融通和生态利民反哺为目标进行规划设计。第三，结合研究视野，命名“五方三域”。基于以上推导分析，将以白沙“两山平台”为核心构建的金融支持路径命名为“五方三域”金融支持路径。

(2)“五方三域”金融支持路径设计原则

第一，科学性原则。“两山银行”金融支持路径构建的科学性是指要对现有生态产业化金融支持路径和土地融资状况进行分析研判。第二，可行性原则。白沙“五方三域”金融支持路径是以白沙县生态产业化发展状况为出发点，以对当地自然生态、风土人文和经济运行等县情的认识为背景支撑，设计出的一套在当地具有较强适用性的金融支持路径。第三，创新性原则。本文以白沙当地生态发展现状和金融支持现存问题为基准，以理论基础和经验借鉴为指导，博取国内外生态价值实现的金融支持路径之众长，自主设计出具有一定创新性的金融支持路径。

3.金融支持生态价值实现的内在机理

金融支持生态价值实现的内在机理如图 3 所示。

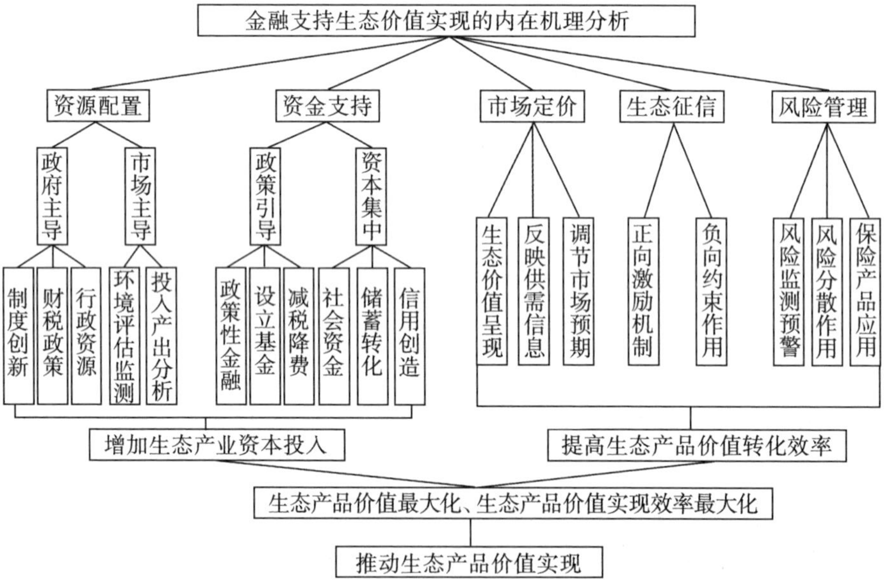

图 3　金融支持生态价值实现的内在机理分析

(1)资源配置

在资源配置视角下，可将相关机制划分为政府主导型和市场主导型两类。如本文立足的“两山银行”正是盘活和运营生态资产的政府主导、企业和社会参与的市场化制度集成创新的突出典型。市场主导型机制往往构建在由相对完善的生态、产业经济及金融政策制度组成的市场体系之上。

(2)资金支持

生态产品的开发供给与技术提升、生态企业的经营与扩张、生态品牌的建设和发展、生态产品交易市场的正常运转需要充足的资金保障。

(3)市场定价

市场定价机制的作用是使生态产业项目价值得到科学评估,生态产品价格得到市场认可,市场信息不对称得到缓解,有利于调整社会预期,使更多社会资本了解并加入生态产业的投资和经营,从而支持和促进生态产品价值实现。

(4)生态征信

金融可利用征信机制的建设和推广,在生态方面对各方主体赋予对生态保护和发展有益的正向激励和负向约束,这有助于提高生态产品价值转化效率。

(5)风险管理

金融机构和市场能够通过经营环节中的风险评估和预警机制,作用于生态环境风险评估和生态项目风险监测,从而有效地对生态产业项目进行风险管理。

4."五方三域"金融支持路径

"五方三域"金融支持路径如图4所示。

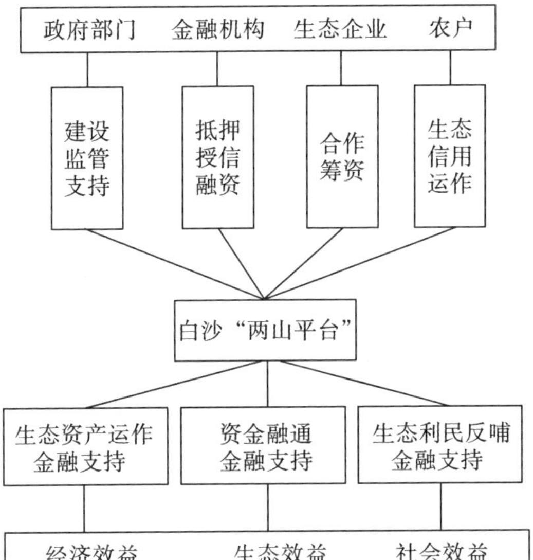

图4 "五方三域"金融支持路径

(1)以生态资产运作为核心的金融支持机制

生态资产运作作为"两山平台"的基本职能,应当充分发挥金融机构作用,围绕“两山平台”生态资产的盘活运作环节，以生态资产运作过程中的生态权益、生态产品等为融资工具，引入银行、担保等金融机构进行以生态资产运作为核心的金融支持（见图 5）。

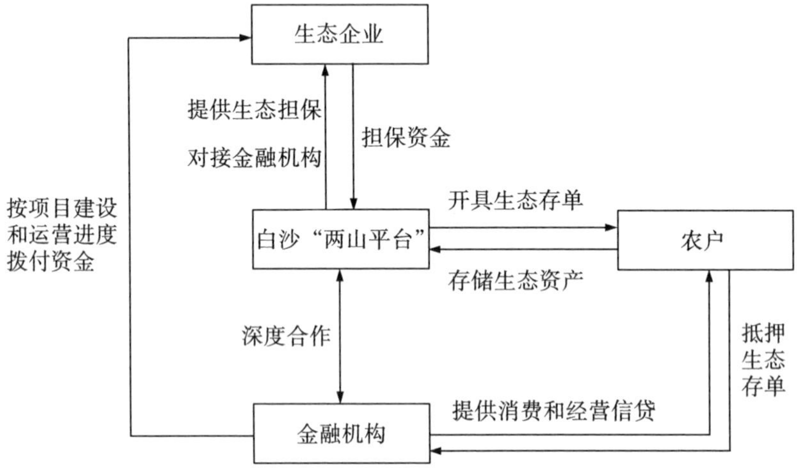

图 5　以生态资产运作为核心的金融支持机制

（2）以资金融通为核心的金融支持机制

为助力生态企业持续经营和地区生态产业化平稳健康发展，“五方三域”金融支持路径构建了以保障生态企业运营为目的、以资金融通为核心的金融支持机制（见图 6）。

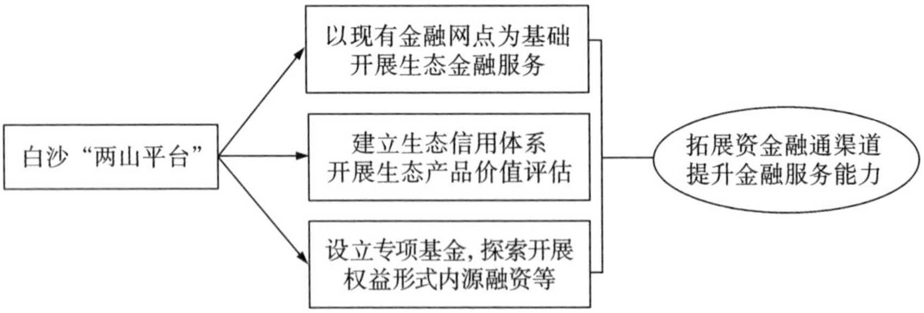

图 6　以资金融通为核心的金融支持机制

（3）以生态利民反哺为核心的金融支持机制

通过创建以生态利民反哺为核心的金融支持机制引导农户参与生态产业化项目，吸引富余劳动力在生态产业项目中就业，满足生态产业项目对劳动力的需求（见图 7）。

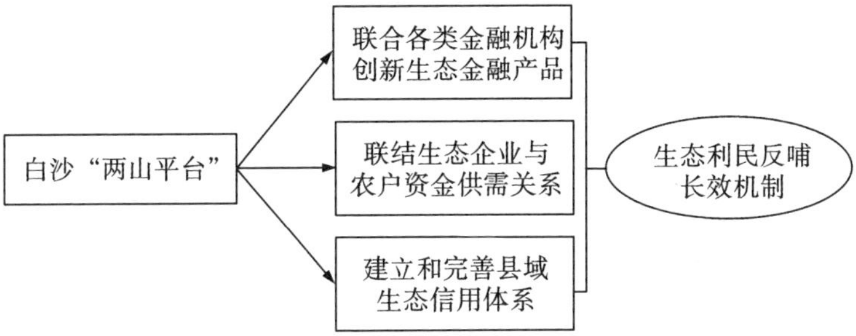

图 7 以生态利民反哺为核心的金融支持机制

五、实现白沙“五方三域”金融支持路径的建议

(一)强化政治引领,转变政府职能

第一,完善生态产业补贴支持政策。各级政府和职能部门要将“两山平台”建设作为工作重点,继续加大对环境保护和生态建设的投入,切实提高相关专项资金的使用绩效,如贴息补助支持、产业基金支持等,创新融资模式,促进生态产业发展,共同构建县域生态产业金融支持要素,促进形成县域生态产业向心力。

第二,促进政府职能由组织向监管、指导转变。政府应在生态金融监管方面转变职能,一方面做好风险评估监测,构建金融、财政、环保等多部门共同参与的监管格局;另一方面,要加强对生态产业的规划和指导,通过定向财政补贴和税收优惠政策鼓励相应领域的产业加入当地竞争市场。

第三,建立生态产品价值实现和生态环境保护长效监测机制。一方面,发挥好政府部门在产业发展中的监督监管作用,树立政府生态政绩观;另一方面,可向县域范围内广大农户进一步普及生态信用,对从事生态产业和生态保护活动的农户予以补贴奖励和信贷额度支持。

(二)统筹生态金融,深化双边合作

第一,设立白沙“两山平台”金融服务,以赋予生态资产金融属性、促进生态产业投融资便利化为目的,制定生态资产价值评估方案,以平台方的角色建立与金融机构的合作关系,面向农户和生态产业经营主体提供与生态资产价值相对应的融资授信和抵押担保等金融服务。金融支持生态茶产业项目发展模式如图 8 所示。

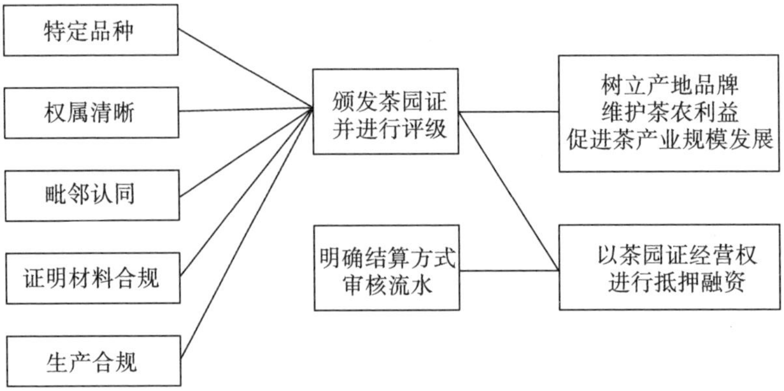

图8　金融支持生态茶产业项目发展模式

第二,建立政府引导、市场运作、社会参与的多元投入路径,联合当地银行等金融机构,建立并完善县域生态信用机制,共同强化对县域生态产业的金融支持力度。

第三,创造生态金融协同推进典型案例。建议以茶园小镇为金融示范创建试点区,大力引导各银行机构加大对茶园小镇茶叶生产链的信贷投放力度,以茶园小镇为典型案例孵化器,通过金融示范区中各类金融机构的协同创新构建生态金融发展正向激励机制。

第四,开展生态金融创新。一是探索建立林权赎买制度,建设国有"绿色不动产"。二是在国家和省政府支持下探索建立森林覆盖率指标交易制度。三是与下游地区探索开展排污权和水权交易。

(三)前瞻绿色金融,布局生态融资

第一,要发展绿色金融,就要鼓励金融机构开发生态金融产品和服务。目前,可将白沙县域内热带雨林森林碳汇作为重点探索地区,参与国家碳排放交易。通过碳汇交易机制,生态资源价值得到充分转化和实现。

第二,通过推动林权抵押融资等新型融资工具规范发展,鼓励金融机构开发碳资产抵押贷款、碳期货、碳期权等碳系列金融产品,实现碳金融领域的多向发展。

第三,以县级国有绿色生态发展公司为主要抓手,以本地已收储的自然资源资产评估价值为抵押标的,向金融机构申请生态资产抵押贷款,用于生态特色产业发展和自然环境保护行动。

第四,加大生态环保投入。建立政府、企业、社会多元投入机制。探索建立政府财政资金与社会融资等的组合使用制度,构建财政、金融、民间资本等多种类型资金共同参与和以“两山平台”为核心的金融支持体系。金融支持林业碳汇项目发展模式如图 9 所示。

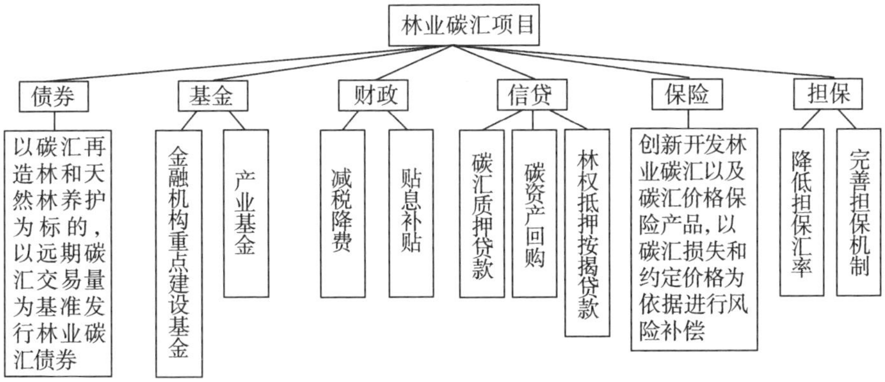

图 9　金融支持林业碳汇项目发展模式

(四)强化合规监管，完善风控手段

第一，农业主管部门结合特色生态产品实际情况，鼓励保险公司开展多种产品的保险险种，提供多种模式的承保方案，开发适应不同农户需求的“基本险＋附加险”产品。依托“两山平台”引进政策性保险机构和商业性保险机构，进一步完善生态产业保险政策，完善生态产业金融保险体系。

第二，金融监管部门应当牵头建立县域金融评级制度，增强公众透明度，构建有显著影响力的生态金融监管体系，全面改善地方金融生态及信用环境，提高产业主体信贷可得性。

第三，白沙“两山平台”应在业务经营中主动开拓和履行监管职能，在充分合作的基础上制定各方认可的生态资产和生态产品价值评估衡量机制，联合各机构共同建立县域生态产业经营监测机制和金融风险联防机制。

第四，加大橡胶保险＋期货的推动力度。在原有的橡胶保险＋期货的基础上，继续提升橡胶保险＋期货投保户数和投保金额，稳定橡胶种植户收入，更好服务“三农”。

(五)开展宣传教育，弘扬乡村振兴

第一，弘扬“两山”建设风尚。利用广播、电视、官方网站、微博、微信等媒体，宣传白沙推进“绿水青山”价值转化的典型案例。适当设立白沙“两山”创建宣传画、宣传标语、公益广告等，结合环境主题节日活动，组织开展“两山”宣传教育，全面普及“两山”思想及相关知识。

第二，促进生态领域产学研上游合作和下游科普工作有效衔接。每年发布

“绿水青山”质量评估指标，与国内外绿色公益组织洽谈，合作打造本县“两山”文化名片；发挥本地生态资源优势，建设科普展览馆、科普长廊，设置标识牌等，成立专门宣教机构，打造一批科普教育基地，强化本地公众及游客生态文化、“两山”文化教育。

第三，面向农户和企业普及金融基础知识、增强诚信意识，以真实守信失信案例、金融违法犯罪案例和县域生态金融建设动态为宣介推广重点，鼓励各村镇单位评选当地守信模范并予以嘉奖，对失信行为予以惩戒和批评教育，形成守信互助的良好风尚。

参考文献

[1]“两山”理念研究院.“绿水青山就是金山银山”理念安吉发展报告：2005—2020[M].北京：中国社会科学出版社，2021.

[2]白莹，安晓祥.绿色金融支持黄河流域生态保护与高质量发展的现状、问题与对策研究[J].北方金融，2022(1)：70-73.

[3]陈健鹏，高世楫.我国促进生态产品价值实现相关政策进展[J].发展研究，2020(2)：57-69.

[4]陈时兴.中国农村金融发展绩效与制度创新研究[M].北京：中国社会科学出版社，2010.

[5]陈学军，张沁梅，李云芳.湖南民族贫困地区经济发展中金融支持问题与对策研究[J].中南林业科技大学学报(社会科学版)，2016，10(3)：50-54.

[6]陈雨露.生态金融的发展与未来[M].北京：人民出版社，2015.

[7]程翠云，李雅婷，董战峰.打通“两山”转化通道的绿色金融机制创新研究[J].环境保护，2020(12)：35-39.

[8]崔莉，厉新建，程哲.自然资源资本化实现机制研究：以南平市“生态银行”为例[J].管理世界，2019，35(9)：95-100.

[9]高吉喜，范小杉，李慧敏，等.生态资产资本化：要素构成·运营模式·政策需求[J].环境科学研究，2016，29(3)：315-322.

[10]高吉喜，李慧敏，田美荣.生态资产资本化概念及意义解析[J].生态与农村环境学报，2016，32(1)：41-46.

[11]高吉喜，孙勤芳，朱琳.实施乡村振兴战略推进农村生态文明建设[J].环境保护，2018(7)：12-15.

[12]高晓龙，张英魁，马东春，等.生态产品价值实现关键问题解决路径[J].生态学报，2022，42(20)：8184-8192.

[13]黄祖辉.“绿水青山”转换为“金山银山”的机制和路径[J].浙江经济，

2017(8):11-12.

[14]姜玲珍,吴康勇."两山银行"搭建生态产品价值实现桥梁[J].浙江经济,2021(12):74-75.

[15]金佩华,杨建初,贾行甦.绿水青山就是金山银山理念与实践教程[M].北京:中共中央党校出版社,2021.

[16]兰勇,周孟亮,易朝辉.我国家庭农场金融支持研究[J].农业技术经济,2015(6):48-56.

[17]李宏伟,薄凡,崔莉.生态产品价值实现机制的理论创新与实践探索[J].治理研究,2020,36(4):34-42.

[18]李璞,欧阳志云.金融创新生态产品价值实现路径研究[J].开发性金融研究,2021(3):88-96.

[19]刘薇.市场化生态补偿机制的基本框架与运行模式[J].经济纵横,2014(12):37-40.

[20]柳荻,胡振通,靳乐山.美国湿地缓解银行实践与中国启示:市场创建和市场运行[J].中国土地科学,2018,32(1):65-72.

[21]张俊强.商业银行发展县域网络金融业务的策略探讨[J].现代金融,2016(7):23-24.

[22]曲洁,杨宁,王佳.德国复兴信贷银行发展绿色金融的经验与启示[J].中国经贸导刊(中),2019(11):105-106.

[23]石敏俊,陈岭楠,林思佳."两山银行"与生态产业化[J].环境经济研究,2022,7(1):120-126.

[24]石敏俊.生态产品价值的实现路径与机制设计[J].环境经济研究,2021,6(2):1-6.

[25]唐红娟,吕志虎.国际银行绿色信贷的发展及其对我国的启示[J].特区经济,2022(5):106-109.

[26]王会,姜雪梅,陈建成,等."绿水青山"与"金山银山"关系的经济理论解析[J].中国农村经济,2017(4):2-12.

[27]王金南,苏洁琼,万军."绿水青山就是金山银山"的理论内涵及其实现机制创新[J].环境保护,2017,45(11):13-17.

[28]王勇,王亮,余升国.自贸区离岸金融制度创新理论分析框架[J].上海经济研究,2018(5):93-104.

[29]王勇,朱彤彤,叶淦.海南省金融发展和经济增长:"供给主导"还是"需求遵从"[J].南海学刊,2017(2):85-93.

[30]吴健,郭雅楠,余嘉玲,等.新时期中国生态补偿的理论与政策创新思考

[J].环境保护,2018,46(6):7-12 .

[31]吴伟宏,贾立斌,席晶.哥斯达黎加森林生态系统服务付费的实践与启示[J].环境保护,2022,50(12):75-80.

[32]吴祎哲,张俊强,龚西.农村社区经济发展模式浅析:以豫南地区为例[J].山西青年,2016(9):92.

[33]姚红.以“两山”理念指引绿色金融发展[J].中国金融,2021(2):40-41.

[34]张文明.完善生态产品价值实现机制:基于福建森林生态银行的调研[J].宏观经济管理,2020(3):73-79.

[35]白莹,尹雪娜.碳达峰、碳中和愿景下内蒙古自治区草原碳汇经济发展与金融支持路径研究[J].北方金融,2022(3):50-57.

[36]钟业昌.走向中国特色自由贸易港:十论学习习近平总书记“4·13”重要讲话精神[M].海口:海南出版社,2019.

[37]JONES B L. A model of cooperative finance:comment [J]. American journal of agricultural economics,1986,68(1):170-172.

[38]DALY H E. Beyond growth: the economics of sustainable development [M]. Boston: Beacon Press, 1997.

[39]HOPE R A,BAKER D E. Structure and finances of U.S. farms: family farm report,2010 edition [J]. Economic research service,2010(7):61-73.

[40]ARESTIS P,DEMETRIADES P,LUINTEL K B. Financial development and economic growth: the role of stock market [J]. Journal of money credit and banking,2001,33(1):16-41.

[41]GOLDSMITH G W. Financial structure and development [M]. New Haven and London: Yale University Press, 1969.

[42]LAEVEN L,LEVINE R,MICHALOPOULOS S. Financial innovations and endogenous growth [J]. Journal of financial intermediation,2015, 24(1):1-24.

[43]SINKEY J F. Commercial bank financial management [M]. Upper Saddle River:Prentice Hall,2002.

[44]DWYER L,FORSYTH P. Foreign tourism investment: motivation and impact [J]. Annals of tourism research,1994,21(3):512-537.

社会网络、融资渠道对农村女性创业行为的影响研究

田潇*

摘　要：中国是一个人情社会，在农村这一特征更明显，社会网络在农村这一人情社会中发挥着重要的作用。那么，针对农村女性的创业行为，社会网络会起到怎样的作用呢？本文选用 2018 年中国家庭追踪调查（CFPS）数据，选择农村女性作为研究对象，构建 Probit 模型，探究农村女性群体的社会网络关系对她们创业行为的影响，进一步分析该影响是否存在区域异质性。同时，构建中介效应模型，分别检验正规融资渠道、非正规融资渠道等方式是否可以起到中介作用。研究结果表明，社会网络会给农村女性创业行为带来显著的正向影响。在社会网络对农村女性创业行为的影响中，非正规融资渠道不存在中介作用，正规融资渠道存在部分中介作用。最终根据结论提出五点建议：政府应积极引导农村女性多元化社会网络的构建与发展；农村女性要摆脱传统观念的束缚，构建和发展多元化社会网络；不断推进农村金融的发展，助推农村女性创业；社会各界人士应积极为农村女性创业环境的构建贡献力量；政府应积极助推农村女性创业。

一、研究背景与研究意义

（一）研究背景

党的十九大报告指出，就业是最大的民生，鼓励创业带动就业。社会网络在创新创业活动中的作用是不可或缺的（汤学兵等，2020）。个人的社会资源作为社会网络的组成部分，对于女性创业来说是不可或缺的（Rosa and Hamiltonc，1996）。在与男性创业者对比之后，可以看出，女性创业者所拥有的

---

* 田潇：2019 级农业管理专业硕士研究生。指导教师：许能锐教授。

社会网络的规模比较小，主要是女性创业者的性别、职业差异等造成的(李新春等，2017)。

对于女性创业者而言，其在创业过程中偏好通过哪种融资渠道来筹集创业资金，往往受到创业资金约束性的限制(穆瑞章等，2017)。银行等机构对于女性创业者的借款要求，相比于男性创业者的借款要求而言是更高的，一般需要女性创业者提供价值较高的借贷抵押品，或者女性创业者的借款利率比男性创业者高(连军等，2011)。所以，在创业活动的初始阶段，更多的女性创业者会更偏好于选择通过非正规的金融渠道来获得创业所需的资金，比如向民间的一些金融机构借款或者是向自己的亲朋好友借款(Robb and Wolken，2002)。

女性创业在整个创业大趋势、大环境中是必不可少的一部分。当前的中国农村大社会中，金融手段与渠道的规范性问题一直存在。农村女性的社会网络模式与正规和非正规等融资渠道是否存在显著的差异性影响，学术界对于农村女性创业行为方面的这类问题仍缺乏较为深入的研究。在乡村振兴中，如何解决农村女性剩余劳动力就业成为需要重点关注的问题。农村女性创业可以改善农村家庭的经济状况，发展带动农村经济，政府积极引导农村女性进行创业，成为解决农村女性剩余劳动力就业等问题的有效办法。

我国是一个“人情”社会，在这种社会中社会网络的作用是非常重要的，农村女性创业信息的获得、创业风险的分担等都可能通过社会网络实现。农村女性的社会网络可以帮助农村女性开展借贷活动，缓解创业行为带给农村女性的资金压力，有助于农村女性创业行为的实施(贺建风等，2019)。鉴于此，本文研究的主旨问题是“社会网络如何通过融资渠道影响农村女性创业行为”，主要研究社会网络对农村女性创业行为的影响，并探讨融资渠道在其中所发挥的中介作用。

(二)研究意义

1.理论意义

目前，关于女性创业行为影响因素的研究，开展时间较早、研究内容较广泛、研究力度较大的还是发达国家，而我国在相关的经济条件、政策、融资渠道等方面与发达国家存在许多不同，发达国家关于女性创业行为影响因素的研究是否适用于我国的女性创业行为研究是一个有待商榷的问题，需要针对我国的女性创业行为影响因素相关问题进行专门的研究。

本文分析了社会网络对农村女性创业行为的影响，并进一步分析了社会网络、融资渠道对于农村女性创业行为产生影响的关系机制，丰富了农村女性创业的理论研究。

2.实践意义

基于社会网络对农村女性创业行为进行相关研究，有助于政府找到农村女性创业时面临的实际问题，为政府出台专门的农村女性创业支持政策提供相应启示和参考；有助于农村女性创业环境的优化，以实际政策保障农村女性创业，提高农村女性在乡村中的地位，减轻农村女性就业压力，并可以积极带动更多农村女性参与到农村创业活动中去，更好地发展农村经济，最终使农村女性在促进社会经济的发展中贡献出更多力量。

本文通过对农村女性创业时的正规、非正规融资渠道进行分析，了解当前我国农村女性进行创业时融资渠道的中介作用，可以为我国农村金融的发展和改革提出合理化建议。

二、文献述评

（一）文献综述

1.社会网络与创业行为

（1）社会网络与农民创业行为

当农民个人作为创业者去创业的时候，其社会网络规模越大、范围越广，越有助于农民个人创业行为的开展实施（Allen，2000；Yueh，2009；Zhang et al.，2011）。社会网络范围广泛的农民有更大的意愿去从事创业活动，因为广泛的社会网络能够给农民带来民间借贷，能够减轻农民从事创业行为时所要承受的资金压力（马光荣等，2011）。

（2）社会网络与女性创业行为

在社会网络与女性创业行为的研究中，社会资源作为社会网络中的一个组成部分，对于女性创业行为而言是一种非常重要的资源（Rosa and Hamiltonc，1996），因为社会网络可以帮助女性创业者获得创业所需要的资金、人员、创业经验等资源，对于女性创业者的创业活动而言，是不可或缺的资源组成部分（Brush et al.，2001）。

2.融资渠道与创业行为

（1）融资渠道与居民创业行为

Cagetti（2006）认为，创业者的融资渠道往往会受到当地融资约束的影响，资金融通的约束对创业者产生了很大的影响。王涛等（2016）认为，一个地区的金融发展水平会给地区的经济社会发展带来影响。金融的发展能够吸引到更多的人进行创业，提高创业在人们心中的地位和可能性（张龙耀等，2013）。

（2）融资渠道与女性创业行为

在创业的初始阶段，相比于男性创业者而言，女性创业者对于用正规金融机构进行融资的意愿是不强烈的（Coleman and Robb 2012）。即使有女性创业者选择通过正规金融机构进行融资，也会面临更高的要求，融资难度也更大（Kuada，2009）。

3.社会网络、融资渠道与创业行为

一个农户的社会关系越广阔，交往程度越深刻，那么他的民间借贷行为或非官方的融资行为意愿会越强（杨汝岱等，2011）。马光荣等（2011）发现，正规金融机构发展越不完善的地区，农民选择非正规金融借贷的意愿越强烈，对于这些地区的农民的创业而言，更认可通过亲朋好友的渠道进行借款，民间借贷对农民创业起到了非常重要的作用。

4.农村女性创业

国外有关农村女性创业的研究，主要围绕农村女性个人的成长环境、成长经历和社会环境等方面。Sidhu 等（2006）认为在家庭中所做的家务劳动会使女性的个人能力、见识等得到锻炼，有助于女性的创业。Tambunan（2009）认为阻碍女性创业的因素主要有受教育程度、培训机会和融资难度等。

国内学者在研究中发现，观念性、社会性因素使农村女性成为创业者中的弱势群体，给农村女性的创业带来阻碍（霍红梅等，2013）。王华锋和李生校（2009）研究发现，阻碍女性创业活动开展的重要因素，是社会对女性的性别歧视，社会资本、人力资本对社会歧视环境下的女性创业会产生积极的正向推动作用。

（二）文献述评

通过对国内外相关文献的梳理可以看出，现有的研究大部分关注的是社会网络、融资渠道对创业的影响。从微观层面来看，社会网络如何通过正规融资渠道或非正规融资渠道等影响创业者创业行为方面的研究还不够深入。现有的针对创业问题的研究对象主要是农户或者是女性群体，关于农村女性创业群体的专门研究并不多见。

三、研究设计

（一）研究假设

假设 1：社会网络会对农村女性创业行为产生影响。

假设 2：社会网络对农村女性创业行为的影响存在地区异质性。

假设 3：社会网络通过融资渠道对农村女性创业行为产生影响。

假设 3a：正规融资渠道在社会网络对农村女性创业行为的影响中起到了中介作用。

假设 3b：非正规融资渠道在社会网络对农村女性创业行为的影响中起到了中介作用。

（二）数据来源

本文的数据来源于 2018 年中国家庭追踪调查（CFPS），调研的样本有

15051户，涉及58504人。本文将2018年中国家庭追踪调查中的个人问卷与家庭问卷进行匹配，对所选择的变量中的缺失值进行了剔除，并对异常值进行处理之后，共得到有效样本4949个。

(三)变量选取

本文的被解释变量为农村女性创业行为。根据钱龙等(2021)对于创业行为的解释，选用问卷中"您主要的工作类型为哪种"这一问题，问题的回答主要有四种，分别是：①自家农业生产经营；②私营企业、个体工商户或其他自雇；③农业受雇；④非农受雇。标记②即为创业行为的指代，并且将选择②的变量赋值为"1"，将选择其余回答的变量赋值为"0"。

本文的解释变量分别为社会网络和融资渠道。对于社会网络变量而言，本文主要用问卷中提到的"人情礼支出"这一变量来对社会网络变量进行具体解释，对应问卷中的问题是"包括实物和现金，过去12个月，您家总共出了多少人情礼"。对于融资渠道变量而言，对应问卷中的问题是"如果您家需要借金额较大的一笔钱，首选的借钱对象会是谁"，答案选择以正规融资渠道和非正规融资渠道的内涵进行划分。回答中的"银行、非银行正规金融机构"衡量了正规融资渠道，"父母或子女、亲戚、朋友、民间借贷机构和个人"衡量了非正规融资渠道。在研究过程中采用二元变量来确立，前者赋值为"1"，后者设为"0"。

本文的控制变量主要有年龄(16—60岁)、健康状况、受教育程度、党员、个体劳动者协会、全职工作经历、家庭规模等。

在研究时，为了衡量地区经济差异，将各省市划分为东中西部地区，进行地区异质性的分析。

(四)模型设计

1.基准回归模型

以农村女性是否创业为因变量，社会关系和创业资金的融资渠道为二值选择的因变量，建立Probit模型作为基准回归模型，具体形式如下：

$$P(RE_i=1 \mid X_i)=\Phi(X_i)=\alpha+\beta_i SN_i+\gamma_i FF_i/IF_i+\lambda_i X_i+\mu_i \quad (1)$$

其中，i表示不同的农村女性，$P(RE_i=1|X_i)$表示农村女性i选择创业行为的概率，$\Phi(\cdot)$为标准正态分布的累积分布函数，SN是社会网络变量，SN_i表示农村女性i的社会网络情况，FF代表正规融资渠道变量，FF_i表示农村女性i的正规融资渠道情况，IF代表非正规融资渠道变量，IF_i表示农村女性i的非正规融资渠道情况，X是农户的相关特征等控制变量。

2.中介效应模型

对社会网络通过融资渠道对农村女性创业行为的影响，可以构建如下中介效应模型：

$$RE_i = \delta_0 + \delta_1 SN_i + \delta_{2i} X_i + w_1 \tag{2}$$

$$FF_i / IF_i = \theta_0 + \theta_1 SN_i + \theta_{2i} X_i + w_2 \tag{3}$$

$$RE_i = e_0 + e_1 SN_i + e_2 FF_i / IF_i + e_{3i} X_i + w_3 \tag{4}$$

其中，RE_i 表示农村女性 i 选择创业行为，SN_i 表示农村女性 i 的社会网络情况，FF_i 表示农村女性 i 的正规融资渠道情况，IF_i 表示农村女性 i 的非正规融资渠道情况，X 是控制变量，δ、θ、e 是常数项，w 是随机干扰项。

（五）描述性统计

如表 1 所示，可以看到在 4949 个农村女性的样本中，有 9.5%的农村女性进行创业行为，符合目前创业创新大趋势下对相关创业比例的研究。通过健康状况也可以看出农村女性整体的健康状况属于比较健康及以上。农村女性中党员占 0.9%。在对农村女性融资渠道的分析中可以看出，农村女性中选择正规融资渠道的占比为 31.6%，选择非正规融资渠道的占比为 44.5%，共有 76.1%的农村女性会选择进行资金借贷。通过表 1 还可以看出，在农村女性中还存在 4%的个体加入了劳动者协会，37.9%的农村女性有过全职工作的经历。

表 1　主要变量定义及描述性统计

	变量定义	样本量	均值	标准差	最小值	最大值
农村女性创业行为（*RE*）	选择“私营企业、个体工商户或其他自雇”，该变量为 1，否则为 0	4949	0.095	0.293	0	1
社会网络（*SN*）	年度人情礼支出对数值	4949	7.252	2.391	0	11.695
外出就餐费用（ln*out_expen*）	每月外出就餐费用取对数	4949	2.536	3.022	0	9.21
正规融资渠道（*FF*）	选择“银行、非银行正规金融机构”，该变量为 1，否则为 0	4949	0.316	0.465	0	1
非正规融资渠道（*IF*）	选择“父母或子女、亲戚、朋友、民间借贷机构和个人”，该变量为 1，否则为 0	4949	0.445	0.497	0	1
年龄（*age*）	调查年份—出生年份	4949	32.577	10.057	16	60
受教育程度（*edu*）	从未上过学＝0，文盲与半文盲＝1，小学＝2，初中＝3，高中、中专、技校、职高＝4，大专＝5，大学本科＝6，硕士＝7，博士＝8	4949	3.585	1.975	0	8

续表

	变量定义	样本量	均值	标准差	最小值	最大值
健康状况(*health*)	不健康=1,一般=2,比较健康=3,很健康=4,非常健康=5	4949	3.240	1.135	1	5
党员(*party*)	如果是党员,该变量为1,否则为0	4949	0.009	0.096	0	1
个体劳动者协会(*association*)	如果加入劳动者协会,该变量为1,否则为0	4949	0.040	0.196	0	1
全职工作经历(*fulltime job*)	如果有过全职工作经历,该变量为1,否则为0	4949	0.379	0.485	0	1
家庭规模(*family size*)	具体数值	4949	4.764	2.032	1	1

在对农村女性的4949个样本进行整理之后,共有468个样本进行创业行为,4481个农村女性样本未进行创业行为,分别对其进行了描述性统计,见表2和表3。通过对比可以发现,进行创业行为的农村女性,在年度人情礼支出以及外出就餐费用方面高于未进行创业行为的农村女性,年度人情礼支出以及外出就餐费用可以反映社会网络,也可以认为,进行创业的农村女性在社会网络的花费上,要高于未进行创业行为的农村女性。

此外,还可以发现,对于融资渠道的选择方面,进行创业行为的农村女性中,有35.7%的农村女性选择银行等正规融资渠道,而未进行创业行为的农村女性中,选择正规融资渠道的比例是31.2%;未进行创业行为的农村女性中,选择非正规融资渠道的比例是44.9%,高于进行创业行为的农村女性的40.8%。

表2　农村女性未进行创业行为的统计特征

	样本量	均值	标准差	最小值	最大值
RE	4481	0	0	0	0
SN	4481	7.213	2.407	0	11.002
ln*out_expense*	4481	2.460	2.996	0	9.21
FF	4481	0.312	0.463	0	1
IF	4481	0.449	0.497	0	1
age	4481	32.411	10.283	16	60
edu	4481	3.559	2.013	0	22
health	4481	3.241	1.144	1	5

续表

	样本量	均值	标准差	最小值	最大值
party	4481	0.009	0.096	0	1
association	4481	0.037	0.189	0	1
fulltime job	4481	0.380	0.485	0	1
family size	4481	4.752	2.028	1	21

表 3　农村女性进行创业行为的统计特征

	样本量	均值	标准差	最小值	最大值
RE	468	1	0	1	1
SN	468	7.625	2.195	0	11.695
ln*out_expense*	468	3.262	3.169	0	8.007
FF	468	0.357	0.480	0	1
IF	468	0.408	0.492	0	1
age	468	34.167	7.383	16	60
edu	468	3.831	1.548	0	16
health	468	3.226	1.047	1	5
party	468	0.009	0.092	0	1
association	468	0.066	0.249	0	1
fulltime job	468	0.376	0.485	0	1
family size	468	4.874	2.061	1	13

四、社会网络、融资渠道对农村女性创业行为的影响分析

(一)相关性分析

如果变量之间存在关联,并且关联程度较高,就代表变量间存在共线性的问题,会对回归结果产生干扰影响。因此,本文在进行回归分析之前,先做相关性分析,结果见表 4。

从表 4 中可以看到,所有的两两变量之间,其绝对值在 0.1 之下的占到了 80%,0.2 之下的占到了 92.4%,可以看出,各变量之间存在较低的相关程度,说明在进行回归分析时,多重共线性带来影响的概率不大。

表 4　各变量的相关性系数

	RE	*SN*	*FF*	*IF*	*age*	*edu*	*health*	*party*	*association*	*family size*	*fulltime job*	lnout_expense
RE	1											
SN	0.050***	1										
FF	0.028**	0.069***	1									
IF	−0.024*	0.001	−0.608***	1								
age	0.051***	0.053***	−0.025*	0.043***	1							
edu	0.040***	0.028**	0.089***	−0.121***	−0.562***	1						
health	−0.004	−0.003	0.027*	−0.02	−0.262***	0.177***	1					
party	−0.003	−0.011	−0.002	0.002	−0.051***	0.082***	0.015	1				
association	0.044***	0	0.004	0.007	0.087***	−0.090***	0.016	0.013	1			
family size	−0.002	−0.008	0.026*	−0.064***	−0.048***	0.297***	0.036**	0.02	0.026*	1		
fulltime job	0.018	0.069***	−0.031**	0.103***	−0.02	−0.120***	0.029**	0.001	0.012	−0.124***	1	
lnout_expense	0.078***	0.077***	0.083***	−0.103***	−0.088***	0.215***	0.045***	−0.01	0.007	0.181***	−0.161***	1

(二)社会网络对农村女性创业行为的影响分析

将农村女性创业行为作为因变量,社会网络、正规融资渠道、非正规融资渠道、年龄、受教育程度、党员、个体劳动者协会、全职工作经历、家庭规模等作为解释变量,进行回归分析,回归结果见表5。

表5 社会网络对农村女性创业行为的影响

	(1) Probit	(2) Marginal Effect
SN	0.034*** (2.73)	0.006*** (2.73)
age	0.020*** (6.84)	0.003*** (6.74)
edu	0.099*** (5.74)	0.016*** (5.71)
health	0.004 (0.18)	0.001 (0.18)
party	−0.101 (−0.37)	−0.017 (−0.37)
association	0.364*** (3.15)	0.060*** (3.15)
fulltime job	−0.097* (−1.67)	−0.016* (−1.67)
family size	0.024* (1.90)	0.004* (1.90)
East	0.139** (2.13)	0.023** (2.13)
Mid	0.122* (1.86)	0.020* (1.86)
Constant	−2.781*** (−14.25)	
Observations	4949	4949
Wald	89.61	

注:括号内为 z 统计值,*** 表示在0.01置信水平上显著,** 表示在0.05置信水平上显著,* 表示在0.1置信水平上显著。

从表5中可以看出，社会网络与农村女性创业行为是显著的正相关的关系，并且在1%的水平上显著，可以看出社会网络影响农村女性的创业行为，假设1得到验证。

农村女性的年龄与其创业行为产生显著的正相关的关系，并且在1%的水平上显著，因为随着农村女性年龄的增长，其社会阅历、工作经历、资本、知识等都会有一定的积累，选择创业的概率也会增大。

受教育程度与农村女性创业行为是显著的正相关的关系，并且在1%的水平上显著，可以看出随着农村女性受教育程度的提高，其选择进行创业的概率会上升。

个体劳动者协会与农村女性创业行为是显著的正相关的关系，并且在1%的水平上显著，这表示农村女性参与个体劳动者协会有助于其获得更多的信息、学习更多的本领、结交更多的人，有助于其创业行为的开展实施。

全职工作经历与农村女性创业行为是显著的负相关的关系，并且在10%的水平上显著，这可能是因为全职工作稳定性更高，风险也会比创业低，所以全职工作经历会使农村女性不偏向于创业。

家庭规模与农村女性创业行为是显著的正相关的关系，并且在10%的水平上显著。此外，东部地区和中部地区与农村女性创业行为也是显著的正相关的关系，东部地区对农村女性创业行为的影响更为显著。健康状况以及是否为党员对农村女性创业行为的影响是不显著的。

(三)社会网络对农村女性创业行为影响的区域比较分析

在研究时，为了衡量地区经济差异，将各省市按照东、中、西部进行了划分，分区域进行了回归研究，见表6。

表6 社会网络对农村女性创业行为影响的区域比较

	(1) Probit-East	(2) Marginal Effect-East	(3) Probit-Mid	(4) Marginal Effect-Mid	(5) Probit-West	(6) Marginal Effect-West
SN	0.030* (1.80)	0.005* (1.80)	0.042* (1.69)	0.007* (1.69)	0.036 (1.20)	0.005 (1.20)
age	0.017*** (3.48)	0.003*** (3.47)	0.022*** (4.38)	0.004*** (4.32)	0.021*** (4.18)	0.003*** (4.04)
edu	0.081** (2.52)	0.014** (2.53)	0.119*** (3.80)	0.021*** (3.77)	0.101*** (3.63)	0.014*** (3.55)

续表

	(1) Probit-East	(2) Marginal Effect-East	(3) Probit-Mid	(4) Marginal Effect-Mid	(5) Probit-West	(6) Marginal Effect-West
health	0.024 (0.67)	0.004 (0.67)	−0.020 (−0.50)	−0.003 (−0.50)	−0.004 (−0.10)	−0.001 (−0.10)
party	0.306 (0.84)	0.055 (0.84)	−0.150 (−0.28)	−0.026 (−0.28)		
association	0.122 (0.55)	0.022 (0.55)	0.397 (1.60)	0.069 (1.60)	0.467*** (2.87)	0.064*** (2.87)
fulltime job	−0.305*** (−3.26)	−0.054*** (−3.27)	−0.105 (−1.08)	−0.018 (−1.08)	0.216** (2.03)	0.030** (2.02)
family size	0.043** (2.05)	0.008** (2.05)	0.015 (0.68)	0.003 (0.68)	0.007 (0.30)	0.001 (0.30)
Constant	−2.508*** (−7.53)		−2.764*** (−7.71)		−2.835*** (−7.73)	
Observations	1770	1770	1513	1513	1652	1652
Wald	28.08		28.86		46.30	

注：括号内为 z 统计值，*** 表示在 0.01 置信水平上显著，** 表示在 0.05 置信水平上显著，* 表示在 0.1 置信水平上显著。

从表 6 中可以看出，在不同区域下，相关变量会给农村女性创业行为带来不同的影响，整体看来相关变量在东部地区、中部地区的影响较显著，在西部地区影响的显著性较差，存在地区异质性，假设 2 得到验证。

在东部地区，社会网络依旧会给农村女性创业行为带来显著的正向影响，年龄对农村女性创业的影响是正向显著的，受教育程度对东部地区农村女性创业行为也会带来正向显著的影响，全职工作经历依旧对农村女性创业行为产生显著的负向影响，家庭规模对农村女性创业行为也会产生积极的正向影响。健康状况、是否为党员、是否参加个体劳动者协会对东部地区农村女性创业的影响是不显著的。

在中部地区，社会网络依旧会对农村女性创业行为带来积极的正向影响，在 10%的水平上显著，人情礼支出每扩大 1 个单位，农村女性选择创业行为的概率上升 0.7%。年龄和受教育程度对中部地区农村女性创业行为的影响也依旧是显著的正向影响，并且都在 1%的水平上显著。但是，与东部地区的不同在于:全职工作经历、家庭规模对中部地区农村女性创业的影响是不显著的,这在一定程度上显示了我国经济发展水平的地区性差异。中部地区农村女性风险承受能力要低于东部地区,所以其全职工作经历对其创业带来的影响是不显著的。在中部地区,健康状况、是否为党员、是否参加个体劳动者协会对西部地区农村女性创业的影响是不显著的。

在西部地区,年龄、受教育程度依旧对农村女性的创业行为产生积极的正向影响,并且都在1%的水平上显著。但是,社会网络却不能对农村女性创业行为产生显著的影响。西部地区经济发展落后,农村女性没有过多的精力和资金投入到社会网络的拓展和维护中,整体上西部农村女性所拥有的社会网络的质量也低于东部地区、中部地区农村女性社会网络的质量。这种区域性差异直接显示了西部地区农村女性社交强度与社会网络广度对其创业影响与我国其他区域的差异性。与之相对,如劳动者协会等合作组织,只有在西部地区对农村女性创业行为的影响是显著的。全职工作经历对西部农村女性创业行为的影响是正向显著的,在5%的水平上显著。这一变量对农村女性创业行为在东部地区是显著的负向影响,在中部地区不能产生显著的影响,但在西部地区却产生了显著的正向影响。

综上所述,各变量对农村女性创业行为的影响存在地区异质性,主要原因可能有:不同区域的经济发展水平不同、社会开放程度不同、受传统观念影响程度不同,对农村女性的影响程度也不同,各地对于农村女性的创业政策、创业扶持力度等也不同。从整体上来看,各变量对东部地区农村女性创业行为的影响最显著。

(四)社会网络、融资渠道对农村女性创业行为影响的机制分析

1.中介效应模型

本文运用中介效应模型,实证检验融资渠道在社会网络与农村女性创业行为之间所起的中介作用,模型见图1。

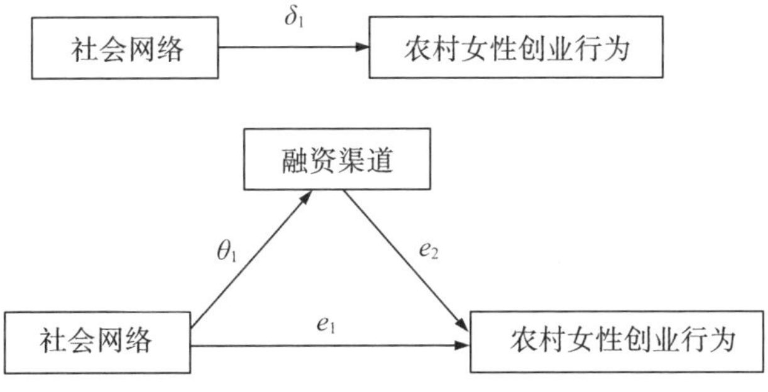

图1　融资渠道的中介效应模型

中介效应检验主要依据的是温忠麟(2014)提出的方法——依次检验,检验步骤图见图2。

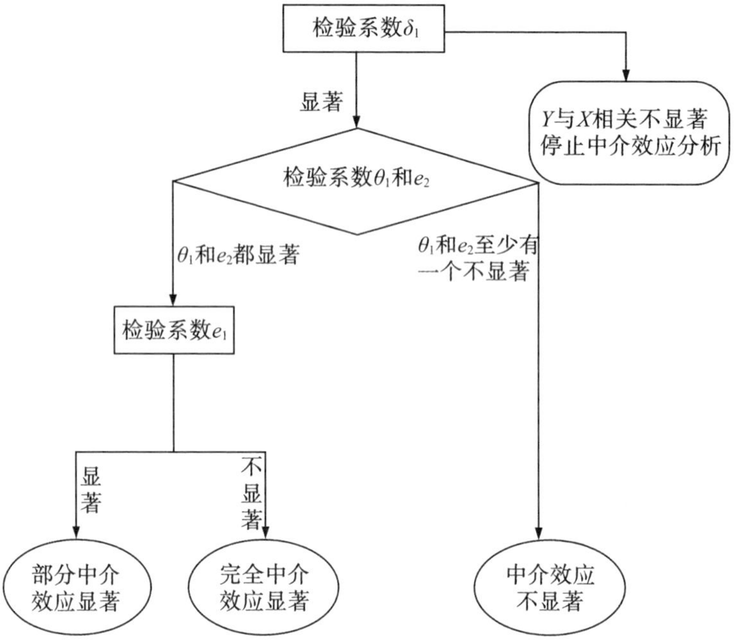

图2　经典中介效应检验步骤

2.中介效应结果分析

如表7所示,模型M1展现了农村女性社会网络(X)对其创业行为(Y)决策的影响,M2展现了农村女性社会网络对正规融资渠道(M)的影响,M3将农村女性的社会网络、正规融资渠道同时加入模型,验证社会网络、正规融资渠道对农村女性创业行为决策的影响。

表7　社会网络、正规融资渠道对农村女性创业行为影响机制

	M1(X-Y) *RE*	M2(X-M) *FF*	M3(X/M-Y) *RE*
social	0.034*** (2.73)	0.012*** (4.72)	0.033*** (2.65)
FF			0.095* (1.77)

续表

	M1(*X-Y*) *RE*	M2(*X-M*) *FF*	M3(*X/M-Y*) *RE*
age	0.020*** (6.84)	0.003*** (3.39)	0.019*** (6.76)
edu	0.099*** (5.74)	0.036*** (8.32)	0.096*** (5.51)
health	0.004 (0.18)	0.009 (1.60)	0.003 (0.15)
party	−0.101 (−0.37)	−0.052 (−0.78)	−0.099 (−0.36)
association	0.364*** (3.15)	0.001 (0.03)	0.364*** (3.16)
fulltime job	−0.097* (−1.67)	−0.003 (−0.21)	−0.097* (−1.68)
family size	0.024* (1.90)	−0.005* (−1.73)	0.025* (1.95)
East	0.139** (2.13)	−0.124*** (−7.27)	0.152** (2.32)
Mid	0.122* (1.86)	−0.190*** (−11.47)	0.141** (2.13)
Constant	−2.781*** (−14.25)	0.109** (2.25)	−2.798*** (−14.34)
Observations	4949	4949	4949
R-squared		0.040	
Wald	89.61		93.02

注：括号内为 z 统计值，*** 表示在 0.01 置信水平上显著，** 表示在 0.05 置信水平上显著，* 表示在 0.1 置信水平上显著。

M1 结果显示，社会网络强度及结构与农村女性创业行为之间，依旧是显著的正向影响，在 1%的水平下显著，所以，中介效应的检验在一定程度上得到了验证。M2 结果显示，农村女性的社会网络结构与强度对其创业过程中的正规融资渠道是显著的正向影响，在 1%的水平下显著，所以，中介效应检验社会网络对正规融资渠道的影响可以得到验证。M3 结果显示，在控制了正规融资渠道变量之后，社会网络对农村女性创业行为依旧会产生影响，并且依旧是显著的正向影响。可以判断出，在社会网络对农村女性创业行为的影响中，正规融资渠道起到了部分中介的作用，社会网络可以通过正规融资渠道来起到促进农村女性创业行为的作用，假设3a得到验证。

如表8所示，模型M4验证了社会网络对农村女性创业行为的影响，M5验证了社会网络对非正规融资渠道的影响，M6将社会网络、非正规融资渠道同时加入模型，验证社会网络、非正规融资渠道对农村女性创业行为的影响。

表8　社会网络、非正规融资渠道对农村女性创业行为影响机制

	M4(*X*-*Y*) *RE*	M5(*X*-*M*) *IF*	M6(*X*/*M*-*Y*) *RE*
SN	0.034*** (2.73)	−0.000 (−0.10)	0.034*** (2.73)
IF			−0.084* (−1.65)
age	0.020*** (6.84)	−0.002** (−2.01)	0.020*** (6.80)
edu	0.099*** (5.74)	−0.036*** (−7.53)	0.096*** (5.55)
health	0.004 (0.18)	−0.004 (−0.64)	0.004 (0.17)
party	−0.101 (−0.37)	0.063 (0.88)	−0.097 (−0.36)
association	0.364*** (3.15)	0.009 (0.25)	0.364*** (3.16)
fulltime job	−0.097* (−1.67)	−0.019 (−1.22)	−0.100* (−1.73)
family size	0.024* (1.90)	0.020*** (5.97)	0.026** (2.05)
East	0.139** (2.13)	0.044** (2.47)	0.144** (2.20)

续表

	M4(*X-Y*) *RE*	M5(*X-M*) *IF*	M6(*X/M-Y*) *RE*
Mid	0.122* (1.86)	0.125*** (6.97)	0.133** (2.03)
Constant	−2.781*** (−14.25)	0.502*** (9.45)	−2.745*** (−13.93)
Observations	4949	4949	4949
R-squared		0.034	
Wald	89.61		92.01

注：括号内为 z 统计值，*** 表示在 0.01 置信水平上显著，** 表示在 0.05 置信水平上显著，* 表示在 0.1 置信水平上显著。

M4 结果显示，社会网络会对农村女性创业行为产生影响，并且依旧是显著的正向影响，在 1%的水平下显著，所以，中介效应检验社会网络对农村女性创业行为的影响可以得到验证。M5 结果显示，社会网络对非正规融资渠道产生的是不显著的影响，所以，中介效应检验社会网络对非正规融资渠道的影响没有得到验证。M6 结果显示，在控制了非正规融资渠道变量之后，社会网络对农村女性创业行为的影响，依旧是显著的正向影响，依旧是在 1%水平上显著。通过以上结果，根据中介效应的依次检验方法，可以判断出，非正规融资渠道在社会网络对农村女性创业行为的影响中，并没有起到中介作用，假设 3b 未得到验证。

(五)稳健性检验

本文将人情礼支出替换为每月外出就餐费用，来进行稳健性检验。但是每月外出就餐费用与农村女性创业行为没有直接联系，将每月外出就餐费用的数值取对数后，作为社会网络的代理变量，运用 Probit 模型进行回归分析，检验结果见表 9。

表 9　社会网络(每月外出就餐费用)对农村女性创业行为的影响

	(1) Probit	(2) Marginal Effect
ln*out_expense*	0.044*** (5.06)	0.007*** (5.05)

续表

	(1) Probit	(2) Marginal Effect
age	0.020*** (7.04)	0.003*** (6.94)
edu	0.091*** (5.21)	0.015*** (5.19)
health	0.002 (0.07)	0.000 (0.07)
party	−0.075 (−0.27)	−0.012 (−0.27)
association	0.352*** (3.04)	0.057*** (3.04)
fulltime job	−0.129** (−2.19)	−0.021** (−2.20)
family size	0.034*** (2.73)	0.006*** (2.73)
East	0.132** (2.01)	0.022** (2.01)
Mid	0.135** (2.05)	0.022** (2.05)
Constant	−2.673*** (−14.55)	
Observations	4949	4949
Wald	103	

注:括号内为 t 统计值,*** 表示在 0.01 置信水平上显著,** 表示在 0.05 置信水平上显著,* 表示在 0.1 置信水平上显著。

如表 9 所示,每月外出就餐费用对农村女性创业行为是显著的正向影响,每月就餐费用每增加 1%,农村女性创业概率可以提高 0.7%,可以看出,在 Probit 模型下进行替换变量的回归研究,社会网络变量对农村女性创业行为依旧是显著的正向影响,再次验证假设 1。用 Probit 模型进行替换变量的回归结果与基准回归模型的结果一致,与前文的结论保持一致,说明回归结果是稳健的。

通过进行以上稳健性的检验，可以发现无论是替换模型进行回归分析，还是替换变量进行回归分析，最终的结果都是社会网络显著影响农村女性创业行为，并且影响系数一直为正值，稳健性检验的结果与上文结果保持一致，说明基准模型是稳健的。

（六）内生性检验

引入工具变量，将社区/村庄社会网络的均值（即社区/村庄的年度人情礼支出均值的对数值）作为工具变量，用 IV Probit 模型解决内生性问题。IV Probit 模型的回归结果见表 10。从第一阶段可以看到，农村女性所在社区/村庄的社会网络均值会对农村女性的社会网络带来显著的影响。从第二阶段可以看到，农村女性的社会网络对农村女性的创业行为带来的影响是显著的。说明内生性问题并不影响结论，原结论依然成立。

表 10　内生性检验

	(1) First Stage	(2) IV Probit
SN_IV	0.993*** (56.04)	
SN		0.040** (2.24)
age	0.008** (2.47)	0.019*** (5.83)
edu	0.039** (2.33)	0.098*** (5.44)
health	−0.007 (−0.29)	0.004 (0.16)
party	−0.039 (−0.14)	−0.098 (−0.37)
association	0.087 (0.66)	0.364*** (3.22)
fulltime job	−0.139** (−2.46)	−0.096* (−1.77)
family size	0.058*** (3.27)	0.024* (1.88)

续表

	(1) First Stage	(2) IV Probit
East	−0.005 (−0.08)	0.142** (2.19)
Mid	0.025 (0.40)	0.121* (1.85)
Constant	−0.568** (−2.50)	−2.810*** (−12.84)
Observations	4949	4949
R-squared	0.435	0.217

注:括号内为 t 统计值,*** 表示在 0.01 置信水平上显著,** 表示在 0.05 置信水平上显著,* 表示在 0.1 置信水平上显著。

(七)研究结论

本文以社会网络理论、关系型融资理论、创业理论为研究的理论基础,选择农村女性作为研究对象,采用 Probit 模型,主要得出了以下结论。

第一,社会网络对农村女性创业行为可以产生积极的正向影响。社会网络可以帮助有创业意向的农村女性获得创业信息、创业机会等资源,可以有效地降低信息对农村女性创业行为的约束,能够提高农村女性获得的信息的质量和数量。

第二,农村女性创业行为存在地区异质性。总体上可以看到,在社会网络对农村女性创业行为的影响上,东部地区的影响要高于中西部,而中部地区的影响又要高于西部。在东中部地区,农村女性的社会网络可以对当地农村女性创业行为产生显著的正向影响。但是,在西部的农村女性,社会网络的相关特征并没有起到显著的作用。

第三,正规融资渠道在对农村女性的创业决策选择中可以起到部分中介作用,非正规融资渠道并没有起到中介作用。社会网络可能通过正规融资渠道来起到促进农村女性创业行为的作用。

第四,在对其他控制变量分析时可以发现,农村女性的年龄会对其创业行为的开展产生显著的正向影响。受教育程度也会对农村女性创业行为的开展产生影响,并且是显著的正向影响。

五、对策建议

(一)政府应积极引导农村女性多元化社会网络的构建与发展

第一,应注重农村女性多元化社会网络的构建。政府各部门可以设立专门对接农村女性创业的部门,或者鼓励成立各种对接农村女性创业的社会组织,发挥对接部门或者对接社会组织的网络中介作用,积极引导农村女性加入。

第二,积极地维系及发展农村女性的社会网络。个人与个人之间的人情往来、个人与家庭之间的人情往来、家庭与家庭之间的社会往来,都有助于农村女性社会网络的维系和发展,农村女性及其家庭所拥有的社会网络,可以对农村女性的创业及各种经济活动带来帮助。对于政府而言,要积极引导社会信任机制的成立,降低人们之间交流交往的成本,这有助于农村女性社会网络的搭建和维系。

第三,政府应积极引导农村女性对社会文化制度及法律制度的遵守。社会文化制度可以对农村女性的一些不好的创业行为带来约束限制的作用,有助于农村女性开展积极的创业活动。对于政府而言,要积极引导农村女性创业者遵守法律法规及社会行为规范,使得农村女性创业的进行合规合法,这有助于社会经济发展。

(二)农村女性要摆脱传统观念的束缚

第一,农村女性要摆脱"男主外、女主内""相夫教子""男尊女卑"等传统观念的束缚。受传统观念影响,人们对农村女性或多或少会有一定的性别偏见意识,农村女性的创业活动一般都会受到农村社会、家庭等的反对。因此,想要创业或已经开始创业的农村女性,首先要对自己有信心,摆脱传统观念对自己的束缚,积极面对挑战,说服家庭认可自己的创业行为,积极拓展自己和家庭的社会网络,积极进行创业活动。

第二,农村女性要积极构建和发展多元化的社会网络。一方面,农村女性要拓宽自己的社交圈,从家庭的圈子中走出去,积极参加各种社会活动,扩大自己的社会网络,为创业积累人脉,积极寻找创业信息、创业机会、创业资源等;另一方面,要持续维持社会网络的关系,提高彼此之间的密切度和信任度,必要时可以向社会网络中的成员寻求帮助,这有助于农村女性创业机会的发现、创业行为的开展实施。

(三)不断推进农村金融的发展

农村女性在创业时会遇到缺乏资金的问题,政府应积极出台有助于农村女性创业的金融政策，还应积极和农村信用社等机构进行对接、补贴与合作，合作推出不同的惠民借贷政策，降低农村女性创业的借贷门槛，简化农村女性创业贷款的审批流程，降低农村女性创业的贷款利率等，鼓励农村女性积极开展创业行为。

（四）社会各界人士为农村女性创业环境的构建贡献力量

社会要消除对农村女性的性别歧视，树立农村女性也可以从事创业活动的观念。社会各界要积极为农村创业女性构建和谐、公平的创业环境。通过多种方式，积极为农村女性提供创业机会，如举办专门针对农村女性的创业比赛、创业活动，教给农村女性更多的创业技能，让农村女性学习和积累到更多的创业知识。拓宽农村创业女性的社会网络，不断提高农村创业女性对风险的识别能力、抵御能力，通过多渠道鼓励支持农村女性创业。

（五）政府应积极助推农村女性进行创业

政府要针对农村女性创业者制定专门的政策，出台农村女性创业的优惠政策，鼓励农村女性的创业活动。不仅要积极鼓励农村留守女性进行创业，还要积极鼓励外出务工的农村女性返乡创业，政府可以通过设立农村创业女性服务站，为农村创业女性提供帮助。政府也应该加强对农村女性创业方面的培训，使农村创业女性能够学到系统化的创业方面的知识，使农村创业女性可以更好地发现创业机会。政府也应该开展电子商务的相关培训课程，帮助农村创业女性通过网络渠道销售自己的产品，拓宽农村创业女性的影响渠道，多方面促进农村女性创业活动的开展和发展。

参考文献

[1]陈正祥.大学生骨干培养理论辅导读本[M].北京：中国青年出版社，2009.

[2]陈晓宏.农村女性创业问题初探[J].中共福建省委党校学报，2011(1)：73-77.

[3]蔡庆丰，田霖，林志伟.地区融资模式与创业创新：基于空间面板模型的实证发现[J].财贸经济，2017，38(7)：91-106.

[4]丁冬，傅晋华，郑风田.社会资本、民间借贷与新生代农民工创业[J].华南农业大学学报(社会科学版)，2013，12(3)：50-56.

[5]樊文翔，龙艳，龙辣.农户收入差距、社会资本与借贷偏好：基于CFPS的微观经验证据[J].金融发展研究，2018(4)：80-87.

[6]高文书.自主创业的现状、问题和对策[N].人民日报，2013-03-31(5).

[7]胡金焱,张博.社会网络、民间融资与家庭创业:基于中国城乡差异的实证分析[J].金融研究,2014(10):148-163.

[8]胡金焱.民间借贷、社会网络与贫困脆弱性[J].山东师范大学学报(人文社会科学版),2015,60(4):17-27.

[9]黄永春,朱帅.创业政策供给对企业家创业行为的影响机制研究:基于GEM 报告面板数据的实证分析[J].科学学与科学技术管理,2018,39(4):100-110.

[10]罗明忠,邹佳瑜.影响农民创业因素的研究述评[J].经济学动态,2011(8):133-136.

[11]李克强.政府工作报告:2015 年 3 月 5 日在第十二届全国人民代表大会第三次会议上(2015 年政府工作报告)[M].北京:人民出版社,2015.

[12]李新春,叶文平,朱沆.社会资本与女性创业(1):基于 GEM 数据的跨国(地区)比较研究[J].管理科学学报,2017,20(8):112-126.

[13]李祎雯,张兵.非正规金融与农村家庭创业成效:影响效应及作用机理[J].农业技术经济,2018(12):4-17.

[14]刘汉辉,李博文,宋健.互联网使用是否影响了女性创业:来自中国家庭追踪调查(CFPS)的经验证据[J].贵州社会科学,2019(9):153-161.

[15]蔺楠,包颉.文化价值观对农民创业融资影响的研究:来自“中国千村调查”的数据分析[J].外国经济与管理,2020,42(6):38-54.

[16]刘银,徐丽娜,唐玺年,等.非农就业、社会网络与农村家庭正规借贷:来自 CFPS 数据的实证[J].金融理论与实践,2021(3):98-107.

[17]马继迁,陈虹,王占国.互联网使用对女性创业的影响:基于 CFPS 数据的实证分析[J].华东经济管理,2020,34(5):96-104.

[18]钱龙,冷智花,付畅俭.人口老龄化对居民家庭创业行为的影响:来自CFPS 的经验证据[J].改革,2021(6):83-96.

[19]苏群,赵霞,陈杰.社会资本、非正规金融与农民工自我雇佣[J].中国农业大学学报(社会科学版),2016,33(6):85-95.

[20]史晋川,王维维.互联网使用对创业行为的影响:基于微观数据的实证研究[J].浙江大学学报(人文社会科学版),2017,47(4):159-175.

[21]汤学兵,吴磊,李峰波.城市化、社会网络与农民工自雇创业:以平邑县油篓村为例[J].产经评论,2020,11(5):89-103.

[22]王华锋,李生校.女性创业中的性别歧视及其对策研究[J].企业经济,2009(8):74-76.

[23]吴娟,李姚矿,姚晓芳.女性创业融资研究综述[J].妇女研究论丛,2016

(6):118-125.

[24]徐慧贤,张月明,斯琴图雅.社会网络资本对贫困地区农户信贷可得性影响研究[J].河北经贸大学学报,2020,41(2):100-108.

[25]周天芸,刘虹,杨海洋.中国农村金融的包容性及影响因素[J].财经论丛,2018(12):55-64.

[26]郑筱婷,陆小慧.有兄弟对女性是好消息吗:家庭人力资本投资中的性别歧视研究[J].经济学(季刊),2018,17(1):277-298.

[27]郑筱婷,李美棠.女性就业与收入对其配偶创业行为的影响:基于中国家庭追踪调查数据的实证研究[J].南开经济研究,2018(2):130-147.

[28]周劲波,宋站阳.社会网络、创业机会识别和众筹创业决策的关系研究[J].延边大学学报(社会科学版),2020,53(3):86-94+142.

[29]COLEMAN S,ROBB A. Gender-based firm performance differences in the United States:examining the roles of financial capital and motivations [J]. Global women's entrepreneurship research,2012,43(9):75-92.

[30]DJANKOV S,QIAN Y,ROLAND G,et al. Who are China's entrepreneurs? [J]. The American economic review,2006,96(2):348-352.

[31]KARLA D S. Social connections and group banking [J]. The economic journal, 2007, 117(517): F52-F84.

[32] KARLAN D. Access to finance [J]. Handbook of development economics, 2010, 5: 4703-4784.

[33]EMIRBAYER M,GOODWIN J. Network analysis,culture,and the problem of agency [J]. American journal of sociology, 1994, 99(6):1411- 1454.

[34]ZHANG J F,ZHAO Z . Social-family network and self-employment: evidence from temporary rural-urban migrants in China [J]. IZA journal of labor & development, 2015, 4(1): 1-21.

[35]KUADA J. Gender,social networks and entrepreneurship in Ghana [J]. Journal of African business,2009, 10(1):85- 103.

[36]ROSA P,HAMILTONC D. Gender as a determinant of small business performance:insights from a British study [J].Small business economics, 1996,8 (6):463-478.

[37]ROBB A,WOLKEN J D. Firm owner and financing characteristics: differences between female and male-owned small businesses [J]. Social science electronic publishing,2002(49):78-91.

[38]SWARTZ D. Culture and power: the sociology of Pierre Bourdieu

[M]. Chicago: University of Chicago Press,1998.

[39]TAMBUNAN T T H. SMEs in Asian developing countries [M]. London: Palgrave Macmillan Publisher,2009.